KARL MAY

KLASSISCHE MEISTERWERKE

KARL MAY

DIE FELSENBURG

REISEERZÄHLUNG

KARL-MAY-VERLAG · BAMBERG
in Zusammenarbeit mit dem
VERLAG CARL UEBERREUTER · WIEN

INHALT

Herausgegeben von Dr. E. A. Schmid

Diese Ausgabe erscheint in enger Zusammenarbeit
mit dem Verlag Carl Ueberreuter, Wien.
Der Inhalt dieses Buches entspricht dem Band 20
der grünen Originalausgabe „Karl Mays Gesammelte Werke“.

ISBN 3-7802 0520-3
Gesamtherstellung: Ebner Ulm

1. Der Mormone

Sollte jemand mich fragen, welches wohl der langweiligste Ort der Erde ist, so würde ich, ohne mich lang zu besinnen, antworten: Guaymas in Sonora, dem nordwestlichsten Staat der Republik Mexico. Dies ist allerdings nur eine rein persönliche Meinung, ein andrer würde sie vielleicht bestreiten. Ich aber habe in dieser Stadt die inhaltslosesten zwei Wochen meines Lebens verfaulenzt und verspielt.

Die im östlichen Teil von Sonora aufragenden Berge enthalten reiche Lagerstätten von edlen Metallen, Kupfer und Blei, und fast alle Wasserläufe führen Waschgold mit sich. Aber die Ausbeute war damals nur gering, weil die Gebiete von Indianern unsicher gemacht wurden und man sich nur in starker Gesellschaft hinauf an Ort und Stelle getraute. Wo aber eine so zahlreiche Belegschaft hernehmen? Der Mexikaner ist alles andre, nur kein Arbeiter. Dem Indianer fällt es nicht ein, für andre gegen Tagelohn die Schätze auszugraben, die er noch heutigentags[1] für sein rechtmäßiges Eigentum hält. Chinesische Kulis könnte man genug bekommen, doch mag man sie nicht, denn wer diese Geister beschwört, der wird sie nicht wieder los.

Aber die *Gambusinos*, die *Prospectors*, wird man sagen: das sind doch die eigentlichen Goldsucher und Minenarbeiter, weshalb dang man diese nicht? Sehr einfach darum, weil damals keine zu haben waren. Sie waren alle hinüber nach Arizona, wo das Gold in hellen Haufen liegen sollte. Darum waren die Gebiete von Sonora in jener Zeit verödet, aber auch noch lange Jahre später, weil nicht nur der Bergbau, sondern auch die Viehzucht des Landes wegen der Furcht vor den Indianern darniederlag.

Auch ich hatte nach Arizona reisen wollen, doch nicht etwa weil ich am Goldfieber litt, sondern aus Teilnahme für das eigenartige Leben, das in den *Diggins* herrschte. Da aber kam die Erhebung des mexikanischen Generals Jargas. Ich wurde vom Herausgeber einer Zeitung in San Francisco gefragt, ob ich für sein Blatt an den Schauplatz der Empörung gehen wolle, Berichte zu schreiben, und ich ergriff mit Freuden diese Gelegenheit, eine Gegend kennenzulernen, die ich sonst wohl nie zu sehen bekom-

[1] Geschrieben im Jahr 1893. Der Herausgeber

men hätte. Jargas hatte kein Glück. Er wurde besiegt und erschossen, und ich ging, nachdem mein letzter Bericht abgesandt worden war, über die Sierra Madre zurück, um Guaymas zu erreichen. Dort hoffte ich eine Schiffsgelegenheit zu einem nördlichern Ort des kalifornischen Golfs zu finden, denn ich wollte zum Rio Gila, wohin ich mich mit meinem Freund, dem Apatschenhäuptling Winnetou, verabredet hatte.

Leider ging meine Rückkehr nicht so schnell vonstatten, wie es in meinem Wunsch lag. Als ich mich noch in der einsamen Sierra befand, hatte ich das Unglück, daß mein Pferd stolperte und einen Vorderfuß brach. Ich mußte es erschießen und den Weg dann unter die eignen Füße nehmen. Tagelang sah ich keinen Menschen, am allerwenigsten einen, dem ich ein Pferd oder Maultier hätte abkaufen können. Vor einer Begegnung mit Bravosindianern hütete ich mich, weil dabei nur zu verlieren und nichts zu gewinnen war. Es war eine lange und anstrengende Wanderung, und so atmete ich froh auf, als ich endlich in den Trachytkessel niederstieg, worin das Hafenstädtchen Guaymas liegt.

Obgleich ich mich nun am ersehnten Ziel befand, war ich doch keineswegs entzückt über den Anblick, den die Stadt in der Sonnenglut bot. Sie hatte damals kaum zweitausend Einwohner und bestand aus Häusern, die aus Luftziegeln erbaut waren und keine Fenster besaßen.

In der Umgebung traf ich keinen Menschen, und als ich mich zwischen den ersten Häusern befand, schien es, als wären sie ausgestorben. Übrigens war der Eindruck, den ich auf oder in Guaymas machen mußte, nicht besser als der, den die Stadt auf mich machte, denn ich hatte keineswegs das Aussehen eines Gentleman oder, wie man dort sagt, eines Caballero. Mein Anzug, für den ich vor meiner Abreise in San Francisco achtzig Dollar bezahlt hatte, war nach und nach in eine solche Zerfahrenheit geraten, daß verschiedene Gegenden meiner Person viel sichtbarer waren als der Stoff, dem ich ihre Bedeckung anvertraut hatte. Auch die Fußbekleidung war bei der vollständigen Erschöpfung ihrer Kräfte angelangt. Rechts hatte ich den ganzen Absatz verloren, links war mir der halbe geblieben, und wenn ich vorn die offenherzigen Spitzen betrachtete, so mußte ich an aufgesperrte Entenschnäbel denken. Und nun gar der Hut! In glücklicheren Zeiten Sombrero, das heißt Schattenspender, genannt, hatte er jetzt verräterischerweise auf diesen Ehrennamen restlos Verzicht geleistet. Die erst so breite Krempe war nach und nach immer abwesender geworden, und das, was mir nun als treues Überbleibsel auf dem Kopf saß, hatte die Form eines türkischen Fes und hätte sich vortrefflich zum Tintenseiher geeignet. Nur der lederne Gürtel, mein langjähriger Begleiter, hatte auch diesmal seine unerschütterliche Charakterfestigkeit bewiesen. Von Haartracht, Hautfarbe und andern rein persönlichen Angelegenheiten zu sprechen, würde die Achtung verletzen, die man doch seiner eignen Person schuldig ist.

Während ich langsam die Straße entlang schritt und bald rechts, bald links sah, um ein menschliches Wesen zu entdecken, erblickte ich ein Gebäude, aus dessen niedrigem Dach zwei Stangen ragten, die ein hölzernes Firmenschild trugen. Es zeigte in einst weißen, nun verwitterten Buchstaben auf dunklem Grund die verlockenden Worte *Meson de* — —, das übrige war nicht mehr zu lesen. Als ich den Rest der Schrift zu entziffern versuchte, hörte ich den Schritt eines Menschen. Ich drehte mich um und sah einen Mann, der an mir vorüberwollte. Ich grüßte höflich und fragte ihn, welches Gasthaus wohl das empfehlenswerteste dieser guten Stadt sei. Er deutete auf das Gebäude, vor dem ich stand.

„Gehen Sie nicht weiter, Señor! Dieses Hotel ist das feinste, das wir haben. Im Schild fehlt zwar jetzt das Wort Madrid, Ihnen aber wird nichts mangeln, wenn Sie sich dem Wirt, Don Geronimo, anvertrauen. Sie dürfen sich auf meine Empfehlung verlassen, denn ich bin der *Escribano*[1] von Guaymas und kenne alle Leute. Vorausgesetzt wird aber, daß Sie bezahlen können."

Er warf sich bei Nennung seines wichtigen Amts in die Brust und betrachtete mich dann mit einem Blick, der mir deutlich sagte, was er von mir dachte, nämlich daß ich wahrscheinlich im Ortsgefängnis besser aufgehoben sei als im Hotel. Dann schritt er würdevoll weiter.

Ich wandte mich im Vertrauen auf die Empfehlung einer solchen Berühmtheit zur offnen Tür des Gasthauses. Da ich müde war und keine Lust hatte, mich der Glut der Mittagssonne länger auszusetzen, wäre ich auch ohnedies hier eingekehrt.

Das feinste Hotel der Stadt! *Meson de Madrid!* Gute Zimmer, saubere Betten, schmackhafte Speisen! Das Wasser lief mir im Mund zusammen. Ich trat ein und befand mich sofort in — „sämtlichen Räumlichkeiten". Das soll heißen, daß das Gasthaus nur aus diesem einen Raum bestand. Vorn trat man von der Straße her ein, und gegenüber führte eine Tür zum Hof. Andre Öffnungen oder gar Fenster gab es nicht. Neben der Hintertür stand der rußgeschwärzte, steinerne Herd, so daß sich der Rauch dort pfiffigerweise gleich davonmachen konnte. Hartgeschlagener Lehm bildete den Boden. Einige eingerammte Pfähle mit daraufgenagelten Brettern stellten die Tafeln, Tische und Bänke dar. Stühle gab es nicht. An der Mauer schaukelten Hängematten,

[1] Stadtschreiber

die als Gastbetten galten, aber auch sonst von jedermann nach Belieben benutzt werden konnten. An der andern Wand, rechter Hand, stand der Schenktisch, der allem Anschein nach aus einigen alten Kisten zusammengezimmert worden war.

Daneben gab es wieder Hängematten, die den *Buen retiro*[1] der Familie des Wirts bildeten. In einer lagen schlafend drei Jungen, deren Arme und Beine so ineinander verwickelt waren, daß man erst nach einem sehr tiefen Studium hätte sagen können, welche Glieder zu jedem Körper gehörten. In der zweiten ruhte die Tochter des Wirts, Señorita Felisa. Sie zählte, wie sie mir andern Tags sagte, sechzehn Lenze, schnarchte aber wie ein Chor von sechzehn Winterstürmen. In der dritten Hängematte hielt die Wirtin Doña Elvira ihr Mittagsschläfchen. Sie hatte eine Länge von wahrhaftig zwei Metern. Ihr Gatte teilte mir später im Vertrauen mit, daß sie eine ungewöhnlich tatkräftige Dame sei. Da sie aber, so oft ich sie sah, entweder schlummerte oder wirklich schlief, so hatte ich leider nicht das Glück, einem vulkanischen Ausbruch ihrer Gemütsart beizuwohnen. In der vierten Hängematte entdeckte ich einen ringartigen grauleinenen Gegenstand, den ich beinah für einen Rettungsgürtel, wie man sie auf Seeschiffen sieht, gehalten hätte. Bei näherer Betrachtung aber kam ich zu der Einsicht, daß sich aus diesem Gürtel erforderlichenfalls etwas Edleres entwickeln könne, weshalb ich ihm einen leichten Schlag versetzte. Der Ring geriet darauf in Bewegung, und löste sich. Es kamen Arme und Beine zum Vorschein, sogar ein Kopf. Der Rettungsgürtel öffnete sich völlig, sprang aus der Hängematte und verwandelte sich in ein kleines, hageres, in graues Leinen gekleidetes Männchen, das mich überrascht betrachtete und dann vorwurfsvoll fragte:

„Was wollen Sie, Señor? Warum stören Sie meine Siesta? Warum sind sie überhaupt wach und munter? In dieser tödlichen Hitze schläft doch jeder vernünftige Mensch."

Ich grüßte höflich, nannte meinen Namen und fügte hinzu: „Ich möchte den Wirt des Hotels gern sprechen."

„Der bin ich. Don Geronimo ist mein Name."

„Ich komme soeben in Guaymas an und suche ein Schiff. Kann ich bei Ihnen wohnen?"

„Wollen dann sehen! Jetzt aber schlafen Sie, dort in einer der Hängematten!"

Er deutete auf die andre Seite.

„Ich bin müde", erwiderte ich, „aber zunächst habe ich Hunger."

„Später, später! Schlafen Sie nur erst!" forderte er mich dringend auf.

[1] Spanisch: angenehmer Ruhesitz — Landhaus, Privatgemach

„Und Durst!"

„Jawohl, jawohl! Es wird für alles gesorgt werden, aber jetzt schlafen Sie, schlafen Sie!"

Nachdem Geronimo vorher leise gesprochen hatte, war er jetzt lauter geworden. Die andern Hängematten begannen zu schaukeln, deshalb raunte er mir warnend zu:

„Sprechen Sie nicht weiter, sonst erwacht Doña Elvira! Schlafen Sie, schlafen Sie!"

Er schwang sich in die Hängematte und rollte sich wieder zu einem Ring zusammen. Was war da zu tun? Ich ließ den Rettungsgürtel mit seiner Familie weiter schlafen, schlich, um niemand aufzuwecken, mit leisen Schritten zur Hintertür hinaus und gelangte in einen großen Hof. In einer entfernten Ecke war aus Stangen und Maisstroh ein Dach errichtet, worunter einige Gerätschaften aufbewahrt wurden. Neben einem Haufen Maisstroh lag ein großer Hund an der Kette.

Das Stroh bildete jedenfalls ein besseres Lager als eine der Hängematten drin. Ich näherte mich also dem Haufen, ein wenig besorgt, daß der Hund Lärm machen und Doña Elvira wecken würde. Aber diese Sorge war unnötig, denn — der Hund schlief auch! Er öffnete zwar die Lider für einen Augenblick, schloß sie aber sofort wieder und äußerte nichts dazu, als ich aus dem Stroh ein Lager bereitete und mich dann darauf ausstreckte. Meine beiden Gewehre neben mir, schlummerte ich ein und schlief infolge meiner Ermüdung so fest, daß ich erst erwachte, als eine Hand meinen Arm schüttelte. Es war am späten Nachmittag. Der kleine Wirt stand vor mir.

„Señor, erheben Sie sich! Es ist an der Zeit, die Entscheidung zu treffen."

„Welche Entscheidung?" fragte ich und stand auf.

„Ob Sie bei mir bleiben dürfen oder nicht."

„Warum bedarf es da einer Entscheidung?"

Ich sprach diese Frage aus, obgleich ich mir denken konnte, was er meinte, und betrachtete das Männchen genauer, als ich es am Mittag hatte tun können. Es war klein und zum Erschrecken mager. Das Haar trug der Wirt kurz geschoren, fast wie rasiert. Seine scharfen Züge hatten einen gutmütigen Ausdruck.

„Doña Elvira will, daß ich nur Caballeros bei mir aufnehme", erwiderte der Wirt, „und Sie werden zugeben, daß Sie nicht den Eindruck eines solchen machen."

„Wirklich?" mußte ich lächelnd fragen, indem ich zu ihm niederblickte. „Meinen Sie, daß nur der ein Caballero ist, der in einem neuen Anzug steckt?"

„Nein, denn es kann auch ein feiner Mann einmal gezwungen

sein, die Schönheit des Äußern außer acht zu lassen. Aber Doña Elvira hat einen sehr ausgeprägten Sinn für diese Schönheit und fühlt sich von Ihnen abgestoßen."

„Hat sie mich denn gesehen? Die Dame schlief ja, als ich kam."

„Sie schlief allerdings. Sie schläft überhaupt sehr gern, wenn sie nichts andres zu tun hat. Aber sie ist dann in den Hof gegangen, um Sie zu betrachten, und als sie Ihren Anzug sah, Ihre Stiefel, Ihren Hut, da meinte sie — nun, Señor, es ist doch wohl nicht notwendig, daß ich mich noch deutlicher ausdrücke?"

„Nein, ich verstehe Sie auch so, Don Geronimo, und werde, da ich der Doña nicht gefalle, mir ein andres Haus suchen."

Ich wandte mich zum Gehen, da hielt er mich zurück.

„Halt! Warten Sie noch ein wenig! Es ist so einsam, wenn man keinen Gast im Haus hat, und Sie sehen mir doch nicht wie ein Strolch aus, den man fürchten muß. Ich möchte bei Doña Elvira ein gutes Wort für Sie einlegen. Dazu ist erforderlich, beweisen zu können, daß Sie mir nützlich sind. Spielen Sie Domino?"

„Ja", antwortete ich verwundert.

„Gut! Kommen Sie herein! Wir wollen eine Probe machen."

Geronimo schritt voran, und ich folgte ihm in das Innere des „Hotels". Doña Elvira lag in ihrer Hängematte. Señorita Felisa saß am Schenktisch bei einem Glas Rum. Die drei Buben waren nicht da. Sie befanden sich draußen auf der Straße, wo sie sich und ihresgleichen damit unterhielten, sich mit faulen Apfelsinen zu bewerfen. Don Geronimo holte die Dominosteine und lud mich ein, bei ihm an einem der Tische Platz zu nehmen. Als die Steine rasselten, bewegte sich Doña Elvira, und als ihr Gatte mir andeutete: „Nehmen Sie sechs, der höchste Pasch beginnt", da hob sie den Kopf. Señorita Felisa kam mit ihrem Glas herbei und setzte sich zu uns, um zuzuschauen. Ich sah, was für Leute ich vor mir hatte. Die Menschen schliefen, wenn sie nicht Domino spielten, und spielten Domino, wenn sie nicht schliefen. Und dabei war Geronimo kaum ein leidlicher Spieler. Ich gewann das erste Spiel, das zweite und auch das dritte. Beim ersten freute er sich, beim zweiten wunderte er sich, und beim dritten rief er entzückt:

„*Qué alegria!* Sie sind ein Meister, Don Carlos. Sie müssen bei uns bleiben, damit ich von Ihnen lernen kann. Drei Spiele hat mir noch kein Mensch abgewonnen."

Die Wahrheit war, daß ich mir keine Mühe gegeben hatte. Geronimo spielte so mangelhaft, daß es keiner Berechnung bedurfte, ihn zu besiegen. Er stand vom Tisch auf und ging zu seiner Frau, mit der er eifrig flüsterte. Dann begab er sich hinter den Schenktisch, brachte ein Buch hervor, dazu ein riesiges Tintenfaß, und baute beides vor mir auf.

„Doña Elvira ist so gütig gewesen, ihre Einwilligung zu erteilen, daß Sie hier bleiben können. Schreiben Sie also Ihren Namen in dieses Fremdenbuch!“

Ich schlug das Buch auf. Es enthielt lauter Namen, Zahlen und Daten. Bei der zuletzt beschriebenen Seite lag die Feder, ein uralter Gänsekiel, dessen Schnabel fast so weit wie meine Stiefel vorn auseinander klaffte. Auch war er mit einer harten dicken Kruste überzogen.

„Mit dieser Feder soll ich schreiben?“ fragte ich belustigt.

„*Sin duda* — allerdings, Don Carlos. Es ist keine andre vorhanden, und Sie werden wohl auch keine bei sich führen.“

„Aber das ist ja unmöglich!“

„Wieso? Ich sage Ihnen, seit ich dieses Hotel besitze, das sind nun fast zehn Jahre her, haben sich alle meine Gäste mit dieser Feder und mit dieser Tinte eingetragen.“

Die Tinte war längst verhärtet.

„Wie haben Sie das angefangen?“

„Mit Wasser, wie Sie sich leicht denken können, wenn Sie in der Kunst des Schreibens nur einigermaßen bewandert sind. Wenn man die Feder in heißem Wasser einweicht, wird sie so weich wie neu, ja noch viel weicher. Und gießt man heißes Wasser in das Faß, so bekommt man eine außerordentlich gute Tinte. Da mein Haus lebhaften Zuspruch hat und jeder Gast sich hier eintragen muß, so wird bei mir ungewöhnlich viel geschrieben. Ich darf also nicht verschwenderisch mit Tinte und Feder umgehen. Weil Sie des Schreibens unkundig zu sein scheinen, so will ich die Eintragung für Sie vornehmen.“

„Tun Sie das, Don Geronimo, ich bitte sehr darum! Sie nehmen mir damit eine große Last von der Seele.“

„*Está bien* — sehr wohl! Es kann nicht jeder ein Gelehrter sein. Es soll sofort geschehen, ich will mir vorher heißes Wasser machen.“

Der Kleine ging an den Schenktisch. Ich sah, daß er Spiritus oder gar Rum in eine Lampe goß, ihn anbrannte und ein blechernes Gefäß über die Flamme hielt. Er hatte aus weiser Sparsamkeit seine Gäste zehn Jahre lang gezwungen, sich dieser Tinte und Feder zu bedienen, und dabei, ebenso aus weiser Sparsamkeit, jedesmal für einen Groschen Spiritus verbrannt. Es dauerte wenigstens eine Viertelstunde, bis das Wasser kochte. Solange hielt er es geduldig über die Lampe, dann tauchte er die Feder hinein, ließ sie eine Weile darin brühen, goß das Wasser ins Tintenfaß und rührte darin mit der Feder kräftig um.

„So, jetzt kann das Werk beginnen. Ich bin bereit.“

Geronimo legte das Buch vor sich hin, stellte sich die Tinte bequem zur Hand, räusperte sich unternehmend, griff zur Feder, hustete, zog die Stirn in tiefe Falten, legte das Buch anders, gab auch dem Tintenfaß eine andre Stelle, hustete wieder, setzte sich fester, als er vorher gesessen hatte — kurz und gut, er gebärdete sich so, als stände er im Begriff, das größte Kunstwerk der Welt in Angriff zu nehmen.

Ich brachte es nur mit Anstrengung fertig, ernst zu bleiben, und konnte mir nun das Aussehen des Fremdenbuches erklären. Ich hatte, während er Wasser kochte, darin geblättert. Die Schrift war auf den letzten Seiten dunkelgelb, wurde weiter vorn heller und war endlich gar nicht mehr zu lesen. Die vordersten Seiten waren so verblaßt, als wären sie überhaupt niemals beschrieben worden.

„Jetzt passen Sie auf, Señor", sagte der Wirt. „Ich habe einzutragen den Tag und das Jahr Ihrer Ankunft bei mir, Ihren Namen, Ihren Stand oder Beruf und die Absicht, in der Sie sich hier befinden. Ich hoffe, daß Sie mir das alles der Wahrheit gemäß angeben.

Ich machte ihm die gewünschten Angaben, und er malte sie in Buchstaben nieder, die an Deutlichkeit nichts zu wünschen übrig ließen. Er malte sehr langsam, mit einem Druck und einer Hingebung, wie es einer so wichtigen Beschäftigung würdig war. Als er den letzten Strich verbrochen hatte, machte er ein befriedigtes Gesicht, schob das Buch von sich ab und fragte mich dann:

„Wie gefällt Ihnen meine Handschrift, Don Carlos? Haben Sie schon einmal solche Buchstaben und Züge gesehen?"

„Nein, noch nie", gab ich der Wahrheit gemäß zu. „Sie haben sehr ausgeprägte Schriftzüge."

„Das ist kein Wunder, da ich es bin, der fast alle Namen einzutragen hat, denn die meisten Gäste verstehen nicht, grad so wie Sie, mit Tinte und Feder umzugehen. Ich danke Ihnen für Ihre Angaben. Sie sind leicht verständlich, nur eins kann ich mir nicht erklären. Sie haben als Ihren Beruf angegeben, daß Sie Schriftsteller sind. Dieses Geschäft ist mir noch nicht vorgekommen. Ist es ein Handwerk, ein militärischer Dienstgrad, oder bezieht es sich auf den Handel im allgemeinen oder auf das Hausieren insbesondere?"

„Keins von alledem. Ein Schriftsteller ist das, was Sie im Spanischen mit dem Wort *Autor* oder *Escritor* bezeichnen."

Da sah er mich überrascht an.

„Haben Sie Vermögen?" — „Nein."

„Dann bedaure ich Sie von Herzen, da Sie bei Ihrem Beruf notwendigerweise verhungern müssen."

„Wieso, Don Geronimo?"

„Das fragen Sie noch? Oh, ich kenne diese Verhältnisse genau, denn wir haben hier in Guaymas auch einen *Escritor*. Er ist reich und schreibt für ein Blatt, das in Hermosillo erscheint. Er muß viel Geld bezahlen, um seine Einsendungen gedruckt zu sehen. Es ist ein Geschäft, das große Ausgaben verursacht und nichts einbringt. Wie können Sie leben? Was wollen Sie essen und trinken, und womit wollen Sie sich kleiden? Ich bedaure Sie aufs herzlichste. Können Sie denn bezahlen, was Sie bei mir genießen?" — „Ja. Dazu reicht's noch aus."

„Das freut mich sehr. Hm, ein *Escritor!* Da ist es kein Wunder, daß sie so ungemein heruntergekommen sind, und ich finde es fast unbegreiflich, daß Sie dabei ein so gutes und gesundes Aussehen haben. Aber — *caramba,* da fällt mir ein: Wenn Sie ein *Escritor* sind, müssen Sie doch schreiben können?"

„Allerdings."

„Und trotzdem haben Sie diese harte Arbeit mir überlassen. Warum verheimlichten Sie die Kunst, deren Sie mächtig sind?"

„Weil es unhöflich gewesen wäre, Ihnen zu widersprechen, als Sie mich für einen Mann erklärten, der die Feder nicht zu führen versteht."

„*Justo* — richtig! Ihre Höflichkeit dient Ihnen als Empfehlung. Darf ich fragen, woher Sie kommen?"

„Über die Sierra Madre!"

„Als Fußgänger? Sie armer Teufel!"

„Ich war beritten, wie Sie an den Sporen sehen können, die ich einstweilen im Gürtel aufbewahre. Mein Pferd stürzte und brach das Bein; ich mußte es erschießen."

„Warum haben Sie nicht Sattel und Zaum mitgenommen?"

„Weil ich mich nicht mehrere Tage bei solcher Hitze mit dieser Last schleppen wollte."

„Aber Sie konnten die Sachen verkaufen und vom Erlös vielleicht zwei volle Tage leben. Sie tun mir leid. Lieber hätten Sie sich nicht mit den beiden alten Schießgewehren schleppen sollen, die ich da sehe. Sie sind keinen halben Dollar wert, ganz alte Machart. Ich verstehe mich darauf."

Geronimo nahm den Henrystutzen in die Hand, betrachtete ihn und schüttelte den Kopf. Die Patronenkugel am Schloß schien ihm aufzufallen. Dann griff er zum alten Bärentöter, um ihn aufzunehmen, ließ ihn aber liegen, da er so schwer war, daß er ihn mit einer Hand nicht zu heben vermochte.

„Werfen Sie dieses Zeug weg!" riet er mir. „Sie erschweren sich damit nur das Reisen. Wohin wollen Sie von Guaymas aus?"

„Mit einem Schiff nördlich weiter, über die Insel Tirburon hinauf."

„Da können Sie lang warten. Schiffe, die so weit gehen, sind selten."

„So reite ich."

„Da müßten Sie sich ein Pferd oder Maultier kaufen, und ich versichere Ihnen, daß jetzt selbst für schweres Geld keins zu haben ist. Wenn Sie Zeit zum Warten hätten, könnten Sie später die Eisenbahn benutzen, die nach Arispe führt."

„Wie gehen die Züge dorthin?"

„Züge? Man sieht, daß Sie hier fremd sind, Don Carlos. Die Bahn ist noch nicht fertig. Man sagt, daß sie in drei, vier oder auch fünf Jahren vollendet sein wird, aber das sind Ihnen unbekannte Dinge. Sie sollten nicht in einem Land reisen, das Sie nicht kennen und das so weit von Ihrer Heimat liegt. Bei Ihrer Armut ist das ein gefährliches Beginnen. Sie haben als Ihre Heimat Sajonia angegeben. Wo liegt diese Stadt?"

„Es ist keine Stadt, sondern ein Königreich, das zu Alemania gehört."

„Ganz richtig. Man kann nicht alle Landkarten im Kopf haben. Also, Sie dürfen bei mir bleiben. Wegen Ihrer Armut und weil Sie infolge Ihres guten Dominospiels ein vorzüglicher Gesellschafter sind, will ich ein Einsehen haben und Ihnen den niedrigsten Preis stellen. Sie sollen Wohnung und die beste Verpflegung für einen Peso täglich haben. Das ist ein Betrag, den Sie sehr niedrig finden werden."

„Ich danke Ihnen und bin einverstanden", erklärte ich ernsthaft. Ein Peso betrug vier und eine halbe Mark. Ich konnte mir jedoch die Verpflegung vorstellen, die sicherlich den Wohnverhältnissen entsprach.

Geronimo nickte befriedigt, schob das Fremdenbuch zur Seite und griff wieder zu den Dominosteinen.

„Da Sie Hunger und Durst haben, wird Felisa Ihnen das Essen bereiten, und inzwischen können wir noch einige Spiele machen. Beginnen wir!"

Ob ich Lust dazu hatte, fragte der Kleine nicht. Er schien es für selbstverständlich zu halten, daß ich ein ebenso leidenschaftlicher Spieler sei wie er. Wir begannen, denn ich wollte nicht ungefällig sein. Ich hatte die Absicht, ihn gewinnen zu lassen, konnte sie aber nicht ausführen, da er wirklich zu schlecht spielte. Bei der dritten Partie begann sich vom Herd, woran die Señorita beschäftigt war, ein Duft nach verbranntem Mehl zu verbreiten. Mitten in der vierten hielt der Wirt plötzlich inne und schlug sich mit der Hand an die Stirn.

„Wie konnte ich das vorhin vergessen! Sie wollen über die Insel Tiburon hinaus, Señor, und ich habe gar nicht daran gedacht, daß es eine prächtige Gelegenheit für Sie gibt. Don

Enriquo erwartet ein Schiff, das hier anlegen und dann hinauf nach Lobos segeln wird."

„Dieser Ort würde mir allerdings sehr bequem liegen. Wer aber ist der Mann, den Sie Don Enriquo nennen?"

„Ein Gast von mir, dessen Name im Fremdenbuch gleich vor dem Ihren steht. Haben Sie ihn nicht gelesen?"

Das hatte ich nicht getan. Ich griff also zu dem Buch und las: „Harry Melton, Heiliger der letzten Tage." Diese Worte waren in englischer Sprache geschrieben. Also ein Mormone! Wie kam der hierher? Welche Angelegenheit konnte ihn aus der großen Salzseestadt so weit südlich nach Guaymas geführt haben?

„Warum blicken Sie so nachdenklich in das Buch?" fragte der Wirt. „Ist an dem Eintrag etwas Auffälliges zu bemerken?"

„Eigentlich nicht. Sie haben die Worte gelesen?"

„Ja, aber nicht verstanden. Der Señor ist so ernst, so stolz und so fromm, daß ich ihn nicht mit Fragen belästigen wollte. Wahrscheinlich sprach ich seinen Namen falsch aus, und da erklärte er mir, daß Harry genau soviel wie das spanische Enriquo bedeutet. Deshalb nenne ich ihn so."

„Er wohnt also bei Ihnen?"

„Don Enriquo schläft bei mir, geht des Morgens fort und kommt des Abends wieder."

„Was treibt er inzwischen?"

„Das weiß ich nicht. Ich habe keine Zeit, mich um jeden meiner Gäste zu bekümmern."

Ja, der kleine Mann spielte und schlief, schlief und spielte und konnte also unmöglich dazu kommen, einem Gast eine solche Aufmerksamkeit zu schenken.

„Ich weiß eben nur seinen Namen, und daß er auf ein Schiff nach Lobos wartet", fuhr Geronimo fort. „Der Señor spricht sehr wenig. Seine Frömmigkeit ist rühmenswert. Schade nur, daß er nicht Domino spielen kann!"

„Woher wissen Sie, daß er fromm ist?"

„Weil er niemals kommt oder geht, ohne sich vor dem Heiligenbild dort in der Ecke zu verbeugen und Weihwasser aus dem Becken an der Tür zu nehmen."

Ich wollte eine Bemerkung machen, hielt es aber für besser zu schweigen. Vielweiberei und Weihwasser! Das Buch Mormon und die Verbeugung vor einem Heiligenbild! Dieser Mann war jedenfalls ein Heuchler, und seine Heuchelei mußte einen Grund haben.

Es war nicht möglich, diesen Gedanken weiter zu verfolgen, denn Señorita Felisa brachte mir jetzt eine Tasse, die einen braunen dicken Stoff enthielt, und wünschte mir, wohl zu speisen. Da sich der Wirt diesem Wunsch anschloß, vermutete ich rechtmäßigerweise, daß ich den Trank genießen sollte. Ich nahm also die Tasse an den Mund und kostete, kostete wieder und kostete abermals, bis meine Zunge mir sagte, daß ich es mit einer Mischung von Wasser, Honig und verbranntem Mehl zu tun hatte.

„Was ist das?“ fragte ich.

Da schlug Felisa vor Erstaunen die Hände zusammen.

„Ist das möglich, Don Carlos? Haben Sie noch keine Schokolade getrunken?“

„Schokolade?“ fragte ich, wobei mein Gesicht einen nicht eben geistreichen Ausdruck gehabt haben mag. „Ja, die habe ich schon oft getrunken.“

„Nun, das ist ja welche!“

„Schokolade? Wirklich? Das hätte ich nicht gedacht!“

„Nicht wahr?“ nickte mir der Wirt erfreut zu. „Ja, meine Schokolade ist weithin berühmt. Wer weiß, was für Zeug Sie an andern Orten getrunken haben. Die meinige aber ist so echt, ist so einzig, daß sich ein jeder, der zum erstenmal zu mir kommt, darüber verwundert und nicht glauben will, daß es Schokolade ist. Hieraus mögen Sie ersehen, daß Sie bei mir alles vortrefflich finden werden.“

Ich war andrer Meinung, hielt es aber nicht für nötig, das laut zu sagen, sondern erkundigte mich:

„Was werden Sie mir als Abendbrot vorsetzen, Don Geronimo?“

„Abendbrot?“ fuhr er überrascht auf und erklärte mir dann, indem er auf die Tasse zeigte: „Da steht es ja, das ist es.“

„Ah so! Was geben Sie als Frühstück?“

„Eine Tasse meiner unübertrefflichen Schokolade.“

„Als Mittagessen?“

„Wieder eine Tasse. Das ist das beste, was man genießen kann.“

„Wer aber Brot und Fleisch oder ähnliches haben will?“

„Der muß zum Bäcker und zum Fleischer gehen.“

„So sagen Sie, ob Sie Wein haben. Die Schokolade hilft nicht gegen den Durst.“

„Oh, ganz ausgezeichneten! Wollen Sie ein Glas?“

„Ja. Was kostet es?“

„Dreißig Centavos.“

Das war nach deutschem Geld ein halber Taler. Don Geronimo gab mir die Ehre, den Wein selbst zu holen, reichte ihn aber seiner Tochter anstatt mir. Señorita Felisa trank das Glas halb aus, ohne eine Miene zu verziehen, und gab es mir dann mit einem holdseligen Lächeln. Ich nahm einen kleinen Schluck, der einen sofortigen Hustenanfall zur Folge hatte. Der „Wein“ war die wahre Schwefelsäure.

„Trinken Sie langsam!“ warnte mich der Wirt. „Mein Wein ist viel zu stark für Sie, aus den köstlichsten Trauben gekeltert.“

„Ja, er ist mir allerdings zu stark, Don Geronimo“, hustete ich. „Erlauben Sie, daß ich zum Bäcker und zum Fleischer gehe!“

„So trinken Sie das Glas nicht vollends aus?“ fragte die Señorita.

„Nein. Ich habe leider allzu große Rücksicht auf meine Gesundheit zu nehmen.“

Da führte Felisa das Glas an ihren Rosenmund, leerte es, wieder ohne eine Miene zu verziehen, und bat mich dann zutraulich:

„Wenn Sie zum Bäcker und Fleischer gehen, so bringen Sie mir etwas mit, Don Carlos! Feine und aufmerksame Gäste pflegen das stets zu tun.“

Nicht übel! Vier und eine halbe Mark zahlen, dafür dreimal Mehl- und Honigwasser, einen Platz in der wahrscheinlich starkbevölkerten Hängematte und dazu die Familie des Wirts mit Lebensmitteln versorgen! *Meson de Madrid!* Das beste Hotel der Stadt! O Stadtschreiber, Stadtschreiber, deinen guten Rat und deine Empfehlung dieses Hauses in allen Ehren, aber ich will mich doch weiter umsehen!

Ich ging, ohne meine heimtückische Absicht zu verraten. Volle zwei Stunden lang beschäftigte ich mich mit der Suche nach einem bessern Unterkommen, gelangte aber schließlich zu der Überzeugung, daß der Stadtschreiber recht gehabt hatte; denn gegen die Höhlen, die ich sah, war *Meson de Madrid* ein Prachtpalast.

Nun hätte ich mich unbedingt neu einkleiden müssen. Aber durch die Anstrengungen der letzten Wochen war ich völlig erschöpft, so daß es mir vollkommen gleichgültig war, welchen Eindruck mein derzeitiger Anzug hervorrief. Ich kaufte also für einen Peso Fleisch, nahm vom Bäcker eine Anzahl platter Maiskuchen mit, die an Stelle unsres Brotes gegessen werden, und wurde wegen dieser Vorräte daheim mit großer Anerkennung empfangen. Die liebe Felisa nahm mir, ohne lange zu fragen, sofort alles ab und brannte das Herdfeuer an, um das Fleisch zu braten. Die drei Jungens bemächtigten sich der Maiskuchen, die sie wie Knochen zwischen den Zähnen zerknackten, und Doña Elvira richtete sich in der Hängematte empor, aus dem Schlummer geweckt durch den Bratenduft, der sich zu verbreiten begann. Leider konnte ich ihr Gesicht nicht erkennen, denn die einzige Lampe, die es gab, stand fern von ihr auf dem

Tisch, an dem ich Platz genommen hatte. Der Wirt gesellte sich in freundlicher Weise zu mir und schob mir die Dominosteine hin.

„Noch einige Spiele, bis wir essen, Don Carlos! Es gibt ja nichts andres zu tun."

Wir spielten also, bis gedeckt wurde, das heißt, bis Señorita Felisa mir ein Stück Fleisch ohne Teller und ohne alles, dafür aber mit ihrem sonnigsten Lächeln vorlegte. Die andern Stücke wanderten mit erstaunlicher Schnelligkeit ihrer Bestimmung entgegen, die leider nicht in meinem hungrigen Magen zu suchen war. Ich hatte mich, oder vielmehr man hatte mich aus dem Gast in den Gastgeber verwandelt.

Eben als ich nach dem letzten Bissen mein Messer am Ärmel abwischte und in den Gürtel zurückschob, kam der, dessen Erscheinen ich mit großer Neugier entgegengesehen hatte: der Mormone. Der Schein unsrer Lampe reichte bis zur Tür, und da ich ihr gegenübersaß, sah ich ihn eintreten. Er verbeugte sich gegen die Ecke hin, in der das Bild hing, griff mit den Fingerspitzen in den kleinen Weihwasserkessel und wandte sich erst dann zu uns, um kurz zu grüßen. Als er mich, einen Fremden, erblickte, blieb er für einige Augenblicke stehen, mich zu betrachten. Dann kam er mit raschen Schritten herbei, öffnete das Fremdenbuch, das noch auf dem Tisch lag, las rasch die mich betreffenden Aufzeichnungen und zog sich, gute Nacht wünschend, in das Dreivierteldunkel zurück, wo die Hängematten für die Gäste angebracht waren.

Das war so schnell geschehen, daß es mir unmöglich gewesen war, sein Gesicht zu betrachten. Jetzt zeigte es sich, welche Achtung er dem Wirt eingeflößt hatte, denn dieser sagte in unterdrücktem Ton zu den Seinen:

„Don Enriquo will schlafen. Legt euch nieder und macht keinen Lärm!"

Die vordre Tür wurde verriegelt, die rückwärtige, die in den Hof führte, blieb offen. Doña Elvira ließ ihren Oberkörper wieder niedersinken. Die Buben krabbelten in ihre große, breite Matte. Señorita Felisa reichte mir die Hand und suchte ihre hänfene Schlummerstätte auf. Der Wirt wünschte mir angenehme Ruhe, blies mir das Licht vor der Nase aus und kroch in seine Rettungsgürtelschaukel. Ich saß im Dunkeln und fühlte mich ein wenig verblüfft über diese Art, einem neuen Gast die „feinste" Aufmerksamkeit zu erweisen. Doch machte mir die Sache Spaß, und ich blieb noch eine Weile sitzen, unentschlossen, an welchem Ort ich mich dem Traum in die Arme werfen sollte. Bald vernahm ich das kräftige Schnarchen der lieblichen Tochter. Die Mutter stieß die Luft in regelmäßigen Zwischenräumen mit einem

Geräusch aus, wie es entsteht, wenn man eine Kerze löscht. Der Vater gab brummende Töne von sich, genau mit denen zu vergleichen, die eine summende Hummel verursacht — es schien mir unmöglich, bei einem solchen Konzert einzuschlafen. Darum verzichtete ich auf sämtliche Hängematten und begab mich in den Hof, um mein Strohlager wieder aufzusuchen. Der Hund knurrte mich zunächst an, schien mich dann aber als den zu erkennen, den er heut schon neben sich geduldet hatte, und beruhigte sich. Ich schob meine Gewehre, wovon ich mich nach alter Gewohnheit nicht trennen mochte, ins Maisstroh, legte mich nieder und erwachte erst, als der Morgen längst angebrochen war.

Als ich den Gastraum betrat, balgten sich die Buben rund um die Bänke. Doña Elvira lag noch oder schon wieder in ihrer Hängematte. Señorita Felisa kochte am Herd die köstliche Schokolade, die heut nicht nach verbranntem Mehl, sondern nach übergelaufenem Sirup roch, und der Wirt brachte eilends die Dominosteine herbei, um die gestrige Arbeit mit mir von neuem zu beginnen.

Der Mormone saß an einem Tisch und schien mein Erscheinen abgewartet zu haben, denn ich sah, daß er mich scharf beobachtete. Ich ließ ihn nicht merken, daß ich das gleiche auch mit ihm tat, doch wurde es mir schwer, das Auge von ihm zu wenden. Er war eine eigenartige Persönlichkeit.

Seine schlanke Gestalt war sorgfältig gekleidet und sein Gesicht glatt rasiert. Aber was für ein Gesicht war das! Bei seinem Anblick fielen mir sogleich jene seltsamen Züge ein, die der meisterhafte Stift Gustave Dorés dem Teufel verliehen hat. Die Ähnlichkeit war so groß, daß man hätte meinen mögen, der Mormone habe Doré zu dieser Zeichnung gesessen. Er konnte nicht viel über vierzig Jahre alt sein. Um seine hohe, breite Stirn rollten sich tiefschwarze Locken, die hinten fast bis auf die Schultern niederwallten; es war wirklich ein prächtiges Haar. Die großen, nachtdunklen Augen besaßen jenen mandelförmigen Schnitt, den die Natur für die Schönheiten des Orients bestimmt zu haben scheint. Die Nase war leicht gebogen und nicht zu scharf, die zitternde Bewegung ihrer hellrosagefärbten Flügel ließ auf eine lebhafte Gemütsart schließen. Der Mund glich fast dem einer Frau, war aber doch nicht weibisch oder weichlich geformt, seine etwas abwärtsgebogenen Winkel verrieten vielmehr einen festen Willen. Das Kinn war zart und doch zugleich kräftig gebaut, wie man es nur bei Personen findet, deren Geist den tierischen Trieben überlegen ist. Jeder einzelne Teil des Kopfs, dieses Gesichts war schön zu nennen, aber nur für sich betrachtet schön, denn in ihrer Gesamtheit fehlte diesen Teilen die Übereinstimmung. Wo aber der Zusammenklang fehlt, da kann von Schönheit nicht die Rede sein. Ich kann nicht sagen, ob es andern ebenso wie mir ergangen wäre: ich fühlte mich abgestoßen. Die Vereinigung einzelner schöner Formen zu einem Ganzen, dem der Gleichklang fehlte, machte auf mich den Eindruck des Widerwärtigen, der Häßlichkeit. Dazu kam noch eins. Die Ähnlichkeit mit dem Doréschen Bild war mir sofort aufgefallen. Je öfter ich den Mann ansah, desto deutlicher fühlte ich, daß sein Gesicht einem andern glich, das ich schon einmal irgendwo und irgendwann gesehen hatte, und zwar unter Umständen, die ihm keineswegs als Empfehlung dienen konnten. Ich sann und sann, vermochte mir aber weder über den Ort und die Zeit, noch über die Person, der dieses Gesicht angehörte, klar zu werden. Auch im Verlauf der nächsten Tage, an denen ich mit dem Mormonen regelmäßig des Morgens und des Abends zusammentraf, war es mir unmöglich, mich zu besinnen, obgleich ich je länger, desto mehr zu der Überzeugung kam, daß ich gewiß einem ihm sehr ähnlichen Menschen schon begegnet war, der sich entweder gegen mich selbst oder gegen eine mir befreundete Person feindlich verhalten hatte.

So oft Harry Melton mich sah, maß er mich mit scharfen Blicken. Wohl schien in seinen Augen nur der Ausdruck der Neugier zu liegen, doch konnte ich mich des Gefühls nicht erwehren, als bemühte er sich geflissentlich, mir nicht zu zeigen, daß ich keinen angenehmen Eindruck auf ihn machte.

Ich wartete, wie schon gesagt, auf eine Fahrgelegenheit, und er schien nach der Mitteilung, die der Wirt mir gemacht hatte, ein Schiff zu erwarten. Dennoch wandte ich mich nicht an ihn, um eine Erkundigung einzuziehen. Es war mir nämlich so, als könne ich nicht wieder von ihm loskommen, wenn ich einmal in Beziehung zu ihm getreten war. Es war ja klar, daß ich nur den Kapitän zu fragen brauchte, damit ich als Fahrgast an Bord gehen durfte. Aber es kam anders, als ich beabsichtigte. Als Melton am Abend des fünfzehnten Tages ins Gasthaus kam, suchte er nicht wie gewöhnlich seine Hängematte auf, sondern setzte sich zu uns, das heißt zum Wirt und mir, denn es verstand sich von selbst, daß wir beide wieder an der Tafel saßen und Domino spielten. Es war mir nach langen, vergeblichen Bemühungen endlich gelungen, den kleinen Geronimo eine Partie gewinnen zu lassen. Er zeigte sich sehr entzückt darüber und jubelte:

„Jetzt ist der Bann gebrochen, Don Carlos. Sie geben doch zu, daß ich eigentlich weit besser spiele als Sie, aber das Unglück hat mich bisher auf eine noch nicht dagewesene Weise verfolgt. Sie erwischten stets die besten Steine, während ich nur solche bekam, mit denen durchaus nichts anzufangen war. Nun aber soll es anders werden, und ich werde Ihnen zeigen, wie sehr ich Ihnen überlegen bin. Fangen wir gleich wieder ein neues Spiel an!“

Er wendete die Steine um und mischte sie zum neuen Spiel. Ich antwortete nicht und hatte die Absicht, ihn, wenn irgend möglich, auch die nächste Partie gewinnen zu lassen, da aber nahm der Mormone zum erstenmal das Wort.

„Was fällt Ihnen ein, Señor! Haben Sie denn nicht bemerkt, daß Ihr Gegner sich große Mühe gegeben hat, Fehler zu machen und Sie die Partie gewinnen zu lassen? Sie werden in Ihrem ganzen Leben nicht so spielen lernen wie er.“

Das war grob. Dazu kam, daß er sich des einfachen Ausdrucks Señor bedient hatte, wogegen der kleine Mann gewöhnt war, Don Geronimo genannt zu werden. So höflich der Wirt sonst war und so große Achtung er vor dem Mormonen hatte, jetzt gab er eine scharfe Antwort, worauf eine ebenso scharfe Gegenrede folgte. Die beiden gerieten in Streit, was zur Folge hatte, daß Geronimo die Steine einpackte und den Tisch verließ, um sich in seine Hängematte zu legen. Das Auge des Mormonen folgte ihm mit einem befriedigten Blick, woraus ich schloß, daß er den Streit vom Zaun gebrochen hatte, um den Wirt zu entfernen und mit mir allein zu sein.

Und wirklich, kaum hatte sich der Kleine in seiner Hängematte zusammengerollt, so wandte sich Melton an mich.

„Sie wohnen schon seit fünfzehn Tagen hier. Beabsichtigen Sie, in Guaymas zu bleiben?“

Er sprach nicht im Ton einer höflichen Erkundigung. Ich fühlte, daß er freundlich sein wollte, aber er brachte das nicht fertig, und so klang seine Frage wie die eines Vorgesetzten, der zu einer tief unter ihm stehenden Person spricht.

„Nein“, erwiderte ich. „Ich habe hier nichts zu suchen.“

„Wohin wollen Sie?“

„Vielleicht nach La Libertad.“

Ich nannte diese Stadt, weil in ihrer Nähe Lobos lag, wohin, wie ich gehört hatte, das von ihm erwartete Schiff segeln wollte.

„Woher kommen Sie?“ forschte Melton weiter.

„Von der Sierra Madre herunter.“

„Was haben Sie dort gemacht? Wohl Gold gesucht? Haben Sie welches gefunden?“

„Nein“, berichtete ich der Wahrheit gemäß, ohne auf seine Erkundigung weiter einzugehen.

„Das dachte ich mir. Man sieht es Ihnen an, daß Sie ein armer Teufel sind. Sie haben überhaupt ein sehr unglückliches Handwerk gewählt.“

„Wieso?"

„Nun, ich habe im Fremdenbuch gefunden, daß Sie *Escritor* sind, und weiß, daß es in diesem Fach meist nur arme Hungerleider gibt. Wie konnten Sie sich in diese Gegend wagen? Sie sind ein Deutscher. Wären Sie in ihrem Vaterland geblieben, so könnten Sie dort für Leute, die mit der Feder nicht umzugehen wissen, Briefe schreiben, Rechnungen anfertigen und sich durch ähnliche Arbeiten wenigstens so viel verdienen, daß Sie nicht zu hungern brauchten."

„Hm!" brummte ich, indem ich ihn nicht merken ließ, daß er mich belustigte, „das Briefschreiben ist kein so einträgliches Geschäft, wie Sie anzunehmen scheinen. Man kann dabei hungern, daß einem die Seele knackt."

„Und da haben Sie nichts andres gewußt, als in die Fremde zu gehen und Ihre Seele noch lauter knacken zu lassen? Nehmen Sie mir's nicht übel, aber das war eine Dummheit. Es hat nicht jeder solches Glück wie Ihr Namensvetter, der übrigens, bevor er in die Welt ging, ein gelernter Jäger und kein *Escritor* war."

„Ein Namensvetter von mir? Wen meinen Sie?" stellte ich mich verwundert.

„Ah, ich dachte, Sie wären schon einmal drüben in den Vereinigten Staaten gewesen, in den westlichen Prärien. Aber Ihre Frage sagt mir, daß es nicht der Fall ist, sonst hätten Sie doch von Old Shatterhand gehört."

„Old Shatterhand? Den Namen kenne ich. Ich habe, es war wohl in irgendeiner Zeitung, ein Reiseerlebnis gelesen, worin dieser Mann vorkam. Er scheint ein Präriejäger oder Pfadsucher, oder wie man diese Leute nennt, zu sein?"

„Das ist er allerdings. Ich weiß zufällig, daß er aus Deutschland stammt, und da Sie mit ihm den gleichen Namen haben, so kam ich im ersten Augenblick auf den Gedanken, in Ihnen diesen Old Shatterhand vor mir zu haben, habe aber meinen Irrtum bald erkannt. Ihre klägliche Lage erbarmt mich, und da ich ein gutes Herz besitze, will ich Ihnen auf die Beine helfen, vorausgesetzt, daß Sie soviel Verstand haben, das Rettungsseil, das ich Ihnen zuwerfe, zu ergreifen und festzuhalten."

Eigentlich hätte ich dem Mormonen ins Gesicht lachen sollen, behielt aber meine bescheidene Miene bei. Die hochmütige, selbstbewußte Ausdrucksweise Meltons hätte mich wohl ärgern können, aber es machte mir Spaß, ihn bei seiner Meinung zu lassen.

„Warum soll ich nicht soviel Verstand haben? Ich bin doch kein Kind, das eine ihm angebotene Wohltat nicht zu schätzen weiß."

„Gut! Wenn Sie auf meinen Vorschlag eingehen, sind Sie aller Sorge enthoben und ein gemachter Mann."

„Wenn ich das glauben könnte! Ich bitte Sie, mir diesen Vorschlag schleunigst mitzuteilen!“

„*Lento, lento* — nur gemach! Sagen Sie mir vorher, was Sie eigentlich in La Libertad wollen.“

„Arbeit suchen, mich nach irgendeiner Unterkunft umsehen. Da ich hier in Guaymas nichts gefunden habe, hoffe ich, dort glücklicher zu sein.“

„Sie irren sich. La Libertad liegt zwar auch an der See, ist aber trauriger als Guaymas. Hunderte von hungrigen Indianern lungern dort umher, ohne Arbeit zu finden, und Sie wären dort schlimmer dran als hier. Es ist ein wahres Glück für Sie, daß die Vorsehung Sie auf meinen Weg geführt hat. Sie werden gehört haben, daß ich zu den Heiligen der letzten Tage gehöre. Meine Religion gebietet mir, jedes Schaf, das ich in der Wüste finde, zum blühenden Gefilde des Glücks zu bringen, und so ist es meine Pflicht, mich Ihrer anzunehmen. Sprechen und schreiben Sie Englisch?“

„Leidlich.“

„Das genügt. Und schreiben Sie Spanisch vielleicht auch so, wie Sie es sprechen?“

„Ja, aber in die Zeichensetzung kann ich mich nicht recht finden, weil im Spanischen die Frage- und Ausrufezeichen nicht nur hinter, sondern auch vor dem Satz stehen.“

„Das wird sich schon noch machen“, lächelte Harry Melton von oben herab. „Ich verlange keine Meisterschaft von Ihnen. Haben Sie Lust, *Tenedor de libros*[1] zu werden?“

Der Mormone fragte das mit einer Miene, als böte er mir damit ein Fürstentum an. Darum antwortete ich freudig:

„*Tenedor de libros?* Wie gern würde ich so eine Stelle annehmen, aber ich bin nicht Kaufmann. Zwar habe ich gehört, daß es eine einfache und eine doppelte Buchführung geben soll, aber ich verstehe nichts davon.“

„Das ist auch nicht nötig, denn Sie sollen nicht bei einem Kaufmann, sondern auf einer Hacienda angestellt werden. Zwar kann ich die Höhe Ihrer Besoldung nicht bestimmen, da das Sache des Haciendero ist, aber ich gebe Ihnen die Versicherung, daß Sie sich gut verstehen werden. Sie haben alles frei, und ich bin überzeugt, daß Sie monatlich nicht unter hundert Pesos erhalten werden. Hier ist meine Hand. Schlagen Sie ein, und dann fertigen wir gleich heut abend noch den Vertrag darüber aus!“

Melton hielt mir seine Hand hin. Ich hob die meine, als wollte ich einschlagen, zog sie aber langsam wieder zurück.

„Ist es denn wirklich Ihr Ernst, oder scherzen Sie nur mit mir? Es erscheint mir als ein Wunder, daß Sie einem fremden

[1] Buchhalter

Menschen, der kaum seine Blöße decken kann, ein so großartiges Anerbieten machen."

„Es ist auch beinah ein Wunder, und darum rate ich Ihnen, schleunigst zuzugreifen."

„Das will ich wohl, wie Sie sich denken können, doch möchte ich vorher etwas Näheres erfahren. Wo liegt denn die Hacienda, zu der Sie mich schicken wollen?"

„Nicht schicken will ich Sie, sondern ich werde Sie hinbringen."

„Das ist mir noch lieber. Kostet die Reise viel Geld?"

„Sie brauchen keinen Centavo auszugeben, denn ich bezahle alles. Sobald Sie Ihre Zusage erteilt haben, sind Sie nicht nur von jeder Ausgabe entbunden, sondern ich bin sogar erbötig, Ihnen eine *Prenda*[1] auszuzahlen. Der Haciendero ist mein Freund. Er heißt Don Timoteo Pruchillo und ist der Besitzer der Hacienda del Arroyo jenseits von Ures. Man fährt von hier mit dem Schiff nach Lobos und hat dann bis zum Ziel einen herrlichen Landweg, eine kurze, sehr angenehme Reise, auf der Sie viel Unterhaltung und Belehrung finden werden, zumal es dabei zahlreiche Gesellschaft aus Ihrem Vaterland geben wird."

„Wieso das? Gesellschaft aus meinem Vaterland?"

„Ja. Der Indianer ist kein ausdauernder und zuverlässiger Arbeiter, darum mangelt es hier an Personen, die zu der Beschäftigung, wie eine Hacienda sie erfordert, tauglich sind. Don Timoteo hat sich deshalb Leute aus Deutschland verschrieben. Es sind gegen vierzig Arbeiter, die morgen hier ankommen werden und zum großen Teil auch ihre Frauen und Kinder mitbringen. Sie haben die Verträge unterzeichnet und sind so gestellt, daß sie in kurzer Zeit wohlhabende Leute sein werden. Der Haciendero hat mich gesandt, sie hier zu empfangen und über Lobos ihm zuzuführen."

„Aus welcher Gegend Deutschlands kommen sie?"

„Das weiß ich nicht, aber ich vermute, daß sie aus der Gegend von Polonia oder Pommerania sind. Ich glaube, die Stadt, aus deren Umgebung sie stammen, wird Cobili genannt."

„Eine Stadt dieses Namens gibt es dort nicht. Hm! Pommern oder Polen! Meinen Sie vielleicht Kobylin[2]?"

„Ja, ja, so wie Sie sagen, wird er richtig klingen. Unser Vermittler hat die Leute nach Hamburg auf das Schiff gebracht. Der große Dampfer hat sie in San Francisco gelandet, von wo aus sie morgen auf einem kleinen Segelschiff hier ankommen werden. Das Fahrzeug legt hier nur an, um mich aufzunehmen, und segelt dann wieder ab. Wenn Sie sich noch besinnen wollen, so kann ich Ihnen nur Zeit bis morgen früh geben. Haben Sie

[1] Angeld, Draufgeld [2] Stadt im Bezirk Posen

sich dann noch nicht entschieden, so ziehe ich meinen Antrag zurück, und Sie können dann so lang hier sitzenbleiben, wie es Ihnen beliebt."

„Hoffentlich würde mich der Kapitän mit bis Lobos nehmen?"

„Nein, selbst gegen die beste Bezahlung nicht, da das Schiff nur für diese Auswanderer gemietet ist und keine Fahrgäste aufnehmen darf. Weshalb also noch lang überlegen? Es wäre gradezu Verrücktheit von Ihnen, mich mit meinem Anerbieten abzuweisen."

Melton sah mich erwartungsvoll an, sichtlich überzeugt, eine zusagende Antwort zu bekommen. Ich befand mich in Verlegenheit. Es war meine Absicht gewesen, ihn erst reden zu lassen und dann auszulachen; davon mußte ich nun aber absehen. Wie wollte ich sonst von hier fortkommen? Schon aus diesem Grund war es geboten, ihm keine abschlägige Antwort zu erteilen. Es gab aber auch noch eine andre Veranlassung für mich, die Fahrt mit ihm zu machen. Er erwartete Landsleute von mir, wahrscheinlich aus der Provinz Posen stammend und durch irgendeinen Vertrag herübergelockt. Mußte mich dieser Umstand schon lebhaft für sie einnehmen, so kam noch hinzu, daß mir die Richtung auffiel, die er mit ihnen einschlagen wollte. Ich wußte, daß Ures, in dessen Nähe die Hacienda zu suchen sein sollte, am Rio Sonora liegt. Der kürzeste und bequemste Weg hätte also zunächst den Sonorafluß aufwärts über Hermosillo geführt, der Mormone wollte aber bis Lobos, also wohl dreißig Leguas[1], weitersegeln. Den Landweg von dort aus hatte er mir zwar als reizend beschrieben, doch vermutete ich, daß er mich damit belogen hatte. Selbst wenn er die Wahrheit gesagt hatte, so handelte es sich um einen so bedeutenden Umweg, daß ich einen besonderen Grund dahinter ahnte, und da man einen solchen Umweg nicht umsonst mit Leuten macht, die Frauen und Kinder bei sich haben, so glaubte ich, annehmen zu müssen, daß dieser Grund nicht lauter sei. Es war mir infolgedessen der Gedanke gekommen, daß den Auswanderern irgendeine Gefahr drohe, und ich fühlte das Bedürfnis, diese Gefahr zu erforschen und meine Landsleute zu warnen. Das konnte ich jedoch nicht, wenn ich in Guaymas sitzenblieb. Ich mußte also mit. Aber wie? Binden wollte ich mich keinesfalls, am allerwenigsten durch einen schriftlichen Vertrag. Überdies war mir auch der Umstand verdächtig, daß der Mormone mir, den er für einen heruntergekommenen Menschen hielt, eine so gute Anstellung an den Hals werfen wollte. Schon das setzte eine Absicht voraus, die ich leider jetzt noch nicht durchschauen konnte: ich mußte Zeit zu gewinnen suchen. Darum antwortete ich ausweichend.

[1] Eine Legua = 6'368 km; also rund 170 km

„Sie haben recht, Don Enriquo. Es wäre die abscheulichste Undankbarkeit gegen Sie, wenn ich Ihre Güte zurückweisen wollte. Ich würde darum augenblicklich ja sagen, wenn ich mich nicht gezwungen sähe, ein sehr begründetes Bedenken dagegen zu hegen."

„Ein Bedenken? Möchte doch wissen, welcher Art das sein könnte."

„Ich habe noch nie ein Buch geführt und noch nie auf einer Hacienda gelebt. Ich zweifle also, den Ansprüchen des Haciendero genügen zu können."

„Schweigen Sie doch damit!" unterbrach er mich. „Ich habe Ihnen ja gesagt, daß es eine wahre Kinderarbeit ist, die Sie zu leisten haben, eine reine Spielerei. Sie tragen ein, was in den Apfelsinengärten und auf den Feldern geerntet wird und welchen Preis Don Timoteo dafür bekommt. Sie schreiben ferner auf, wieviel junge Füllen und wieviel Kälber zur Welt kommen. Das ist die ganze Arbeit, die man von Ihnen verlangt."

„Und dafür soll ich freies Leben und monatlich hundert Pesos erhalten?" — „Wenigstens hundert."

„So möchte ich allerdings in Ihre Hand schlagen, aber ich will doch lieber erst sehen, ob ich eine solche Bezahlung auch verdiene."

„Damit beweisen Sie, daß Sie ein Deutscher sind. Als einem Heiligen der letzten Tage geht mir Gottesfurcht und Rechtschaffenheit über alles, Sie aber treiben die Ehrlichkeit zu weit."

„Mag sein, Don Enriquo, doch wollen Sie bemerken, daß ich Ihr Anerbieten nicht zurückweise. Ich gehe mit, kann mich aber erst dann vollständig binden, wenn ich zu der Einsicht gelange, daß ich das, was man mir zahlt, auch wirklich beanspruchen darf."

„Wenn Sie nicht anders wollen, so mag es auch in dieser Weise sein. Aber wie steht es denn mit Ihrer Kasse, auf deren Boden Sie wohl angelangt sein werden? Da Sie nur bedingungsweise mitgehen, sind Sie nicht fest angenommen, und ich habe nicht die Pflicht, für Sie zu zahlen. Freie Fahrt auf dem Schiff ist alles, was ich Ihnen unter diesen Umständen bieten kann."

„Ich bin zufrieden damit und habe glücklicherweise noch einige Pesos, die wohl ausreichen werden, bis wir auf der Hacienda eintreffen."

„Aber in Ihrem jetzigen Aufzug kann ich Sie unmöglich mitnehmen. Können Sie einen neuen Anzug erschwingen?"

„Ja, denn bei der jetzigen Hitze kauft man nur, was leicht und billig ist."

„So besorgen Sie das morgen mit dem Frühesten, damit ich nicht auf Sie zu warten brauche. — Gute Nacht!"

Harry Melton nickte mir kurz zu und ging, ohne mir die

Hand zu reichen, zu seiner Hängematte. Die Kinder schliefen schon. Señorita Felisa schnarchte, Doña Elvira pustete, und der kleine Geronimo gab im ersten Schlummer Töne von sich, die denen einer nicht geölten Türangel glichen. Ich blies also das Licht aus und suchte den Hof und mein Maisstrohlager auf, wo mich der Hund, der sich an mich gewöhnt hatte, mit freundlichem Händelecken empfing.

Obgleich ich am andern Morgen zeitig erwachte und ins Gastzimmer kam, als die Wirtsfamilie noch schlief und sich in der angegebenen Weise klangvoll beschäftigte, hatte der Mormone das Gasthaus schon verlassen. Wo hielt er sich während des ganzen Tags auf? Niemand wußte es. Auch das war auffällig, denn wer auf ehrlichen Wegen geht, braucht sein Tun nicht in ein solches Dunkel zu hüllen.

Nachdem ich Señorita Felisa geweckt hatte, um zu der berühmten Morgenschokolode zu kommen, machte ich, der ich so manche Tasse genossen hatte, die nun leider zu späte Entdeckung, daß die Liebliche das Getränk mit dem Wasser bereitete, womit sie ihre zarten Finger und ihr reizendes Gesicht gewaschen hatte. Ich zollte dieser häuslichen und ganz im Verborgenen blühenden Sparsamkeit meine Anerkennung, indem ich vorgab, Magenweh zu haben und darum auf die Schokolade verzichten zu müssen. Die Señorita beglückte mich mit einem zärtlichen Augenaufschlag, führte die Tasse an den Mund, trank sie aus, wischte sich mit der Außenseite der Hand die blühenden Lippen und sagte in tief zu Herzen dringendem Ton:

„Don Carlos, Sie sind der feinste Caballero, der je bei uns eingekehrt ist, und werden, wenn Sie heiraten, Ihre Señora glücklich machen. Jammerschade, daß Sie abreisen. Könnten Sie denn nicht hierbleiben?"

„Wünschen Sie das vielleicht?" fragte ich neckisch.

„Ja", antwortete Felisa unter einem leichten Erröten.

„Und was ist die Ursache dieses Wunsches, Señorita? Das Glück, von dem Sie soeben sprachen, oder die Schokolade, die ich Ihnen so gern abgetreten habe?"

„Beides", hauchte sie mit entzückender Wahrheitsliebe.

Wahrscheinlich erwartete das Mädchen, daß ich den Anfang dieses Morgengesprächs zu einem glücklichen Ende führen würde. Leider aber hielt ich die Anschaffung eines neuen Anzugs für weit dringlicher als eine Stegreifverlobung und ging, einen *Ropero*[1] aufzusuchen. Sein Laden glich einer wahren Trödlerbude, doch fand ich glücklicherweise, was ich suchte, Hose, Weste und Jacke von ungebleichtem Linnen und einen Strohhut, dessen Krempe so breit war, daß, falls ich auf die

[1] Kleiderhändler

Absicht der Señorita Felisa eingegangen wäre, ich mit ihr und sämtlichen Hochzeitsgästen darunter Platz gefunden hätte. Ich kaufte noch ein Stück billiger Leinwand, um mir eine Hülle für meine beiden Gewehre anzufertigen. Das hatte seinen guten Grund: der Mormone sollte mich noch einige Zeit für den Menschen halten, für den er mich bisher eingeschätzt hatte. Da er viel von Old Shatterhand gehört zu haben schien, war es leicht möglich, daß er auch wußte, was für Gewehre dieser Mann bei sich führte, und darum sollte er sie wenigstens nicht genau zu sehen bekommen. Auch ein Paar derbe Lederschuhe kaufte ich mir. Als ich dann, mit solcher Vornehmheit ausgestattet, in das Gasthaus zurückkehrte, schlug Don Geronimo vor Verwunderung die Hände zusammen.

„Was erblicke ich! Sind Sie plötzlich reich geworden? Sie können sich ruhig an der Seite jedes altkastilianischen Edelmanns blicken lassen, Don Carlos. Leider sind Sie fest entschlossen abzureisen; aber hätte ich Sie eher in dieser Kleidung gesehen, so hätte ich Ihnen eine Stelle als Majordomo meines Hauses angeboten, und vielleicht wären Sie sogar Teilhaber geworden."

Mein Anblick schien wirklich bezaubernd zu sein, denn Señorita Felisa legte die Hand aufs Herz und ließ einen tiefatmigen Puster hören, und selbst Doña Elvira richtete sich ein wenig in ihrer Hängematte auf, um mir einen Blick zu schenken und dann mit einem beifälligen Seufzen wieder niederzusinken. Ich schien ein der Damenwelt höchst gefährliches Wesen geworden zu sein, und da ich das unmöglich auf Rechnung meiner innern oder äußern Vorzüge setzen konnte, so war ich geneigt, dem Leinenanzug, der nach deutschem Geld elf Mark gekostet hatte, Zauberkraft zuzuschreiben. Leider blieb er mir nur kurze Zeit treu, da er sehr bald aus den Nähten ging und sich in den verschiedensten Fetzen und Stücken in die verschiedensten Windrichtungen verlor. Ich hätte mir gewiß etwas Besseres und Haltbareres angeschafft, wollte aber Harry Melton nicht wissen lassen, daß ich die Mittel dazu besaß.

Es war gegen Mittag, als der Mormone ins Gasthaus kam, mich abzuholen, denn das Schiff war eingetroffen. Es hatte, ohne in den Hafen einzusegeln, auf offner See beigedreht. Wir mußten uns also eines Bootes bedienen, damit wir an Bord gelangten.

2. *Auf dem Auswandererschiff*

Der Abschied von meinen freundlichen Wirtsleuten war rührend. Don Geronimo beging die Heldentat, mir sein Dominospiel als Andenken anzubieten, und schluchzte vor Wonne, als ich dieses Opfer nicht annahm. Die drei Buben sagten mir ade, indem sie meine Beine umschlangen und ihre Nasen in meine neue Hose wischten. Señorita Felisa wollte ihr Taschentuch an die Augen führen, da sie aber an seiner Stelle augenblicklich nur den schwarzen Herdlappen in der Hand hatte, so rieb sie sich die Traurigkeit mit Ruß ins tränende Gesicht, was auf mich einen weit tiefern Eindruck machte, als wenn sie sich eines wirklichen Nastüchleins bedient hätte. Und Doña Elvira richtete sich so weit auf, daß ich beinah ihr Gesicht gesehen hätte, und winkte mir mit der müden Rechten Lebewohl zu. Für den Hund hatte ich ein Stück Wurst mitgebracht, das ich ihm zum Abschied verehren wollte, da ich Gründe hatte anzunehmen, daß er nie im Leben so etwas gekostet hatte. Geronimo und Felisa gingen mit in den Hof. Als ich die Wurst aus der Tasche zog und sie dem Hund hinhielt, schnappte aber die Señorita noch eher zu als er. Sie riß mir die Liebesgabe aus der Hand und schmollte:

„Was tun Sie da, Don Carlos! Ich glaube gar, Sie wollen diesen Leckerbissen an das Tier verschwenden. Er gehört mir, und ich werde ihn in der Erinnerung an Sie verspeisen."

Felisa gab der Erinnerung aber keine Zeit, in ihr Recht zu treten, sondern biß sofort tapfer ein, was ihren Vater veranlaßte, einen schnellen Griff zu tun, um ihr die Wurst zu entreißen und an der Erinnerung teilzunehmen. Sie entfloh mit einem Schrekkensruf, und er rannte hinter ihr her, was mir Gelegenheit gab, das gastliche Haus ohne weitere Angriffe auf meine Wurst und mein Herz zu verlassen. Der Hund mußte sich nun freilich mit einem Streicheln zufrieden geben, was allerdings weniger nahrhaft war als das ihm so räuberisch entzogene Abschiedsgeschenk. Dann eilte ich zu Melton, der vor dem Haus auf mich wartete, und schritt mit ihm dem Hafen zu, wo wir ein Boot bestiegen, um uns zum Schiff rudern zu lassen.

Dieses war ein kleiner Schoner, wie ihn damals nur die Yankees zu bauen verstanden. Ein schneller Segler und mit soviel Leinwand an den Masten, daß er selbst bei der flauesten Luft nicht festzuliegen brauchte. Als wir an der Seite des Schoners anlegten und man uns das Fallreep zuwarf, sahen viele Köpfe über Bord, um uns in Augenschein zu nehmen. Wir stiegen empor. Die erste Person, die ich erblickte, als ich das Deck betrat, war ein vielleicht achtzehnjähriges, schmuck gekleidetes Mädchen mit orientalischen Zügen von ungewöhnlicher Schönheit. Es trug Schnürstiefel, weiße Strümpfe, roten, mit dunklem Samt umsäumten Rock und ein blaues Mieder, das mit silbernen Hefteln und einer ebensolchen Kette geschmückt war. Ein kleines, mit einer Feder verziertes Hütchen saß auf dem vollen, in zwei Zöpfen herabhängenden Haar. Diese Kleidung paßte wohl mehr auf einen Maskenball als hierher auf das Deck eines amerikanischen Beförderungsschiffs für Auswanderer. Neben dem Mädchen stand ein hagerer, ältlicher Mann, dessen Gesicht ausgesprochen jüdisches Gepräge zeigte. Sein Anzug ließ keinen Zweifel darüber aufkommen, daß er ein polnischer Hebräer war. Als sein Blick auf den Mormonen fiel, entfuhr ihm unwillkürlich der halblaute Ausruf „*Djabel!*" Obgleich ich der polnischen Sprache nicht mächtig bin und nur wenige Worte daraus kenne, wußte ich, daß dieser Ausruf „der Teufel" bedeutete. Der Mormone machte also auf den Juden den gleichen Eindruck wie auf mich, obwohl sein Gesicht keine Spur von dem besaß, was sich der ungebildete Mann unter „teuflisch" denkt.

Die andern Reisenden waren arme Leute, wie man sogleich auf den ersten Blick bemerken konnte. Sie wußten, daß ihr nunmehriger Führer an Bord kam, und betrachteten Melton mit neugierigen Augen. Mich selber konnten sie nicht für den Erwarteten halten, dazu war mein Äußeres viel zu anspruchslos. Der Kapitän kannte Melton jedenfalls, denn er kam ihm entgegen und begrüßte ihn mit einem Händeschütteln, das man nicht für Unbekannte hat. Sie begaben sich beide auf das Achterdeck, um sich die für den ersten Augenblick nötigen Mitteilungen zu machen. Ich schlenderte zur Seite, lehnte meine im leinenen Überzug steckenden Gewehre an den Mast und setzte mich auf eine in der Nähe liegende Taurolle. Als ich die Reisenden zählte, fand ich, daß es achtunddreißig Männer und Burschen, vierzehn Frauen und erwachsene Mädchen und elf Kinder, also im ganzen dreiundsechzig Menschen waren.

Nachdem sich ihre Augen genugsam mit dem Mormonen beschäftigt hatten, richteten sie ihre Aufmerksamkeit auf mich. Ich sah, daß sie ihre Meinungen über meine Person austauschten. Sie wußten nicht, für wen oder was sie mich nehmen sollten, und beauftragten, um ins reine zu kommen, den Juden, mich zu fragen. Er trat zu mir, lüftete die schwarzseidne Kappe, die sein spärliches Haar bedeckte, und redete mich mit einem Gemisch von spanischen und englischen Worten an, die er wohl während der Reise aufgelesen hatte, die ich aber nicht zu verstehen vermochte. Deshalb unterbrach ich seine Bemühung, sich mir begreiflich zu machen, durch die Frage:

„Kommen Sie vielleicht aus der Gegend von Kobylin in Posen?"

„*Si, si* — ja, ja!" antwortete er rasch, indem sein Gesicht den Ausdruck der Überraschung annahm.

„So werden Sie wahrscheinlich der deutschen Sprache mächtig sein und haben es nicht nötig, sich in fremden Zungen abzuquälen."

„Gott meiner Väter!“ rief er aus, und schlug die Hände zusammen. „So werde ich also haben die Freude neben der Ehre, in Ihnen kennengelernt zu werden einen Herrn von der Abstammung germanischer Hergekommenheit?“

„Ja, ich bin ein Deutscher“, nickte ich, ein wenig verwundert über die Art und Weise, wie er sich meiner Muttersprache bediente.

„Das freut mich in der Tiefe meiner Seele! Darf ich nehmen mir zu ergreifen die Erlaubnis der Frage, in welchem Land und Regierungsbezirk Sie haben erlebt das Vergnügen der Geburt Ihrer werten Persönlichkeit?“ — „Ich bin Sachse.“

„Sehr gut, sehr schön! Ich kenne und habe lieb Ihr Vaterland, da ich bin gekommen zu reisen oft nach Leipzig zur Messe, um zu ergreifen auf dem Brühl und vielen andern Straßen die Gelegenheiten des Handels und des Gewerbes. Nehmen Sie die veranlaßte Gewogenheit, daß ich bin Handelsmann von Kindesbeinen an, und haben Sie die Güte, mir zu machen die mitgeteilte Aufklärung, welcher Art von Geschäft Sie haben gehabt zu ergreifen die Freundlichkeit.“

„Ich bin das, was Sie im Polnischen mit *Prywatny uczony*[1] bezeichnen. Ein Geschäft treibe ich nicht, sondern bin in die Fremde gegangen, um Studien zu machen. Dabei kann es vorkommen, daß einem die Mittel knapp werden. Das ist gegenwärtig bei mir der Fall, so daß ich mich veranlaßt sehe, zur Hacienda del Arroyo zu gehen, um dort Arbeit und Verdienst zu suchen.“

Ich sagte so, weil ich es nicht für nötig hielt, ihm sofort die Wahrheit mitzuteilen.

„So haben Sie die Absicht des Willens, zu reisen nach derselben Hacienda, die ist der gezielte Endpunkt unsrer Fahrt und wo wir haben genommen eine Anstellung auf eine Reihe von Jahren des Verdienstes und der Sparsamkeit. Hat man auch Ihnen gegeben festen Verdienst und gesagt die Mitteilung, welcher Art wird sein Ihre berufliche Tätigkeit?“

„Man hat mir die Stelle eines Buchhalters angeboten, doch habe ich noch nicht fest zugesagt. Ich werde mich erst dann entscheiden, wenn ich die Verhältnisse dort kennengelernt habe.“

„Buchhalter? Das ist eine feine Anstellung. Sie werden da gehören zu den Vorgesetzten der Arbeiter, und ich werde mir erlauben, Ihnen zu geben, hochgeehrter Herr, ein Perzent, zwei Perzent, ja sogar drei Perzent Vergütung bei allem, was Sie werden kaufen zu entnehmen aus meinem Geschäft.“

„Wie? Sie wollen ein Geschäft, vielleicht einen Laden auf der Hacienda anlegen?“

[1] Privatgelehrter

„Ja. Fällt doch ab drüben im alten Land ein so geringer Gewinn, daß man muß schnallen den Leibriemen von Tag zu Tag immer enger, wogegen in Amerika, was hier Mexico und Sonora heißt, die Pesos und Dollars liegen geradezu auf der Straße für den, der Augen hat, sie zu finden, um sie zu entdecken."

„Hm! Von wem haben Sie das gehört?"

„Von dem Vermittler, der ist gekommen uns anzuwerben, und ist gewesen ein Mann von großer Erfahrung und kenntnisreicher Geisteskraft."

„So! Nun ja, der Herr muß ja die Verhältnisse kennen; dagegen läßt sich nichts sagen. Hat er mit jedem von Ihnen einen schriftlichen Vertrag gemacht?"

„Er hat ausgefertigt zu schreiben für jeden einzelnen ein Papier mit Stempel und unterschriftlichen Namenszügen. Er hat uns gebracht in den Hafen, um zu besteigen das Schiff als Fahrzeug für das große Meer der Welt. Wir sind gefahren um die amerikanische Spitze der südlichen Erdhälfte, was gewährt hat viele, viele Wochen lang, bis wir gekommen sind einzulaufen und anzulegen in San Francisco, wo man uns hat gebracht auf dieses kleinere Schiff, hier aufzunehmen den Führer und dann zu landen in Lobos, wo anfangen wird zu beginnen ein neues, besseres Leben der Ansammlung von Vermögen, Zins und Zinseszins."

„Was sind Ihre Reisegefährten drüben gewesen?"

„Sie haben gehabt entweder den Beruf eines Handwerks oder den Besitz eines kleinen Pachts oder Häuschens mit Feld- und Gartenbeeten. Wenn vergangen sein werden einige Jahre, wird jeder besitzen eine Hacienda mit großmächtigen Anpflanzungen und Weideplätzen. Das hat gesagt und beschworen der Vermittler und hat mir gegeben ein Buch, worin es steht deutlich abgedruckt. Die Gesellschaft ist getreten zusammen, um zu wählen und zu erklären mich als ihr Oberhaupt, was später wird werden genannt der Bürgermeister der Hacienda del Arroyo. Wenn Sie dann empfinden einen Wunsch oder eine Bitte, so dürfen Sie getrost sich wenden an mich, worauf ich werde sein Ihnen gern zu Diensten mit Bereitwilligkeit."

„Haben Sie Familie mit?"

„Nur meine Tochter. Rebekka, meine Traute, ist schon vor vier Jahren gegangen zu sterben von der Erde hinweg, so daß ich nur noch habe Judith, das Kind unsrer Ehe und die einzige Tochter meiner Seele. Dort steht sie und schaut her. Sie ist ein Mädchen, schön von Gestalt und lieblich von Gemüt. Den Körper hat sie geerbt von der Mutter und die Stärke des Geistes vom Vater. Sie ist schon jetzt die Erbin meiner Habe und wird bald sein eine so reiche Dame, daß die feinen Herrn werden ausstrecken alle Hände und Finger, um zu werden der Bräutigam meines schönen Kindes. Sie wird sich heraussuchen den Feinsten und Vornehmsten, der besitzt den Adel der Familie und des Vermögens. Was wird sein gegen einen solchen Eidam der Herkules, der ihr ist gefolgt, ihr nachzulaufen bis Mexico, obgleich er ist andern Glaubens und kaum besitzt den zehnten Teil des Geldes, das ich könnte geben, Judith, meiner Seele, schon am heutigen Tag, wenn ich wollte.“

„Der Herkules? Wen meinen Sie?“

„Den Vagabunden, der lehnt da vorn am Spriet des Buges und kein Auge verwendet von ihr, die doch nichts mehr von ihm wissen mag.“

„Nichts mehr? So ist sie also früher anders gesinnt gewesen?“

„Zum großen Leiden meines Herzens, ja. Sie ist gewesen auf Besuch in der Stadt Posen bei der Tochter des Bruders meiner Mutter. Sie haben gekauft Karten, um zu gehen in die Vorstellung des Zirkus, wo man hat sehen können zu beschauen die gewaltige Kraft eines Herkules, der hat gespielt mit dem Gewicht von eisernen Stangen und Zentnerkugeln. Der Herkules und meine schöne Tochter haben einander gesehen und einander geliebt. Sie hat ihm versprochen ihre Hand ohne mein Wissen, und er hat gründen wollen nun selber einen Zirkus, um zu werden selbständig und ein berühmter Direktor darin. Als ich habe erfahren diese Angelegenheit, bin ich geworden beinah getroffen vom Schlag meiner Nerven und habe gegeben der Tochter böse und gute Worte, um ihr abzuraten von diesem Handel, der nichts bringen konnte als nur fünfhundert Perzent Verlust. Meine Bitten und Drohungen sind gewesen von fruchtloser Vergeblichkeit, denn sie hat gehangen an dem Herkules mit hartnäckiger Festigkeit, bis gekommen ist ein Leutnant von vornehmer Gestalt mit rotem Kragen und blitzenden Knöpfen. Vor seinem Namen ist gesessen ein großes ‚von‘, und als er ihr angeboten hat seine Hand und sein Herz, ist gegangen pleite der Herkules mit seinen Hoffnungen. Als aber der Leutnant immer hat verzögert die Verlobung und wir haben erfahren, daß er fast muß ersticken in Schulden, hat sie auch ihm gegeben den Abschied und sich stolz gewendet von ihm ab. Da kam der Vermittler der Auswanderung, und als er schilderte das herrliche Land Mexico, wo die Minen stecken voll Gold und Silber und die Caballeros reiten mit roten Schabracken auf prächtigen Pferden, wo die Damen liegen in Hängematten und rauchen duftende Zigaretten, da hat Judith, meine einzige, von nichts geträumt als von diesem Land, um zu werden auch eine Doña in der Hängematte, und ich habe ihr getan den Willen, zu verkaufen drüben mein Haus und mein Geschäft und hier zu werden ein Mann von Einfluß und großem Vermögen. Da Sie mitkommen nach der Hacienda del Arroyo, werden Sie sehen wachsen meine Bedeutung und mein Gewicht. Der Herkules aber, als er erfahren hat, daß wir reisen über die See, ist gegangen auch zum Vermittler und hat unterzeichnet den Vertrag, um zu bleiben in der Nähe seiner Angebeteten und sie zu erhalten doch zum Weib. Er hat genommen seine Ersparnisse, hat sich heimlich entfernt aus seiner Stellung, und als wir gekommen sind aufs Schiff, haben wir uns geärgert, zu sehen diesen Menschen als Mitreisenden und Gefährten in das Land, wo nicht nur Milch und Honig, sondern sogar Gold und Silber fließt, um zu laufen in die Taschen dessen, der es versteht, sie zu öffnen am richtigen Ort und zur rechten Zeit. Wenn Sie wünschen, zu werden vorgestellt der Tochter meines Herzens, so können Sie jetzt treten mit hin zu ihr, doch müssen Sie mir geben vorher im Vertrauen Ihr Versprechen, daß Sie wollen leisten Verzicht auf den Versuch, zu gewinnen ihr Herz und ihre Liebe, ihre Hand und ihr Vermögen."

Der alte Mann war ein vollkommener Narr, ein Schwächling gegen seine Tochter, deren Gefallsucht und Eitelkeit nur mit ihrer Gewissenlosigkeit verglichen werden konnte. Dennoch wollte ich ihn nicht gern durch eine abweisende Antwort beleidigen, hatte aber auch keine Lust, „mich ihr vorstellen zu lassen". Da kam mir der Mormone eben recht, der mich zu sich winkte, um mir zu sagen, daß mir mein Platz im Schiff angewiesen werden solle.

Es gab da unter Deck kleine Kabinen, die für je zwei Personen eingerichtet waren. Der Kajütenwärter führte mich in die meinige, wo schon ein Platz belegt war.

„Mit wem wohne ich da zusammen?" fragte ich.

„Mit dem langen, starken Deutschen, den man den Herkules nennt", lautete die Antwort.

„Was für ein Kumpan ist dieser Mann?"

„Er ist sehr ruhig. Sie können keinen bessern Gefährten finden. Der arme Teufel scheint es auf die schöne Jüdin abgesehen zu haben, denn er verwendet kein Auge von ihr, obgleich sie sich nicht um ihn bekümmert."

Diese Auskunft befriedigte mich. Es war ein Unsinn von dem Kraftmenschen, diesem Mädchen nachzulaufen, aber er schien von ehrenhaftem Wesen zu sein. Überdies war er besser und reinlicher gekleidet als die andern, hatte trotz seines zur Leichtlebigkeit verführenden Gewerbs Ersparnisse gemacht, was ihm zur Empfehlung gereichte, und so glaubte ich, die kurze Zeit bis Lobos mit ihm auskommen zu können.

Da die Fensterluke geöffnet war, war in der Kabine ein angenehmerer Aufenthalt als oben auf Deck, wo man nur wenig

Schutz gegen die Glut der brennenden Sonne fand. Darum streckte ich mich auf die einfache Koje aus und blieb bis auf weiteres hier liegen. Nach kurzer Zeit wurde die Tür geöffnet, und der Herkules trat herein. Er warf einen finstern Blick auf mich.

„Der Wärter teilte mir soeben mit, daß er Sie hier untergebracht hat, obgleich ich die ganze Kabine bezahlte. Da Sie, wie ich höre, ein Deutscher sind, will ich mir's gefallen lassen, setze aber voraus, daß ich mich nicht über Sie zu ärgern brauche."

Das war sehr deutlich gesprochen, aber der gute Mann war herzenskrank, was bei mir als Entschuldigung galt, und so antwortete ich ihm freundlich.

„Ich werde mich bemühen, gute Kameradschaft zu halten, da Sie mir als Gefährte von allen Fahrgästen der liebste sind."

„Wieso? Sie kennen mich doch gar nicht. Warum diese Schmeichelei? Ich liebe das nicht."

„Es ist die Wahrheit. Der Jude hat mir von Ihnen erzählt. Sie werden sich nicht über mich zu beklagen haben."

„Wenn Sie das wirklich wünschen, so machen Sie nicht etwa Judith den Hof! Ich werde jeden, der das wagen sollte, mit der Faust zu Boden schlagen."

„Keine Sorge!" lachte ich. „Auf einem solchen Abweg können wir uns niemals begegnen. Weshalb aber haben Sie damals den Leutnant nicht auch niedergeschlagen?"

„Weil ich Mitleid mit dem Kerlchen hatte. Er wäre unter meinem Griff in lauter Scherben zerbrochen, und ich wußte, daß nicht seine Person, sondern der bunte Rock an Judiths Untreue schuld war. Sprechen wir nicht weiter davon, und lassen Sie den Alten nur schwatzen! Ich weiß, was ich tue, und mag nichts über diese Sache hören."

„Auch ich verspüre keine Lust, mich damit zu befassen. Aber sagen Sie mir wenigstens, wie der Alte heißt und was für ein Geschäft er betrieben hat!"

„Er hat meist mit Rauchwaren gehandelt und nebenbei ein flottes Pfandleihgeschäft geführt. Dabei hat er sich ein kleines Vermögen erworben, und das ist ihm in den dummen Kopf gestiegen."

„Er meint, in Mexico in kurzer Zeit Krösus werden zu können. Sind Sie vielleicht von der gleichen Ansicht besessen?"

„Fällt mir nicht ein. So leichtgläubig wie Jakob Silberberg, so heißt er nämlich, bin ich nicht. Ich hege vielmehr die Überzeugung, daß der Vermittler ein Schurke war und daß die armen von ihm Betrogenen hier Gefahren entgegengehen, wovon sie keine Ahnung haben. Darum bin ich mit herübergefahren. Ich will Judiths Beschützer sein und bin überzeugt, daß sie dann zur Einsicht kommen wird.“

Der Athlet ließ sich auf seinen Platz nieder und schwieg. Ich machte keinen Versuch, das Gespräch fortzusetzen. Später, als der Schoner vor einer leidlich starken Brise ging, wodurch die Sonnenglut erträglicher wurde, kehrte ich an Deck zurück und setzte mich an ein stilles Plätzchen, um von dort aus ungestört meine Beobachtungen zu machen. Bald trat Silberberg zu mir, um das Gespräch über seine Tochter weiterzuspinnen, ich ließ ihn aber deutlich merken, daß mir nichts daran gelegen sei, und so entfernte er sich bald wieder, ohne mich abermals zu fragen, ob ich seinem Liebling vorgestellt sein wolle.

Der Mormone kam auch für kurze Zeit, um einige Worte mit mir zu wechseln. Er schritt das Deck ab, ging von einem zum andern und unterhielt sich mit allen in der leutseligsten Weise, gab diesem und jenem eine Zigarre, streichelte den Kindern die Wangen und tat überhaupt alles, um sich das Vertrauen und die Zuneigung der Leute zu erwerben.

Am längsten verweilte er bei Judith, mit der er eifrig plauderte. Währenddem stand der Herkules an der zu den Kabinen führenden Luke und beobachtete beide. Seine Brauen waren zusammengezogen und seine Lippen fest geschlossen.

Es war auf dem Schiff für die Fahrgäste gut gesorgt. Sie wohnten nicht eng zusammengepfercht und bekamen genug Trinkwasser und auch kräftiges Essen. Niemand hatte zu klagen, und jedermann sah der Zukunft mit ungetrübter Hoffnung entgegen. Außer dem Herkules war ich der einzige, der anders dachte. Sollte ich dem Mormonen vielleicht doch unrecht tun? Ich wollte über die Grenze hinüber zu Winnetou, und Lobos lag in dieser Richtung; die Fahrt kostete mich nichts — konnte mir das nicht genug sein? War es nicht besser, in Lobos meinen eignen Weg unter die Füße zu nehmen, ohne mich um den Mormonen und seine Landarbeiter weiter zu kümmern?

Ich wälzte diese Gedanken und Fragen hin und her, konnte aber trotz alledem die Ahnung nicht loswerden, daß die Auswanderer ins Verderben geführt würden. Als ich dann zum Achterdeck schlenderte, redete mich der Kapitän an.

„Laßt Euch beglückwünschen, Sir! Melton sagte mir, daß Ihr als Buchhalter angenommen werden sollt. Greift zu, denn eine solche Stellung wird Euch nicht gleich wieder angeboten!“

„Kennt Ihr denn diese Stelle, Käpt’n?“

„Und ob! Der Haciendero ist sozusagen ein alter Freund von mir, ein steinreicher Herr und dabei ein Ehrenmann. Wenn er einmal einen Menschen anstellt, so sorgt er auch in ausgiebiger Weise für ihn.“

„So meint Ihr, daß es Eure jetzigen Fahrgäste gut bei ihm haben werden?“

„Ich meine es nicht, sondern ich bin überzeugt davon.“

Der Kapitän hatte das Aussehen eines ehrlichen Mannes; ich mußte ihm glauben.

„Hm — aber muß man beim Abschluß eines solchen Vertrags nicht vorsichtig sein?“

„Was fällt Euch ein! Ihr sollt sehen, wie ehrlich es Don Timoteo mit seinen neuen Arbeitern meint.“

Er forderte einen in der Nähe stehenden Auswanderer auf, seinen Vertrag zu holen. Der Mann hatte ihn bei sich und zeigte ihn mir. Das Papier war von ihm, dem Vermittler und der Behörde unterschrieben und enthielt einen einzigen Abschnitt, dessen knapper Inhalt ungefähr so lautete: Der Arbeiter bekommt freie Überfahrt, Reise und gute Verpflegung bis an Ort und Stelle und verpflichtet sich, auf der Besitzung Don Timoteo Pruchillos bzw. dessen etwaigen Rechtsnachfolgers täglich acht Stunden gegen einen Taglohn von anderthalb Pesos und freie Unterkunft zu arbeiten. Nach sechs Jahren erlischt der Vertrag.

Ich war erstaunt. Das war sehr anständig, da bei diesem Taglohn der Arbeiter imstande war, sich jährlich gegen zweitausend Mark zu sparen. Jetzt wunderte ich mich nicht mehr darüber, daß es dem Vermittler gelungen war, für die weltentlegene Hacienda eine Gesellschaft von dreiundsechzig Köpfen zusammenzubringen. Ich sah ein, daß mein Mißtrauen unbegründet gewesen war. Wirklich unbegründet? Pruchillo meinte es ehrlich, aber war auch der Mormone ein Ehrenmann? Warum nicht? Hatte ich Beweise gegen ihn? War ich nicht etwa durch vielfältige Erfahrungen allzu vorsichtig und mißtrauisch geworden? Stand Melton nicht im Begriff, mir eine Wohltat zu erweisen. die mich, selbst wenn ich sie nicht annehmen konnte, ihm doch zu Dank verpflichten mußte? Ich wurde irre an mir und kam bis zum Abend zu dem Entschluß, in Lobos auszusteigen und allein meines Weges zu gehen, da die Auswanderer auf der Hacienda vorzüglich aufgehoben waren. Da aber ereignete sich etwas, wodurch diese Ansicht widerlegt und mein Entschluß über den Haufen geworfen wurde.

Nach dem Abendessen fiel mir auf, daß die Auswanderer aufgefordert wurden, sich in ihre Kabinen hinabzubegeben. Auch ich wurde von dieser Maßregel nicht ausgenommen. Da es Abend geworden war und ein kühles Lüftchen wehte, wären die Leute gern noch eine Weile an Deck geblieben, sie mußten sich aber fügen. Aus den verwunderten Gesichtern, die sie zu diesem Befehl machten, ersah ich, daß die Maßregel neu war und sie bisher des Abends und auch während der Nacht nach Belieben im Freien hatten bleiben dürfen. Ich erfuhr das auch sofort, als ich in meine Kabine kam und von dem Athleten mit den mürrischen Worten empfangen wurde:

„Was fällt denn Mr. Melton ein, uns herabzuschicken! Haben Sie eine Ahnung, weshalb er das getan hat?"

„Nein."

„Hol ihn der Teufel! Wenn man sich tagsüber von der Sonne verbrennen ließ oder hier unten in dem dumpfen Loch verweilen mußte, ist es eine Wohltat und sogar ein Bedürfnis, abends in der freien, frischen Luft zu sein. Das haben wir bisher stets gedurft."

„Wirklich? Diese Einrichtung ist also neu?"

„Ja. Und ich bin überzeugt, daß sie von Melton ausgeht."

„Warum glauben Sie das?"

„Erstens, weil man uns herabschickt, seit er sich an Bord befindet, und zweitens — aber ich will lieber schweigen."

„Sie schweigen, weil Sie kein Vertrauen zu mir haben?"

„Erwarten Sie es anders? Sie sind erst vor so kurzer Zeit zu mir hereingekrochen und können also nicht verlangen, daß ich Ihnen schon alle meine Gedanken verrate."

Da mir daran lag, diese Gedanken zu erfahren, entgegnete ich:

„Sie fürchten sich also vor dem Mormonen und schweigen nur deshalb, weil Sie denken, daß ich ihm Ihre Worte mitteile."

Ich hatte den Mann richtig beurteilt, denn kaum hatte ich ausgesprochen, so fuhr er mich an:

„Was fällt Ihnen ein! Ich mich fürchten? Ich möchte den Menschen sehen, der imstande wäre, mir Angst einzujagen. Und vor diesem Kerl, der zwar mit den Leuten schöntut und gleich in den ersten Stunden der Judith den Hof macht, dabei aber mit allen Hunden gehetzt ist, kann mir erst recht nicht bang werden."

Sein Zornausbruch verriet mir, daß er eifersüchtig auf den Mormonen war. Ich konnte hoffen, unter Umständen in ihm einen Verbündeten zu gewinnen, und durfte somit ein wenig aufrichtiger sein, als ich sonst nach so kurzer Bekanntschaft gewesen wäre.

„Weshalb reden Sie nicht offen zu mir, der ich Ihnen in aller Offenheit erkläre, daß ich den Mormonen trotz seiner auffälligen Bemühungen, sich beliebt zu machen, nicht für einen ehrlichen Menschen halte?"

„Ist das wahr? Tun Sie das?" fragte er schnell. „Haben Sie außer seiner Schöntuerei noch andre Gründe? Sie sind mit ihm aufs Schiff gekommen und vorher mit ihm beisammen gewesen, müssen ihn daher besser kennen als ich. Übrigens ist das, wie Sie wohl begreifen werden, für mich ein Grund, auch Ihnen zu mißtrauen."

„Mag sein, aber ich verdiene Ihr Mißtrauen nicht. Melton und ich wohnten zwar zwei Wochen lang im gleichen Gasthaus, ohne jedoch miteinander zu verkehren. Nur am letzten Tag sprachen wir längere Zeit miteinander, als er gesehen hatte, daß ich ein stellenloser armer Teufel bin, und er mich deshalb fragte, ob ich Buchhalter auf der Hacienda del Arroyo werden wolle. Ich sagte in Anbetracht meiner gegenwärtigen Lage zu und wurde heut von ihm aufs Schiff genommen."

„So kennen Sie Melton also ebensowenig wie ich. Warum sagen Sie da, daß er kein ehrlicher Mensch sei?"

„Ich behaupte das nicht auf Grund irgendeiner Tatsache, sondern weil ein gewisses Gefühl mich vor ihm warnt. Ich habe die Ahnung, daß man sich vor ihm hüten muß."

„Hm! Mir geht's ebenso. Der Kerl hat mir nichts getan, und doch mag ich ihn nicht leiden. Sein Gesicht gefällt mir nicht. Dazu kommen die merkwürdigen Blicke, die er mit dem Kajütenwärter wechselt."

„Hat er das getan? Ich habe es nicht bemerkt."

„Jawohl, sie haben sich heimliche Blicke zugeworfen, gerade so, als wären sie alte Bekannte, und doch tun sie ganz fremd miteinander."

Das war eine wichtige Beobachtung. Die Augen des Herkules waren von seiner Eifersucht geschärft. Freilich konnte er sich geirrt haben. Darum fragte ich:

„Haben Sie sich da nicht getäuscht? Der Wärter befindet sich dem Mormonen gegenüber in einer so niedrigen Stellung, daß eine Vertraulichkeit, wie man sie auf ein heimliches Zuwinken hin annehmen müßte, fast ausgeschlossen ist. Sie können einander früher gesehen haben, das wird aber auch alles sein. Vielleicht haben die Blicke, die Sie beobachteten, nur ein Gruß sein sollen."

„Reden Sie nicht! Wenn sich die Kerle grüßen wollen, so können sie das frei und offen tun. Wenn sie ihre Grüße aber nicht merken lassen wollen, so müssen sie einen Grund haben, ihr Bekanntsein zu verheimlichen, und dieser Grund kann nicht gut, nicht ehrlich sein."

„Das ist richtig. Ich werde die beiden morgen schärfer ins Auge fassen."

„Tun Sie das! Es steckt gewiß etwas dahinter. Zwischen Melton und dem Aufwärter ist irgend etwas vorhanden, was uns, falls es sich auf uns beziehen sollte, wohl nicht gefallen würde. Vielleicht muß man auch dem Kapitän mißtrauen. Weshalb führte er den Mormonen, als er an Bord kam, auf das Achterdeck? Um mit ihm zu reden? Konnten sie uns nicht wissen lassen, was sie zu sprechen hatten?"

„Den Kapitän halte ich für ehrlich. Ich bin überzeugt, daß ich mich da nicht irre. Warum sollte er seine Schiffs- und Geschäftsangelegenheiten vor unsern Augen und Ohren verhandeln? Aber wenn es wirklich wahr ist, daß der Mormone mit dem Wärter im Einvernehmen steht, so habe ich große Lust, hinter das Geheimnis zu kommen, und möchte die beiden am liebsten gleich jetzt belauschen."

„Verrückter Gedanke! Wissen Sie denn, wann und wo sie miteinander sprechen werden? Und sodann befinden wir uns auf einem Schiff, nicht aber im Wald, wo man sich hinter einen Busch stecken kann."

„Mag sein. Aber was die Zeit und den Ort betrifft, so kenne ich beide. Zeit: heute, und Ort: oben das Deck. Will der Mormone heimlich mit dem Wärter reden, so wird er das tun, wenn es dunkel ist und wenn er glaubt, daß man es nicht bemerkt. Er wohnt neben dem Kapitän, der sich wohl bald zur Ruhe begeben wird. Man weiß, wie dünn die Zwischenwände sind. Ließe der Mormone den Wärter heimlich in die Kajüte kommen, so müßte er befürchten, vom Kapitän beobachtet zu werden. Er muß also einen andern Ort suchen."

„Wo denn?" fragte der Athlet.

„Haben Sie denn nicht gesehen, daß man vorhin oben ein kleines Zelt errichtet hat? Für wen kann es sein? Doch nur für den Mormonen. Er wird gesagt haben, daß er lieber an Deck als in der dumpfen Kajüte schläft."

„Und da wollen Sie die beiden belauschen?"

„Ja. Haben Sie bemerkt, daß das Zelt aus dem Ersatzgroßsegel errichtet worden ist?"

„Ich weiß nicht, wie die Segel alle heißen, habe aber gesehen, daß dieses so groß war, daß es nicht nur für das Zelt reichte, sondern dahinter auch noch eine Rolle bildet. Es mag also ein Großsegel sein."

„Das ist's, was ich meine. Zum Zelt hat das halbe Segel genügt. Die andre Hälfte ist hinten zusammengerollt. Unter dieser Rolle findet ein Mann gut Platz, und wenn Sic nichts dagegen haben, werde ich da schlafen."

„Ein toller Einfall! Man wird Sie entdecken, wenn Sie husten oder niesen."

„Ich werde beides bleibenlassen."

„Sie scheinen Ihrer Nase sehr sicher zu sein. Aber selbst, wenn man Sie nicht erwischen sollte, werden Sie sich vergeblich bemühen. Noch wissen Sie nicht, ob das Zelt wirklich für den

Mormonen bestimmt ist, und falls Ihre Voraussetzung richtig sein sollte, bleibt es noch äußerst fraglich, ob der Wärter dorthin kommen wird."

„Das müßte ich mir gefallen lassen, doch bin ich der Meinung, daß die Mühe, die ich mir geben werde, nicht vergeblich sein wird. Ich habe so eine Ahnung, und ich habe die Erfahrung gemacht, daß meine Ahnungen mich selten täuschen."

„Na, dann will ich Ihnen weder zu- noch abreden. Wenn Ihr Einfall Ihnen tüchtige Matrosenhiebe einbringt, so ist es nicht mein Rücken, der sie aushalten muß."

Ich gebe zu, daß das, was der Athlet einen „tollen Einfall" nannte, ein sehr fragwürdiges Geisteserzeugnis war. Aber es lag mir sozusagen in den Fingerspitzen, daß ich diesen Gedanken ausführen müsse. Ich verließ also unsre Kabine, um auf Deck zu schleichen. Das war nicht leicht. Die Kabinen waren voneinander und von dem engen Gang, durch den ich mußte, durch dünne Scheidewände getrennt, die Insassen konnten mich also leicht hören. Das war aber noch das wenigste. Viel bedenklicher war die Begegnung mit einer Person der Schiffsbemannung oder mit einem der beiden, die ich belauschen wollte. Doch kam ich, ohne auf jemand zu treffen, bis an die Luke, die sich vom Raum auf Deck öffnete. Indem ich auf der Treppe stehenblieb und nur den Kopf vorsichtig hervorstreckte, konnte ich, obgleich es nicht sehr hell war, die zwischen mir und dem Zelt liegende Strecke überblicken. Sie war frei.

Hinten gab der Kapitän dem Steuermann Befehle für die Nacht. Er stand also im Begriff, sich schlafen zu legen. Die Stimme des Mormonen ließ sich ebenfalls vernehmen; er befand sich folglich auch mit am Steuer. Vorn, in der Nähe des Bugs, schwatzten und lachten die wenigen Matrosen. Sie konnten mich nicht sehen. Ich schwang mich schnell aus der Luke und huschte zum Zelt, um mich unter der übriggebliebenen Hälfte des Segels zu verbergen. Das war in einer Minute geschehen. Ich lag zwar auf dem harten Deck, aber sonst bequem, und wurde vom Segel so verborgen, daß mich niemand bemerken konnte. Mein Versteck war vorzüglich: zustoßen konnte mir nichts. Im schlimmsten Fall galt es eine kleine Geduldprobe.

Ich legte mich so, daß ich den Kopf unten in das Zelt schieben konnte, und langte mit dem Arm ins Innere. Hier fühlte ich ein dünnes, aber weiches Lager, das aus Decken hergerichtet worden war. Sehen konnte ich nichts.

Nach kurzer Zeit hörte ich, daß der Kapitän dem Mormonen gute Nacht wünschte und in die Kajüte ging. Melton spazierte noch eine Viertelstunde auf und ab und trat dann ins Zelt, um sich niederzulegen. Die Voraussetzung, daß das Zelt für ihn errichtet sei, stimmte also. Es galt nun abzuwarten, ob der Wärter kommen würde.

Es verging eine Stunde und noch eine: es wurde Mitternacht. Das Geplauder der Matrosen hatte längst aufgehört. Es war so still geworden, daß ich den Sog des Schiffs hörte. Einmal erklang die Stimme eines Matrosen, der dem Steuermann eine Meldung zurief. Plötzlich hörte ich eine Bewegung im Innern des Zelts, nicht, als wendete sich der Schläfer um, sondern es klang, als richtete er sich auf. Ich schob den Kopf vor, um besser lauschen zu können. Da vernahm ich das Anstreichen eines Zündholzes, und dann leuchtete ein Flämmchen auf. Bei seinem Schein sah ich, daß der Mormone aufrecht saß und sich eine Zigarre anzündete. Er wartete also und hatte bisher noch nicht geschlafen.

Wieder verging eine Weile, bis ich ihn leise fragen hörte:

„Sandy Weller, bist du's[1]?“

„*Yes, sir!*“ lautete vorn die ebenso leise Antwort in englischer Sprache.

„Dann rasch herein, damit du nicht bemerkt wirst! Ich rücke zu.“

Der Wärter hieß also Alexander Weller. Er folgte der Aufforderung Meltons.

„Habt keine Sorge, Sir! Es gibt außer dem Steuermann und dem Ausguck keinen wachen Menschen auf Deck, und diese beiden stehen so, daß sie uns nicht wahrnehmen können.“

Es entstand eine kurze Pause: der eine machte Platz und der andre setzte sich neben ihn. Dann meinte der Mormone:

„Du kannst dir denken, daß ich neugierig bin. Ich betrat das Schiff mit der größten Spannung, ob du dich an Bord befändest.“

„Was das betrifft, Sir, so ist es mir nicht schwer geworden, den Platz als Steward[2] zu erhalten.“

„Der Kapitän kennt dich doch nicht etwa?“

„Das ist unmöglich.“

„Und hat auch nicht erfahren, daß du mich kennst?“

„Werde mich hüten, so etwas auszuplaudern! Leider konnte ich die Heuer nicht nur für die Herfahrt bekommen. Ich habe sie auch für die Rückfahrt nehmen müssen und bin also eigentlich gezwungen, von Lobos wieder mit nach Frisco[3] zu segeln.“

„Das tut nichts, da es dir nicht schwerfallen wird, in Lobos auszukneifen.“

„Denke es auch und habe mich darum so wenig mit Sachen geschleppt, daß ich augenblicklich an Land gehen könnte, ohne etwas an Bord zurückzulassen.“

[1] Das Englische kennt kein duzen, damit soll hier nur die Vertraulichkeit ausgedrückt werden. Der Herausgeber

[2] Aufwärter [3] San Francisco

„Recht so! Wie aber steht es mit unsrer Angelegenheit? Wann ist dein Alter fort?"

„Drei Wochen vor mir; er befindet sich unbedingt am Ziel. Er ist so oft dort gewesen und kennt alle Verhältnisse und Schliche so genau, daß es nicht fehlschlagen kann."

„Aber werden die Indianer ihm zu Willen sein?"

„Bin überzeugt davon. Wenn es sich um eine solche Beute handelt, ist jeder Rote schnell dabei."

„Das beruhigt mich. Nur fragt es sich, ob sie auch rasch genug bei der Hand sein werden."

„Es ist gewiß, daß sie schon jetzt unterwegs sind. Aber hat es denn solche Eile, Mr. Melton? Wir können doch die Sache in aller Behaglichkeit abmachen."

„Das dachte ich vorher auch, bin aber andrer Ansicht geworden."

„Warum? Hat sich etwas ereignet?"

„Ja. Ich habe eine Begegnung gehabt."

„Die kann doch nicht von so großem Einfluß auf unser Vorhaben sein."

„Vom allergrößten sogar, Sandy. Es war wirklich eine Überraschung für mich, den Mann hier unten zu finden, und wenn du seinen Namen hörst, wirst du ebenso erstaunt sein, wie ich es war, als ich ihn erkannte."

„So sag mir doch, wer es ist!"

„Das solltest du eigentlich schon wissen, denn du hast ihn hier auf dem Schiff gesehen."

„Dann kann es nur der Mann sein, der Buchhalter werden soll. Ist es so richtig?"

„Gewiß! Es ist ja sonst niemand in Guaymas mit mir an Bord gekommen. Und du kennst ihn wirklich nicht? Du hast ihn schon getroffen, und zwar unter solchen Verhältnissen, daß es geradezu verwunderlich ist, daß du ihn für einen Unbekannten hältst. Ich war überzeugt, daß er von dir erkannt worden sei, und darum winkte ich dir einigemal zu, vorsichtig zu sein und dich so wenig wie möglich vor ihm blicken zu lassen, da er sich sonst auch deiner erinnern könnte."

„Diese Winke sah ich, habe sie aber nicht verstanden. Ein Landstreicher, der froh ist, auf einer entlegenen Hacienda Schreiber werden zu dürfen, kann für uns doch von keiner Bedeutung sein."

„Das würde ich auch sagen, wenn dieser höchst gefährliche Mann überhaupt die Absicht hätte, Buchhalter zu werden. Denk doch einmal an das Fort Uintah und was du dort erlebtest!"

„Viel Erfreuliches ist das nicht gewesen. Es war zu einer Zeit, wo dort viel gespielt wurde. Ich hatte gute Geschäfte gemacht und mir einen tüchtigen Beutel voll Dollar gespart, verlor sie aber in Uintah in wenigen Stunden. Glücklicherweise war Euer Bruder Thomas da, der mir eine gute Handvoll Dollar schenkte und mir dann auch bei dem Wirt eine Stelle als Kellner verschaffte. Ich habe ihn seitdem nicht wieder gesehen. Ihr wißt ja, weshalb er diesen Ort so plötzlich verlassen mußte. Man spricht nicht gern davon."

„Warum nicht, Sandy? Wer ein Mensch ist, und das sind wir ja alle, dem darf Menschliches zustoßen. Übrigens hat sich Tom noch ganz gut aus der Schlinge gezogen."

„Das ist richtig. Mr. Tom Melton hatte sich eine so schöne Summe zusammengespielt, als den Offizier der Teufel ritt anzunehmen, daß Euer Bruder ein Falschspieler wäre. Es kam zum Streit. Er sollte den Gewinn herausgeben, schoß aber den Offizier über den Haufen und machte sich davon. Zwei Soldaten, die das Geschrei hörten und ihn draußen anhalten wollten, bekamen auch ihre Kugeln, daß sie wie Hölzer umfielen. Er gelangte aus dem Fort, nahm eins der dort grasenden Pferde und machte sich aus dem Staub. Es war eine glorreiche Tat, unter diesen Verhältnissen aus einem befestigten Ort zu entkommen."

„Entkommen? Ja, aus Uintah entkam Thomas wohl —"

„Nicht nur da, sondern später doch auch", fiel Weller ihm in die Rede. „Freilich ist es ihm sehr hart an den Kragen gegangen. Er wäre aber überhaupt nie ergriffen worden, wenn sich nicht Old Shatterhand hinter ihm hergemacht hätte. Muß der Mensch Augen haben! Vier Tage lang war man hinter Eurem Bruder her, ohne ihn zu finden. Da mußte Old Shatterhand kommen und die Sache hören. Der erschossene Offizier war ein guter Bekannter von ihm, und darum brach er auf, um Euren Bruder zu erwischen."

„Ja, volle vier Tage später und nachdem es keinem Soldaten oder Pfadfinder gelungen war, die Spur zu entdecken. Dieser Halunke aber hat die Nase eines Bluthunds. Er fand die Fährte und jagte meinen Bruder bis zum Fort Edwards hinüber, wo er ihn dem Befehlshaber übergab. Der arme Teufel sollte gehenkt werden, entkam aber noch in der letzten Nacht im Anzug des Soldaten, der ihn bewachen mußte und die Dummheit besaß, sich von ihm erwürgen zu lassen. Du hast doch Old Shatterhand damals im Fort Uintah gesehen?"

„Nur im Vorüberreiten. Er war vor kaum einer halben Stunde gekommen, hatte von der Tat gehört und eilte eben wieder fort, als ich unter der Tür stand und vom Nachbar hörte, daß der Westmann eingetroffen sei."

„So ist es freilich kein Wunder, daß du ihn heut nicht erkannt hast."

„Heut?“ fragte der Aufwärter äußerst erstaunt. „Was wollt Ihr damit sagen? Doch nicht etwa, daß der sogenannte Buchhalter Old Shatterhand ist?“

„Ja, grade das ist's, was ich sagen will.“

„Der Mensch mit dem dummen Gesicht, dem ich die Koje beim Herkules anweisen mußte, soll Old Shatterhand sein? Wer diesen Jäger selbst nur im schnellen Vorüberreiten gesehen hat, weiß genau, daß er mit dem Schreiber nicht das mindeste zu tun haben kann. Sir, ich will alles glauben, was Ihr mir sagt, nur dieses eine nicht, niemals!“

„Ich habe unumstößliche Beweise, Sandy. Hast du das Gewehr des Mannes gesehen?“ — „Nein. Es scheinen zwei zu sein. Sie stecken in einer leinenen Hülle.“

„Es sind zwei, und jedermann weiß, daß Old Shatterhand stets seine beiden Gewehre bei sich hat, einen Bärentöter und einen Henrystutzen. Ich habe im Gasthaus gar wohl bemerkt, daß ich sie nicht sehen sollte, habe sie mir aber vom Wirt beschreiben lassen. Der Westmann trat als armer Teufel auf und hat doch den Wirt nebst seiner ganzen Familie mit sich essen und trinken lassen. Wäre er wirklich der, für den er sich ausgibt, so wäre er auf mein Anerbieten mit Freuden eingegangen. Er hat sich aber unter dem lächerlichsten Vorwand, den es geben kann, Bedenkzeit ausgebeten. Er hatte mich nie gesehen und beobachtete mich doch immerfort. Ich ließ ihn nicht fühlen, daß ich das merkte. Die Ähnlichkeit mit meinem Bruder ist ihm aufgefallen. Er kam von der Sierra Madre herab. In diese öde und gefährliche Gegend versteigt sich kein gewöhnlicher Mensch, am allerwenigsten aber einer, der fremd im Land ist, zumal es jenseits Empörung und unsichere Verhältnisse gab. Da hinüber wagt sich nur ein kühner und erfahrener Mann, der sich auf sich und seine Waffen verlassen kann. Bedenke, daß er ohne jede Begleitung gewesen ist!“

Es läßt sich denken, daß ich mit der größten Spannung Ohrenzeuge dieses Gesprächs war. Meine Ahnung hatte mir und voraussichtlich auch andern einen großen Dienst geleistet. Jetzt wußte ich mit einemmal, warum mir das Gesicht des Mormonen nicht nur wegen des Widerspruchs in seinen Zügen aufgefallen war. Der Grund lag in der Ähnlichkeit mit seinem Bruder, der sich damals anders genannt hatte. Sein richtiger Name war mir nicht bekannt geworden. Die Freundschaft zu dem ermordeten Offizier hatte mich veranlaßt, dem Täter zu folgen, den ich bis zum Fort Edwards getrieben und dort ergriffen hatte. Ich wußte jetzt, woran ich war. Der Mormone war ein Bruder jenes Falschspielers und mehrfachen Mörders, und die Art, wie er sich über ihn und sein Verbrechen geäußert hatte, war Beweis genug, daß auch er mit den Gesetzen nicht auf gutem Fuß stand.

Aber ich sah ein, daß ich leider durchschaut worden war. Daß der eigentümliche Wirt des Hotels in Guaymas die Grille gehabt hatte, ein Fremdenbuch zu führen, und daß ich meinen Namen angegeben hatte, waren die Ursachen gewesen, daß der Mormone auf den Gedanken geraten war, ich sei Old Shatterhand. Dazu kam die Schwatzhaftigkeit des Wirts, der meine Gewehre beschrieben hatte, und noch verschiedenes andre, was Melton jetzt erwähnte und aufzählte. Sogar das erwähnte er, daß ich nicht unterm Dach, sondern im Hof geschlafen hätte, weil ich das als Westmann so gewöhnt sei. Er brachte alle diese Gründe so gut vor, daß der Aufwärter auch zu der Überzeugung kam, die der Mormone hegte. Er sprach seine Zustimmung aus und fuhr dann fort:

„Also angenommen, daß wir es wirklich mit Old Shatterhand zu tun haben, welchen Grund kann er haben, mit zur Hacienda zu gehen?"

„Es werden verschiedene Gründe sein. Hat er erkannt, daß ich der Bruder des Spielers bin, so wird er ihn da suchen, wo ich mich befinde. Er hängt sich also an mich. Sodann muß ihm als erfahrenem Mann die Bestimmung auffallen, der die Menschenladung dieses Schiffs wenigstens angeblich entgegengeht. Nach allem, was ich über ihn gehört habe, wird das in ihm den Gedanken wecken, sich den Leuten beizugesellen, um ihnen unter Umständen zu raten und zu helfen. Dabei hütet er sich, einen Vertrag zu unterschreiben, denn er will Herr seiner Freiheit bleiben. Wir müssen also mit ihm rechnen, und wenn ich auch nicht denke, daß er das Gelingen unsres Vorhabens vereiteln kann, so steht doch zu erwarten, daß er uns Hindernisse in den Weg legt, wodurch alles sehr verzögert wird."

„So habt Ihr einen großen Fehler begangen, daß Ihr ihn mitgenommen habt. Ihr hättet Euch gar nicht mit ihm abgeben, sondern ihn einfach in Guaymas sitzenlassen sollen."

„Das hätte ich getan, wenn der Wirt, Don Geronimo, nicht so plauderhaft gewesen wäre, ihm von mir und dem Schiff, das ich erwartete, zu erzählen. Ich habe Old Shatterhand zwar gesagt, daß er ohne mich nicht an Bord gekommen wäre, bin aber überzeugt, daß ihn der Kapitän, der ein dummer, ehrlicher Kerl ist und unser eigentliches Geschäft nicht kennt, doch aufgenommen hätte. Und selbst wenn der Westmann nicht mit fortgekommen wäre, so traue ich ihm zu, daß er das nächste Schiff benutzt hätte, nach Lobos zu fahren und uns von dort aus zu folgen. Wir hätten uns dann keinen Augenblick sicher fühlen können."

„Wir, so viele, diesem einen gegenüber? Das klingt übertrieben, obwohl er Old Shatterhand ist. Eine Kugel könnte uns von ihm befreien."

„Wenn er sich einer Kugel aussetzt, ja, aber das fällt ihm nicht ein. Das klügste war, was ich getan habe. Ist er als schlauer Fuchs bekannt, so werde ich ihm zeigen, daß andre weit schlauer sein können. Grad weil er mich überlisten will, muß er überlistet werden. Ich habe mich also verstellt und so getan, als hielte ich ihn wirklich für einen heruntergekommenen Ausländer. Ich habe ihm die Stelle angeboten, um ihn mitzulocken. Auf diese Weise behalte ich ihn stets unter den Augen und kann ihm eine Kugel geben, sobald es mir beliebt. Und die bekommt er sicherlich, denn ich werde meinen Bruder rächen, den er verfolgt und als Mörder außer Landes getrieben hat. Das soll und muß gerächt werden, und da der Kerl jetzt so dumm oder so verwegen ist, sich selber mir auszuliefern, so werde ich die Gelegenheit nicht vorübergehen lassen, ohne das zu tun, was ich für meine Pflicht, für meine blutige Pflicht halte."

Er sagte das in grimmigem und dabei schwörendem Ton. Der Aufwärter meinte langsam und in nachdenklicher Weise:

„Hoffen wir, daß es so kommt! Aber es hat eine ganz eigne Bewandtnis mit diesem Menschen: es ist, als stände er mit dem leibhaftigen Satan im Bund. Je tiefer er sich in Gefahr befunden hat, desto schneller kam er heraus."

„Das soll diesmal nicht der Fall sein. Unterwegs dürfen wir ihm nichts anhaben, weil das den Verdacht der andern erregen würde. Aber laß uns nur erst auf der Hacienda sein, dann wird mit ihm abgerechnet! Ich brauche mich gar nicht an ihm zu vergreifen, die Indianer werden das übernehmen."

„Und wenn er ihnen entkommt? Wie oft hat er sich in der Gewalt blutdürstiger Roter befunden und ist ihnen entweder entflohen oder hat es auf unbegreifliche Weise dahin gebracht, daß sie sich aus grimmigen Feinden in seine besten Freunde verwandelten. Hat er nicht auch mit Winnetou auf Leben und Tod gekämpft? Und heut sind beide bereit, ihr Leben füreinander zu lassen!"

„Das waren andre Menschen und andre Verhältnisse, das war nicht ich. Ich habe seinen Hals in meiner Hand und presse ihn zusammen, sobald es mir beliebt. Ich werde —"

Harry Melton war in seiner Erregung aufgesprungen und dabei mit dem Kopf gegen das Segeltuch gestoßen. Die Stangen standen unbefestigt auf dem Holz des Decks, sie gaben infolgedessen dem Druck nach und fielen um, unter der Tuchlast den Mormonen, den Aufwärter und — auch mich begrabend.

Wollte ich nicht entdeckt werden, so galt es, nicht zu säumen. Ich bohrte mich schleunigst unter den auf mir liegenden Segeltuchfalten heraus und schnellte mich zur Luke. Sobald ich tief genug gestiegen war, sah ich, daß die beiden auch herausgekrochen kamen, ohne bemerkt zu haben, daß der Einbruch ihres Zeltes noch einen Dritten betroffen hatte. Vom Lauschen war jetzt keine Rede mehr; ich suchte meine Koje auf. Der Herkules schlief wie ein Bär, und da ich mir Mühe gab, leise zu sein, erwachte er nicht, sondern schlief fort, ohne mich zu hören.

Das war mir lieb, denn ich wußte in diesem Augenblick nicht, was ich ihm auf seine Fragen hätte antworten sollen. Soviel aber stand fest, daß ich ihm die Wahrheit noch verschweigen mußte, da ich sonst zu erwarten hatte, daß er mir üblen Schaden anrichten würde. Ich legte mich also nieder, nicht um zu schlafen, sondern um über das Gehörte nachzudenken. Das Morgenlicht blickte durch das kleine Lukenfenster, als ich die Augen schloß.

Also auf mein Leben war es abgesehen! Das klang gefährlich, machte mir aber keine Sorge. Ich wußte ja nun, woran ich war, und konnte mich auf alle Fälle hüten. Anders stand es mit der Gefahr, in der sich die Auswanderer befanden; denn daß es für sie eine Gefahr gab, davon war ich jetzt überzeugt. Und diese Gefahr war um so größer, je weniger ich wußte, welcher Art sie war und wo und wann sie eintreten würde.

Unterwegs, also bis zur Hacienda, sollte nichts geschehen; das stand fest. Der Mormone hatte gesagt, daß bis dahin nichts gegen mich unternommen werden dürfe, weil sonst das Mißtrauen der andern erregt würde. Also konnte ihnen auch nichts drohen. Aber dann auf der Hacienda! Was aber und wie? Man hatte von Indianern gesprochen, die das Rachewerk an mir ausführen sollten. Jedenfalls waren es auch sie, von denen den Auswanderern die Gefahr drohte. Ein Indianerüberfall? Das schien mir nicht allzu gefährlich. Doch warum sollten die deutschen Arbeiter überfallen werden? Sie waren so arm, daß, den Polen abgerechnet, bei ihnen nichts zu holen war. Es mußte doch noch eine andre Bewandtnis damit haben, die zu durchschauen ich jetzt noch nicht genug Beobachtungen gemacht hatte. Ich hoffte aber, unterwegs genug zu sehen und zu hören, um auf die richtige Spur zu kommen.

Unterwegs? Mußte ich denn mit? War ich verpflichtet dazu? Eigentlich wohl nicht. Ich konnte in Lobos aussteigen und mich aus dem Staub machen. In diesem Fall aber waren die Auswanderer ihrem bösen Schicksal verfallen, und wenn es über sie hereinbrach, so fiel die ganze Last auf mein Gewissen. Diese Erwägung befahl mir mitzugehen, und außerdem ließ es mir mein Tatendrang gradezu als eine Lust erscheinen, die Anschläge des Mormonen kennenzulernen und zunichte zu machen. Er hatte gesagt: „Er will mich überlisten, folglich muß er selber überlistet werden.“ Nun gut, List gegen List und Aberlist gegen Aberlist!

Als ich erwachte, war der Athlet schon munter und fragte:

„Ich schlief fest und hörte Sie nicht zurückkommen. Sind Sie vielleicht ertappt worden?“

„Nein.“

„Aber haben Sie etwas erfahren?“

„Besonders Wichtiges nicht“, erwiderte ich gleichgültig.

„Dachte es“, lachte er. „Habe es Ihnen übrigens vorhergesagt. Man sollte Sie tüchtig auslachen.“

„Tun Sie das, aber haben Sie die Güte zu schweigen, damit ich nicht auch von andern ausgelacht werde.“

„Halten Sie mich für eine Plaudertasche?“ fragte er in seiner grilligen Weise. „Ich bin niemals ein Plappermaul gewesen, und es fällt mir auch nicht ein, Ihretwegen eins zu werden. Ich werde Sie also nicht verraten, am allerwenigsten gegen die beiden Schufte, die ich nicht leiden kann. Ich habe nun einmal das Gefühl, daß ich mit dem Mormonen später tüchtig zusammengeraten werde.“

3. ‚R W‘

Lobos lag längst hinter uns. Wir waren schon an San Miguel de Horcasitas vorüber und ritten und fuhren nun Ures, der Hauptstadt des gleichbenannten Bezirks, entgegen.

Es war dafür gesorgt, daß keiner der Auswanderer zu gehen brauchte. Don Timoteo Pruchillo, unser Haciendero, hatte uns Yaqui-Indianer mit Wagen nebst Zug- und Reitpferden zugeschickt, die wir in Lobos auf uns wartend fanden. Das ganze Geschäft war mit allem, was damit in Verbindung stand, so vorzüglich geordnet, daß alles reibungslos vonstatten ging.

Die Wagen waren unförmige Fuhrwerke, ähnlich denen, worin früher die Auswanderer die nordamerikanischen Prärien durchzogen. Sie waren für die Frauen und Kinder bestimmt und außerdem mit den wenigen Habseligkeiten der Einwanderer und mit den Gegenständen beladen, die der Haciendero durch den Führer des Zugs in Lobos hatte einkaufen lassen. Die Reitpferde ließen durchgängig viel zu wünschen übrig, genügten aber für eine Reise von so kurzer Dauer. Der Führer war ein schon ergrauter, bewährter Vaquero oder Oberknecht, ein schweigsamer, mürrischer Mann, der mit niemand sprach und höchstens vor dem Mormonen Achtung zu haben schien. Beide ritten auch nebeneinander an der Spitze des Zugs. Ich hatte mich zu dem Athleten gesellt und tat so, als kümmerte ich mich so wenig wie möglich um andre Personen. Doch achtete ich heimlich auch auf das geringste, damit ich der mir gestellten Aufgabe gerecht werden konnte. Der Herkules war ein guter Reiter, da er öfters bei Kunstreitergesellschaften angestellt gewesen war und Gelegenheit gefunden hatte, sich zu üben.

Er lächelte oft über mich, wenn ich vorgebeugt und scheinbar haltlos im Sattel saß, nach Art erfahrener Präriejäger, die während eines gewöhnlichen Ritts samt ihren Pferden zu schlafen scheinen, bis plötzlich ein Ereignis Reiter und Tier so belebt, daß beide ganz andre Wesen werden. Er tadelte meine schlechte Haltung, meinen lockern Schluß, das Schlottern meiner Arme und sprach, als diese Ermahnungen nichts änderten, endlich fast zornig auf mich ein.

„Mann, bei Ihnen ist alles in den Wind gesprochen. Soviel ich mir auch Mühe gebe, aus Ihnen wird im ganzen Leben kein leidlicher Reiter. Sie hocken auf Ihrem Gaul wie ein Schuljunge auf seinem Schaukelpferd. Es ist eine Affenschande!"

Höflichkeiten durfte man vom Herkules nicht erwarten, und doch hatte ich bemerkt, daß er sich gegen mich nicht mehr so gleichgültig oder gar abstoßend verhielt wie am ersten Tag unsrer Bekanntschaft. Oft, wenn ein schneller Blick von mir sein Auge überraschte, sah ich, daß es mit einem freundlichen, ja weichen Ausdruck auf mir ruhte. Dann senkte er es schnell, als schäme er sich, für einen kurzen Augenblick von seiner Grimmigkeit gelassen zu haben.

Der Kajütenwärter Sandy Weller war auf dem Schiff zurückgeblieben, doch zweifelte ich nicht, daß er nach unsrer Landung sehr bald von dort entflohen war, um irgendwo und irgendwie den Zwecken des Mormonen zu dienen.

Melton widmete den Auswanderern zwar auch noch die Aufmerksamkeit, die sie nach seiner vermeintlichen Stellung zu ihnen von ihm zu erwarten hatten. Aber er zeigte doch seit der Ausschiffung nicht mehr jene überfließende Freundlichkeit, die er ihnen anfangs auf dem Schiff erwiesen hatte. Je weiter wir kamen, je weiter wir uns von der See entfernten und je sicherer er sie hatte, desto weniger höflich trat er auf, wenn er mit einem von ihnen sprach.

Ich war in dieser Gegend noch nicht gewesen und kannte also die Lage der Bezirkshauptstadt Ures, durch die wir eigentlich hindurch mußten, nicht genau. Aber ich wußte, daß sie am Rio Sonora liegt, südlich von Arispe. Die Stadt breitet sich am linken Ufer des Flusses in einer fruchtbaren Ebene aus und ist von herrlichen Gärten umgeben. Wir freuten uns deshalb auf unsere Ankunft dort, da wir bisher meist durch ödes Land gekommen waren und in Ures einen Ruhetag zu haben hofften. Ich vermutete, daß wir uns der Stadt näherten, denn wir waren schon längst über den Rio San Miguel, den Nebenfluß des Rio Sonora, gekommen, und es boten sich von Stunde zu Stunde mehr Anzeichen, daß ein größerer Ort vor uns lag. Es mehrten sich die Wege, oder vielmehr das, was man dort „Weg“ zu nennen pflegt. Einzelne Menschen, meist Reiter, kamen an uns vorüber, hier und da tauchte auch eine Hacienda oder Estancia auf, die wir stets seitlich liegenließen.

Da war es denn sehr auffällig, daß der Mormone dafür sorgte, daß keiner der uns Begegnenden mit uns reden konnte. Er ritt stets auf den Betreffenden zu und verwickelte ihn solang in ein Gespräch, bis wir vorüber waren. Entweder sollten wir nicht gewarnt werden, oder er wollte überhaupt niemand wissen lassen, wer wir waren und wohin wir wollten. Sein Verhalten ließ mit Sicherheit vermuten, daß er jedem Fragenden eine falsche Auskunft gab. Dazu kam, daß er die bisher eingehaltene Marschrichtung in eine nordöstliche veränderte. Dort war Ures jedenfalls nicht zu suchen. Ich hatte mir vorgenommen, Melton kein Mißtrauen zu zeigen, ritt aber jetzt doch zu ihm, um in höflicher Weise nach der Lage der Stadt und der Zeit unsres Eintreffens zu fragen. Er antwortete, indem er mir einen giftigen Seitenblick zuwarf:

„Was wollt Ihr mit Ures, Sir? Habe ich etwa gesagt, daß wir diesen Ort berühren werden?“

„Ihr habt gesagt, die Hacienda del Arroyo läge hinter Ures. Also denke ich, daß wir —“

„Denken, denken!“ unterbrach er mich. „Die Hacienda liegt hinter Ures, ja, aber nicht in grader Richtung, sondern seitwärts. Mutet Ihr uns etwa zu, Euretwegen einen Umweg zu machen?“

„Fällt mir nicht ein. Übrigens werdet Ihr zugeben, daß meine Frage bescheiden war und keine Spur von Zudringlichkeit enthalten hat.“

Ich wandte mich von Harry Melton ab. Er hatte auf meine spanische Frage englisch geantwortet, um nur von mir verstanden zu werden. Höchstwahrscheinlich durfte der alte Peon oder Vaquero, der neben ihm ritt, nichts von seinen heimlichen Absichten erraten. Und außerdem vermutete ich, daß er Ures vermeiden wollte, damit man dort nicht erfahren sollte, daß eine Schar von Auswanderern zur Hacienda del Arroyo ging. Man hatte mit den Leuten irgend etwas vor, was verschwiegen bleiben sollte.

Es war am Abend des gleichen Tags, als wir den Rio Sonora erreichten, weit oberhalb der Stadt, wie ich mutmaßte. Die Ufer fielen allmählich ab, und das Wasser war nicht tief, so daß wir mit unsern Wagen und Pferden unschwer hinüberkamen. Am jenseitigen Ufer hätte eigentlich gehalten werden sollen, denn es war spät geworden, und der weite Marsch hatte Menschen und Tiere ermüdet. Dennoch erklärte der Mormone, daß wir noch weiter müßten und nach Verlauf einer Stunde eine Stelle erreichen würden, wo ein viel besserer Lagerplatz als hier am Flußufer zu finden sei.

Ich glaubte Grund zu haben, diese Behauptung zu bezweifeln. Wohl gab es hier am Wasser Stechmücken, die uns in der Ruhe stören konnten. Das war aber auch die einzige Ursache, den Fluß zu meiden, dessen Ufer alles boten, was Menschen und Tiere verlangen mochten. Der Mormone mußte, zumal es nun schon dunkel wurde, eine bestimmte Absicht haben, uns vom Fluß zu entfernen und an einen Platz zu führen, wo es kein Wasser gab, was ich daraus schloß, daß er, bevor wir weiterzogen, alle Tiere am Fluß tränken ließ.

Da es nach unserm Aufbruch vom Fluß dunkel war, konnte ich die Gegend, durch die wir kamen, nicht genau überblicken. Bäume oder Wald gab es nicht, auch Felder sah ich nicht. Wir ritten zuweilen über Gras, meist aber durch Sand, in den die Hufe unsrer Tiere und die Räder der Wagen tief einsanken. Bald zeigten sich einige Sterne am dunklen Himmel, und nur mit ihrer Hilfe konnte ich erkennen, daß unser Weg nun nach Südost gerichtet war. Vor der Stadt waren wir nach Nordost eingebogen, jetzt ging es nach Südost. Es war also klar, daß Ures auf unserm graden, auf unserm kürzesten Weg gelegen hatte und vom Mormonen aus einem Grund umgangen worden war, den ich bald kennenzulernen hoffte.

Anstatt nach einer Stunde hielten wir erst nach zweien an, mitten auf der freien Ebene, wo einiges Buschwerk stand, aber weder ein laufendes noch ein stehendes Wasser zu sehen war. Es war auffällig, daß wir nicht bei diesen Büschen, sondern in einiger Entfernung davon lagerten. Kein Reisender verzichtet ohne triftigen Grund auf die Annehmlichkeit, die ein Strauchwerk bietet. Die Wagen wurden zusammengeschoben, die Zugtiere ausgespannt, die Reittiere entsattelt und dann einigen Yaqui-Indianern übergeben, unter deren Aufsicht sie während der Nacht das spärliche Gras abweiden sollten. Dabei fiel mir wieder auf, daß der Mormone die Indianer mit den Pferden und Maultieren nicht auf die Seite beorderte, wo die Büsche standen, sondern zur entgegengesetzten. Es schien, als sollte niemand von uns in die Nähe dieses Buschwerks kommen. Darum nahm ich mir vor, die Sträucher heimlich aufzusuchen.

Die Leute waren ermüdet und wickelten sich bald in ihre Decken, um einzuschlafen. Ich tat das auch, schloß aber die Augen nicht. Der Mond war noch nicht aufgegangen. Die Sterne, deren es heut nur wenige gab, verbreiteten ein ungewisses Licht, bei dem man kaum zehn Schritt weit zu sehen vermochte.

Ich beobachtete die Stelle, wo Melton allein und abseits von uns lag. Es schien, als schliefe er, aber nach ungefähr drei Viertelstunden nahm ich eine Bewegung wahr. Er rollte sich aus der Decke und stand auf. Nachdem er eine Zeitlang lauschend gestanden hatte, glaubte ich, daß er sich entfernen würde. Dem war aber nicht so, denn er glitt leise auf mich zu, kniete, als er in meine Nähe gelangt war, nieder, kam unhörbar herangekrochen und hielt sein Ohr so nah an meinen Kopf, daß er meine Atemzüge hören mußte. Ich atmete langsam, leise und regelmäßig wie einer, der in tiefem Schlaf liegt. Das befriedigte ihn. Er erhob sich und ging zu den Büschen.

Sein Verhalten bewies erstens, daß er mir nicht traute und sich vor meiner Vorsicht und Wachsamkeit fürchtete, zweitens, daß er etwas vorhatte, was niemand wissen sollte. Ich mußte das erfahren. Als er sich so weit entfernt hatte, daß er mich nicht mehr hören konnte, sprang ich auf und eilte zu den Sträuchern, um vor ihm dort anzukommen.

Ich lief nicht etwa hinter ihm her, sondern schlug einen Bogen, der mich ostwärts von den Büschen brachte, wogegen er sich von Süden her näherte. Auch versteht es sich von selbst, daß ich mich nicht ganz bis zu den Sträuchern wagte. Ich mußte ja annehmen, daß Melton von irgend jemand dort erwartet wurde. Als ich noch ungefähr vierzig oder fünfzig Schritte zu machen hatte, um sie zu erreichen, legte ich mich nieder und kroch auf Händen und Füßen weiter, bis ich nur noch halb so weit von ihnen entfernt war.

Meine Bewegungen waren so rasch gewesen, daß ich dem Mormonen trotz des Umwegs, den ich gemacht hatte, zuvorgekommen war; denn erst jetzt, als ich schon wartend lag, hörte ich seine Schritte. Er ging in so kurzer Entfernung an mir vorüber, daß ich ihn deutlich zu erkennen vermochte und schon befürchtete, er werde mich entdecken. Dann blieb er halten und schnalzte mit der Zunge. Sofort ertönte der gleiche Laut als Antwort aus den Büschen, und eine Gestalt, die ich nicht genau sehen konnte, trat aus den Sträuchern und fragte in englischer Sprache: „Bruder Melton, bist du es?"

„*Yes*", antwortete er.

„*All right!* Komm nur heran! Es ist alles in Ordnung."

„Bist du allein, Bruder?"

„Nein, der Häuptling ist mit da. Daraus magst du ermessen, daß ich unsre Angelegenheit nicht bei der falschen Ecke angefaßt habe. Es läuft alles so, wie es laufen soll."

„So hat dich dein Junge getroffen?"

„Ja. Komm in die Büsche! Es gilt vorsichtig zu sein, da sich Old Shatterhand bei dir befindet, was ich aber noch gar nicht glauben will."

„Er ist's. Ich kann es beschwören, weil —"

Weiter hörte ich nichts, denn Melton war während dieser Worte zu dem andern getreten, und dann verschwanden beide zwischen den Sträuchern.

Was sollte ich tun? Lauschen? Das ist leicht gesagt, war aber schwer, ja unmöglich auszuführen, wie ich mich bald überzeugte. Das Gebüsch war nicht umfangreich und auch nicht dicht, und soeben erschien die Sichel des Mondes am Himmel. Es standen hier im höchsten Fall zehn oder zwölf Sträucher beieinander, und ich wußte nicht, hinter welchem ich die Männer, von denen jetzt wenigstens drei beisammen waren, suchen sollte. Man hätte mich sehen müssen, selbst wenn ich dunkel gekleidet gewesen wäre. Da nun mein Anzug eine helle Farbe hatte, so wäre es Albernheit gewesen, anschleichen zu wollen. Darum tat ich das einzige, was ich tun konnte: ich kroch so weit zurück, bis ich mich erheben durfte, und begab mich dann wieder ins Lager, wo alle schliefen und niemand meine Abwesenheit bemerkt hatte. Ich wickelte mich wieder in meine Decke und legte mir das zurecht, was ich beobachtet und gehört hatte.

Wer war der Mann, mit dem Melton gesprochen hatte? Die Antwort war nicht schwer zu finden. Beide hatten sich „Bruder" genannt. Thomas Melton konnte nicht gemeint sein, da er außer Landes weilte. Also war der Fremde auch ein Mormone, und das war um so wahrscheinlicher, als er sich nicht der hier gebräuchlichen spanischen, sondern der englischen Sprache bedient hatte. Sodann war er von Melton gefragt worden, „ob sein Junge ihn getroffen hätte". Mit diesem Jungen war jedenfalls Sandy Weller, der Kajütenwärter unsres Schiffs, gemeint. Als ich ihn mit dem Mormonen im Deckzelt belauschte, hatte er davon gesprochen, daß sein Vater längst zu den Indianern aufgebrochen sei. Und jetzt steckte ein Indianerhäuptling mit in den Büschen. Die heutige Zusammenkunft war jedenfalls längst vorher verabredet worden. Sandy war nach unsrer Landung von Bord gegangen und hatte seinen Vater aufgesucht, um ihm zu melden, daß die Auswanderer unterwegs seien und daß er sich nun zu der verabredeten Zusammenkunft einfinden solle. Da er allein gewesen war, hatte er viel schneller reisen können als wir, und ich durfte mit Gewißheit annehmen, daß jetzt der alte Weller, Melton und ein Indianerhäuptling beisammen hockten. Vielleicht war auch Sandy dabei. Wahrscheinlich waren außer dem Häuptling noch andre Indianer anwesend. Ich hatte also recht gehandelt, mich nicht in die Gefahr zu begeben, entdeckt zu werden.

Nun kam die wichtige Frage, zu welchem Stamm die Indianer gehörten. Wer die damaligen Verhältnisse von Mexico und vor allen Dingen der Provinz Sonora kennt, der weiß, welch eine Menge von Stämmen dort zu finden waren. Es gab da Opata-, Pima-, Sobaipuri-, Tarahumara-, Cahuencha-, Papago-, Yuma-, Tepehuana-, Cahita-, Cora-, Colatlan-, Yaqui-, Upanguaima- und Guaima-Indianer, die sich meist wild in Sonora und an den Grenzen dieses Staats umhertrieben. Und das sind nur die hervorragendsten Stämme.

Ich hatte den Häuptling nicht gesehen und noch viel weniger sprechen gehört, konnte also nicht einmal ahnen, welchem Volk er zuzurechnen war. Und doch wäre es für mich von großem Vorteil gewesen, das zu wissen. Noch wichtiger aber als diese Frage war die, zu welchem Zweck die heutige Zusammenkunft stattfand. Daß es sich um die Auswanderer handelte, konnte ich mir wohl denken, aber etwas Näheres zu erraten, war mir unmöglich, obgleich ich all meinen Scharfsinn anstrengte und selbst die kleinste Wahrnehmung an mir vorübergleiten ließ, um sie einer eingehenden Beurteilung und Vergleichung zu unterwerfen.

Ich befand mich in einer fieberhaften Aufregung und mußte alle Selbstbeherrschung aufwenden, ruhig liegenzubleiben, zumal es über zwei Stunden dauerte, bis der Mormone zurückkehrte und sich zur Ruhe legte. Bei mir gab es freilich keine Ruhe; ich vermochte nicht zu schlafen. Es schwebte eine Gefahr über uns, ohne daß ich sagen konnte, welcher Art sie war und wann sie hereinbrechen werde. Das raubte mir den Schlaf. Über uns? Nun zunächst wohl nur über den Auswanderern, aber ich hatte mich nun einmal dieser Angelegenheit angenommen, und so stand es fest, daß ich sie auch als die meinige betrachtete und so lange bei den Bedrohten aushielt, bis sie zu Ende geführt war.

Als vorsichtiger Mann fragte ich mich dabei, ob ich der Gefahr, von der ich zu niemand sprechen durfte, der ich mich also allein entgegenstellen mußte, auch gewachsen sei. Der Mut war da, aber wie stand es mit der Verantwortlichkeit? Wenn man mich unschädlich machte, waren voraussichtlich alle Auswanderer verloren. Es galt also, zunächst auf meine eigne Sicherheit bedacht zu sein und Hilfe herbeizuholen. Aber wie? Vielleicht war es geraten, die Behörde in Ures zu benachrichtigen. Wer aber sollte das tun? Doch nur ich. Und wann? Sobald wie möglich, also morgen früh. Da aber niemand, am allerwenigsten der Mormone, vorher davon wissen durfte, so mußte ich mich von unsrer Karawane auf eine Weise entfernen, die keinen Verdacht aufkommen ließ. Wie war das anzufangen? Fragen? Da hätte ich sagen müssen, wohin ich wollte. Mich heimlich entfernen? Das hätte den Verdacht, den ich vermeiden wollte, erst recht hervorrufen müssen. Während ich darüber nachsann, fielen mir die Worte des Herkules ein, daß ich im ganzen Leben kein guter Reiter werden würde. Das war es, was mir ermöglichte, meinen Plan auszuführen. Mein Pferd mußte mit mir durchgehen.

Die Befriedigung über diesen rettenden Gedanken wirkte so beruhigend auf mich, daß ich endlich doch einschlief und erst dann erwachte, als die andern schon munter waren und sich zum Aufbruch rüsteten.

Der Mormone betrieb ihn mit auffälliger Eile, und ich erriet den Grund. Seine Fährte hatte sich dem weichen Sand so tief eingedrückt, daß man sie mit dem Auge bis zu dem Gebüsch verfolgen konnte. Da er mich als Old Shatterhand erkannt hatte, so fürchtete er, daß ich diesen Stapfen meine Aufmerksamkeit widmen und ihnen folgen würde. In diesem Fall hätte ich auch die Spuren derer finden müssen, mit denen er während der Nacht verhandelt hatte. Um das zu vermeiden, trieb er zum Aufbruch.

Ohne daß er es ahnte, hatte ich die gleiche Sorge wie er, denn die Eindrücke meiner Füße waren ebenso mit der größten Deutlichkeit wahrzunehmen. Er konnte sie unmöglich übersehen. Jedenfalls aber glaubte er, daß sie von einem seiner Verbündeten herrührten, der vom Gebüsch zu unserm Lagerplatz geschlichen war, ohne das später bei der Unterredung zu erwähnen.

Als ich mein Pferd aufschirrte, steckte ich einige scharfe Sandkörner zwischen Haut und Sattel und zog dann den Gurt stark an. Nach dem Aufsteigen stellte ich mich in die Bügel und machte mich möglichst leicht, so daß das Tier noch keinen Schmerz empfand. Als ich mich aber nach einer Weile festsetzte, fühlte es die Sandkörner und begann, sich widerspenstig zu zeigen. Ich gab mir scheinbar alle Mühe, es zu beruhigen, doch vergebens. Es wollte mich abwerfen, und ich stellte mich dabei so, als koste es mich die größte Anstrengung, im Sattel zu bleiben. Der Gaul benahm sich schließlich so störrisch, daß alle, auch der Mormone, aufmerksam wurden.

„Was hat denn die Bestie eigentlich?“ fragte der Herkules, der wieder neben mir ritt.

„Weiß ich's? Sie will mich herunter haben. Weiter wird's nichts sein.“

„So nehmen Sie das Viehzeug kurz in die Zügel und geben Sie ihm die Sporen, damit es Achtung bekommt! Ein Wunder ist es freilich nicht, daß es nichts mehr von Ihnen wissen mag. Ein Pferd, das Eigenart und Ehre besitzt, will einen guten Reiter haben. Sie aber sind — oho — hallo — wohin denn?“

Ich hatte seinen Rat befolgt und dem Pferd die Sporen gegeben. Es ging in die Luft, erst vorn, dann hinten, dann mit allen vieren zugleich, bockte nach rechts, nach links, doch ohne mich herunterzubringen. Ich machte mich bügellos, rutschte nach hinten und legte mich nieder, um die Arme um den Hals des Tiers zu schlingen, fiel aber selbstverständlich nicht herunter. Alle, die es sahen, lachten, und dieses laute, schallende Gelächter regte meinen Gaul vollends so auf, daß er mit mir davonrannte, immer gradaus über die Ebene dahin. Daß dieser rasende Galopp nach Südwesten ging, war meine Sache, schien aber der reine Zufall zu sein.

Als ich mich umschaute, sah ich, daß einige mir folgten, aber bald wieder umkehrten. Der Herkules ritt mir länger nach. Er war in Sorge um mich, konnte mich jedoch nicht einholen. Nach zehn Minuten erblickte ich ihn nicht mehr und stieg ab, um die Sandkörner zu entfernen und das arme Tier von seiner Qual zu befreien. Dann ging es wieder weiter nach Südwesten, wo ich die Stadt suchen mußte.

Zwei Gründe waren es, die mich dahin wiesen. Zunächst wollte ich dort der Polizei die beabsichtigte Mitteilung über die Auswanderer machen, und sodann war es nötig, mir einen andern Anzug zu verschaffen. Der jetzige war so leicht, daß er bei den bevorstehenden Anstrengungen völlig in Fetzen gehen mußte, auch störte mich seine helle Farbe, die mir gestern abend so hinderlich gewesen war. Ich hatte ihn in Guaymas gekauft, weil es dort für meine Größe keinen bessern gab und ich von dem Mormonen für einen armen Teufel gehalten sein wollte. Da er mich aber durchschaut hatte, so war nicht einzusehen, warum ich nicht auch äußerlich zugeben sollte, daß ich nicht unter die „Landstreicher“ zu rechnen sei.

Schon gestern hegte ich die Vermutung, daß wir den Fluß einige Meilen oberhalb Ures überschritten hätten, jetzt stellte sich heraus, daß diese Schätzung richtig gewesen war. Noch war keine Stunde vergangen, so nahm die Gegend ein andres Aussehen an. Sie wurde um so belebter, je weiter ich kam. Landgüter tauchten auf, das Pferd bekam gebahnte Wege unter die Hufe. Dann ritt ich zwischen Gärten dahin und gelangte schließlich in die Stadt, die einen bedeutend bessern Eindruck bei mir hervorrief, als ich auf die mir begegnenden Einwohner zu machen schien, denn ich sah die keineswegs hochachtungsvollen Blicke, die sie auf mich warfen. Ich erkundigte mich bei einem nach der *Casa de Ayuntamiento*[1], stieg, als ich sie erreicht hatte, vom Pferd, band es an, trat ein und fragte einen da umherlungernden Schutzmann nach dem *Alcalde del distrito*[2]. Der

[1] Rathaus [2] Bezirksrichter

Mann wies mich an Don Antonio Riego und in den Hof, wo ich eine Tür sah, deren Aufschrift mir erklärte, daß sich dahinter das Amtszimmer dieses höchsten Beamten des Bezirks befand. Als ich anklopfte, hörte ich im Innern eine antwortende Stimme, trat ein und machte sofort eine tiefe Verbeugung, denn ich befand mich einer Dame gegenüber.

Hier war auch nicht das geringste von alledem zu sehen, was der Deutsche mit einem Dienstraum in Gedankenverbindung bringt. Es gab weißgetünchte Wände. In den festgestampften Boden waren vier weiß, rot und grün, also in den Landesfarben angestrichene Pfähle getrieben, woran zwei Hängematten hingen. In der vordern Hängematte lag eine junge Dame, Zigaretten rauchend und in ein nicht allzu reines Morgengewand gekleidet. Ihr noch nicht geordnetes Haar hatte sich wahrscheinlich schon gestern im gleichen Zustand befunden. Über ihr saß, an eine Kette gefesselt, ein Papagei, der mich mit zornigem Krächzen empfing. Erst später bemerkte ich, daß die zweite, hintere Hängematte nicht leer war. Also, ich verbeugte mich und fragte dann höflich, ob es mir gestattet sei, den *Alcalde del distrito* zu sprechen. Die Dame musterte mich mit scharfen Augen, warf mir dann die Hand entgegen, als sei ich Luft, und wandte das Köpfchen ab, ohne mich einer Antwort zu würdigen. Dafür aber sträubte der Papagei sein Gefieder, riß den krummen Schnabel auf und kreischte mir zu:

„*Eres picaro!*"

Diese Begrüßung lautet zu deutsch: „Du bist ein Spitzbube!" Die Doña liebkoste den Vogel ob dieses geistreichen Ausrufs, und ich wiederholte meine Frage in der vorherigen höflichen Weise.

„*Eres picaro!*" schrie der Papagei, während die Dame in ihrem Schweigen verharrte.

Ich wiederholte meine Frage abermals.

„*Eres picaro, picaro, picaro!*" schimpfte der gefiederte Verleumder, und die Dame nahm sich nun die Mühe, mit der Hand gegen die Tür zu winken, um mir auf diese sinnige Weise anzudeuten, daß sie sich und ihren Papagei von mir befreit sehen wolle.

Anstatt zu gehen, lehnte ich gemütlich meine Gewehre an die Wand, blickte zur Tür hinaus und sah den Schutzmann, der mich hierher gewiesen hatte. Da er auf die andre Seite schaute, steckte ich den Finger in den Mund und pfiff schrill. Der Papagei pfiff mit, die Dame kreischte auf, grad auch wie ein Papagei, und der Schutzmann drehte sich um. Ich winkte ihn herbei und fragte, als er herangekommen war:

„Ist hier wirklich die Amtsstube des *Alcalde del distrito*?"

„Ja, Señor“, antwortete er.
„Wo ist Don Antonio Riego denn?“
„Na, da im Zimmer!“
„Ich sehe ihn doch nicht, und die Señora antwortet mir nicht.“
„Dafür kann ich nicht, da ist nichts zu machen.“

In würdevoller Haltung ging er davon. Ich drehte mich wieder zu der Dame um und wiederholte meine Frage, diesmal aber weniger höflich. Da richtete sie sich auf, blitzte mich aus ihren dunklen Augen an und fauchte:

„Hinaus, sofort, sonst lasse ich Sie einsperren! In welcher Kleidung kommen Sie! Man sieht sofort, daß Sie die Amtshandlung nicht bezahlen können.“

Der Papagei schlug mit beiden Flügeln, hackte mir mit dem Schnabel entgegen und schrie: *„Eres picaro, eres picaro!“* Ich aber zog kaltblütig meinen Beutel aus der Tasche, nahm einige Goldstücke heraus und begann, ohne ein Wort zu sagen, das Gold aus einer Hand in die andre zu zählen. Sofort ahmte der Papagei mit täuschender Stimme den Klang des Goldes nach, und die Dame wandte sich zur andern Hängematte und sagte im lieblichsten Flötenton:

„Erhebe dich, mein Lieber! Es ist ein Caballero da, der höchst notwendig mit dir sprechen will. Ich werde ihm eine Zigarette drehen.“

Unter dem Sitz des Papageis war ein Kästchen angebracht, worin sich Tabak und Zigarettenpapier befanden. Sie nahm eins dieser Papiere in den Mund, um es mit Speichel anzufeuchten, und legte eine Fingerspitze Tabak darauf. Beides drehte sie mit ihren niedlichen Fingern in Raupenform, brannte diese Raupe an ihrem Stummel an und reichte sie mir dann mit einem herzgewinnenden Lächeln.

Hm! Das Anfeuchten! Diese Fingerchen, bei deren grauer Färbung man im unklaren war, ob sie in Handschuhen steckten oder einen sonstigen Überzug hatten! Und dazu der Ort, wo sich der Tabak befand, grad unter dem Papagei! Kurz und gut, ich nahm die Zigarette zwar mit einer Verbeugung an, hütete mich aber, sie an den Mund zu führen.

Indessen hatte sich im Hintergrund eine Bewegung bemerkbar gemacht, die mich veranlaßte, meine Aufmerksamkeit in diese Richtung zu lenken. Die zweite Hängematte geriet ins Schaukeln, und aus ihr entwickelte — ich sage mit voller Absicht: entwickelte — sich eine ewig lange und erschrecklich hagere Gestalt, die mit unhörbaren, geisterhaften Schritten auf mich zukam und mich in einem hohlen Bauchrednerton fragte:

„Wieviel Sporteln[1] sind Sie bereit zu zahlen, Señor?“

[1] An Richter zu zahlende Gebühren

„Ich zahle nach dem Wert der Antworten, die ich erhalte, Don Antonio“, erwiderte ich.

Der ewig Lange drehte sich zu seinem jungen Weib um und meinte unter einer gräßlichen Gesichtsverzerrung, die jedenfalls ein freundliches Lächeln sein sollte:

„Hörst du es, mein Täubchen? Er zahlt nach dem Wert. Da aber alles, was ich sage, von hohem Wert ist, so bitte ich dich, dem Señor noch eine Zigarette zu drehen.“

Sie folgte dieser Aufforderung mit sichtbarem Vergnügen, und als ich dann zwei von ihr angebrannte, zwischen meinen Fingern aber wieder ausgelöschte Tabakwürmer in der Hand hielt, forderte mich ihr wackrer Ehegemahl auf:

„Nun tragen Sie mir mit Vertrauen Ihre Wünsche vor, Señor! Sie stehen vor dem besten Ihrer Freunde.“

Auch der Papagei ließ so zarte und sanfte Gluckser hören, daß mir ganz wonnig zumut wurde. Ich befand mich wohl den beiden edelsten der Menschen und dem traulichsten der Papageien gegenüber und erkundigte mich also mit hingebender Offenheit:

„Ist Ihnen vielleicht der Name Don Timoteo Pruchillo bekannt, Señor Alcalde?“

„Nein. Auch dir nicht, mein Täubchen?“

„Nein“, antwortete das Täubchen.

„Ich suche eine Hacienda del Arroyo, die nicht sehr weit von Ures zu liegen scheint. Vielleicht können Sie mir jetzt Auskunft erteilen?“

„Nein. Auch du nicht, mein Täubchen?“

„Nein“, echote das Täubchen.

„Don Timoteo Pruchillo hat deutsche Auswanderer kommen lassen, die auf seiner Hacienda arbeiten sollen. Wer hat diese Leute zu beschützen, falls er es nicht ehrlich mit ihnen meint?“

„Ich nicht, Señor.“

„Aber wer denn sonst?“ staunte ich.

„Das Heimatland mit seinen Gesandtschaften oder Konsulaten.“

„Gibt es hier überhaupt ein Konsulat?“ — „Nein.“

„Aber wenn diese Leute in Not oder gar Gefahr kommen, so muß doch jemand hier sein, der sich ihrer annimmt.“

„Nein, es ist niemand da.“

„Aber, Don Antonio Riego, selbst angenommen, daß die Leute recht- und schutzlos sind, weil sich kein Vertreter ihres Vaterlandes im hiesigen Bezirk befindet, so ist doch zu erwarten, daß ein Mexikaner, falls er unehrlich oder gar noch schlimmer an ihnen handelt, von der hiesigen Behörde zur Verantwortung gezogen wird?“

„Nein, Señor. Was mit Ausländern geschieht, geht mich nichts an.“

„Wenn nun ein Bewohner Ihres Bezirkes einen Deutschen tötete, was würden Sie da tun, Señor Alcalde?“

„Nichts. Meine Untertanen machen mir soviel zu schaffen, daß ich mich mit Angehörigen fremder Länder nicht zu befassen vermag. Mit ausländischen Personen und Angelegenheiten können wir uns unmöglich abgeben. So etwas dürfen Sie von uns nicht verlangen. Wünschen Sie sonst noch etwas, Señor?“

„Nein, Ihre bisherigen Antworten haben mich aller weitern Fragen überhoben, Don Antonio.“

„So werde ich Sie entlassen, sobald Sie den Wert meiner Auskünfte anerkannt haben.“

„Ja, anerkannt haben“, stimmte die Señora in bezauberndem Ton bei, wozu der Papagei ein allerliebstes Klingen hören ließ.

„Ich werde Sie über diesen Wert auf das gewissenhafteste aufklären“, entgegnete ich. „Da Sie immer nur mit ‚Nein‘ geantwortet haben, besitzen Ihre Antworten für mich leider keinen Wert.“

„Wie? Was? Wollen Sie damit sagen, daß Sie nichts zahlen wollen?“ — „Allerdings.“

Riego trat zwei Schritte zurück, maß mich mit zornigen Blicken und drohte: „Ich kann Sie zwingen, Señor!“

„Nein! Auch ich bin ein Deutscher. Ich habe nur ausländisches Geld bei mir, und da ich Ihnen nach Ihren eigenen Worten nicht zumuten darf, sich mit ausländischen Angelegenheiten und Personen zu befassen, und mein Geld doch sicher zu den ausländischen Dingen gehört, so kann ich mich unmöglich an Ihrer inländischen Selbstachtung dadurch versündigen, daß ich Ihnen eine fremde Münze anbiete.“

Die Señora warf ihre Zigarette weg und wetzte ihre Lippen an den Zähnen. Der Papagei hob die Flügel und riß den Schnabel auf. Der Alcalde trat noch einen Schritt zurück und fragte in kollerndem Ton: „Also nur fremdes Geld?“

„Ja. Die einzigen einheimischen Gegenstände, die ich Ihnen verehren kann, sind diese beiden Zigaretten, die ich hiermit in den Tabakskasten lege.“

Ich warf die Zigaretten in den Tabak, wobei der Papagei mit dem Schnabel gegen meine Hand hackte.

„So wollen Sie wirklich nichts zahlen?“ knurrte der Richter.

„Nein.“

Ich griff zu meinen Gewehren und entfernte mich schnell.

„Ein Geizhals, ein wortbrüchiger Mensch!“ donnerte der Lange mit seiner Bauchrednerstimme.

„Ein Ausländer, ein Habenichts, ein Vagabund!" kreischte die Doña wütend hinter mir her.

„*Eres picaro, eres picaro, picaro* — du bist ein Spitzbube, du bist ein Spitzbube, ein Spitzbube!" hörte ich den Papagei schreien, als ich mit raschen Schritten über den Hof eilte, um hinaus auf die Straße zu gelangen. Da stand, meiner wartend, der Schutzmann und streckte mir die Hand entgegen.

„Eine Gabe für die Auskunft, die ich Ihnen erteilt habe! Mein Gehalt ist gering, und ich habe ein Weib mit vier Kindern zu ernähren."

„Dafür kann ich nicht, da ist nichts zu machen", entgegnete ich ihm mit seinen eignen Worten, band mein Pferd los, stieg auf und ritt davon. Wäre ich nur einigermaßen bei besserer Laune gewesen, so hätte wenigstens er etwas bekommen.

Die Hoffnung, die ich auf die Meldung bei der Ortsbehörde gesetzt hatte, war vergeblich gewesen. Bei solchen Zuständen, die heutzutag wohl anders sind, ist es am besten, stets nach dem Grundsatz „Selbst ist der Mann" zu handeln. Fort also mit dem Rechnen auf fremde Leute und auf fremde Hilfe!

Als ich mich weit genug vom Stadthaus entfernt hatte, stieg ich vor einem „Hotel" ab, um da etwas zu essen und zu trinken, das Pferd tränken und füttern zu lassen und mich nach einem Kleiderladen zu erkundigen. Ein solcher lag in der Nähe, und ich bekam da, allerdings zu einem sündhaften Preis, einen guten, mexikanischen Anzug, der wie für mich gefertigt war. Die Sorge für die nächste Zukunft riet mir, mich auch in ausgiebiger Weise mit Schießbedarf zu versehen. So ritt ich, den in die Decke gewickelten neuen Anzug hinter mir aufgeschnallt, wohlgemut zur Stadt hinaus, um eine kleine Hoffnung getäuscht, doch um eine wichtige Erfahrung reicher.

Ich hatte mich nämlich im Gasthof nach der Hacienda del Arroyo erkundigt und ermittelt, daß sie einen vollen Tagesritt weit ostwärts zwischen bewaldeten Bergen an einem Bach lag, von dem ein kleiner See gespeist wurde. Man hatte mir die Gegend und den Weg dorthin so genau beschrieben, daß ich nicht irren konnte. Zugleich hatte ich über die Verhältnisse und Eigenschaften des Besitzers Näheres erfahren.

Don Timoteo Pruchillo war ein ehrlicher Mann, hatte früher zu den reichsten Leuten der Provinz gehört, aber durch die oft wiederkehrenden politischen Aufstände und die Überfälle der Indianer viel gelitten, so daß er jetzt nur noch als wohlhabend galt. Von mehreren großen Landgütern war ihm das einzige, die Hacienda del Arroyo geblieben. Außerdem gehörte ihm ein Quecksilberbergwerk, über dessen Lage ich nichts Genaues erfahren konnte. Man wußte nur, daß es noch weit, weit hinter der

Hacienda in einer unfruchtbaren Gegend lag und früher reiche Erträge gebracht hatte, dann aber aus Mangel an Arbeitern und wegen des Umherschweifens der Indianer aufgegeben und verlassen worden war.

Über den Weg, den ich heute zurücklegte, ist nichts zu sagen. Ich war allein und kam durch eine langweilige Gegend. Ich übernachtete in einem Tal, das von kahlen Höhen eingeschlossen war, auf seinem Grund aber doch so viel Gras trug, daß sich mein Pferd sattfressen konnte. Während mir von Ures bis hierher kein Mensch in den Weg gekommen war, hatte ich am nächsten Vormittag eine Begegnung, und zwar eine unter den gegebenen Verhältnissen sehr wichtige; eine Begegnung, bei der leider Blut fließen sollte.

Ich durchritt ein langes, schmales Tal, das sich in vielen Windungen aufwärts in die Berge zog. Diese lagerten kahl und baumlos vor dem höhern Gebirge, wo ich die Hacienda suchen mußte. Sie waren felsig und besaßen so eigenartige, abenteuerliche Formen, daß ich hier und da an die fernen Bad Lands[1] erinnert wurde. Nur selten war ein Baumkrüppel oder ein Strauch zu sehen, der aus einer Spalte ragte, in der es für ihn Feuchtigkeit zu einem spärlichen Gedeihen gab. Ich dachte an meine Erlebnisse in jenen Bad Lands, an die Kämpfe mit den Sioux, mit denen ich dort zusammengeraten war. Ich bildete mir ein, ihr schrilles Kriegsgeheul und die Stimmen ihrer Gewehre zu hören. Da — war das nur die Erinnerung, die es mir vorspiegelte, oder war es Wirklichkeit? Ein Schuß war gefallen. Ich hielt mein Pferd an und horchte. Es war Wirklichkeit, denn jetzt fielen ein zweiter und ein dritter Schuß, vor mir im Tal, hinter der nächsten Krümmung.

Ich trieb mein Tier an, war aber, als ich die Krümmung erreichte, so vorsichtig anzuhalten. Ich wollte wissen, mit wem ich es zu tun hatte. Darum stieg ich ab, ließ das Pferd stehen und ging zu Fuß zur Ecke des Felsens, um auf seine andre Seite zu blicken. Als ich den Hut, dessen breite Krempe mich leicht verraten konnte, abgenommen hatte und dann den obern Teil des Kopfs bis zu den Augen vorstreckte, sah ich, daß sich jenseits des Felsens das Tal erweiterte, indem es eine Seitenschlucht aufnahm, die rechtwinklig einmündete. Unten, in der Sohlenmitte des Haupttals, standen zwei Männer, die zum Felsen emporblickten, der die Ecke des Haupt- und Nebentals bildete. Es waren ein Weißer und ein Indianer. Beide hatten ihre Gewehre in den Händen. Sie legten jetzt eben an, zielten hinauf und drückten ab. Die Schüsse knallten schnell hintereinander.

Auf was schossen die beiden Menschen? Es standen drei

[1] In Wyoming; vgl. Bd. 35, „Unter Geiern“

Pferde in der Nähe. Sie waren also zu dritt. Wo befand sich der dritte? Ich schob den Kopf weiter vor und sah nun unten, hart an der Felsecke, noch drei Pferde liegen, die tot zu sein schienen, denn sie bewegten sich nicht. Über ihnen, vielleicht zwanzig Meter hoch, an einer Stelle, die nur ein guter Kletterer zu erreichen vermochte, kauerten drei Personen hinter einem Felsvorsprung, der ihnen Schutz gegen die feindlichen Kugeln bot. Diese drei waren ein Weib und zwei Knaben. Vielleicht wäre der Ausdruck Jünglinge richtiger. Ihre Gesichtszüge konnte ich nicht genau erkennen. Sie waren nicht mit Gewehren, sondern nur mit Bogen bewaffnet und sandten gegen ihre Angreifer zuweilen einen Pfeil hinab, der aber immer zu kurz fiel.

Männer gegen Knaben, gegen ein unbewaffnetes Weib! Pfui! Was für Männer konnten das sein? Doch nur ehrlose Menschen! Ich war augenblicklich entschlossen, den Knaben zu Hilfe zu kommen, denn es war klar, daß es auf ihr Leben abgesehen war. Um das mit möglichst wenig Gefahr für mich tun zu können, mußte ich die beiden Angreifer überrumpeln, mußte sie in einem Augenblick überraschen, wo sie ihre Büchsen abgeschossen hatten. Ich eilte also wieder zu meinem Pferd und stieg auf. Nachdem ich meine beiden Gewehre aus ihrer Umhüllung gezogen hatte, nahm ich den Bärentöter auf den Rücken, den Henrystutzen aber in die Hand. Nun wartete ich. Ein Schuß fiel, gleich darauf ein zweiter, und da flog auch schon mein Pferd hinter dem Felsen hervor und auf die beiden zu. Sie sahen mich kommen und standen, ohne sich zu bewegen; so überrascht waren sie von meinem unerwarteten Erscheinen.

Der Weiße war mittellang und mittelstark, trug einen leichten Anzug nach dem hierzuland gebräuchlichen Schnitt und hatte scharfe, ausgeprägte Gesichtszüge, die man wohl nicht wieder vergessen konnte. Eine Pistole und ein Messer steckten in seinem Gürtel, und in der Rechten hielt er die soeben abgeschossene, einläufige Flinte.

Der Rote war ähnlich gekleidet, doch trug er sein Haupt unbedeckt und die Häuptlingsfeder im langen, schlaffen Haar. Aus seinem Gürtel ragte nur der Griff eines Messers. Sein Gewehr war auch nur einläufig und soeben abgeschossen.

„Guten Morgen, Señores!“ grüßte ich, indem ich mein Pferd vor ihnen anhielt und den Stutzen in der Rechten wiegte. „Was für eine Jagd treiben Sie hier?“

Sie antworteten nicht. Ich tat, als sähe ich erst in diesem Augenblick die toten Pferde.

„Ah! Auf Pferde schießen Sie? Und die Pferde sind gesattelt! So haben Sie es also auf die Reiter abgesehen? Wo befinden sich die Leute?“

Der Rote griff in seinen Kugelbeutel, um wieder zu laden. Der Weiße tat das gleiche und wetterte dabei:

„Was geht Sie das an? Machen Sie sich davon! Sie haben sich um unsre Angelegenheiten nicht zu kümmern."

„Wirklich nicht? Das ist eine Ansicht, über die sich noch streiten läßt. Wer auf seinem ehrlichen Weg Männern begegnet, die auf Knaben und Frauen schießen, der hat wohl ein Recht, nach dem Grund eines solchen Verhaltens zu fragen."

„Aber welche Antwort wird er bekommen?"

„Die er fordert, falls er nämlich der Mann ist, seiner Frage Nachdruck zu geben."

„Und für einen solchen Mann halten Sie sich wohl?" fragte der Weiße höhnisch, während der Rote kaltblütig um seine Kugel ein Pflaster wickelte, um sie dann in den Lauf zu stoßen.

„Allerdings", erwiderte ich.

„Lassen Sie sich nicht auslachen, sondern verschwinden Sie schleunigst, sonst werden Ihnen unsre Kugeln zeigen —"

„Eure Kugeln, Schurke?" unterbrach ich ihn, indem ich den Lauf auf seine Brust richtete. „Fühl erst die meinigen! Weißt du, wieviel Kugeln in einem Henrystutzen stecken? Laßt augenblicklich eure Gewehre fallen, sonst fährt euch mein Blei durch die Köpfe!"

„Hen—ry—stu—tzen!" stieß der Weiße in einzelnen Silben hervor, indem er mich mit weitgeöffneten Augen anstarrte und sein Gewehr aus der Hand gleiten ließ.

Wie kam es doch, daß dieses eine Wort „Henrystutzen" ihm einen solchen Schrecken einjagte? Der Indianer war fern davon, ein solches Entsetzen zu fühlen. Er erwog mit kaltem Blut die Lage. Mein Lauf war nicht auf seine Brust, sondern auf die des Weißen gerichtet, dennoch durfte er es nicht wagen, sein Gewehr vollends zu laden. Aber es gab doch ein Mittel, mich schnell unschädlich zu machen. Der Rote gedachte, es auszuführen, das sah ich seinen Augen an und war gefaßt darauf. Er riß mit einem blitzschnellen Griff dem Weißen die Pistole aus dem Gürtel und schlug sie auf mich an. Ebenso schnell aber hatte ich meinen Lauf gegen seine Hand gerichtet, und bevor er den Hahn der Pistole mit dem Daumen aufzudrücken vermochte, krachte mein Schuß, und meine Kugel fuhr ihm in die Hand. Er stand einen Augenblick wir erstarrt, sah auf die blutende Rechte, der die Pistole entfallen war, und dann auf mich.

„Tave-schala!"

Nach diesen beiden Worten tat er, ohne nach seinem Gewehr und der Pistole zu sehen, die beide am Boden lagen, einen Satz zu den Pferden hin, sprang auf und jagte davon.

„Tave-schala!" wiederholte der Weiße, der bis zu diesem

Augenblick unbeweglich gestanden hatte. Dann fügte er in englischer Sprache hinzu: „*The devil*, wo habe ich meine Augen gehabt! Der Häuptling hat recht!“

Im Nu war er beim zweiten Pferd, im Sattel und hinter dem Roten her. Auch er ließ sein Gewehr im Stich. Es fiel mir nicht ein, ihn oder den andern zurückzuhalten. Was hatten die beiden Worte Tave-schala zu bedeuten? Sie gehörten einer Sprache an, die ich nicht kannte.

Als die beiden davongaloppierten, ertönte von dem Felsen herab ein dreistimmiges Jubelgeschrei. Die Frau und die beiden Knaben sahen sich gerettet und gaben durch diese Laute ihre Freude kund. Sie schrien und jubelten zu früh, das sah ich grad in diesem Augenblick von unten, während sie es von oben aus nicht zu erkennen vermochten.

Es erschien nämlich über ihnen auf der obersten Höhe des Felsens ein Kopf, dann kam der Doppellauf eines Gewehres zum Vorschein und dann die Arme, die es hielten. Der Mensch da oben wollte auf sie schießen. Sie befanden sich in der unmittelbarsten Todesgefahr. Die Worte, die sie mir jubelnd herabgerufen hatten, gehörten der Sprache der Mimbrenjos an, die ich kannte, da der Apatschenhäuptling Winnetou darin mein Lehrmeister gewesen war. Darum rief ich zu ihnen hinauf:

„Owan sah arhonda; akayia to-sikis-ta — drückt euch an die Felswand; über euch ist ein Feind!“

Sie gehorchten augenblicklich meinem Ruf und zogen sich so nah an den Felsen zurück, daß ich sie von hier unten nicht mehr zu erblicken vermochte. Der Mann da oben schien sie mit seinen Augen auch nicht mehr erreichen zu können. Aber er gab seine Absicht doch nicht auf, sondern verschwand nur für einen Augenblick und erschien an einer andern Stelle, die kanzelähnlich weiter vorwärts lag und von der aus er sie, wie mir schien, doch zu sehen und mit seinen Kugeln zu treffen imstand war. Es galt, drei Menschen zu retten. Das konnte nicht geschehen, wenn ich diesen einen schonte. Es war ein schwerer Schuß in diese Höhe hinauf. Der Stutzen reichte nicht so weit, und traf meine erste Kugel nicht, so fand der Mann Zeit, seine Absicht auszuführen. Mein Pferd stand nicht ruhig. Ich sprang also aus dem Sattel, warf den Stutzen weg und nahm den Bärentöter vor. Eben als ich die Läufe erhob, richtete der Mann sein Gewehr abwärts. Ein kurzes, aber festes Zielen — ich drückte ab. Der Schuß krachte und hallte von den Talwänden wider. Die alte, schwere Büchse hatte hier eine wahre Böllerstimme. Der Körper des Mannes lag oben auf der Felsenhöhe. Ich hatte nur seinen Kopf und seine Vorderarme sehen können, und auch das nicht deutlich, der großen Entfernung wegen. Es war mir, als zuckte der Kopf nach meinem Schuß zur Seite, aber er zog sich nicht zurück, und die Arme hielten das Gewehr weiter hinabgerichtet. Ich schickte also eine zweite Kugel hinauf. Der Mann verschwand noch immer nicht, aber er schoß auch nicht. Darum lud ich schnell wieder. Dabei sah ich, daß meine drei Schützlinge wieder vortraten; der eine Knabe rief mir zu:

„Schieß nicht mehr, er ist tot! Wir steigen zu dir hinab."

Es kommt vor, daß man nach einer Schlacht die Leichen von Soldaten genau in der Stellung findet, in der sie von den Geschossen getroffen worden sind. Sollte diese augenblickliche Erstarrung auch hier eingetreten sein? Ich sah die drei herunterklettern, ging auf sie zu und traf am Fuß des Felsens mit ihnen zusammen. Die Frau war noch jung und nach indianischen Begriffen eine sehr schöne Squaw. Von den Knaben schätzte ich den einen auf fünfzehn und den andern auf siebzehn Jahre. Ihre Anzüge zeigten, daß sie längere Zeit unterwegs gewesen waren. Ich reichte allen dreien die Hand und fragte, da es bei den Indianern Sitte ist, sich lieber an einen Knaben als an ein Weib zu wenden, den älteren:

„Kanntest du eure Feinde?"

„Das Bleichgesicht nicht, aber die beiden roten Männer. Der Alte war Vete-ya[1], der Häuptling der Yumas, und der andre Gaty-ya[2], sein Sohn."

Da ich trotz ihrer Jugend nicht so unhöflich sein wollte, sie, die vielleicht doch keine Kriegsnamen hatten, nach ihren Verhältnissen zu fragen, so erkundigte ich mich zunächst:

„Ich kenne weder den Großen noch den Kleinen Mund, und habe nie von ihnen gehört. Welchen Grund hatten diese roten Männer, euch töten zu wollen?"

„Sie kamen vor vielen Monden, unsern Stamm zu überfallen und zu berauben, obgleich wir mit ihnen in Frieden lebten. Wir erfuhren es zur rechten Zeit und besiegten die Yumas. Dabei wurde der Häuptling gefangengenommen. Nalgu Mokaschi[3], dessen Söhne wir sind, schlug ihm den Kampf der Ehre vor und besiegte ihn. Anstatt ihn daraufhin zu töten, ließ er ihn laufen. Das ist eine große Schande, da es ein Beweis der Geringschätzung ist, was du wohl nicht wissen wirst, weil du ein Bleichgesicht bist."

„Ich weiß es, denn ich kenne die Sitten und Gewohnheiten der roten Männer genau. Ich habe viele Sommer und Winter mit den tapfersten Stämmen verkehrt und auch mit dem Starken Büffel, euerm Vater, den Rauch der Friedenspfeife genossen."

„So kannst du kein gewöhnliches Bleichgesicht sein und mußt einen großen Namen haben, denn unser Vater ist ein tapfrer

[1] Großer Mund [2] Kleiner Mund [3] Der Starke Büffel

Krieger und raucht nur mit berühmten Männern das Kalumet."

„Ihr werdet meinen Namen erfahren. Jetzt erzähle mir zunächst weiter, wie ihr hier mit den beiden Yumas und dem weißen Mann zusammengetroffen seid!"

„Diese Squaw ist Schilar[1]. Als sie noch Mädchen war, kam ein Häuptling der Opatas, um sie zur Frau zu begehren. Der Vater erlaubte es ihr, ihm zu folgen. Wir beide sehnten uns nach ihr und machten uns auf, sie zu besuchen. Wir waren zwei Monde bei den Opatas, und als wir wieder gingen, begleitete sie uns, um den Vater zu sehen."

„Das war unvorsichtig!"

„Verzeih! Wir leben mit allen Stämmen in Frieden. Eine Schar von Opatas begleitete uns eine große Strecke, und als sie uns verließen, waren wir und sie überzeugt, daß nun an keine Gefahr mehr zu denken sei. Die Yumas wohnen weit von hier, und wir konnten nicht ahnen, daß sich ihr Häuptling in dieser Gegend befindet. An Squaws und Knaben zieht jeder ehrliche Krieger vorüber, ohne sie zu behelligen. Der Große Mund aber erkannte uns und schoß auf uns. Wir sind noch keine Krieger und haben noch keine Namen. Auch hatten wir nur Pfeile bei uns und konnten uns nicht wehren. Daher sprangen wir schnell von den Pferden und flüchteten auf den Felsen. Wir konnten uns dahinter verstecken, und wenn die Feinde es gewagt hätten, uns nachzuklettern, hätten wir sie mit unsern Pfeilen getötet. Dennoch wären wir verloren gewesen, wenn du uns nicht gerettet hättest, denn als der Große Mund sah, daß wir vor ihren Kugeln sicher waren, befahl er dem Kleinen Mund, seinem Sohn, auf einem Umweg noch höher als wir zu steigen und uns von oben herab zu erschießen."

„Und der Weiße schoß auch?"

„Ja, obwohl wir ihn nicht kannten und ihm nie etwas zuleid getan hatten. Er gab sogar dem Kleinen Mund sein Gewehr mit, weil es zwei Läufe hatte und wir damit schneller getötet werden konnten. Er wird dafür sterben müssen, sobald er mir begegnet. Ich habe mir sein Gesicht genau gemerkt."

Er zog bei diesen Worten sein Messer und machte damit eine Bewegung, als wolle er jemand das Herz durchbohren. Ich sah, daß es dem Knaben mit dieser Drohung ernst war. Dabei dachte ich an die beiden Worte, die der Große Mund ausgerufen hatte, als meine Kugel seine Hand traf. Deshalb fragte ich:

„Ist dir die Sprache der Yumas bekannt?"

„Wir kennen daraus sehr viele Worte."

„So kannst du mir sagen, was die Worte Tave-schala bedeuten?"

[1] Meine ältere Schwester

„Das weiß ich wohl. Sie bedeuten ‚die zerschmetternde Hand'. Das ist der Name eines großen, weißen Jägers, der der Freund des berühmten Apatschenhäuptlings Winnetou ist. Er wird von den Bleichgesichtern Old Shatterhand genannt, und unser Vater hat einmal an seiner Seite gegen die Komantschen gekämpft und mit ihm das Kalumet des Friedens und der ewigen Freundschaft geraucht. Wo hast du diese beiden Worte gehört?"

„Der Große Mund rief sie aus, als ich ihm vorhin mit meiner Kugel die Hand zerschmetterte."

„Da hast du so getan, wie Old Shatterhand zu handeln pflegt. Er tötet keinen Feind, den er durch eine Verwundung unschädlich machen kann. Seine Kugeln gehen niemals fehl. Er sendet sie entweder aus einem Schoschsesteh[1], den nur ein sehr starker Mann zu handhaben vermag, oder aus einem kurzen Gewehr, das so viele Kugeln hat, daß er damit ohne Ende zu schie —"

Er hielt mitten im Wort inne, betrachtete mich von oben bis unten und rief dann, zu seinen Geschwistern gewendet:

„Uff! Meine Augen sind blind gewesen! Dieser weiße Krieger hat auf so weite Entfernung unsern Feind getroffen. Seht das schwere Gewehr in seiner Hand! Dort, wo er vorhin stand, liegt sein zweites Gewehr, womit er die Faust des Großen Mundes zerschmetterte. Dieser Häuptling hat ihn Tave-schala genannt. Mein jüngerer Bruder und meine ältere Schwester, tretet in Ehrfurcht zurück, denn wir stehen vor dem starken, weißen Krieger, von dem unser Vater, der doch ein großer Held ist, gesagt hat, er könne nicht mit ihm verglichen werden."

Das war eine indianische Redensart, eine Übertreibung, womit es der Knabe allerdings aufrichtig meinte. Die drei wichen zurück und verneigten sich vor mir; ich aber reichte ihnen abermals die Hand.

„Ja, ich bin der, den man Old Shatterhand nennt. Ihr seid die Kinder meines tapfern und berühmten Freundes, und mein Herz ist erfreut darüber, daß ich zur rechten Zeit kam, euern Todfeind von hier zu vertreiben. Seine rechte Hand ist zerschmettert und wird den Tomahawk nie wieder führen können. Ihr sollt ein Andenken an den Tag haben, wo ihr ihn als feigen Flüchtling davonreiten saht. Kommt zu den Pferden!"

Sie folgten mir zu der Stelle, wo mein Tier stand, in seiner Nähe noch das des Kleinen Mundes. Da lag mein Henrystutzen, den ich weggeworfen hatte, und da lagen auch die beiden einläufigen Gewehre und die Pistole. Ich sah, daß meine Stutzenkugel erst durch den Pistolenkolben und dann in die Faust des Roten gedrungen war, also matt. Sie hatte infolgedessen eine viel bösere Wunde gerissen, als wenn sie die Hand glatt durch-

[1] Bärentöter

schlagen hätte. Die beiden Einläufer hatten den Indianern gehört. Der Weiße hatte seinen Doppelläufer nur für kurze Zeit zu dem erwähnten Hinterhalt an den Kleinen Mund abgegeben und dafür die einläufige Flinte behalten. Die Beute gehörte mir. Ich schenkte jedem der Knaben eine der Flinten und dem ältern die Pistole dazu. Sie waren jedenfalls entzückt darüber, denn ein Indianerknabe bekommt selten ein Feuergewehr, nahmen sie aber schweigend entgegen, da ein Roter nicht nur den Schmerz, sondern auch die Freude zu beherrschen wissen muß.

Das Pferd des Kleinen Mundes war ein schönes Tier. Ich schenkte es der jungen Squaw, für die der Männersattel kein Hindernis war, weil die Indianerfrauen wie die Männer zu Pferd sitzen.

Nun ging es zu den drei erschossenen Tieren, die, wie schon erwähnt, nah am Felsen lagen. Die Angreifer hatten sich nicht zu dieser Stelle getraut, da sie hier von den Pfeilen der Knaben erreicht worden wären. Aus diesem Grund fehlte nichts von dem, was die Gäule getragen hatten. Es waren Geschenke an die Knaben von ihrem Schwager und Gaben, die die Squaw für ihren Vater erhalten hatte. Die Gegenstände mußten ebenso wie Sattel- und Zaumzeug mitgenommen werden.

Nun wollte ich auf die Höhe des Felsens, um nach dem Kleinen Mund zu sehen. Die Knaben baten mich, mitgehen zu dürfen, die Squaw blieb als Wächterin unten im Tal. Wir fanden mit Leichtigkeit die Spuren des Häuptlingssohns. Als wir oben ankamen, bot sich uns ein schauerlicher Anblick. Der Tote lag lang ausgestreckt auf dem Bauch. Sein Kopf ragte über die Kante des Felsens hinaus, seine beiden Arme hingen bis an die Ellbogen darüber hinab, und die Hände hielten das Doppelgewehr so fest, daß es nicht hatte hinabfallen können. Ich bog mich vor, um mich zunächst des Gewehrs zu versichern, und zog dann die Leiche von der Felskante zurück.

„Uff, uff!" riefen da die beiden Knaben, indem sie auf den Kopf des Erschossenen deuteten. Meine Kugeln waren dem Mann durch den Kopf gegangen, ein Doppeltreffer, der bei dieser Höhe und Entfernung nicht günstiger hätte sein können.

Was der Tote bei sich trug, durften die Knaben an sich nehmen. Die Leiche ließen wir liegen. Dann stiegen wir wieder hinab. Wir hatten keinen Grund, uns länger in dieser Gegend aufzuhalten, weil zu erwarten stand, daß die beiden Flüchtlinge wiederkommen würden, um den Kleinen Mund zu suchen.

Der Große Mund hatte wahrscheinlich vermutet, daß sein Sohn mich von oben erblicken und sich schnell in Sicherheit bringen würde. Er wartete jedenfalls irgendwo auf ihn. Kam der Sohn nicht, so kehrte der Vater zurück, fand die Leiche, und ich konnte mich dann darauf gefaßt machen, einen unerbittlichen Todfeind hinter mir zu haben.

Gern hätte ich gewußt, wer der weiße Gefährte des Großen Mundes war. Das Doppelgewehr war das Eigentum dieses Mannes gewesen. Ich betrachtete es also genau und fand zwei Buchstaben, nämlich ein *R* und ein *W*, in den untern Teil des Kolbens eingeschnitten. *R* war wohl der Anfangsbuchstabe des Vornamens und *W* der des Familiennamens. Ich mußte sofort an den Namen Weller denken. Weller hieß ja der Vater des Kajütenwärters. Dieser Mann war vorgestern abend mit einem Indianerhäuptling bei dem Mormonen Melton gewesen. Das stimmte überraschend. Kein Zweifel, der Große Mund war jener Häuptling, und der Weiße, den ich vorhin mit in die Flucht getrieben hatte, war der Unbekannte von vorgestern, der den Mormonen mit „Bruder" angeredet hatte. Jedenfalls war der Kleine Mund auch mit dabei gewesen. Daß ich hier auf sie gestoßen war, konnte mich nicht wundern, denn das Tal lag in der Richtung zur Hacienda del Arroyo, der ja wohl der Anschlag galt, den man offenbar vorgestern abend ausgeheckt hatte. Traf ich mit diesen Gedanken das Richtige, so war weiter zu folgern, daß sich eine Schar Yumas in der Nähe befand, mit deren baldigem Erscheinen man rechnen mußte. Es galt also, das Tal ohne weitern Aufenthalt zu verlassen und zur Hacienda zu gelangen.

Sie lag nicht in der Richtung, die die drei roten Geschwister einzuhalten hatten. Dennoch entschlossen sie sich leicht zu diesem Umweg, da sie hofften, dort Ersatz für die zwei fehlenden Pferde zu finden. Die Squaw bestieg das Tier, das ich erbeutet und ihr geschenkt hatte, und ich das meinige. Außerdem trugen beide Pferde die schon erwähnten Gegenstände. Die Jünglinge mußten laufen.

Ich ritt voran, die drei folgten mir in einiger Entfernung. Es wäre mir nicht unangenehm gewesen, mich mit ihnen unterhalten zu können. Aber ein Krieger meines Schlags durfte unmöglich mit einer Squaw und zwei Knaben plaudern. Der ganze Stamm der Mimbrenjo-Apatschen hätte darüber sämtliche Hände über sämtlichen Köpfen zusammengeschlagen.

4. Die Hacienda del Arroyo

Wenn man mir in Ures gesagt hatte, es sei von dort aus bis zur Hacienda eine gute Tagereise, so war dabei wohl die Absicht maßgebend gewesen, mir das Herz nicht schwer zu machen. Der Mittag kam und ging vorüber, und erst am Nachmittag sah ich die bewaldeten Berge vor mir liegen, die man mir beschrieben hatte. Die Kühle unter den Bäumen tat uns wohl nach der glühenden Hitze, in der wir seit Vormittag geschmort hatten. Die Beschreibung des Wegs ließ mich keinen Augenblick im Stich, nur daß die Zeit viel zu kurz angegeben war. Wir erreichten etwa zwei Stunden vor Abend den kleinen See, in den der Arroyo[1] mündete. Da sah ich wieder einmal, was Indianer auszuhalten vermögen. Die beiden Knaben waren nicht ein einziges Mal hinter mir zurückgeblieben, und nichts ließ vermuten, daß sie durch die weite Fußwanderung angegriffen seien. Ich wäre gern am Bach abgestiegen, um einen kühlen Trunk zu tun, wenn ich mich nicht hätte vor ihnen schämen müssen, die keinen Blick für ihr liebliches Rauschen zu haben schienen.

Der See lag am untern Ende eines dichtbewaldeten Tals, das sich weiter aufwärts ansehnlich verbreiterte, bis man wohl eine halbe Stunde zu gehen hatte, um von einer Seite auf die andre zu kommen. Hüben und drüben vom Wald eingefaßt, bildete es eine saftig grüne Wiese, deren Gras- und Blumenteppich oft durch blühendes Buschwerk unterbrochen wurde. Hier weideten zahlreiche Rinder und Pferde, die von berittenen und unberittenen Hirten bewacht wurden, doch sah man gleich auf den ersten Blick, daß nicht genug Leute vorhanden waren. Sie eilten herbei, uns freundlich zu begrüßen, und ich erfuhr von ihnen, daß Melton mit seiner Arbeiterkarawane noch nicht eingetroffen war. Meine frühere Ankunft war übrigens kein Wunder, da der Marsch des Mormonen wegen der schweren Wagen nur langsam vor sich gehen konnte.

Weiter oben hörten die Weiden auf und machten Feldern Platz. Ich sah Baumwolle und Zuckerrohr in langen, breiten Pflegen stehen. Dazwischen gab es Indigo, Kaffee, Mais und Weizen, doch das alles in einem Zustand, der erkennen ließ, daß es an Arbeitshänden mangelte. Dann kam ein großer Garten, worin alle Obstbäume Europas und Amerikas vertreten waren, aber er hatte ein sehr verwildertes Aussehen, so daß es einem fast weh tun konnte. Und als wir an diesem Garten vorüber waren, sahen wir endlich die Gebäude der Hacienda vor uns liegen.

Die größeren Haciendas und Estancias sind in jenen Gegenden wegen der Unsicherheit der Verhältnisse meist festungsähnlich angelegt. Wo es genug Steine gibt, umschirmt man die Wohnungen mit einer Mauer, die von Angreifern nicht leicht überstiegen werden kann. Sind keine Steine vorhanden, so legt man dicke und dichte Zäune von Kakteen und andern Stachelpflanzen an, die man so hoch wie möglich wachsen läßt und gewöhnlich auch für zweckerfüllend hält. Ein kluger Angreifer

[1] Arroyo = Bach

aber wird einen solchen Zaun keineswegs für ein unüberwindliches Hindernis erachten.

Die Hacienda del Arroyo lag im Gebirge. Es waren also so viele Steine vorhanden, daß ich mich eigentlich eines falschen Ausdrucks bedient habe, als ich sagte, wir hätten die Gebäude der Hacienda vor uns liegen sehen. In Wirklichkeit erblickten wir nur das platte Dach des Hauptgebäudes, wogegen alles andre hinter einer Mauer verborgen war, die eine Höhe von wenigstens fünf Metern hatte. Sie schloß ein großes, regelrechtes Viereck ein, dessen Seiten in den vier Himmelsrichtungen lagen. Dieses Viereck wurde von dem Bach durchflossen, der unter der nördlichen Mauer hereintrat und unter der südlichen die Hacienda wieder verließ. Wie ich später sah, stand das einstöckige Hauptgebäude in der Mitte hart am Bach, über den nach Westen hin, wo sich das große Tor in der Mauer befand, eine Brücke führte. Außerdem gab es innerhalb der Mauer kleinere Häuschen, worin die jetzigen Bediensteten wohnten und die zu erwartenden Arbeiter untergebracht werden sollten, ferner ein langgestrecktes Vorratshaus zur Aufnahme der Feld- und Gartenfrüchte und mehrere offene Schuppen, die nur aus hölzernen Säulen und den darauf ruhenden Dächern bestanden, worunter die gefährdeten Tiere bei einem Überfall innerhalb der Mauern untergebracht werden konnten. Das große Tor war aus starkem Holz hergestellt und mit Eisenblech beschlagen.

Da wir von Süden kamen, mußen wir um die südwestliche Ecke des Mauergevierts biegen und die westliche Seite entlang reiten, bis wir den Eingang erreichten. Seine beiden Flügel standen offen, so daß uns nichts hinderte, in den Hof zu gelangen. Dieser machte den Eindruck der Einsamkeit. Es gab eben auf der Hacienda nicht soviel Personen, wie eigentlich notwendig waren. Wir gewahrten keinen Menschen.

Wir stiegen ab. Ich gab mein Pferd dem einen Indianerknaben zum Halten und wandte mich zur Brücke, um ins Herrenhaus zu gehen. Eben als ich hinüberschritt, wurde die Haustür geöffnet, und es erschien ein Mann, dessen aufgedunsenes, blatternarbiges Gesicht keinen angenehmen Eindruck machte. Er sah mich von oben her an und rief mir zu:

„Bleib stehen! Über den Bach dürfen nur Caballeros. Was willst du hier?"

Ich ging trotz dieser Worte weiter. Als ich die Brücke hinter mir hatte und nun vor ihm stand, fragte ich:

„Ist Señor Timoteo Pruchillo daheim?"

„Señor? Er wird Don genannt. Das magst du dir merken. Den Titel Señor führe ich. Ich bin nämlich Señor Adolfo, der Majordomo dieser Hacienda. Es ist mir alles untertan."

„Auch der Haciendero?“

Er warf mir einen verweisenden Blick zu und prahlte:

„Ich bin seine rechte Hand und die Verkörperung seiner Wünsche. Also er ist Don, und ich bin Señor. Verstanden?“

Ich gestehe, daß ich große Lust verspürte, grob zu werden, aber meine alte Gutmütigkeit veranlaßte mich zu den höflich gesprochenen Worten:

„Ganz wie Sie befehlen, Señor. Wollen Sie also die Güte haben, mir mitzuteilen, ob Don Timoteo zu Haus ist?“

„Er ist da!“

„Und sonach wohl auch zu sprechen?“

„Nein, für solche Leute nicht. Wenn du eine Bitte hast, so bin ich allein der Mann, dem du sie vorzutragen hast. Sag mir, was du willst!“

„Ich bitte für diese Nacht um ein Obdach für mich und die drei indianischen Geschwister, mit denen ich gekommen bin.“

„Obdach? Wohl gar auch Essen und Trinken? Das fehlte noch! Da draußen, jenseits der Hacienda gibt es Platz genug für solches Gesindel. Macht euch schleunigst fort, und zwar nicht nur aus den Mauern hinaus, sondern auch über unsre Grenzen!“

„Das ist hart, Señor! Bedenken Sie, daß bald der Abend hereinbrechen wird und wir dann —“

„Schweig!“ unterbrach er mich. „Du bist zwar ein Weißer, aber man sieht dir doch an, was für ein Strolch du bist. Und nun gar die Roten! Unsre Hacienda ist keine Herberge für Räuberbanden!“

„Gut, ich gehe. Aber Señor Melton, der mir die Stelle des *Tenedor de libros* auf dieser Hacienda zugesagt hat, ist wohl schwerlich der Meinung gewesen, daß die Anstellung meiner Person für sie so gefährlich ist.“

Ich drehte mich um und schritt langsam über die Brücke zurück. Da rief er mir nach:

„Señor Melton? *Tenedor de libros?* Um des Himmels willen, wohin wollen Sie denn? Bleiben Sie doch! Treten Sie ein!“

Und als ich trotzdem weiterging, kam er mir nachgesprungen und ergriff meinen Arm.

„Wenn Señor Melton Sie schickt, so darf ich Sie nicht fortlassen. Sie geben wohl zu, daß Ihr Anzug kein Vertrauen erwekken kann, und wenn Sie sich im Spiegel betrachten wollen, so würden Sie begreifen, daß Ihr Gesicht sehr verschieden von dem eines ehrlichen Menschen ist. Doch Kleider sind zuweilen nicht maßgebend, und es mag ja auch vorkommen, daß ein Mann mit einem Spitzbubengesicht noch nicht gestohlen hat. Also bleiben Sie!“

Was sollte ich von diesem Majordomo denken? Hatte er, wie

man sich ausdrückt, einen Klaps? Es widerstrebte mir, das zu vermuten. Der Ausdruck seines Gesichts war so verschlagen und der Blick seiner kleinen Augen so tückisch-listig, daß es sich nicht bloß um eine kleine, unschädliche Schrulle handeln konnte. Dennoch machte ich keine Bemerkung darüber, daß er mich Du genannt hatte und jede seiner Bemerkungen eine Beleidigung für mich sein mußte, und fragte so höflich wie bisher:

„Erstreckt sich Ihre Einladung auch mit auf meine Begleiter?"

„Diese Frage kann ich noch nicht beantworten, da ich mich vorher bei Don Timoteo erkundigen muß."

„Ich denke, dessen bedarf es nicht, da nach Ihren eignen Worten nur Sie es sind, an den man sich in dieser Angelegenheit zu wenden hat?"

„Ja, wenn es sich um eine Abweisung handelt. Nun ich Sie aber aufgefordert habe, zu bleiben, und Sie verlangen, daß wir auch die Roten hier behalten, muß ich doch vorher mit Don Timoteo sprechen. Warten Sie hier! Ich werde Ihnen in Kürze Bescheid sagen."

Da ich mit Adolfo wieder zurückgegangen war, befanden wir uns jetzt vor der Tür. Er wollte eintreten, und ich sollte draußen auf ihn warten. Das paßte mir denn doch nicht.

„Ich gehöre nicht zu einer Gesellschaftsklasse, deren Angehörige man vor den Türen umherlungern läßt", bemerkte ich. „Deshalb gehe ich mit Ihnen hinein, und Sie werden mich vorantreten lassen."

Bei diesen Worten schritt ich durch die Tür, und er folgte hinterdrein, ohne ein Wort zu sagen. Als ich mich umblickte, sah ich, daß auf seinem Gesicht der Zorn mit der Verblüffung kämpfte. Er winkte zu einer Tür und verschwand dahinter. Nach kurzer Zeit kam er wieder heraus und gab mir durch eine Handbewegung zu verstehen, daß ich eintreten sollte. Er selber blieb draußen.

Der Flur des Hauses war niedrig, aber breit. Die Türen, die ich zu beiden Seiten sah, waren aus glattgehobelten Brettern zusammengefügt und nicht mit einem Farbanstrich versehen. Gleiche Einfachheit wies das Zimmer auf, worin ich mich nun befand. Es hatte zwei kleine Fenster mit schmutzigen, halb erblindeten Scheiben, den einzigen Glastafeln, die es im Haus gab. An der einen Wand stand ein gefirnißter Tisch. Drei rohe Stühle, die sicherlich kein Kunsttischler zusammengefügt hatte, leisteten ihm Gesellschaft. In einer Ecke befand sich eine Hängematte. Drei der mit Kalk getünchten Wände waren kahl, an der vierten hingen verschiedene Waffen. Viel weniger anspruchslos war das Äußere des Mannes, der sich bei meinem Eintritt von einem der Stühle erhob und mich aus seinen dunklen Augen halb erstaunt und halb neugierig betrachtete. Er war so vornehm gekleidet, daß er nur zu Pferd zu steigen brauchte, um sich auf einer der berühmten Prunkstraßen der Hauptstadt Mexico bewundern lassen zu können.

Sein Anzug bestand aus dunklem Samt und war an allen Nähten mit goldenen Borten und Schnüren verbrämt. Sein Gürtel war durchweg aus breiten, silbernen Ringen zusammengesetzt und trug ein Messer und zwei mexikanische Pistolen, deren Griffe eine teure, eingelegte Arbeit zeigten. Der breitkrempige Hut, der auf dem Tisch lag, war aus den feinsten *Carludovica-palmata-Blättern* gefertigt und von so kunstvollem Geflecht, daß er sicherlich nicht unter fünfhundert Mark gekostet hatte. Die Sporen des Haciendero trugen Räder, die aus nordamerikanischen goldnen Zwanzigdollarstücken gezähnt worden waren.

Einer solch glänzenden Erscheinung gegenüber mußte ich allerdings wie ein Landstreicher aussehen. Deshalb wunderte ich mich auch nicht, als sich der Haciendero mit der Hand den tiefschwarzen Vollbart strich, die Brauen zusammenzog und dann zu sich selbst verwundert sagte:

„Man meldet mir einen *Tenedor de libros*, und wer kommt da herein? Ein Mensch, der —“

„— der durchaus imstand ist, die Stelle eines *Tenedor de libros* auszufüllen, Don Timoteo“, unterbrach ich ihn.

Sein aufgedunsener „Señor Adolfo“ draußen hatte grob sein können, ohne mich dadurch zu beleidigen, aber von dem Besitzer selber durfte ich keine Unhöflichkeit dulden. Darum fiel ich ihm mit diesen Worten in die Rede. Er warf in scherzhaftem Schreck den Kopf zurück, musterte mich noch einmal und meinte dann mit einem Lächeln der Belustigung:

„Ah, man ist empfindlich! Wer und was ist man denn eigentlich?“

Er redete mich mit dem unbestimmten Fürwort „man“ an. Sollte ich mich da beleidigt zeigen? Er sah nicht wie ein Geldprotz, sondern viel eher wie ein liebenswürdiger Caballero in guten Verhältnissen aus, der geneigt ist, sich mit einer gewöhnlichen Person ein wenig die Zeit zu vertreiben.

„Man ist vieles, wovon Sie keine Ahnung haben, Don Timoteo“, antwortete ich mit dem gleichen Lächeln, das er mir gezeigt hatte, „und man kann ein so wichtiger Mann für Sie werden, daß Sie alle Ursache haben, sich dazu, daß man Sie aufgesucht hat, Glück zu wünschen.“

„*Cielo!*“ lachte er jetzt laut. „Kommt man etwa, mir anzuzeigen, daß ich als Beherrscher von Mexico ausgerufen worden bin?“

„Ganz das Gegenteil. Ich komme, Ihnen zu sagen, daß Sie wahrscheinlich in kurzer Zeit nicht mehr Beherrscher Ihrer Hacienda sein werden."

„Schön!" lachte Pruchillo noch immerfort, indem er sich wieder niedersetzte und auf den zweiten Stuhl deutete. „Man setze sich! Aus welchem Grund wollen meine paar Untertanen mich vom Thron stoßen?"

„Davon später. Lesen Sie zunächst einmal das!"

Ich reichte ihm aus meiner Brieftasche die Ausweiskarte, die ich mir vom mexikanischen Konsul in San Francisco hatte ausstellen lassen. Als Pruchillo sie gelesen hatte und mir zurückgab, war der schalkhafte Ausdruck seines Gesichts verschwunden.

„Señor, was führt Sie zu mir? Warum lassen Sie sich als meinen *Tenedor de libros* anmelden?"

„Weil Melton mir diese Stelle zugesichert hat."

„Davon weiß ich nichts. Ich brauche ja gar keinen Buchhalter. Die wenigen Tropfen Tinte, die es hier auf meiner Hacienda zu verschreiben gibt, vergieße ich mit meiner eignen Feder und mit meiner eignen Hand."

„Das habe ich mir allerdings gedacht."

„Und dennoch sind Sie gekommen?"

„Dennoch, und zwar mit gutem Grund. Er ist so wichtig, daß ich Sie um Ihre Verschwiegenheit ersuchen muß."

„Das klingt ja geheimnisvoll! Fast so, als bestünde eine Gefahr für mich."

„Ich bin allerdings der Ansicht, daß so etwas herannaht."

„Dann sprechen Sie, bitte!"

„Zunächst Ihr Wort, Don Timoteo, daß von dem, was ich Ihnen mitteilen werde, wenigstens für die nächste Zeit kein andrer etwas erfährt!"

„Ich geben es Ihnen. Nun reden Sie!"

„Melton ist von Ihnen beauftragt, Ihnen deutsche Arbeiter zuzuführen?" — „Ja."

„Wer hat diese Angelegenheit eingeleitet, das heißt, von Anfang an betrieben? Sie selbst oder er?"

„Harry Melton. Er hat mich auf die großen Vorteile aufmerksam gemacht, die mir aus einer Anstellung deutscher Auswanderer erwachsen würden, und da er sich zu gleicher Zeit anbot, alles zu besorgen, so habe ich ihm meine Vollmacht erteilt."

„Kannten Sie ihn so genau, daß Sie das tun konnten?"

„Ja. Weshalb diese Frage?"

„Weil ich wissen möchte, ob Sie ihn für einen ehrlichen Mann halten."

„Gewiß halte ich ihn dafür. Er ist ein Ehrenmann und hat mir schon bedeutende Dienste erwiesen."

„So kennen Sie ihn schon längere Zeit?"

„Seit Jahren. Melton wurde mir von einer Seite empfohlen, wo jedes Wort für mich von Gewicht ist, und hat bis heut mein vollstes Vertrauen besessen. Sie scheinen ihn anders zu beurteilen?"

„Ganz anders! Lassen Sie sich erzählen!"

Pruchillo machte es sich auf seinem Stuhl mit dem Ausdruck der größten Spannung bequem, und ich teilte ihm mit, was ich in und seit Guaymas erlebt, beobachtet und aus diesen Erlebnissen geschlossen hatte. Er hörte mir zu, ohne mich zu unterbrechen oder eine Miene zu verziehen. Aber als ich geendet hatte, glitt über sein Gesicht ein spöttisches Lächeln. Er nahm mich ungläubig von der Seite her ins Auge.

„Ich ersah aus der Karte, die Sie mir zeigten, daß Sie Berichte für eine Zeitung schreiben. Haben Sie schon einmal eine *Novela* geschrieben?" — „Ja."

Da sprang Pruchillo auf und lachte.

„Hab mir's doch gleich gedacht! So ein *Romancero* erblickt überall Dinge, die doch nur in seiner Einbildung vorhanden sind! Melton, der ehrenwerteste, der frömmste Caballero, den ich kenne, soll ein Schurke sein! Das kann nur ein Mann behaupten, der in Welten lebt, von denen wir gewöhnlichen Sterblichen keine Ahnung haben. Señor, Sie machen mir Spaß, großen Spaß."

Er schritt im Zimmer auf und ab, rieb sich vergnügt die Hände und lachte dabei wie einer, der sich aufs köstlichste vergnügt. Ich wartete eine Pause in seinem Gelächter ab und bemerkte gleichmütig:

„Ich habe nichts dagegen, daß Sie sich durch meine Erzählung so vortrefflich unterhalten fühlen, und wünsche nur, daß sich Ihre jetzige Belustigung nicht später in bittre Enttäuschung verwandelt."

„Keine Sorge, machen Sie sich keine Sorge um mich, Señor! Sie sehen gefährliche Elefanten, wo es nicht die unschädlichste Mücke gibt."

„Aber Sandy Weller, der Kajütenwärter?"

„Heißt Sandy Weller und ist Kajütenwärter, weiter nichts!"

„Und seine Unterredung mit dem Mormonen?"

„Haben Sie falsch gehört. Ihre Einbildung hat unbegreifliche Ohren."

„Und sein Vater, den der Mormone im Gebüsch aufsuchte?"

„Besteht eben auch nur in Ihrer Einbildung. Daß er der ältere Weller sei, vermuten Sie ja nur."

„Und die Anwesenheit des Indianerhäuptlings?"

„Wird sich als ein höchst unbedenklicher Zufall herausstellen."

„Dann aber meine Begegnung mit dem Häuptling der Yumas und dem Weißen, dessen Gewehr mit *R W* gezeichnet ist?“

„Geht mich nichts an. Es gibt tausend Namen, die mit dem Buchstaben *W* beginnen. Warum muß es da grad Weller sein? Was hatten Sie sich überhaupt in den Kampf zu mischen? Danken Sie Gott, daß Sie mit so heiler Haut davongekommen sind! Ein *Escritor* ist nicht der Mann, mit Indianern zu kämpfen. Das soll er uns überlassen, die wir in wilder Gegend wohnen, die Roten kennen und die Waffen zu handhaben wissen.“

Es war möglich, daß der Haciendero den Namen Old Shatterhand kannte, doch hatte ich ihn während meiner Erzählung nicht erwähnt. Jetzt, da ich ausgelacht wurde, fiel es mir auch nicht ein, das Unterlassene nachzuholen, denn es war anzunehmen, daß er mir auch da keinen Glauben schenken würde. Er war ein körperlich schöner, geistig aber sehr unbedeutender Mann, dem meine folgerichtigen Schlüsse als Hirngespinste erschienen. Ich sah ein, daß es mir nicht gelingen würde, sein Vertrauen zu Melton zu erschüttern, und daß ihm die Richtigkeit meiner Vermutungen nur durch die Ereignisse bewiesen werden konnte. Deshalb gab ich es auf, ihn zu meiner Ansicht zu bekehren, und wiederholte nur meine Bitte um Verschwiegenheit, die er mit der Versicherung beantwortete:

„Was das betrifft, so brauchen Sie nicht bang zu sein, denn ich habe keine Lust, mich lächerlich zu machen. Señor Melton würde mich für närrisch halten. Ich werde also über alles schweigen. Nur über eins muß ich noch mit Ihnen sprechen. Wie steht es mit Ihrer Anstellung als Buchhalter? Melton hat sie Ihnen wirklich versprochen?“

„Ja.“

„Unglaublich! Er weiß ja ebensogut wie ich, daß ich keinen Buchhalter brauche.“

„So hat er nur die Absicht gehabt, mich mit diesem Versprechen hierher zu locken.“

„Wozu? Was sollten Sie hier?“

„Weiß ich es?“

„Ich nehme an, daß dieser Buchhalter eben auch nur in Ihrer Einbildung vorhanden ist.“

„Damit erklären Sie mich für einen verrückten Menschen, Don Timoteo!“

„Nun, für verrückt halte ich Sie nicht, aber irgendein Rädchen geht in Ihrem Kopf schneller, als es eigentlich laufen sollte. Ich gebe Ihnen den Rat, sich in einer Heilanstalt untersuchen zu lassen.“

„Danke, Don Timoteo! Der Kopf arbeitet bei dem einen naturgemäß schneller als bei dem andern, woraus die spaßhafte Lage entstehen kann, daß dieser andre dem einen allzu große Einbildungskraft und dieser eine dem andern allzu große Denkfaulheit vorwirft. Auf den Buchhalter verzichte ich."

„Das ist mir lieb, Señor, denn da Sie von Denkfaulheit reden, sehe ich ein, daß Sie schlecht zu mir gepaßt hätten. Wann reisen Sie wieder ab?"

„Mit Ihrer Erlaubnis morgen früh."

„Ich gebe Ihnen diese Erlaubnis schon heut."

„Das heißt, Sie weisen mich zu Ihrem Tor hinaus?"

„Nicht nur zum Tor hinaus, sondern über meine Grenze."

„Don Timoteo, das ist eine Härte, die allen Gepflogenheiten des Landes widerspricht."

„Tut mir leid, Sie sind selbst schuld daran. Diese scheinbare Härte ist nichts als eine Vorsichtsmaßregel. Sie warnten mich vor einem Indianerüberfall, der lediglich in Ihrer Einbildung vorhanden ist. Er würde nur dann zur Wirklichkeit werden, wenn ich Sie und Ihre Begleiter bei mir behielte. Sie haben den Sohn des Häuptlings der Yumas erschossen und werden vom Vater verfolgt. Behalte ich Sie bei mir, so habe ich ihn und seinen Stamm auf dem Hals. Sie werden also wohl begreifen, daß ich Sie fortschicken muß?"

„Wenn Sie damit meinen, daß Sie Ihren Voraussetzungen gemäß handeln, so widerspreche ich nicht und werde also gehen."

„Wem gehört das Pferd, das Sie ritten?"

„Melton stellte es mir in Lobos zur Verfügung."

„So gehört es mir, und Sie werden es hier zurücklassen. Da Sie vorhin davon sprachen, daß Ihre Begleiter nur deshalb hierher gekommen sind, um sich möglicherweise beritten zu machen, so muß ich Ihnen sagen, daß ich ihnen kein Pferd überlassen kann. Ich würde ihnen auch ohne Geld, das sie jedenfalls nicht haben, einige Tiere leihen, denn die Mimbrenjos sind ehrliche Leute und würden bald einen Boten senden, um mir die Pferde wiederzubringen oder irgendeine Bezahlung anzubieten. Aber ich darf sie nicht unterstützen, da ich mir sonst die Yumas zu Feinden machen würde."

„Die Vorsicht, mit der Sie verfahren, ist lobenswert, Don Timoteo. Ich will nur noch fragen, wie man gehen muß, um baldigst über Ihre Grenze zu kommen."

„Was das betrifft, so werde ich Ihnen einen Führer mitgeben, da Sie sonst durch Ihre Einbildungskraft leicht irregeleitet werden könnten. Sie sehen, wie besorgt ich um Sie bin."

„Vielleicht ist es mir dafür vergönnt, einmal besorgt um Sie zu sein. Ich bin ein dankbarer Mensch."

„In diesem Fall nicht nötig. Ich verzichte auf Ihre Dankbarkeit, denn ich wüßte wirklich nicht, wie ein armer Teufel, der nicht einmal ein Pferd besitzt, mir, dem reichen Haciendero, erkenntlich sein könnte."

Pruchillo klatschte in die Hände, worauf der Majordomo so schnell erschien, daß er draußen an der Tür stehen geblieben sein mußte, um unsre Unterhaltung zu belauschen. Als der aufgedunsene „Señor Adolfo" den Auftrag erhalten hatte, uns über die Grenze schaffen zu lassen und dafür zu sorgen, daß mein Pferd zurückblieb, verließ ich das Zimmer, und er kam hinter mir her. Draußen vor der Haustür sagte er hämisch zu mir:

„Mit dem *Tenedor de libros* war es also nichts! Du bist das, wofür ich dich gleich gehalten habe, ein Land —"

„Und du bist der größte Schafskopf, der mir jemals begegnet ist", unterbrach ich ihn, „sollst aber für dein freundschaftliches *Hablarle de tu*[1] eine Anerkennung erhalten. Hier hast du sie!"

Ich gab ihm erst auf seine linke Wange eine Ohrfeige, daß er nach rechts taumelte, und dann auf die rechte Backe eine doppelt kräftige, so daß er nach links zu Boden stürzte. Vielleicht hätte ich das nicht getan, aber ich sah, daß der Haciendero sein Fenster geöffnet hatte, um meinen Abzug zu beobachten. Er hatte jedenfalls die Worte seines Majordomo vernommen und sollte meine rasche Erwiderung nicht nur hören, sondern sogar sehen. „Señor Adolfo" sprang schnell wieder auf, zog sein Messer, das dort jedermann im Gürtel trägt, und drang wutentbrannt auf mich ein.

„Lump, was hast du gewagt! Das sollst du büßen!"

Ich hielt seinen Stoß mit Leichtigkeit auf, indem ich ihm das Messer aus der Hand schlug, nahm ihn rechts und links an den Hüften, hob ihn empor und schleuderte ihn neben der Brücke in den Bach hinab, dessen Wasser über ihm zusammenschlug. Er kam schnell wieder zum Vorschein und stieg schnaubend ans Ufer.

Vielleicht hätte Adolfo mich noch einmal angegriffen, wofür er sicher wieder in den Bach geflogen wäre, es kam aber einer dazwischen, den ich in diesem Augenblick nicht erwartet hätte.

Als ich den Majordomo ins Wasser warf, hatte ich mich vom Haus dem Bach zuwenden müssen. Dabei fiel mein Blick auf das offenstehende Tor, durch das soeben Melton hereingeritten kam. Er sah, was geschah, erblickte auch den Haciendero am offnen Fenster und trieb schnell sein Pferd herbei.

„Was geht hier vor? Ich glaube gar, ein Kampf! Das muß auf einem Versehen beruhen, das ich gleich aufklären werde. — Haltet also Frieden!"

Die letzten Worte waren an den Majordomo gerichtet. Dann wandte er sich an mich in spanischer Sprache:

[1] Duzen, jemand du nennen

„Wir suchten Sie vergeblich. Wie kommen Sie hierher?"

„Auf die einfachste Weise", antwortete ich. „Sie wissen, daß mein Pferd durchging. Es ist mit mir bis hierher gelaufen."

„Sonderbar! Sie werden mir später von diesem eigentümlichen Ritt erzählen."

„Dazu gibt es keine Zeit, denn ich muß fort. Man hat mich hinausgejagt."

„Und dafür machen Sie sich das Vergnügen, die Leute ins Wasser zu werfen?"

„Allerdings. Das ist so eine Eigentümlichkeit von mir, die ich nicht abzulegen vermag."

„Ich muß erfahren, was geschehen ist, und es wird sich alles aufklären. Warten Sie nur, bis ich mit Don Timoteo gesprochen habe! Bleiben Sie noch da, ich komme bald zurück."

Harry Melton stieg vom Pferd und ging ins Haus. Der nasse Majordomo hinkte hinterdrein, ohne mir das Entzücken zu gönnen, einen seiner Blicke aufzufangen.

Sollte ich bleiben oder gehen? Ich war entschlossen, die Hacienda zu verlassen, besaß jedoch auch Neugier genug zu erfahren, wie der Mormone es anfangen würde, mich hier zu halten; denn es stand bei mir fest, daß es nicht in seiner Absicht lag, in meine Entfernung zu willigen. Ich brach also nicht sofort auf, ging aber zu meinem Pferd, um das Paket, worin sich mein neuer Anzug befand, vom Sattel zu schnallen. Meine Gewehre hingen am Sattelknopf. Ich nahm auch sie herab. Dabei benachrichtigte ich die beiden Knaben und die Squaw:

„Meine jungen Brüder und meine Schwester haben gesehen, daß man mich nicht freundlich empfangen hat. Der Haciendero nimmt uns nicht auf, weil er die Rache des Häuptlings der Yumas fürchtet. Wir werden also fortgehen und die Nacht im Wald schlafen."

„Wer ist der Reiter, der jetzt kam und mit Old Shatterhand gesprochen hat?" fragte der ältere der Brüder.

„Ein Freund des Großen Mundes, ein böser Mann, vor dem wir uns sehr zu hüten haben."

Das Pferd der Squaw mußte nun die drei indianischen Sättel tragen. Wir schnallten oder banden sie fest und waren nun alle vier Fußgänger geworden. Da kam der Mormone aus dem Haus und über die Brücke eilig zu uns geschritten.

„Señor", meldete er, „die Angelegenheit ist geordnet. Sie werden auf der Hacienda bleiben."

„Wieso?"

„Don Timoteo, der allerdings bisher keines Buchhalters bedurfte, hat, als er mit Ihnen sprach, nicht daran gedacht, daß er nach dem Eintreffen der vielen Arbeiter eine solche Hilfe nicht entbehren kann. Kommen Sie also wieder herüber! Er wird Sie anstellen. Sie dürfen hierbleiben."

„So? Ich darf also. Ums Dürfen aber handelt es sich nicht, sondern darum, ob ich will."

„Meinetwegen! Aber Sie werden doch gewiß noch wollen."

„Nein, ich will nicht. Sie sehen, daß wir im Begriff stehen aufzubrechen."

„Begehen Sie keinen Fehler!" mahnte er eifrig. „Sie kennen die hilflose Lage, worin Sie sich befinden. Hier wird Ihnen eine glänzende Zukunft geboten —"

„Bitte, keine Redensarten!" fiel ich ihm ins Wort. „Ich weiß, was ich davon halten soll."

„Hoffentlich sind Sie davon überzeugt, daß ich es ehrlich meine. Bleiben Sie, so dürfen auch diese drei Personen bleiben, auf die Sie wohl Rücksicht nehmen müssen."

„So glauben Sie, daß ich, um mir hier für eine einzige Nacht Unterkunft zu verschaffen, ein jahrelanges Dienstverhältnis eingehen werde?"

„Sie sprechen im Zorn, und der Zorn macht blind. Denken Sie doch an Ihre Landsleute! Ich bin vorausgeritten, um dem Haciendero ihre Ankunft zu melden. Alle haben Sie liebgewonnen und befinden sich in Sorge um Sie. Sie werden der Mittelpunkt sein, um den sich die Auswanderer hier vereinigen. Denken Sie sich die Enttäuschung, wenn die guten Leute erfahren, daß Sie abgelehnt haben und ohne Abschied von ihnen fortgegangen sind!"

Melton suchte alle Gründe hervor, die geeignet erschienen, mich zum Bleiben zu bewegen, jedoch vergeblich. Als er einsah, daß ich nicht wankend zu machen war, schlug er einen andern Ton an, den des Ärgers.

„Nun, wenn Sie Ihr Glück mit Füßen treten wollen, so kann ich nichts dagegen haben. Aber jedenfalls ist es eine Undankbarkeit gegen mich. Ich habe mich Ihrer erbarmt und Sie kostenlos hierherbefördert, und nun, da ich die Früchte dieser Güte sehen will, laufen Sie einfach davon."

Ich hätte Melton etwas ganz andres antworten können, fragte aber nur abweisend:

„Wollen Sie mir etwa dieses sogenannte Glück aufzwingen?"

„Nein. Laufen Sie meinetwegen in drei Teufels Namen! Wenn Sie sich nicht halten lassen, werde ich Sie eine Strecke weit begleiten."

„Warum?"

„Wenn Sie nicht bleiben wollen, so haben Sie von Don Timoteo gehört, daß er Sie auf seinem Gebiet nicht dulden will. Er wollte Sie durch einige Knechte über die Grenze bringen lassen. Da ich mich aber Ihrer angenommen habe, so will ich diese Schande dadurch von Ihnen nehmen, daß ich selber Sie begleite. Hoffentlich haben Sie nichts dagegen einzuwenden."

„Gar nichts, ich bin im Gegenteil hocherfreut über die Ehre, die Sie mir dadurch erweisen. Ist Ihnen denn die Gegend so genau bekannt, daß Sie die Grenzlinie des Gebiets der Hacienda wissen?"

„Ich werde die Grenze selbst im Dunkeln finden."

„Es wird auch höchstwahrscheinlich dunkel sein, wenn wir sie erreichen. Der Tag neigt sich mit Schnelligkeit zu Ende. Säumen wir also nicht aufzubrechen!"

Er trat zu seinem noch im Hof stehenden Pferd und stieg auf, ohne zu ahnen, daß ich ihn durchschaute. Ich hatte ihn nicht ohne Absicht gefragt, ob er die Grenze kenne. War das der Fall, so war er mit dem Wald so vertraut, daß es ihm nicht schwer war, selbst in der Dunkelheit einen Ort zu finden, der sich für die Ausführung seines Vorhabens eignete.

Welches Vorhaben war das? Ich hatte es längst vermutet, und diese Vermutung wurde jetzt zur Gewißheit.

Der Mormone wußte, wer ich war, und fürchtete mich. Er hatte die Überzeugung, daß der Plan, den er in Beziehung auf die Auswanderer hegte, durch mich in Frage gestellt wurde. Er hatte mich mitgenommen, um sich meiner Person zu versichern und mich bei einer passenden Gelegenheit verschwinden zu lassen. Da ich nun nicht bleiben wollte, galt es, schnell zu handeln. Er war meiner nur noch von der Hacienda bis an ihre Grenze sicher. Jetzt also mußte geschehen, was nicht länger hinausgeschoben werden konnte. Es war auf mein Leben abgesehen, und als wir aufbrachen, war ich überzeugt, daß mir der Tod Schritt für Schritt zur Seite lauerte.

War es da nicht eine Verwegenheit von mir, den Mann mitzunehmen? Nein, sondern ich wurde durch die Klugheit veranlaßt, in seine Begleitung zu willigen. Hätte ich ihn abgewiesen, so wäre er uns heimlich nachgeschlichen, um mir von irgendeiner beliebigen Stelle eine Kugel zuzusenden. Befand er sich aber bei uns, so konnte ich ihn beobachten, den Augenblick des Angriffs berechnen und seinen Anschlag zunichte machen.

Als wir die Hacienda verlassen hatten, ging es wieder dem Bach entlang. Zu dessen beiden Seiten gab es offne Wiesen, und nur hier und da war eine Gruppe von Bäumen und Sträuchern zu sehen. Das war kein für einen Mordanfall passendes Gelände. Da Melton meine Begleiter nicht zu Zeugen seiner Tat machen durfte, so nahm ich an, daß er den Anschlag erst nach seiner Verabschiedung von uns ausführen würde. Solang er sich bei uns befand, war ich meines Lebens sicher. Das Weitere stellte ich mir folgendermaßen vor: Er tut, als reite er zurück, eilt uns aber heimlich voran bis zu einer gut gedeckten Stelle, die er schon jetzt dazu ausgewählt hat, verbirgt sich da, läßt uns herankommen und schießt mich über den Haufen. Wer kann dann sagen, daß er der Mörder war? Mutmaßlich hat der Häuptling der Yumas mir aufgelauert, um den Tod seines Sohns zu rächen.

Da Melton langsam ritt, schritt ich gemächlich an seiner Seite hin, indem ich die Hand auf die Kruppe seines Pferdes hielt. Auf diese Weise befand ich mich ein wenig hinter ihm und konnte ihn scharf beobachten. Gesprochen wurde kein Wort. Die drei Roten folgten. Der eine Knabe führte das Pferd am Zügel.

Die Sonne war verschwunden. Es wurde schnell dunkler und schließlich ganz finster. Die offnen Wiesen lagen hinter uns, und rechts schlängelte sich der Bach zwischen Büschen hindurch, aus denen, je weiter wir kamen, desto mehr Bäume emporragten. Das ließ wieder einen Wald vor uns vermuten, und ich nahm an, daß der Augenblick der Entscheidung nicht lang mehr auf sich warten lassen werde.

Nach kurzer Zeit gelangten wir an die Ecke eines Waldes. Der Bach machte eine Biegung und floß aus Nordosten heran, während die Wiese sich als offner Streifen am Westrand des Waldes fortsetzte.

„Hier ist's!“ dachte ich. „Er weist uns gradaus am Wald hin, steigt ab, bindet sein Tier an und eilt uns unter den Bäumen voran, bis er die betreffende Stelle erreicht.“

Der Mormone hielt, wie ich geahnt hatte, sein Pferd an und deutete vor sich hin.

„Das Gebiet der Hacienda reicht bis an diesen Wald, und ich habe also meine Aufgabe, Sie über die Grenze zu bringen, erfüllt. Eigentlich hätte ich nichts hinzuzufügen, da ich mich Ihrer aber einmal angenommen habe, will ich Ihnen sagen, wo Sie einen vortrefflichen Schlafplatz finden. Gehen Sie hier links am Rand des Gehölzes weiter, so treffen Sie nach einer Viertelstunde wieder auf den Bach, der von hier aus einen Bogen macht. Dort gibt es klares Wasser zum Trinken, hohes, weiches Gras zum Lagern und eine Felswand, die Ihnen Schutz gegen die kühle Nachtluft bietet. Ob Sie diesem Rat folgen wollen, ist mir gleich.“

„Ich danke und werde folgen, Don Enriquo.“

„So rate ich Ihnen, langsam zu gehen. Das Frühjahrswetter hat hier Gräben gerissen, in die Sie leicht stürzen können. Ich kehre jetzt um. Sie haben Ihr Glück verscherzt, und ich bin überzeugt, daß es Sie auf immer verlassen hat.“

„Ich bedarf Ihres Glücks nicht. Sie werden in kurzer Zeit erfahren, daß ich mich lieber auf mich selbst verlasse.“

„Es liegt mir nichts daran, je wieder von Ihnen zu hören. Laufen Sie zum Teufel!“

Melton kehrte um und tat, als wolle er zurückreiten. Wir schritten weiter, wobei ich meinen Begleitern leise sagte:

„Das Bleichgesicht wird jetzt den Wald aufsuchen, um uns zuvorzukommen. Es will mich erschießen. Ich werde ihm aber vorauseilen und beweisen, daß mit Old Shatterhand nicht zu scherzen ist. Meine Brüder mögen nicht am Waldsaum hingehen, sondern sich ein wenig mehr links wenden, damit das Bleichgesicht nicht erkennen kann, daß ich fehle. Auch sollen sie meine Gewehre halten, weil sie mir hinderlich sein würden. Wenn ich meine Brüder nicht bald anrufe, mögen sie bis an die Stelle gehen, die der Mann beschrieben hat, und dort auf mich warten.“

Die drei waren über meine Mitteilung überrascht, nahmen aber meine Gewehre, ohne ein Wort zu erwidern. Das Bündel mit meinem Anzug trug das Pferd bereits. Ich hatte also die Hände frei und ging mit schnellen Schritten weiter, wogegen die Roten sich mehr links wandten, um dort ihren Weg langsam fortzusetzen. Doch hielten sie sich, ohne daß ich sie darauf aufmerksam gemacht hatte, klugerweise immer so, daß man ihre Schritte vom Wald aus hören konnte.

Ich sage, daß ich schnell ging, denn es fiel mir nicht ein, die Warnung des Mormonen zu beachten. Seine Mitteilung über die Gräben enthielt eine Unwahrheit, die uns zum Langsamgehen bewegen sollte, damit er uns trotz der Hindernisse, die die Bäume ihm boten, zuvorkommen konnte. Ich war überzeugt, daß er mir auflauern würde.

Mich immer nah am Wald haltend, schritt ich wohl zehn Minuten lang vorwärts, scharf nach einer Stelle ausschauend, die sich für das Unternehmen des Mormonen eignete. Die Sterne waren sichtbar geworden, und meine Blicke reichten mehr als dreißig Schritt weit. Da trat aus dem bisher geraden Waldessaum eine scharfe Ecke hervor, die sich jenseits ebenso scharf wieder rückwärts bog. Sie wurde von dichtbelaubten Bäumen gebildet, worunter niedrige Büsche standen. Hatte ich mich in Beziehung auf die Absicht des Mormonen nicht geirrt, so war das unbedingt der Platz, wo er sie ausführen wollte. Hier vermochte er sich gut zu verbergen, und wir mußten so nah an der Ecke vorüber, daß mich seine Kugel nicht verfehlen konnte. Indem ich das Unterholz mit den Augen und auch mit den Händen untersuchte, wollte ich mir darüber klar werden, an welcher Stelle sich Melton wohl verstecken würde. Das war nicht schwer.

Er mußte gute Deckung für sich, freien Blick hinaus und einen sichern Anschlag auf mich haben. Als ich einen solchen Ort gefunden hatte, kroch ich nahe dabei unter ein Gezweig, das mich unsichtbar machte und doch so biegsam und nachgiebig war, daß ich kein verräterisches Rascheln zu befürchten hatte, falls ich zu einer unvorhergesehenen Bewegung gezwungen sein sollte.

Warum legte ich mich eigentlich hierher, um den Feind zu ertappen? Es war doch kein ungefährliches Unternehmen. Ich hätte den Anschlag einfach dadurch zunichte machen können, daß ich die Richtung vermied, in die der Mormone uns gewiesen hatte, dann hätte er mir hier vergeblich aufgelauert. Wenn ich mir diese Frage heut vorlege, so muß ich ehrlich sagen, daß es die liebe Eitelkeit war, die mich dazu trieb, die Gefahr des Handelns der Sicherheit der Unterlassung vorzuziehen. Es gelüstete mich, Melton zu zeigen, daß ich klüger war, als er mich eingeschätzt hatte.

Als ich es mir unter dem Gezweig bequem gemacht hatte, legte ich das Ohr auf die Erde, um zu horchen. Wird er kommen oder nicht? Ich befand mich in der gespanntesten Erwartung. Da hörte ich Schritte, das Rauschen der Äste, die er berührte, das Stolpern seiner Füße über die hervorstehenden Wurzeln, ja sein Stoßen an die Stämme, die er im Waldesdunkel nicht deutlich zu sehen vermochte. Er kam schnell näher. Schon hörte ich auch das laute Arbeiten seiner Lunge, denn er war außer Atem. Jetzt bog er zur Ecke ein, kroch rasch bis an die Spitze durch, blieb da stehen und streckte den Kopf hervor, um zu horchen.

„*'s deaht!*“ fluchte der ‚Heilige der letzten Tage‘ halblaut. „Tod und Teufel! Mein Atem pfeift so laut, daß ich nichts andres zu hören vermag. Der Schuft wird doch nicht etwa schon vorüber sein? Unmöglich! Ich bin gelaufen wie ein Verrückter, und sie gehen langsam, damit sie nicht in die Gräben stürzen. Hahahaha! Doch still, ich glaube, sie nahen!“

Er ließ sich auf das rechte Knie nieder, stemmte den linken Ellbogen auf den linken Schenkel und legte das Gewehr an. Ich sah ihn ganz deutlich, denn er kniete an einer Lücke, durch die sich der Sternenschimmer stahl. Ich hatte gerechnet, daß er sich mehr links aufstellen würde, und mußte mich also, um ihm nahzukommen, in diese Richtung schieben. Wenn ich dabei ein leises Geräusch verursachte, so überhörte er es wohl, weil seine ganze Aufmerksamkeit hinaus gerichtet war.

Jetzt vernahm ich die Schritte der Indianer.

„Zum Henker!“ flüsterte Melton. „Die Hunde halten sich entfernter, als ich dachte. Da gilt es, scharf zu zielen.“

Ich wunderte mich keineswegs darüber, daß er mit sich selber sprach. Ich wußte, daß sich die Aufregung, je größer sie ist, desto leichter in Worten Luft macht. Er hob und senkte das Gewehr zur wiederholten Prüfung und hielt es dann fest im Anschlag. Jetzt mußte ich handeln, da er möglicherweise einen der Knaben für mich halten und auf ihn schießen konnte. Ich richtete mich hinter ihm halb auf, nahm ihn beim Hals und riß ihn nieder. Der Mormone stieß einen Schrei aus und ließ das Gewehr fallen. Da er mit dem Kopf zwischen meine Beine geraten war, stemmte ich ihm die beiden Knie rechts und links auf Brust und Schultern und griff zu seinen Händen, womit er krampfhaft hin und her fuhr. Ich faßte sie — ein Knack und ein Schmerzensruf — noch ein Knack und ein noch lauteres Brüllen — er lag halb wehrlos unter mir, da ich ihm die beiden Hände aus den Gelenken gedreht hatte. Er konnte nur noch mit den Füßen stoßen. Sich aufzurichten vermochte er nicht, da ich schwer auf ihm kniete. Die Arme bewegte er wohl, konnte mir aber mit seinen schlaff herabhängenden Händen nichts anhaben. Desto mehr arbeitete er mit den Stimmwerkzeugen. Er schrie vor Wut, Angst und Schmerz wie ein Gepfählter.

Während ich ihn niederhielt, sah ich, daß die Indianer trotz seines Geheuls meiner Weisung gemäß ruhig vorüber wollten. Da rief ich ihnen zu:

„Meine jungen Brüder mögen hierhereilen und ihre Schwester draußen bei dem Pferd lassen."

Sie folgten schnell meiner Weisung und banden dem Mormonen die Arme und Beine zusammen. Dann schafften wir ihn hinaus, wo wir sein Gesicht deutlicher sehen konnten. Sein Geschrei hatte aufgehört, er lag ruhig.

„Nun, Mr. Melton", sagte ich in englischer Sprache, „habe ich wirklich mein Glück von mir gewiesen und es darum für immer verloren?"

„Verfluchter Schurke!" zischte er zwischen den Zähnen hervor.

„Ist es nicht genau so, wie ich Euch erklärte?" fuhr ich fort. „Habt Ihr nicht in kurzer Zeit erfahren, daß ich mich recht gut auf mich selbst verlassen kann? Die Kugel, die Ihr mir zuschicken wolltet, hörte ich schon vor einer Stunde sausen. Ihr habt Euch eingebildet, mich betrügen zu können, und seid trotz Eurer vermeintlichen Pfiffigkeit so dumm, daß es unendlich leicht ist, Eure Absichten zu erraten. Ich habe Euch schon in Guaymas durchschaut."

„Ich Euch auch!" knirschte der Mormone. „Ihr seid Old Shatterhand!"

„Ganz richtig! Ich wußte, daß ich erkannt worden war, ließ mir aber nichts merken. Ihr aber habt Euch gradezu wie ein Schulknabe verhalten. Wenn Ihr Old Shatterhand betören wollt, müßt Ihr es gescheiter anfangen. Was habt Ihr mit den Auswanderern vor?"

„Nichts."

„Ihr werdet mir's doch nicht sagen. Ich habe diese Frage auch nicht ausgesprochen, weil ich etwa glaubte, eine aufrichtige Antwort zu erhalten. Ich wollte Euch nur darauf aufmerksam machen, daß die Leute unter meinem Schutz stehen. Es ist nicht meine Absicht, Euch darüber, was ich weiß und was ich denke, eine Rede zu halten. Ich will nur deutlich darauf hinweisen, daß jede Unredlichkeit, die Ihr an Ihnen begeht, auf Euch selbst zurückfallen wird. Ein Beispiel habt Ihr soeben erlebt. Ihr wolltet mein Leben, darum war das Eure mir verfallen. Laßt Euch das zur Warnung dienen! Das nächste Mal würde es Euch gewiß ans Leben gehen. Wie ich Eure Kugel vorausgesehen habe, so sehe ich auch noch andres voraus. Ihr aber schaut höchstens von heut bis morgen hinüber, weil das Verbrechen kurzsichtig ist."

Ich wandte mich von ihm ab und winkte auch die Knaben von ihm fort, weil ich ihnen einiges mitteilen wollte, was ihn nichts anging. Die Squaw blieb als vorsichtige Indianerin bei ihm stehen, um ihn, obgleich er gefesselt war, nicht aus den Augen zu lassen.

„Meine jungen roten Brüder mögen hören, was ich ihnen zu sagen habe", begann ich. „Wir sind vier Personen und haben nur ein Pferd, brauchen aber noch drei Tiere, die wir entführen müssen. Ich bin kein Dieb, aber da wir uns unter den gegenwärtigen Verhältnissen unbedingt beritten machen müssen, bin ich gezwungen, alle Bedenken schwinden zu lassen. Als ich mit dem Haciendero darüber sprach, schlug er mir die Erfüllung meiner Bitte ab, weil er sich vor den Yumas fürchtete. Ich muß ihm also nehmen, was er mir verweigert, und werde jetzt zur Hacienda zurückkehren, um drei Pferde von der Weide zu holen. Meine Brüder mögen indessen den Gefangenen bewachen. Er ist uns zwar sicher, und ich bin überzeugt, daß zur jetzigen Stunde niemand in diese abgelegene Gegend kommen wird, doch muß ein vorsichtiger Mann auf jede Möglichkeit gefaßt sein. Der Gefangene darf auf keinen Fall vor meiner Rückkehr freigegeben werden."

„Old Shatterhand kann sich auf uns verlassen", versicherte der ältere Bruder. „Wir werden seinen Befehl erfüllen, obgleich er uns kränkt, wenn er zur Hacienda schleicht."

„Wieso?"

„Mein weißer Bruder sagt damit, daß er uns für ungeübte Knaben hält, die kein Pferd zu holen verstehen."

Ich hatte die Gebräuche und Anschauungen der Indianer

genugsam kennen gelernt, um zu verstehen, daß sich die beiden jungen Menschen zurückgesetzt fühlten. Die gegenwärtigen Umstände nötigten mir die Absicht auf, mit ihrem Stamm in Verbindung zu treten, und so hielt ich es für geraten, ihnen Vertrauen zu zeigen. Darum kam ich ihnen entgegen.

„Ich sah, wie tapfer ihr euch gegen eure Angreifer verteidigt habt, und halte euch für mutige Jünglinge. Auch bezweifle ich nicht, daß ihr neben dem Mut die nötige Geschicklichkeit besitzt, und so frage ich euch, ob ihr die Pferde holen wollt."

„Wir wollen!" erklang es froh.

„Gut! Ich brauche euch also nicht zu erklären, wohin ihr euch wenden sollt?"

„Nein. Wir sahen die Tiere, an denen wir vorüberkamen. Es wird leicht sein, zwei zu bekommen."

„Zwei? Wir brauchen drei!"

„Eins besitzt doch der Gefangene. Er wird uns sagen müssen, wo er es angebunden hat."

„Das nehmen wir nicht. Er hat es von Lobos aus geritten. Es ist also ermüdet, wogegen auf der Weide frische zu finden sind. Ihr mögt sogleich aufbrechen; ich werde euch hier erwarten."

Sie entfernten sich augenblicklich, ohne ihrer Schwester ein Wort zu gönnen. Ich legte mich neben den Mormonen ins Gras, neugierig, wie die Knaben ihre Aufgabe lösen würden. Melton blieb unbeweglich wie ein Toter. Sein Stolz verbot es ihm, ein Wort auszusprechen, doch ging sein Atem zuweilen laut und schwer. Die verletzten Hände schmerzten ihn.

Um die beiden Indianer hatte ich keine Sorge. Ihre Aufgabe war leicht und konnte nur durch besondere Umstände schwer oder wohl auch unausführbar gemacht werden. In diesem Fall kehrten sie unverrichteter Sache zurück. Sonst hatte ich nichts zu befürchten, denn daß sie sich erwischen lassen könnten, stand wohl außer Erwägung.

Es vergingen zwei Stunden, dann erhob sich höchstens vier Schritt von mir eine Gestalt aus dem Gras. Ich sprang auf, um sie zu fassen, ließ aber den ausgestreckten Arm wieder sinken, denn ich sah, daß es der ältere der Roten war.

„Mein Bruder ist wieder da", sagte ich. „Warum kommt er so heimlich herbei?"

„Um Old Shatterhand zu zeigen, daß niemand mich hört und sieht, wenn ich nicht will."

„Dein Gang ist geräuschlos wie der Flug eines Schmetterlings. Du wirst ein tüchtiger Krieger werden. Wo befindet sich dein Bruder?"

„Ich ging ihm voraus, um dich zu fragen, ob der Gefangene die Pferde sehen darf?"

Der Jüngling stellte die Frage leise, und ich antwortete laut: „Er mag sie bringen. Seid ihr unbemerkt geblieben?"

„Die Hirten waren taub und blind. Wir hatten sogar Zeit, unter den Pferden die auszuwählen, die uns am besten gefielen."

Er stieß einen Pfiff aus, worauf man sogleich den Hufschlag nahender Tiere vernahm. Sie waren bis in unsre Nähe gebracht worden, ohne daß ich etwas gehört hatte. Die beiden Knaben waren stolz darauf, daß ihnen das geglückt war. Als ich die Tiere, soweit es bei der abendlichen Dunkelheit möglich war, betrachtete, überzeugte ich mich, daß es nicht die schlechtesten waren, und bemerkte zu gleicher Zeit, daß das eine einen Sattel trug. Ich fragte den ältern Mimbrenjo danach, und er antwortete:

„Old Shatterhand hat keinen Sattel, darum haben wir das Pferd des Gefangenen gesucht und ihm den seinen abgenommen. Dann ließen wir es laufen, da er es mit seinen ausgerenkten Händen doch nicht besteigen kann."

Sie hatten also auch dieses Tier gefunden und dafür gesorgt, daß ich zum nötigen Reitzeug kam: ein Beweis, daß ich Anforderungen an sie zu stellen vermochte, die über ihr Alter hinausgingen.

„Pferdedieb!" rief mir jetzt der Mormone verächtlich zu. „Der berühmte Old Shatterhand ist also auch weiter nichts als ein gewöhnlicher Spitzbube!"

Anstatt mich beleidigt zu zeigen, band ich ihm die Fesseln auf.

„Da habt Ihr Eure Freiheit wieder, Mr. Meuchelmörder. Trollt Euch von dannen und sagt dem Haciendero, daß ich diese Pferde notgedrungen von ihm geliehen habe! Wahrscheinlich bekommt er sie wieder oder doch eine Bezahlung dafür. Sollte das aber nicht der Fall sein, so mag er sich diesen kleinen Verlust auf sein eignes Konto schreiben. Euch selber gebe ich den Rat, Eure Hände möglichst rasch einrenken zu lassen und sie durch feste Verbände zu schützen, sonst möchte es sich leicht ereignen, daß Ihr sie nie wieder gebrauchen könnt. Um Euretwillen will ich wünschen, daß wir uns nicht wiedersehen, da ich überzeugt bin, daß ein Zusammentreffen von bösen Folgen für Euch sein würde."

„Oder auch für dich! Nimm dich in acht vor mir, und sei verdammt, du Schuft!"

Indem mir Melton diese grimmigen Worte zuwarf, eilte er davon. Hätte ich dem Verbrecher eine Kugel gegeben, so wäre viel Unglück verhütet worden. Aber darf man denn einen Menschen wie ein Raubtier niederschießen? Seine Waffen besaß er nicht mehr. Ich hatte sie an mich genommen. Der übrige Inhalt seiner Taschen war nicht angerührt worden.

Nun wurden vor allen Dingen die Pferde gesattelt. Dann ritten wir fort, damit wir zunächst von der Stelle kamen, an der bald ein unliebsamer Besuch zu erwarten war. Welche Richtung wir dabei einschlugen, war Nebensache, da ich mich entschlossen hatte, bis auf weiteres in dieser Gegend zu bleiben. Während unsre Pferde langsam durchs Gras trabten, erkundigte ich mich:

„Wann werden meine roten Brüder, wenn sie schnell reiten, ihre Krieger erreichen?"

„In drei Tagen", antwortete der ältere. Der jüngere sprach überhaupt nur dann ein Wort, wenn ich mich an ihn wandte. Das entspricht den Gewohnheiten der Indianer, bei denen der ältere dem jüngeren stets voransteht, so daß die meisten Mundarten besondre Ausdrücke für ältern oder jüngern Bruder, ältere oder jüngere Schwester haben. Auch ist das Wort Sohn, vom Vater ausgesprochen, ein andres als aus dem Mund der Mutter. So heißt zum Beispiel im Navajo „mein älterer Bruder" Schinai, „mein jüngerer Bruder" Se tsela, „mein Sohn", vom Vater gesagt, Schi yeh, „mein Sohn", von der Mutter angeredet, Se tse; „ältere Schwester" heißt Sche la und „jüngere Schwester" Etet.

„Der Starke Büffel, euer Vater, befindet sich jetzt bei seinem Stamm?" forschte ich weiter.

„Ja. Er wird stolz darauf sein, Old Shatterhand bei sich zu sehen."

„Wir werden uns begrüßen, obgleich es mir unmöglich ist, den Häuptling der Mimbrenjos aufzusuchen. Ich muß ihn bitten lassen, zu mir zu kommen. Seine beiden wackern Söhne mögen ihm erzählen, was ich ihnen jetzt sagen werde. Es sind Männer, Frauen und Kinder aus meinem Vaterland über das große Wasser herübergekommen, die auf der Hacienda del Arroyo arbeiten wollen. Der Weiße, der unser Gefangener war und Melton heißt, hat einen bösen Plan mit ihnen, den ich leider noch nicht durchschauen kann. Wahrscheinlich hat er den Häuptling der Yumas herbeigerufen, der die Hacienda überfallen soll. Ich ging zum Haciendero, um ihn zu warnen; er hat mich ausgelacht. Ich habe meine Schuldigkeit getan und würde mich um ihn nicht weiter kümmern, wenn ich nicht meine weißen Brüder und Schwestern mit ihren Kindern retten müßte. Ich allein vermag das nicht. Deshalb lasse ich den tapfern Häuptling der Mimbrenjos, euern Vater, bitten, mir zu Hilfe zu kommen, und ich hoffe, daß er mir die Erfüllung dieses Wunsches nicht versagen wird."

„Der Starke Büffel wird sofort herbeieilen, denn er hat mit

Old Shatterhand die Pfeife der Freundschaft geraucht und müßte verachtet werden, wenn er dem Ruf nicht Folge leistete. Außerdem weiß mein großer, weißer Bruder, was geschehen ist. Der Große Mund, der Anführer der Yumas, hat uns überfallen, um uns zu töten. Es ist ihm nicht gelungen, weil Old Shatterhand uns gerettet hat, aber dennoch muß der Yuma den Anschlag mit seinem Blut bezahlen. Die Freundschaft und die Rache werden also die Führerinnen sein, denen unser tapfrer Vater folgen wird."

„So meinst du, daß er in sechs Tagen hier in dieser Gegend sein kann?"

„Ja, drei Tage hin und drei Tage her. Wieviel Krieger soll er mitbringen?"

„Ich weiß nicht, wie stark die Yumas sein werden, aber zum Überfall einer Besitzung, wie die Hacienda del Arroyo ist, gehören wohl an die hundert Mann. Es würden also ebensoviel von euern Kriegern nötig sein. Ich wünsche, daß sie sich mit getrocknetem Fleisch versehen, da sie keine Zeit finden werden, sich durch die Jagd Lebensmittel zu verschaffen."

„An welchem Ort werden sie Old Shatterhand treffen?"

„Ich bin noch nicht in dieser Gegend gewesen und kann also im Augenblick keinen passenden Ort bestimmen. Wir werden aber, ehe wir uns trennen, einen solchen Platz finden. Ich habe noch einen weitern Auftrag. Mein junger Bruder weiß, daß ich Winnetou, dem großen Häuptling der Apatschen, mein Leben geschenkt und dafür das seine erhalten habe. Wir haben uns verabredet, uns in kurzer Zeit an einem bestimmten Ort zu treffen, und ich kann mich nun nicht pünktlich einstellen, weil ich jetzt an die Hacienda del Arroyo gebunden bin. Ich lasse also deinen Vater bitten, Winnetou einen sichern Boten zu senden, um ihn zu benachrichtigen, daß und warum ich nicht kommen kann."

„Wenn Old Shatterhand mir den Ort des Zusammentreffens angeben will, wird der Bote den Häuptling der Apatschen nicht verfehlen. Mein jüngerer Bruder und unsre Schwester, die Squaw, mögen die Beschreibung mit anhören, um sie unserm Vater zu überbringen."

„Diese beiden? Du nicht? Warum?"

Er zögerte eine kleine Weile und räusperte sich dann verlegen.

„Mein jüngerer Bruder wird mit der Schwester unsern Stamm aufsuchen, ich aber bleibe hier zurück." — „Zu welchem Zweck?"

„Um den Häuptling der Yumas aufzuspüren und dann nicht aus dem Auge zu lassen, damit ich unsre Krieger, sobald sie kommen, benachrichtigen kann, wo er sich befindet."

„Das alles werde ich selber ausführen!“

„Ich weiß es. Old Shatterhand ist ein großer Krieger, ich aber bin ein Knabe und besitze noch nicht einmal einen Namen. Deshalb muß ich tun, was Old Shatterhand mir gebietet. Wenn er mich fortschickt, so gehe ich. Aber mein Herz wäre sehr betrübt darüber, denn ich will auf der Spur des Großen Mundes liegen, bis ich Rache genommen habe. Ich will mir einen Namen erwerben, bei dem man mich nennt, wenn ich in die Hütten unsres Stammes zurückkehre. Mein weißer Bruder erlaube mir also zu bleiben! Ich darf zwar nicht hoffen, daß er mich bei sich behält, denn er braucht mich nicht. Doch wenn er so gütig sein wollte, mich in seinem Schatten wandeln zu lassen, so könnte ich mich wenigstens seines Pferds annehmen, so oft es ihm hinderlich wird.“

Er hatte das zagend gesprochen. Es war allerdings ein ungewöhnlicher Wunsch, doch eben daß er die Bitte wagte, war in meinen Augen eine Empfehlung für ihn. Ein andrer Indianer hätte abgewartet, ob ich ihn zum Bleiben auffordern würde, dieser Knabe aber war so mutig, den Wunsch zu äußern. Ich begriff gar wohl, wieviel ihm daran liegen mußte, ihn erfüllt zu sehen. Wenn er bei mir bleiben durfte, so war das eine Auszeichnung, um die ihn sicher alle Mimbrenjos beneideten. Er gefiel mir, sein Vater war mein Freund: zwei Gründe, ihm keine abschlägige Antwort zu geben. Dazu kam, daß ich ihn gut gebrauchen konnte. Ich wollte die Hacienda umschleichen, um zu erfahren, was dort vorging, durfte mich dabei aber nicht entdecken lassen. Das Pferd hatte ich nötig, um gegebenenfalls schnell von Ort zu Ort zu kommen, im übrigen war es mir hinderlich. Ich mußte tagelang in der Nähe der Hacienda auf der Lauer liegen, da konnte das Pferd leicht zum Verräter werden. Wie vorteilhaft war es dann, den Knaben bei mir zu haben!

„Du gefällst mir, und dein Vater wird sich freuen, wenn er hört, daß ich dich bei mir behalten habe. Ich willige also ein; du kannst mir nützlich sein. Es ist kein Mensch so gering, daß er dem andern nicht einen großen Dienst erweisen könnte. Vieles von dem, was du über Winnetou und mich gehört hast, konnte nur mit Hilfe von Leuten ausgeführt werden, die unbekannt waren. Von uns erzählt man, von ihnen nicht. Möge deine Hoffnung, bei mir bald zu einem Namen zu kommen, sich erfüllen! Die Vorbedingungen scheinen vorhanden zu sein!“

Es läßt sich denken, welche Freude er empfand, als er die Gewährung seines Wunsches vernahm. Er sagte kein Wort. Sein Bruder ließ ein beglückwünschendes „Uff!“ hören, und seine Schwester schlug als Zeichen der Freude ihre Hände leise zuzusammen.

„Aber werden, wenn du nicht bei ihnen bist, deine Geschwister euern Stamm auch glücklich und sicher erreichen?“ fuhr ich fort. „Es kommt sehr viel darauf an, daß ihnen unterwegs kein Unfall begegnet.“

Da erklärte der jüngere Bruder bescheiden, aber zuversichtlich:

„Es kann uns nichts zustoßen, denn ich habe ja nun ein Gewehr und fürchte mich vor keinem Menschen. Auch glaube ich, daß bis zu unserm Ziel kein Feind zu finden ist.“

Jetzt trafen wir wieder auf den Bach und befanden uns also an der Stelle, wo uns der Mormone zu lagern geraten hatte. Wir ritten weiter. Da ich meine Beobachtungen in südlicher Gegend machen mußte, so wollte ich nicht allzu weit nördlich gehen, konnte jedoch jetzt noch nicht zurückbleiben, weil ich mich so weit von der Hacienda entfernen mußte, bis ich sicher war, daß man meine Spur nicht mehr finden würde. Wir setzten den Ritt bis nach Mitternacht fort. Nun befanden wir uns in einer Gegend, die für meine Zwecke nicht besser geeignet sein konnte.

Der Mond war aufgegangen und gewährte uns einen weiten Umblick. Der Boden war felsig, die Pferde ließen also keine Spuren zurück. Am nördlichen Himmelsrand lag eine dunkle Linie. Als wir uns ihr näherten, sah ich, daß es ein Wald war. Unweit seines Randes ragte die Krone eines mächtigen Baumes hoch über alle andern hervor.

„Uff!“ sagte der ältere Bruder. „Da sind wir wieder in bekannter Gegend. Das ist der Wald der großen Lebenseiche. Jetzt weiß mein jüngerer Bruder, wie er reiten soll, und kann sich unmöglich irren.“

„Gut“, nickte ich. „So trennen wir uns hier. Und diese Lebenseiche mag der Ort des Wiedersehens sein. In sechs Tagen bin ich wieder hier, um die Ankunft eures Vaters und seiner Krieger zu erwarten.“

Ich erteilte dem jüngeren Bruder die nötige Anweisung. Besonders genau beschrieb ich ihm die Stelle, wo mich Winnetou erwartete. Schließlich gab ich ihm die Waffen des Mormonen. Er sollte sie seinem Vater als Geschenk überbringen. Der junge Mann versicherte, daß er mit seiner Schwester bis zum Anbruch des nächsten Abends reiten werde, ohne anzuhalten. Er wollte versuchen, die Strecke in zwei anstatt drei Tagen zurückzulegen.

Die Geschwister hatten sich vor ihrer Verabschiedung von den Opatas mit Dürrfleisch versehen; jetzt wurden die Lebensmittel geteilt. Das war mir lieb, denn ich bekam da für zwei Tage und zwei Personen zu essen und brauchte also während dieser Zeit kein Wild schießen. Ich hatte ja mit dem Umstand zu rechnen, daß ein Schuß mich verraten würde. Als dann der jüngere Bruder mit der Schwester fortgeritten war, banden wir unsre Pferde am Waldrand fest und legten uns nieder, um bis zum Anbruch des Morgens zu schlafen. Die Ruhe war uns notwendig, da wir nicht sagen konnten, ob wir morgen abend Schlaf finden würden. Hier waren wir voraussichtlich so sicher vor jeder Überraschung, daß keiner von uns zu wachen brauchte.

Am andern Morgen standen wir vor einer zweifachen Aufgabe. Erstens galt es, die Yumas zu finden, und das konnte am besten am hellen Tag geschehen. Zweitens wollte ich die Hacienda beschleichen, um nach den Auswanderern zu forschen und möglicherweise mit dem Herkules zu sprechen. Dazu mußte ich den Abend abwarten.

Zur Erreichung unsres ersten Zwecks beschloß ich, die Stelle aufzusuchen, wo der Yumahäuptling die drei Geschwister überfallen hatte. Er war, wie erwähnt, vermutlich dorthin zurückgekehrt, und ich hoffte, da Spuren zu finden, die mir andeuteten, wohin er sich gewandt hatte.

Wir ritten nicht über die Hacienda zurück, sondern wählten in südwestlicher Richtung einen Weg, auf dem wir keiner Begegnung auszuweichen brauchten. Es war Mittag, als wir im Tal ankamen. Je mehr wir uns der betreffenden Stelle näherten, desto vorsichtiger verhielten wir uns. Die drei Pferdeleichen lagen noch da. Geier waren damit beschäftigt, das Fleisch von den Knochen zu reißen und sich um die Fetzen zu streiten. Ich blieb, scharf auslugend und den Stutzen schußbereit in der Hand, unten bei den Pferden und schickte den Knaben hinauf zur Felsenhöhe, wo der Kleine Mund von meinen beiden Kugeln getroffen worden war. Er meldete mir bei seiner Rückkehr, daß die Leiche zur Seite geschafft und mit einem hohen Steinhaufen bedeckt worden sei. Fußspuren hatte er im felsigen Boden nicht bemerkt.

Eine Fährte hatte ich da oben nicht erwartet. Mit Gäulen konnte man nicht hinauf, und da der Häuptling jedenfalls zu Pferd gekommen war, so hatte er das Tier im Tal gelassen, war zur Leiche seines Sohnes empor-, und dann wieder herabgestiegen und hatte das Tal wieder zu Pferd verlassen. Ob jemand bei ihm gewesen war, das mußte sich erst zeigen. Ich begann also zu suchen, und der Knabe half dabei.

Leider war der Boden hart, so daß ausgesprochene Fuß- oder Hufeindrücke nicht vorhanden sein konnten. Einige kleine Zeichen, wie Abschürfungen einer Bodenstelle oder ein aus seiner frühern Lage gerissenes Steinchen, waren zwar als Spuren zu nehmen, konnten aber auch von unsrer gestrigen Anwesenheit herrühren. Der Indianer strengte seine Augen an. Er wäre stolz gewesen, hätte er auch nur die Andeutung einer Fährte wahrnehmen können, aber es war vergeblich. Darum rief er endlich unmutig aus:

„Sie sind hier gewesen, das ist sicher. Und doch ist nichts zu sehen. Meine Augen sind heut wie mit Blindheit geschlagen. Old Shatterhand mag ja nicht denken, daß es stets so ist!"

„Tröste dich mit dem Umstand, daß die Augen Old Shatterhands auch nichts zu entdecken vermögen", antwortete ich. „Aber es gibt zweierlei Augen, die des Körpers und die des Geistes. Wenn die einen mit Blindheit geschlagen sind, muß man die andern um so offner halten."

„Die Augen meines Geistes sehen ebensowenig wie die meines Körpers."

„Weil du sie wahrscheinlich in die falsche Richtung öffnest."

„So mag Old Shatterhand mir sagen, wohin sich meine Gedanken richten sollen."

„Hinter dem Häuptling der Yumas her."

„Das haben sie doch bisher getan, aber ohne ihn finden zu können."

„Weil du von heut ausgehst. Beginne mit gestern, so wirst du Erfolg haben. Als eure beiden Angreifer vor mir flohen, standest du oben auf dem Felsvorsprung und konntest also besser und weiter sehen als ich. Sie ritten das Tal entlang. Wir haben auch diese Richtung eingeschlagen, ohne eine Spur von ihnen oder gar sie selbst zu erblicken. Woran mag das liegen?"

„Sie haben wahrscheinlich das Tal sobald wie möglich verlassen."

„Das denke ich auch. Die Felswände sind steil. Kann ein Reiter da hinauf?"

„Nein. Sie haben also in eine Seitenschlucht einbiegen müssen."

„Ja. Ich sehe, daß mein junger Bruder die Augen seines Geistes richtig zu gebrauchen versteht. Nun haben die beiden Flüchtlinge das Seitental nicht aufs Geratewohl aufgesucht."

„Nein, sondern ihre Leute haben sich dort befunden."

„Ganz richtig! Kann mein junger Bruder mir noch einen andern Grund dafür angeben, daß die Sache sich so verhält?"

„Nein", entgegnete er nach einer Weile vergeblichen Nachdenkens.

„So will ich es ihm erklären. Ich nehme an, daß die Yumas die Hacienda überfallen wollen und daß sie sich schon in ihrer Umgebung befinden, um den passenden Augenblick abzuwarten. Da werden sie sich nicht offen zeigen, sondern sich verstecken. Dieses Tal ist ein Teil des Wegs, der von Ures zur Hacienda führt. Es kann ihn jeden Augenblick jemand benutzen. Darum konnten sich die Yumas hier nicht aufhalten, und das ist der Grund, den ich meine. Der Häuptling und sein weißer Begleiter haben sich gestern in diesem Haupttal befunden, um auf die Spähe zu gehen, und sind da auf euch getroffen. Wo aber Späher weilen, da wird man die Krieger, zu denen sie gehören, in der Nähe vermuten dürfen. Wenn ich sage ‚Nähe', so meine ich allerdings keine geringe Entfernung; denn falls sich die Yumas nur eine kurze Strecke von hier gelagert hätten, so wären sie sicherlich von dem Häuptling schleunigst herbeigeholt worden, um uns zu ergreifen oder wenigstens zu verfolgen. Wir müssen also annehmen: Die Yumas befinden sich in einem Seitental dieser Hauptschlucht, aber so weit von hier entfernt, daß sie wenigstens eine Stunde brauchen, um zu Pferd hierher zu gelangen. Will mein junger Bruder sagen, von welcher Beschaffenheit das Seitental sein muß?"

„Es muß bewachsen sein, es muß Bäume haben, hinter denen man sich verstecken kann, und Gras zum Futter für die Pferde."

„Sehr wahr. Und nun mag mein Bruder sich erinnern, daß wir gestern an den Mündungen dreier Nebentäler vorüberkamen. Wie weit lag die erste von hier?"

„Eine Zeit, die von den Weißen eine halbe Stunde genannt wird." — „Und die andern?"

„Die zweite eine Viertelstunde weiter und die dritte war sehr weit von hier gelegen."

„Ja, so weit, daß sie gar nicht in Betracht kommen kann. Jetzt erinnere sich mein Bruder an die zwei ersten Mündungen! Wie waren sie beschaffen? Deuteten beide darauf hin, daß sie der Beginn von Tälern seien, die sich wenigstens eine halbe Stunde weit in die Berge hineinziehen?"

„Nein", antwortete der Rote, ohne sich zu besinnen. Er besaß also ein gutes Ortsgedächtnis. „Das erste Tal scheint schmal und kurz zu sein. Aber die Mündung des zweiten war sehr breit."

„So haben wir die Yumas also wahrscheinlich im zweiten zu suchen, und diese Wahrscheinlichkeit wird sich erhöhen, wenn sich herausstellt, daß es bewachsen ist. Das werden wir jetzt prüfen."

Ich stieg bei diesen Worten in den Sattel. Der Knabe folgte meinem Beispiel und meinte mit jugendlicher Wichtigkeit:

„Aber sehr vorsichtig müssen wir sein, denn hinter den Bäumen, die wir sehen wollen, können die Yumas stecken."

„Das wünsche ich eben", lachte ich. „Es würde mich freuen, wenn sie sich nirgend anderswo befänden."

„Aber dann bemerken sie uns doch!"

„Wir werden schon dafür sorgen, daß sie uns nicht wahrnehmen."

Die Art, wie ich mich ihm gab, ermutigte ihn zu dem Einwand:

„Old Shatterhand mag bedenken, daß wir Bäume suchen! In einer ebenen Gegend kann man sie schon aus weiter Entfernung entdecken. Wir stehen aber im Begriff, ein Tal aufzusuchen, das wahrscheinlich viele Windungen macht. Wer da einen Wald findet, der steht auch schon davor, und wenn der Feind sich drin verborgen hält, so kann es leicht keine Zeit mehr zur Umkehr geben."

„Mein kleiner Bruder spricht wie ein alter, erfahrener Pfadfinder. Vielleicht ist er so freundlich, sich zu vergegenwärtigen, daß die Windungen eines Tals, hinter denen allerdings Gefahr drohen kann, dem vorsichtigen Mann Schutz gewähren. Die Krümmung, hinter der sich der Feind verbirgt, hindert ihn, mich zu sehen. Übrigens, um einen Vergleich zu bringen: wer ein Feuer entdecken will, der braucht nur auf den hellen Schein zu achten und hat nicht nötig, hinzugehen und die Hand hineinzuhalten, um sich durch die Brandwunden zu überzeugen, daß es vorhanden ist. Wir werden also das zweite Tal, worin wir den Feind vermuten, wahrscheinlich nicht betreten."

Unser Gespräch war zu Ende. Ein verständiger Augenaufschlag zeigte mir, daß ihm meine Folgerungen einleuchteten. Wir ritten vorwärts, von dieser Stelle aus den nämlichen Weg wie gestern, ich voran, indem ich mein Pferd so lenkte, daß es stets Fels unter die Hufe bekam und keine Fährte machte. Der Ritt war nicht ungefährlich, da uns in jedem Augenblick ein Yuma oder ein Trupp dieser Roten entgegentreten konnte. Glücklicherweise geschah das nicht. Nach einer halben Stunde erreichten wir die Mündung des ersten Seitentals, das ebenso wie das zweite nach links führte. Ich bog da ein. Der Indianer zögerte einen Augenblick, dann folgte er mir, ohne ein Wort zu sagen. Er konnte mich nicht begreifen, schwieg aber, um sich nicht wieder eine Zurechtweisung zu holen. Wenn wir die Yumas im zweiten Tal suchen müssen, warum reiten wir da ins erste hinein? So fragte er sich. Die Antwort wurde ihm schon nach kurzer Zeit.

Der Einschnitt war so gestaltet, wie wir vermutet hatten: schmal und flach. Er stieg schnell aufwärts, und als ungefähr zehn Minuten vergangen waren, hatten wir sein Ende erreicht; wir befanden uns oben auf der Hochebene. Da lag die Kreisfläche, die das Gesichtsfeld umschloß, übersichtlich vor uns. Nach Süd, West und Nord gab es Ebene. Im Osten lagen Berge. Die Hochfläche war kahl, eine Stelle ausgenommen, die gegen Nordwest lag. Dort ließ ein dunkler Streifen einen Wald vermuten. Ich deutete mit der Hand in diese Richtung.

„Was liegt wohl dort hinter jenem dunklen Strich?"
„Ein Wald."
„Nein, denn dieser Strich ist selbst der Wald. Er besäumt die Höhe des gesuchten zweiten Tals. Jetzt wird mein junger Bruder wissen, weshalb ich hierher geritten bin. Dort hätte uns Gefahr gedroht, hier haben wir den Wald entdeckt, ohne daß die, die dahinter stecken, uns sehen können. Wenn sich die Yumas dort befinden, so können sie eine Störung nur vom Haupttal aus erwarten und werden in dieser Richtung Wachen ausgestellt haben. Wollen wir sie erkunden, so dürfen wir also getrost hinüber zum Wald reiten, ohne befürchten zu müssen, daß sie uns kommen sehen. Mein junger Bruder erkennt nun wohl, daß man ein Feuer entdecken kann, ohne daß man sich die Hand daran verbrennt."
„Old Shatterhand mag mir nicht zürnen", bat er demütig. „Ich bin ein Knabe. — Reiten wir hinüber?"
„Ja, denn ich muß wissen, woran ich bin. Will mein junger Bruder hier zurückbleiben und auf mich warten?"
„Ich reite mit, selbst wenn der ganze Stamm der Yumas sich dort befindet", erklärte er mit blitzendem Auge. „Aber wenn es Old Shatterhand befiehlt, muß ich zurückbleiben."
„Du sollst mich begleiten, ich hoffe aber, daß du keinen Fehler machst. Du weißt, wie gefährlich es ist, am hellen Tag ein feindliches Lager zu beschleichen."
Ich setzte mein Pferd in Galopp, denn je schneller wir über die offne Ebene kamen, desto kürzer wurde die Zeit, während der wir erspäht werden konnten. Am Wald stiegen wir ab und banden unsre Tiere an. Es galt zunächst, den Rand des Gehölzes abzusuchen. Wir fanden nichts Verdächtiges und schafften die Pferde in ein Dickicht, das selbst für scharfe Augen undurchdringlich war.
„Will mein Bruder die Pferde bewachen oder mit mir gehen?" fragte ich.
„Ich gehe mit."
„Oder will er noch lieber selbständig handeln? Wenn wir uns teilen, kommen wir in der halben Zeit zum Ziel."
„Hat Old Shatterhand Vertrauen zu mir, so mag er nur sagen, was ich tun soll."
„So komm! Wir müssen zunächst den Rand des Tals suchen."
Wir drangen tiefer in den Wald ein und kamen bald an die richtige Stelle, denn hier senkte sich der Boden schräg in die Tiefe. Wir stiegen hinab, bis wir sahen, daß der Grund des Tals aus Rasen bestand, der von einem kleinen Wässerchen befeuchtet wurde. Die steilen Seiten waren mit dichtem Wald besetzt.
„Jetzt trennen wir uns", sagte ich. „Ich gehe eine Viertel-

stunde abwärts, du gehst ebensoweit aufwärts. Dann kehren wir an diese Stelle zurück, um uns mitzuteilen, was wir beobachtet haben. Bemerken wir nichts, so setzen wir die Nachforschungen fort, bis wir entweder die Yumas finden oder das ganze Tal abgesucht haben. Aber laß dich durch nichts bestimmen, ein Geräusch zu machen oder etwa gar zu schießen!"

Diese Warnung sprach ich aus, weil ich dem Knaben doch nicht genug Selbstbeherrschung und Bedachtsamkeit zutraute, seinen Wunsch nach Rache zu zügeln, falls er den Großen Mund sehen sollte.

Ich ging die betreffende Strecke ab, ohne etwas Bestimmtes wahrzunehmen. Zwar gab es auf der Mitte der Talsohle einen Strich im Gras, den ich für eine Fährte hielt, doch konnte sie ebensogut von einem Wild wie von einem Menschen herrühren, und die Vorsicht verbot mir hinüberzuschleichen, um sie zu untersuchen.

Als ich zu der Stelle zurückkehrte, wo wir auseinandergegangen waren, war der Knabe noch nicht wieder da. Er kam jedoch bald und meldete:

„Ich sah niemand, aber es zieht sich eine Fährte durchs Tal."

„Die habe auch ich bemerkt."

„Und sodann hat meine Nase mehr entdeckt als mein Auge: ich roch Feuer. Es muß aufwärts von der Stelle brennen, an der ich umkehren sollte."

„So komm, uns zu überzeugen!"

Wir huschten unter den Bäumen hin, den Blick immer scharf voran. Da, wo der junge Mimbrenjo umgekehrt war, blieb er stehen, sog die Luft ein und sah mich erwartungsvoll an. Ich nickte ihm zu und schlich weiter. Ja, es roch nach Rauch, und je weiter wir kamen, desto deutlicher wurde der Geruch. Nach einiger Zeit hielt der Knabe mich zurück und flüsterte:

„Sollten es Weiße sein?"

„Wohl kaum."

„Aber es riecht nach Nah-oatli[1]!"

„Die werden auch von Indianern gegessen. Komm nur weiter!"

Bald wurde auch mir der Geruch von kochenden Bohnen bemerkbar. Diese Hülsenfrüchte sind ein Lieblingsgericht des Mexikaners, und auch die Indianer Mexicos essen sie gern. Daß aber hier im wilden Wald ein solches Gericht gekocht wurde, war auffällig. Bohnen als Vorrat auf einem Kriegszug der Indianer? Dazu gehörten Kessel, Töpfe, Näpfe, ein Anzeichen, daß bei diesem Raubzug wohl nicht bloß Rote beteiligt waren.

Wir kamen nun so nah, daß wir den Rauch stärker in die Nase bekamen, und sahen dann mehr Leute vor uns, als wir

[1] Bohnen

gesucht hatten. Ich hatte einen Trupp von Indianern erwartet, frei im Wald rastend, hier aber befand sich ein wohlgeordnetes Lager mit Zelten und allen andern Bequemlichkeiten, die der Rote sich gewährt, solang er sich sicher fühlt.

Wir zählten an die zwanzig Zelte, alle aus starker, grober Leinwand und mehr oder weniger ausgebessert. Das Häuptlingszelt, an drei Adlerfedern kenntlich, stand in der Mitte. Davor waren Stangen errichtet, an denen über sechs Feuern ebenso viele eiserne Kessel hingen, worin Bohnen kochten. Ein mehr seitlich stehendes, niedriges Zelt schien als Vorratsraum zu dienen. Die Roten lagen in und neben ihren Zelten oder saßen in Gruppen beisammen. Mehrere bedienten die Kessel, deren Inhalt sie rührten, damit er nicht anbrannte.

„Da“, flüsterte mir der Knabe zu, „da sind sie, im zweiten Seitental, ganz so, wie Old Shatterhand vermutete. Soll ich sie zählen?“

„Nein, denn das ist jetzt unmöglich, da viele in den Zelten steckten. Aber zähl die Pferde! Sie befinden sich jedenfalls weiter aufwärts, da wir sie abwärts nicht gesehen haben.“

Ich ließ ihn allein fort, weil es ihm Genugtuung gewährte, sich selbständig bewegen zu dürfen und das Vertrauen zu genießen, das man sonst nur einem erfahrenen Krieger schenkt. Als er nach einiger Zeit zurückkehrte, öffnete und schloß er die Hände, um mir durch die Zahl der Finger die der Tiere deutlich zu machen.

„Ich sah zwei mal fünf mal zehn Pferde und noch drei dazu.“

Fast kein Naturindianer kann bis hundert zählen. Die höchste Zahl ist bei vielen Stämmen die Zehn, bei manchen sogar nur die Fünf; daher die Ausdrucksweise meines Mimbrenjo-Knaben. Er hatte hundert und drei Tiere gezählt. Da sich darunter eine Anzahl Packpferde befinden mußten, so konnte man auf ungefähr neunzig Indianer schließen. Squaws gab es nicht. Es waren nur Krieger vorhanden, und diese waren, wie es den Anschein hatte, durchgängig mit Gewehren bewaffnet.

Trotz dieser bedeutenden Anzahl herrschte die größte Stille im Lager. Man fühlte sich zwar sicher, ließ aber die nötige Vorsicht nicht außer acht. Jetzt sah ich einen der an den Kesseln beschäftigten Männer in das Häuptlingszelt treten. Er meldete wahrscheinlich, daß das Essen fertig sei, denn als er wieder herauskam, klatschte er einigemal in die Hände und rief halblaut:

„Miuschyame, ma — kommt herbei, das Essen ist fertig!“

Die in den Zelten befindlichen Indianer huschten mit ihren Näpfen heraus, die andern eilten hinein, sich die ihrigen zu holen. Alle gingen zu den Feuern, um die Gefäße füllen zu lassen. Nur zwei taten das nicht. Sie fühlten sich zu vornehm, sich an der allgemeinen Speisung zu beteiligen. Die beiden waren der Große Mund und ein Weißer, die aus dem Zelt des Häuptlings getreten waren und nun davor standen, um das bewegte Leben rundum zu betrachten. Wer der Weiße war, konnte ich nicht sehen, weil er mir den Rücken zukehrte. Später, als er eine Wendung machte, erkannte ich in ihm — Sandy Weller, unsern frühern Kajütenwärter.

Es blieb somit nur noch die Frage offen, wo sich sein Vater befand. Hier im Lager jedenfalls nicht, sonst hätte er sich jetzt blicken lassen.

Die Speisung der neunzig war binnen weniger Minuten vorüber, dann begann das faule Lungern von neuem. Wir beobachteten das Lager noch längere Zeit und bemerkten kein Anzeichen, daß heute noch irgend ein Unternehmen geplant war. Später kam der Häuptling wieder mit dem Weißen aus dem Zelt. Auf einen Wink Wellers wurde ein Pferd gebracht, das er besteigen wollte.

„Schnell!" raunte ich dem Mimbrenjo zu. „Wir müssen fort! Wahrscheinlich zur Hacienda."

Wir schlichen den Weg zurück, den wir gekommen waren, und sahen, noch ehe wir aufwärtsstiegen, Weller das Tal hinabreiten. Er war allein. Nun ging es mit verdoppelten Schritten hinauf zur Höhe und zu den Pferden. Wir zogen sie ins Freie, stiegen auf und jagten zum ersten Seitental zurück, an dessen Mündung wir uns hinter einen Felsen stellten, um aufzupassen. Hatte sich Sandy im Haupttal abwärts gewendet, so mußte er an uns vorüber. Kam er nicht, so ritt er aufwärts und hatte jedenfalls die Hacienda zum Ziel.

Weller kam nicht, obgleich wir eine Viertelstunde warteten, und so beschloß ich, mich auch aufwärts zu wenden, um ihm zu folgen. Dabei gingen mir allerlei Vermutungen durch den Kopf. Vor allen Dingen fragte ich mich, ob er sich auf der Hacienda blicken lassen würde oder heimlich dorthin wollte. Ein heimlicher Besuch erschien mir wahrscheinlicher, da er jedenfalls den Boten zwischen dem Häuptling und dem Mormonen spielte. War meine Ansicht richtig, so kam er mit Melton an irgend einem abgelegenen Ort zusammen. Hätte ich den gekannt, so wäre es möglich gewesen, sie zu belauschen und ihren Plan zu erfahren. Ich fragte mich, ob es nicht doch möglich wäre, ihn zu erkunden. Ja, aber da mußte ich rasch machen.

Wir verließen also das erste Seitental und ritten schnell aufwärts, an der Mündung des zweiten vorüber und dann weiter. Ich glaubte fest, Sandy Weller vor uns zu haben, mußte mich aber doch davon überzeugen, ob das nicht vielleicht ein Irrtum sei. Dabei hieß es Vorsicht üben, denn es galt, ihn zu sehen, ohne von ihm bemerkt zu werden.

Glücklicherweise hörte der Felsen bald auf, und es gab weichern Boden, der den Hufschlag unsrer Pferde dämpfte. Hier ließ sich auch die Spur eines Reiters deutlich erkennen. Er war, wie ich der Fährte entnahm, langsam geritten; wir mußten ihn also bald einholen. Richtig! Noch ehe wir das dritte Nebental erreichten, kamen wir an eine Krümmung, hinter deren Ecke wir erst vorlugten. Da ritt er, höchstens dreihundert Schritt vor uns. Nun gab es keinen Zweifel darüber, daß er zur Hacienda wollte. Mein Mimbrenjo war mir bisher schweigend gefolgt, jetzt konnte er seine jugendliche Ungeduld nicht mehr bemeistern und fragte:

„Warum folgen wir diesem Bleichgesicht? Darf ich das von Old Shatterhand erfahren?"

„Ich folge ihm, weil er ein Bote des Großen Mundes ist."

„An wen?"

„Ich vermute: an Melton, der gestern unser Gefangener war. Wahrscheinlich werden sie sich heimlich treffen und von dem Überfall reden, den ich verhüten will. Dabei kann ich wohl erfahren, was sie planen."

„Old Shatterhand kennt doch nicht den Ort, wo sie miteinander sprechen werden."

„Ich hoffe, ihn zu erfahren."

„Da müßten wir dem Bleichgesicht immer auf dem Fuß bleiben und dürften es nicht aus den Augen lassen. Dreht sich dieser Weiße aber um, so muß er uns wahrnehmen."

„Ich werde ihm erst folgen, wenn es dunkel geworden ist, so daß er mich nicht sehen kann. Jetzt werden wir ihm zuvorkommen, indem wir ihm auf einem Umweg vorauseilen."

„Dann bemerkt er unsre Spur."

„Er wird meinen, daß sie von zwei Hirten des Haciendero herrührt. Vielleicht trifft er auch erst nach Einbruch der Dunkelheit auf unsre Fährte, die er dann nicht zu erkennen vermag. Wahrscheinlich reitet er bis an den See, in den der Arroyo mündet. Wenn wir ihn dort erwarten, haben wir ihn sicher. Auch paßt es mit der Zeit gut, weil es dunkel sein wird, wenn wir dort ankommen."

„Und welchen Umweg werden wir machen?"

„Das weiß ich noch nicht, da ich die Gegend nicht kenne. Wir reiten in das dritte Seitental hinein und werden sehen, wohin es uns führen wird."

„Wohin es führt, das weiß ich genau. Denn dieses Tal ist eben der Weg, den ich mit meinem jüngern Bruder und meiner Schwester einschlagen sollte. Wir wichen nur deshalb von ihm ab, weil wir glaubten, auf der Hacienda Ersatzpferde zu bekommen."

„Nun, wohin werden wir gelangen, wenn wir diesem Tal folgen?"

„Hinaus auf eine große Ebene, auf der nur vereinzelte kleine Höhen liegen."

„Eine freie Ebene? Es gibt also für einen schnellen Ritt keine Hindernisse?"

„Nein. Reitet man gradaus, so kommt man an den Wald der Lebenseiche, wo wir mit unsern Kriegern zusammentreffen wollen. Will man zur Hacienda, so hält man sich rechts. Wie aber dieser Weg ist, das kann ich nicht sagen, denn ich bin ihn noch nicht geritten."

„Ist auch nicht nötig, da das, was du mir gesagt hast, genügt. Ich weiß jetzt, daß wir den kleinen See zur richtigen Zeit erreichen werden. Laß uns also wieder vorwärts eilen!"

Während dieser kurzen Wechselrede war Sandy Weller vor uns verschwunden. Wir konnten sonach weiterreiten. Das taten wir zunächst langsam, um ihm nicht wieder zu nah zu kommen, dann aber, als wir ins dritte Seitental eingebogen waren, trieben wir unsre Pferde an. Als wir oben auf die Ebene gelangten, jagten wir im Galopp darüber hin, indem wir unsern Tieren nur zuweilen Zeit gaben, ein wenig zu verschnaufen, und ließen sie erst dann langsamer gehen, als zu befürchten stand, daß wir, falls wir so weiter hetzten, viel zu zeitig am See ankommen würden; denn bei Tag durften wir uns dort keineswegs blicken lassen.

Eben als die Sonne hinter dem westlichen Himmelsrand verschwand, sahen wir an dem östlichen einen Wald auftauchen.

„Das werden wohl die Bäume sein, die am Rand des Arroyotals stehen", vermutete der Mimbrenjo.

Ich war gleicher Meinung und hielt also auf den Wald zu. Als wir ihn erreichten, dunkelte es schon. Wir stiegen ab, um unsre Pferde weiterzuführen. Die Bäume standen nicht eng. Wir kamen leicht vorwärts, bis sich der Boden senkte und wir nach kurzer Zeit das Wasser des Sees zu unsrer Linken schimmern sahen. Von rechts her mußte Sandy Weller erscheinen. Zunächst galt es, unsre Tiere so zu verbergen, daß sie nicht entdeckt werden konnten, aber auch Gras und Wasser hatten, ihren Hunger und Durst befriedigen zu können. Ein solcher Ort war bald gefunden. Die Pferde blieben unter der Aufsicht des Indianers, den ich nicht bei mir haben konnte, auch ließ ich ihm meine Gewehre, die mich doch nur belastet hätten. Ich gebot dem Knaben, sich auf keinen Fall zu entfernen, und begab mich dann auf die andre Seite des Sees, wo Weller vorüber mußte.

Dort legte ich mich hinter einigen Büschen ins Gras und harrte auf sein Kommen, das nach meiner Berechnung bald zu erwarten war.

Die Stelle, wo ich lag, und auch die, wo sich der Mimbrenjo mit den Pferden befand, waren uns durch einen günstigen Umstand gezeigt worden. Denn weder er noch ich wurden durch die Hirten gestört, die die Pferde und Rinder des Haciendero bewachen mußten. Es herrschte außer dem geringen Rauschen, das durch die Blätter ging, tiefe Stille um mich her, so daß mir das leiseste Geräusch, das nicht in das nächtliche Leben des Waldes gehörte, auffallen mußte.

Als ich ungefähr eine halbe Stunde gewartet hatte, vernahm ich Schritte, die sich von links näherten. Das war die Richtung, aus der der frühere Kajütenwärter kommen mußte. Er erschien auf dem Weg, der am Ufer des Sees hinführte, und mußte an mir vorüber. Das war kein ausgetretener Weg, wie etwa ein Pfad in einer belebten Gegend, sondern eben nur der grasige Rand des Sees. Am Tag konnte man wohl sehen, daß Leute zuweilen da gingen, des Nachts aber fiel er für das Auge mit dem Wiesengrund der Talsohle zusammen. Er war so weich, daß mein geübtes Ohr dazu gehörte, schon von weitem die Schritte Wellers zu vernehmen.

Da er zu Fuß kam, mußte er sein Pferd an einem versteckten Ort zurückgelassen haben. Er ging langsam und blieb zuweilen stehen, um zu lauschen. Dadurch wurde es mir möglich, ihm unbemerkt zu folgen. Ich huschte mit gebeugtem Körper hinter ihm her, blieb halten, wenn ich seine Schritte nicht mehr hörte, und folgte wieder, wenn er weiterging, bis wir den See hinter uns hatten und uns nun an dem Bach befanden, der sich in ihn ergoß.

Ungefähr fünfzig Schritt von der Mündung aufwärts ragte hart am Wasser eine hohe, breitgegipfelte *Chopo*-Erle, in deren Nähe es kein Buschwerk gab. Es war ein offner Platz, dessen Mitte sie beschattete. Ich blieb hinter dem letzten Strauch halten, weil ich Wellers Schritte nicht mehr hörte. Er mußte unter der Erle stehengeblieben sein. Da ich eine Weile angestrengt lauschte, ohne seine Schritte wieder zu hören, nahm ich an, daß er sich mit dem, den er sprechen wollte, verabredet hatte, am Fuß dieses Baums zusammenzutreffen. Das war mir unlieb, denn ich konnte den freien Raum, der zwischen mir und der Erle lag, kaum überqueren, ohne entdeckt zu werden. Unter den Bäumen und im Gebüsch hatte Dunkelheit geherrscht, vor mir hingegen war es, obgleich der Mond noch nicht am Himmel stand, so hell, daß man mich unbedingt bemerken mußte, zumal ich den alten, lichten Anzug trug. Der neue befand sich noch im Bündel hinter dem Sattel. Doch grad dieser Umstand ließ mich auf ein Mittel verfallen, meinen Zweck zu erreichen. Die Ufer des Bachs waren hoch, und so konnte mir das Wasser als Weg zur Erle dienen. Hätte ich den neuen, teuern Anzug getragen, so wäre mir der Gedanke, ihn zu durchnässen, peinlich erschienen.

Ich leerte also meine Taschen, legte auch den Gürtel mit allem, was drin steckte, ab, verbarg diese Gegenstände im Busch und stieg behutsam ins Wasser. Es war hier in der Nähe seines Einflusses in den See so tief, daß es mir bis unter die Arme reichte. Ich brauchte mich also, um bis an den Mund darin zu sein, nur ein wenig niederzuducken. Dazu kam, daß das Ufer fast einen Meter höher als der Wasserspiegel war. So konnte mich also nur einer bemerken, der die Oberfläche des Bachs aufmerksam beobachtete.

Ich schob mich nun vor, langsam und Schritt für Schritt, um keine Wellen zu verursachen. Je weiter ich vorwärts kam, desto vorsichtiger verfuhr ich und desto tiefer nahm ich den Kopf ins Wasser. Zuweilen blieb ich stehen, um zu lauschen. Ja, ich hörte Stimmen. Es flüsterten zwei miteinander. Nach einiger Zeit erreichte ich den Baum, ohne bemerkt worden zu sein, und konnte mich nun sicher fühlen, denn hier im Schatten seines Wipfels wurde ich kaum entdeckt.

Ich streckte die Hände aus, um sie auf die hohe Uferkante zu legen, hielt mich da fest und zog mich langsam hinauf, so daß meine Augen in gleiche Höhe mit dem Ufer kamen. Am Stamm sah ich zwei Männer sitzen, höchstens drei Meter vor mir, und hörte auch, was sie miteinander sprachen. Es war der frühere Kajütenwärter mit seinem Vater, nicht mit Melton. Ich hörte den alten Weller zum Sohn sagen:

„Pruchillo fiel es gar nicht ein, auf meinen Vorschlag einzugehen."

„Du botest wohl nicht genug?" fragte Sandy.

„Ich habe noch kein Gebot getan, weil er eben sagte, er hätte keine Veranlassung, die Besitzungen zu verkaufen. Wenn aber die Indianer dagewesen sind, wird er anders reden. Selbst wenn er Lust zum Verkauf gehabt hätte, wäre mein Gebot so gering gewesen, daß er nicht hätte daran denken können einzuwilligen. Ich sehe nicht ein, warum ich jetzt vielleicht drei Viertel des Wertes bieten soll, wenn ich den ganzen Kram später für ein Viertel bekommen kann." — „So billig nun wohl nicht."

„O doch. Die Hacienda befindet sich dann in einem Zustand, der es notwendig macht, ein Kapital hineinzustecken, wie es Pruchillo nicht mehr besitzt. Will er dann nicht zum Bettler werden, so muß er verkaufen."

„Wie nun, wenn er dieses Kapital geliehen bekommt?“

„Das bilde dir nicht ein! Einem mexikanischen Geldmann fällt es nicht ein, sein schönes Geld an eine solche Liegenschaft zu wagen. Dazu ist er zu viel Geschäftsmann. Bei uns ist es etwas andres. Man hat uns damals aus Nauvoo vertrieben, und es ist vorauszusehen, daß wir über einmal aus den Vereinigten Staaten fort müssen. Utah geht uns verloren, und unsre schöne große Salzseestadt wird in nicht ferner Zeit den Unheiligen in die Hände fallen. Die Vielweiberei ist nun einmal gegen die sogenannte christliche Sitte. Wir aber lassen nicht ab davon, und so muß es dann zu einem Auszug kommen, der an Großartigkeit in der Geschichte nicht seinesgleichen haben wird. Was ist der Auszug der Kinder Israel aus Ägypten gegen die gewaltige Völkerwanderung, wenn die Heiligen der letzten Tage mit Weibern und Kindern, mit Hab und Gut die Staaten verlassen? Man hat gefragt, wohin? Nach Norden, also nach Kanada? Nein, denn Kanada ist englisch, und das fromme England duldet die Vielweiberei erst recht nicht. Nach Ost oder West, also übers Meer? Auch nicht. Also nach Süden! Da liegt Mexico mit seinen weiten, noch unbesiedelten Strecken und seiner großen, nach Süden gerichteten Ausdehnungsfähigkeit. Die Gesetze Mexicos erwähnen die Vielweiberei nicht. Sie ist dort nicht verboten, folglich erlaubt. Mexico wird sich, wenn seine Regierung einmal längere Zeit in kräftigen Händen liegt, weit nach Süden ausdehnen und zu einem großen, mittelamerikanischen Weltreich werden, das sich von den Vereinigten Staaten keine Gesetze vorschreiben läßt. Hier ist der Platz für uns, hier ist die Wohnstätte unsrer Nachkommen, die sich vermehren werden wie der Sand am Meer. Hier also müssen wir uns beizeiten festsetzen, und darum strecken wir zunächst die Fühler aus, um zu erfahren, mit welchen Verhältnissen wir rechnen müssen. Wir brauchen diese Hacienda, weil sie eine reiche Besitzung ist und uns so gut und bequem am Weg liegt. Wir müssen sie haben, und da der Besitzer sie nicht veräußern will, zwingen wir ihn. Das ist der erste Schritt, den wir über die Grenze tun. Gelingt er uns, so werden bald zahlreiche andre Brüder folgen.“

Das war ja gradezu eine Vorlesung, die der Mann seinem Sohn hielt, ein Vortrag über die Pläne der Mormonen. Die beiden Weller wollten Pruchillo zum Verkauf zwingen. Wodurch? Durch die Indianer, wie es schien. Nach den Darlegungen des alten Weller sollte die Besitzung durch die Roten entwertet werden: man wollte den Haciendero zugrunde richten. Also handelt es sich wahrscheinlich um einen Überfall, dem die Verwüstung des schönen Besitztums folgen sollte. Ich hatte keine Zeit, diese Gedanken weiterzuspinnen, denn Weller fuhr fort:

„Der Anfang ist gemacht, und die Fortsetzung wird folgen. Es war alles so gut eingefädelt und würde sich glatt entwickelt haben, wenn nicht der verdammte Deutsche dazwischen gekommen wäre. Was man nicht für möglich halten sollte, dieser eine Mensch ist imstand, unsern schönen Plan über den Haufen zu werfen. Wer hätte denken sollen, daß Old Shatterhand —"

„Ist es denn wirklich Old Shatterhand?" fiel ihm Sandy in die Rede. „Das müßte doch erst bewiesen werden. Es ist leicht möglich, daß wir uns irren."

„Von einem Irrtum ist keine Rede mehr. Der Beweis wurde gestern erbracht, denn er selber hat zugegeben, daß er Old Shatterhand ist. Denke dir, es hat ein Kampf zwischen ihm und Melton stattgefunden!"

„*The devil!* Wie konnte Melton das geschehen lassen? Er mußte sich doch sagen, daß er gegen den Deutschen, wenn er wirklich Old Shatterhand ist, unmöglich aufkommen kann. Was hat ihn denn zu einer so unverzeihlichen Unvorsichtigkeit verleitet?"

„Es war keine Unvorsichtigkeit. Ich glaube, daß ich an seiner Stelle ebenso gehandelt hätte. Der Deutsche hat ihn halb und halb durchschaut. Die Faxe mit dem Pferd spielte er, um nach Ures zu kommen. Was dann geschah, weißt du. Er befreite die drei Mimbrenjos, als wir sie angriffen, und erschoß dabei den Sohn des Großen Mundes. Darauf ist er zur Hacienda geritten, um den Besitzer zu warnen, hat ihm von einem Überfall der Yumas gesprochen und Melton als Schwindler bezeichnet."

„Das ist freilich recht gefährlich für uns. Weiter, weiter!"

„Glücklicherweise hat der Haciendero darüber gelacht. Du weißt, wenn Melton sich einmal vorgenommen hat, einen Menschen für sich zu gewinnen, so ist der Erfolg sicher. Und dieser ebenso gute wie dumme Don Timoteo Pruchillo hat ein Vertrauen zu ihm gefaßt, das niemand zu erschüttern vermag. Er hat dem Deutschen einfach den Rat gegeben, die Hacienda zu verlassen. Der hat fortreiten wollen, grad als Melton eintraf. Dieser hielt ihn für kurze Zeit zurück, ging schnell zu Pruchillo und erfuhr von ihm Wort für Wort, was der Deutsche gesagt hatte. Es galt zu handeln. Der Kerl mußte verschwinden. Melton begleitete ihn also ein Stück und verabschiedete sich dann von ihm, eilte ihm aber heimlich voraus, um sich ins Gebüsch zu stecken und ihn niederzuschießen. Als er aber zu der Stelle gelangt, die er sich dazu ausersehen hat, steckt Old Shatterhand dort."

„Unglaublich!"

„Ja, und so ist es zum Kampf gekommen, wobei Old Shatterhand Melton die beiden Hände ausgerenkt hat. Melton ist dadurch für längere Zeit unfähig geworden, eine Waffe zu führen!"

„Das ist stark! So etwas hat man noch nicht gehört! Sonst aber ist Melton nichts geschehen?"

„Nichts. Der Deutsche hat ihn laufen lassen, ihn aber vorher gewarnt. Aus der Warnung geht hervor, daß er diese Gegend zwar verläßt, aber die feste Absicht hat zurückzukehren."

„Wohin will er?"

„Jedenfalls zu den Mimbrenjos, um sie zur Hilfe gegen unsere Yumas aufzurufen."

„Hol ihn dafür der Teufel! Wenn er diese Absicht wirklich hat und sie auch zur Ausführung bringt, so ist es mit unserm Plan so gut wie zu Ende."

„Noch nicht. Müssen wir denn warten, bis er die Hilfe bringt? Er hält sich für einen überaus klugen Menschen, hat aber höchst albern gehandelt, als er merken ließ, daß er ahnt, was wir vorhaben. Ich an seiner Stelle hätte Melton ausgelöscht. Er hatte volles Recht dazu. Nun aber wird sich Melton zwar nicht persönlich am Kampf beteiligen können, aber seine gelähmten Hände hindern ihn doch nicht, die Führung zu übernehmen."

„Von einem Kampf wird wohl keine Rede sein. Den Deutschen, die so schön in unsre Falle gerutscht sind, wird es nicht einfallen, sich zu wehren, zumal wenn sie einsehen, daß es ihnen nicht an den Kragen geht. Und wenn sich die paar Hirten rühren wollen, so sind sie in einer Minute kaltgemacht. Aber beeilen müssen wir uns!"

„Das ist es, was ich meine und womit Melton völlig einverstanden ist. Wir warten nicht so lang, wie es in unserm Plan lag, sondern müssen möglichst bald losbrechen. Nach dem Überfall mag Old Shatterhand mit seinen Mimbrenjos kommen. Er kann uns nichts anhaben und wird abermals ausgelacht."

„Das ist richtig. Es gilt also, Zeit und Stunde zu bestimmen. Soll ich dem Häuptling darüber etwas Genaues melden?"

„Nein, da wir ohne ihn nichts beschließen können. Ich werde ihn sprechen, um die Zeit mit ihm festzusetzen. Sag ihm, daß ich morgen ins Lager komme! Kurz vor der Abenddämmerung werde ich dort eintreffen."

„Kannst du denn von der Hacienda fort, ohne daß es auffällt?"

„Warum nicht? Ich unternehme einen Jagdausflug. Es gibt auch noch andre Ausreden."

„Aber wenn du des Abends nicht zurückkehrst?"

„So sage ich am nächsten Morgen, ich hätte mich verirrt gehabt und sei gezwungen gewesen, im Wald zu übernachten. Weit eher kann es auffallen, daß ich mich jetzt entfernt habe. Ich will deshalb rasch zurück. Hast du mir noch etwas mitzuteilen?"

„Nein."

„Ich dir auch nicht. Wir sind also fertig. Gute Nacht, Sandy!"

„Gute Nacht, Vater! Ich lasse Melton baldige Heilung seiner Hände wünschen."

Die beiden gingen auseinander, der Vater am Wasser aufwärts der Hacienda zu und Sandy am Wasser abwärts und den See entlang, um wieder zu seinem Pferd zu kommen und zu den Yumas zurückzureiten. Ich stieg aus dem Wasser und schlug, nachdem ich meine Sachen wieder zu mir genommen hatte, den letzterwähnten Weg ein, um meinem Indianerknaben zu sagen, daß ich glücklich gewesen sei und nun zur Hacienda müsse.

Es handelte sich also wirklich um einen Indianerüberfall. Der Streich war für später beabsichtigt gewesen, sollte aber beschleunigt werden, und zwar meinetwegen. Es war daher notwendig, meine Landsleute zu warnen, obgleich aus dem Vernommenen hervorging, daß ihnen keine unmittelbare Gefahr drohte.

Mir blieb das unverständlich. Warum sollte es grad ihnen nicht „an den Kragen" gehen, wie der ältere Weller sich ausgedrückt hatte? Warum sollten nur die Hirten, falls sie sich wehrten, „kaltgemacht" werden? Es gab da einen dunklen Punkt, der mir trotz allem Nachdenken nicht hell werden wollte.

6. Ein Teufelsstreich

Nachdem ich meinen Gefährten benachrichtigt hatte, wandte ich mich wieder bachaufwärts und vermied dabei jedes Geräusch, um nicht etwa von den Hirten bemerkt zu werden. Es war noch nicht spät, und so bestand die Möglichkeit, daß man das Tor noch nicht geschlossen hatte. In diesem Fall hoffte ich, keine großen Schwierigkeiten überwinden zu müssen, dem Herkules zu begegnen. Mit einem andern wollte ich mich nicht gern einlassen. Er war schon in meine Ansichten eingeweiht, und wenn ich ihm auch nicht alles mitteilen konnte, so war er doch der, dem ich hier noch die meiste Zuverlässigkeit zutrauen durfte.

Leider fand ich das Tor verschlossen. Außerhalb der Mauern befanden sich nur die Hirten, an die ich mich nicht wenden wollte, ich mußte also hinein. Da gab es nur einen Weg, den ich schon vorhin benutzt hatte, nämlich das Wasser des Bachs, der unter der nördlichen und südlichen Mauer der Hacienda hindurchfloß. Schaden konnte mir das Wasser nicht, denn ich war schon durchweicht, und die Nässe tat mir nach der Tageshitze sogar wohl.

Ich schlich zur Stelle der südlichen Mauer, wo der Bach aus dem Hof der Hacienda ins Freie trat, und stieg hinein. Der Weg war bequem. Ich brauchte nicht einmal unterzutauchen, sondern mich nur ein wenig zu bücken, um unter der Mauer hindurchzukommen.

Jenseits der Umfassung war es beinah taghell. Es brannten mehrere Feuer, an denen meine Landsleute beschäftigt waren, sich ihr Abendessen zu bereiten. An Stricken, die über Stangen gezogen waren, hingen Fleischstücke zum Trocknen. Man hatte mehrere Rinder und Schweine geschlachtet, um Vorrat zu schaffen.

Die große Helle war für meinen Zweck nicht günstig, und doch war es mir nur durch sie möglich, den Herkules zu entdecken. Er hatte sich, wie gewöhnlich, von den andern abgesondert und schlenderte rauchend auf und ab. Es war unmöglich, unbemerkt zu ihm zu schleichen. Ich mußte mich in Geduld fassen.

Die Auswanderer waren lustig und guter Dinge. Als sie gegessen hatten, begannen sie zu singen, und zwar zu allererst das Lied, das beinah unvermeidlich ist. Wenn der Deutsche fröhlich ist, so singt er gewiß: „Ich weiß nicht, was soll es bedeuten, daß ich so traurig bin." Der Pole Jakob Silberberg sang auch mit, wie ich sah. Seine Tochter, die schöne Judith, bemerkte ich nicht.

Der Goliath ließ sich durch den Gesang nicht locken, er entfernte sich vielmehr noch weiter von den Singenden und kam mir dadurch näher. Er schien erregt zu sein, wie ich seinen unregelmäßigen Wendungen anmerkte. Ob er sich wieder einmal über Judith geärgert hatte? Der Haciendero war nicht zu sehen, Melton und der alte Weller auch nicht. Der aufgedunsene Majordomo Adolfo ging zuweilen auf und ab.

Nach langer Zeit schienen die Gedanken des Herkules eine Richtung zu nehmen, die mir, der ich noch immer bis unter die Arme im Wasser stand, günstig war. Er kam langsam auf den Bach zu und blieb am Wasser stehen, ungefähr fünfzehn Schritt von mir entfernt. Jetzt galt es, mich ihm bemerkbar zu machen, ohne daß er mich in seiner Überraschung verriet. Ich rief halblaut seinen Namen. Er stutzte und horchte, da er keinen Menschen sah, verwundert auf. Ich nannte den Namen wieder, den meinigen hinterdrein und fügte hinzu:

„Erschrecken Sie nicht! Ich stehe hier im Wasser und lauere auf Sie, um mit Ihnen zu reden. Kommen Sie her!"

Er folgte dieser Aufforderung zögernd. Es erschien ihm doch sonderbar, aus den Wellen angesprochen zu werden. Ich richtete mich höher auf, so daß der Schein der Feuer auf mein Gesicht fiel. Da erkannte er mich und sagte leise:

„Sie hier? Sind Sie ein Nix geworden, oder gehen Sie nur im trüben fischen?"

„Keins von beiden. Setzen Sie sich her ins Gras! Wenn Sie stehenbleiben, fällt es auf."

Er kam meinem Wunsch nach und meinte:

„Sie haben allerdings alle Ursache, sehr heimlich zu tun. Wenn Sie sich blicken ließen, könnte es Ihnen Meltons wegen schlimm ergehen."

„Wieso?"

„Sie haben ihn ja hinterrücks überfallen und ausgeraubt! Seine Waffen, sein Geld haben Sie ihm genommen. Er hat nur mit Mühe entkommen können und ist unterwegs in der Dunkelheit mit dem Pferd gestürzt, wobei er sich beide Hände verstaucht hat."

„Ah — so!"

„Ja — so! Und dazu kommt, daß Sie auch Pferde gestohlen haben!"

„Das ist freilich wahr. Ich gebe es zu, obgleich nicht eigentlich ich es gewesen bin. Ich habe den Pferdediebstahl nur angestiftet."

„Schöner Mensch, der Sie sind! Doch Scherz beiseite! Wo haben Sie sich denn umhergetrieben, und was ist geschehen, daß Sie Ihre Anstellung als Buchhalter nicht bekamen?"

„Ich habe sie nicht bekommen, weil ich sie ausgeschlagen habe, und umhergetrieben habe ich mich da, wo ich mich sehr wahrscheinlich noch einige Zeit umhertreiben werde, nämlich in der Umgegend der Hacienda."

„Wozu? Sind Sie noch immer mißtrauisch?"

„Ja. Und mein Mißtrauen hat sich als sehr begründet herausgestellt. Meine Vermutungen sind zur Gewißheit geworden. Die Hacienda soll von Indianern überfallen werden —"

„Die Rothäute mögen kommen! Sie werden sich wundern, wenn sie mir so von ungefähr zwischen meine Fäuste geraten."

„Nehmen Sie die Sache nicht scherzhaft! Ich spreche im Ernst. Gibt es nicht einen gewissen Weller hier?"

„Ja. Er kam heut gegen Mittag hier an."

„Man munkelt davon, daß Ralph Weller die Absicht hat, die Hacienda zu kaufen. Don Timoteo fällt es aber nicht ein, sie zu veräußern."

„Haben Sie Weller mit Melton zusammen gesehen?"

„Nein. Aus dem einfachen Grund, weil Melton sich überhaupt

nicht blicken läßt. Er soll das Bett hüten, weil er Fieber hat. Der Teufel hole das Fieber!"

„Warum nur das Fieber und nicht den Kranken auch?"

„Meinethalben kann er beide holen, das Fieber und den Kerl dazu. Und wenn er auch Sie mitnimmt, so habe ich ebenfalls nichts dagegen."

„Sehr verbunden! Was habe ich Ihnen denn zuleid getan, daß Sie mir einen solchen Wunsch widmen?"

„Das können Sie noch fragen! Ich möchte aus Ärger über Sie zerplatzen, und da fragen Sie noch ganz vergnügt, was Sie mir getan haben? Wissen Sie vielleicht, wo Judith ist?"

„Nein. Wie kann ich das wissen? Ist sie denn fort?"

„Fort? Sie ist da, sie ist sogar sehr da, sie ist ganz außerordentlich am Platz!"

„Reden Sie doch deutlicher! Wo steckt Judith denn? Was tut sie, und was ist's mit ihr?"

„Wo sie steckt?" knirschte er. „Drin bei Melton. Was sie tut? Sie pflegt ihn. Und was es mit ihr ist? Aus ist's mit ihr, vollständig aus! Denken Sie sich, das Mädchen als Pflegerin dieses Menschen! Können Sie sich das überhaupt denken?"

„Warum nicht? Oder hat Judith kein Geschick zur Krankenpflege?"

„Fragen Sie nicht so dumm! Das Mädchen hat Geschick zu allem, was es nur geben kann, das meiste aber dazu, die Männer verrückt zu machen."

„So sind Sie wahrscheinlich auch ein wenig verrückt?"

„Sehr wahrscheinlich! Und ich befürchte, daß ich in dieser Verrücktheit etwas tue, was man sonst nicht alle Tage zu tun pflegt, nämlich Melton den Kopf auf den Rücken zu drehen."

„Das kann Sie leicht den eignen Kopf kosten."

„Schadet nichts. Ich habe ihn ja schon halb verloren. Sie sehen also, daß ich zornig auf Sie sein muß. Hätten Sie Melton in Ruhe gelassen, so wäre er nicht krank geworden und brauchte keine Pflegerin."

„Kann ich dafür, daß die Jüdin so barmherzig ist? Warum gibt sie sich dazu her?"

„Doch nur, um mich zu ärgern; ich weiß es ja. Und ihr Vater hat seine Einwilligung dazu gegeben, sich bei Melton einzuschmeicheln. Ich wollte, Sie hätten wirklich recht mit Ihren Indianern. Ich wünsche fast, daß die Roten erscheinen und das ganze Pack zusammenhauen."

„Und Sie mit! Nicht? Sie können übrigens in dieser Beziehung unbesorgt sein. Ihr menschenfreundlicher Wunsch wird in Erfüllung gehen, denn die Indianer werden kommen. Ja, sie sind sogar schon da."

„Sie scherzen doch nur?"
„Nein. Ich habe sie beobachtet. Und unser Kajütenwärter befindet sich bei ihnen."
„Alle Wetter! Dann hätten Sie richtig vermutet!"
„Allerdings. Hören Sie!"
Ich erzählte ihm von dem, was ich gesehen und erlauscht hatte, soviel ich für gut hielt, und bemerkte zu meiner Genugtuung, daß seine Zweifel schwanden. Er begann, die Sache ernst zu nehmen, und sagte, als ich geendet hatte:
„Sie sind, bei meiner Seele, ein sonderbarer Mensch. Ich nahm erst an, daß Sie mit sehr viel überflüssiger Einbildungskraft begabt seien und infolgedessen Drachen sähen, wo eigentlich nicht einmal ein Frosch vorhanden ist. Jetzt aber muß ich mein Urteil ändern, denn ich erkenne, daß Sie planmäßig denken und handeln. Mein Übergewicht liegt in meinen Fäusten, und die will ich Ihnen gern zur Verfügung stellen."
„Gut, ich werde sie brauchen können. Denken will ich für Sie, aber wenn es dann zum Handeln kommt, so rechne ich auf Sie."
„Zählen Sie bestimmt auf mich! Was soll ich jetzt tun?"
„Zunächst nichts."
„Nichts? Aber den Kameraden soll ich doch sagen, was sie zu erwarten haben?"
„Nein. Was ich Ihnen anvertraute, muß Geheimnis bleiben. Würde es verraten, so gäbe der Mormone seinem Plan eine solche Wendung, daß alle Vorteile, die ich bisher errungen habe, verlorengingen. Jetzt glaubt er mich fort und fühlt sich sicher. Aber eins können Sie tun, nämlich auf alles achten, was hier geschieht. Alles, was Ihnen mit unsrer Angelegenheit zusammenzuhängen scheint, teilen Sie mir mit!"
„Wann denn und wo? Sie wollen sich doch nicht sehen lassen!"
„Kommen Sie des Abends, so bis gegen Mitternacht, täglich einigemal an den Bach! Ich werde hier sein, wenn ich mit Ihnen reden will."
„Wenn Sie aber erst nach Mitternacht kommen können? Wir haben dort in den Gesindehäusern so eine Art Massenschlafstelle. Da können Sie nicht hinein, ohne daß Sie diesem oder jenem die Füße abtreten und dabei erwischt werden. Ich werde also einen Grund zu entdecken suchen, im Freien zu schlafen. Die Stelle weiß ich freilich noch nicht, aber ich will dafür sorgen, daß Sie mich leicht finden."
„Schön! Also schweigen Sie jetzt noch! Wenn die Zeit da ist, sollen Ihre Landsleute benachrichtigt werden, aber eher nicht. Wir müssen vorsichtig sein."

„So seien auch Sie vorsichtig, und stehlen Sie nicht wieder Pferde! Man könnte sonst auf den Gedanken kommen, daß Sie sich noch in der Gegend umhertreiben. Ich finde überhaupt jede Mauserei, besonders den Pferdediebstahl, im höchsten Grad verwerflich."

Der Athlet lachte dabei leise vor sich hin. Ich antwortete ebenso launig:

„Dann tut es mir leid, Ihnen sagen zu müssen, daß Ihre Sündhaftigkeit nicht geringer als die meinige ist. Sie stehlen auch."

„Nie!"

„So will ich sagen: Sie werden Fleisch stehlen, und zwar heut abend noch."

„Ah, ich verstehe!"

„Sie begreifen, daß ich meine Zeit nicht auf die Jagd verwenden kann und mich durch Schüsse leicht verraten würde. Hier ist heut geschlachtet worden; dort hängt das Fleisch an den Schnüren. Wenn Sie —"

„— verständig sind, so stehlen Sie für mich", fiel er mir in die Rede. „Nicht wahr, so wollten Sie doch sagen?"

„Allerdings. Ich muß die Indianer beobachten und mich stets in ihrer Nähe aufhalten. Mundvorrat ist mir also sehr nötig. Versuchen Sie unbemerkt soviel Fleisch zu erwischen, wie zwei Mann, die mäßig sind, für einige Tage brauchen!"

Er stand auf und ging langsam und in der Haltung eines Spaziergängers fort, um die dunkelste Stelle des Hofs aufzusuchen, wo Fleisch hing. Obgleich ich ihn beobachtete, sah ich doch nicht, was er tat. Aber als er zurückkam, ließ er einige große Muskelstücke vor mir aufs Ufer fallen und entfernte sich, ohne ein Wort zu sagen, um sich wieder in die hinterste Ecke zu begeben. Bald darauf sah ich ihn abermals erscheinen. Diesmal brachte er einige Stück Schokolade mit.

Da wir nichts Wesentliches mehr zu besprechen hatten, verabschiedete ich mich und kroch hinaus ins Freie. Ich mußte nun insgesamt gegen zwanzig Pfund Vorrat tragen. Das reichte für vier Tage aus, und wir konnten so lang auf unserm Beobachtungsposten aushalten. Es lag mir sehr daran, noch vor Anbruch des Morgens wieder in der Nähe des Indianerlagers zu sein. Darum verweilten wir uns nicht am See und brachen auf, um auf dem Weg, den wir hergekommen waren, in das oft erwähnte Nebental zurückzukehren.

Als wir dort anlangten, graute der Morgen. Zunächst suchten wir ein neues Versteck für unsere Pferde. Es mußte größer sein als das gestrige, damit sie reichlich Nahrung fanden. Wir entdeckten eine Stelle im Wald, die gar nicht besser geeignet sein konnte, und banden da die Tiere mit den Lassos fest. Der

Mimbrenjo blieb bei ihnen. Er sollte schlafen, während ich mich auf unsern gestrigen Lauscherposten begab, wo ich bis nach Mittag blieb, ohne etwas Besondres wahrgenommen zu haben, außer daß sich Sandy Weller wieder im Lager befand.

Nun aber mußte auch ich ein wenig ruhen und begab mich in unser Versteck, um meinem jungen Gefährten für seine Wache die nötigen Anweisungen zu erteilen. Er entfernte sich, und ich legte mich nieder. Nach wenigen Augenblicken war ich in tiefen Schlaf gesunken, was nach den hinter mir liegenden Anstrengungen kein Wunder war. Um bequem zu liegen, hatte ich mir's leicht gemacht und den Inhalt meiner Taschen und des Gürtels fortgetan.

Ein anhaltender, schriller Schrei weckte mich. Ich sprang auf und horchte. Er erklang zum zweitenmal. Ich kannte ihn, es war der Siegesruf eines indianischen Kriegers. Gleich darauf erscholl ein dritter, ganz andrer, es war der Hilferuf eines Angegriffenen. Er kam aus der Gegend, wo ich meinen Mimbrenjo wußte. Zweifellos befand er sich in Gefahr. Da war jede einzelne Sekunde kostbar. Ich nahm mir also nicht die Zeit, mich zu einer meiner Waffen zu bücken, sondern rannte schleunigst fort, der betreffenden Stelle zu. Dort sah ich ihn nicht, aber weiter unten gab es ein Ringen im Gras und im Gebüsch. Der unvorsichtige Rote war nicht auf seinem Platz geblieben. Er hatte sich näher an das Indianerlager gewagt und war beschlichen und überfallen worden. Ich mußte den Knaben frei haben, denn wenn sie ihn behielten, war sein Tod gewiß. Darum sprang ich die Steilung der Talwand hinab, blieb aber mit dem einen Sporn an einer Wurzel hängen, verlor das Gleichgewicht und stürzte nieder. Noch bevor ich mich aufraffen konnte, rauschte es rundum in den Büschen, und fünf, sechs und mehr Rote warfen sich auf mich. Ich wollte auf, brachte aber meinen Fuß nicht von der Wurzel los. Das war mein Verderben. Hätte ich den niederträchtigen Sporn freibekommen, dann wäre noch Hoffnung gewesen, mich durchzuschlagen, so aber war das unmöglich. Ich wehrte mich, soviel ich konnte, mit der Faust, die jetzt meine einzige Waffe war, aber die Übermacht war zu groß; ich mußte unterliegen und wurde gebunden.

Noch mehr Rote kamen herbei. Einer von ihnen betrachtete mich und sagte mit einem entzückten Grinsen seines Gesichts: „Tave-schala!" Das bedeutet, wie schon erwähnt, in der Yuma- und Tontosprache Shatterhand.

„Tave-schala, Tave-schala!" erklang es weiter, von Mund zu Mund, bis alle meinen Namen schrien, daß die Echos von den Talwänden widerhallten. Der Jubel kannte keine Grenzen. Man heulte und brüllte, man schwang alle möglichen Waffen über meinem Kopf und tanzte um mich, obgleich die Büsche dabei im Weg waren. Ich ließ es ruhig geschehen, da ich's nicht ändern konnte, und hielt mich völlig bewegungslos. Alle waren herbeigeeilt. Einer schob den andern zur Seite, um mich zu sehen, nur zwei kamen nicht: der Häuptling und Sandy Weller. Jener war zu stolz, nun, da ich mich in seiner Gewalt befand, zu mir zu laufen, und Weller mußte sich zur gleichen Zurückhaltung bequemen, obgleich er wohl lieber auch mitgetanzt und gejubelt hätte. Darauf gab man mir die Füße soweit frei, daß ich kleine Schritte machen konnte, und schaffte mich in das Lager, wo ich den Großen Mund mit Sandy vor seinem Zelt sitzen sah. Ich hatte seinen Sohn erschossen, der ausgesuchteste Martertod war mir gewiß. Doch das kümmerte mich jetzt nicht. Ich dachte nur an meinen jungen Mimbrenjo, den ich hatte befreien wollen, und freute mich darüber, daß er nicht zu sehen war. Vermutlich war er also doch entkommen. Ein Glück war es dabei, daß ich vorhin den Hauptteil meiner Habseligkeiten, selbst die Uhr, abgelegt hatte. In den Hosentaschen gab es nur Kleinigkeiten, die ich leicht verschmerzen konnte, und den Beutel mit meinem Vermögen. Da meine Barschaft aber nur aus wenigen Pesos und Dollar bestand, so konnte mich auch dieser Verlust nicht aus der Fassung bringen. Und was die leibliche Gefahr betraf, so war sie allerdings so groß, wie sie überhaupt nur sein konnte, doch drohte sie mir, wie ich genau wußte, nicht augenblicklich. Die Angewohnheit der Indianer, gefangene Feinde zu Tod zu martern, ist für ihre Opfer zwar höchst unangenehm und unerwünscht, aber da die Roten die Ausführung nur selten an Ort und Stelle vornehmen und die Gefangenen meist mit heimschleppen, um den Ihren ein Schauspiel zu bereiten, so ist dadurch dem Besiegten eine Frist geboten, die er, falls er ein unternehmender Mann ist, zur Flucht benutzen kann.

Als dem Mörder des Kleinen Mundes war mir jedenfalls ein sehr grausamer und langsamer Tod zugedacht. Auch verstand es sich von selbst, daß der ganze Stamm mich sterben sehen mußte. Aus diesen Gründen hatte ich zweifellos jetzt für mein Leben noch nichts zu befürchten. Ebenso wußte ich, daß man größere Mißhandlungen unterlassen würde, weil ich dadurch die Befähigung verlieren mußte, den weiten Ritt an den Ort, wo der Stamm hauste, mitzumachen. In Beziehung auf Leib und Leben war ich also zunächst nur wenig gefährdet.

Als man mich vor den Häuptling stellte, war auf seinem Gesicht der Ausdruck tödlichen Hasses und unerbittlicher Rachsucht zu lesen. Er spuckte mich an und betrachtete mich mit finsterm, stechendem Blick, ohne jedoch ein Wort zu sagen. Sandy Weller aber redete mich höhnisch an:

„Willkommen, Sir! Ihr habt Euch während der Zeit, in der ich nicht das Glück hatte, Euch bedienen zu dürfen, als Old Shatterhand entpuppt und Euch alle Mühe gegeben, uns hinderlich zu sein. Jetzt seid Ihr kaltgestellt, und ich bin neugierig, wie Ihr es diesmal anfangen werdet, dem Martertod zu entrinnen."

Es fiel mir nicht ein, dem Menschen eine Antwort zu geben, obgleich ich ihm grad seines Hohnes wegen gern gesagt hätte, daß ich mich nicht für verloren hielt. Ich war bei den nördlichen Sioux und bei den südlichen Komantschen, auch bei den Krähen- und Schlangenindianern gefangen gewesen und hatte mich immer glücklich aus der Schlinge gezogen, und da die armseligen Yumas mit den genannten Stämmen keineswegs zu vergleichen sind, sondern tief unter ihnen stehen, so mußte es gelingen, ihnen ein Schnippchen zu schlagen. Harry Melton war weit mehr zu fürchten als die Indianer. Wenn es ihm einfiel, mich von ihnen zu fordern und sie darauf eingingen, so war ich verloren. Ich war aber überzeugt, daß der Häuptling mich nicht ausliefern würde. Sandy Weller galt für mich gleich Null. Seine Anrede war frech und lächerlich zugleich. Das mochte der Häuptling fühlen, denn er wies ihn in keineswegs achtungsvoller Weise zurecht:

„Sei still! Deine Rede ist wie ein Halm, der keine Körner trägt, und wie ein Wasser, worin es keine Fische gibt. Vor dir würde sich der Gefangene wohl nicht fürchten. Ich weiß, daß es aller unsrer Augen und Arme bedarf, ihn festzuhalten. Er soll uns aber nicht entkommen, sondern viele Tage am Marterpfahl hängen, weil er meinen Sohn getötet hat."

Weller hatte englisch zu mir gesprochen, und ich war erstaunt darüber, daß der Große Mund ihn verstand und zu seiner Antwort sogar jenes Gemisch von Englisch, Spanisch und indianischen Worten gebrauchte, das im Verkehr mit den Roten am Rio Grande und Rio Pecos gesprochen wird. Dann wandte er sich an seine Leute, die in einem mehrfachen Halbkreis um uns standen:

„War es Old Shatterhand, der sich soweit an uns geschlichen hatte?"

„Nein", erwiderte einer, „sondern ein Roter, ein Knabe, so jung, daß er wohl noch keinen Namen hat." — „Wie sah er aus?"

Der Krieger, der geantwortet hatte, beschrieb meinen kleinen Gefährten.

„Uff!" rief da der Häuptling. „Es ist einer der Mimbrenjoknaben, die mir entkommen sind, weil Old Shatterhand sie verteidigte. Er muß auch mit an den Marterpfahl. Bringt ihn herbei!"

„Wir können ihn nicht bringen, denn es ist uns nicht geglückt, ihn zu ergreifen", entgegnete der Mann kleinlaut.

„Wie?" fragte der Große Mund mit zornigem Erstaunen. „Ihr seid so viele erwachsene Männer, ihr nennt euch Krieger, und ein Kind, das noch nicht einmal einen Namen hat, ist euch entschlüpft?"

Der Rote schlug die Augen nieder und antwortete nicht. Die andern standen ebenso verlegen da. Deshalb fuhr der Häuptling auf:

„So ist's also doch wahr! Alle alten Weiber werden euch verlachen, und die Kinder werden mit Fingern auf euch zeigen. Denkt an den Hohn der andern Stämme, wenn sie hören, daß soviel Yumakrieger nicht imstand gewesen sind, einen armseligen Mimbrenjoknaben festzuhalten! Der Junge hat sich bei Old Shatterhand befunden. Es ist der gleiche, den ich da unten im Tal entfliehen lassen mußte, also wird sein Bruder auch in der Nähe sein und ebenso seine Schwester, die Squaw des Opatahäuptlings. Sucht den ganzen Wald ab! Ich erwarte, daß ihr sie mir bringen werdet. Drei oder vier von Euch genügen, das Lager zu bewachen."

Der Große Mund bezeichnete die Krieger, die bleiben sollten. Die andern entfernten sich, um seinen Befehl auszuführen. Weller blieb auch zurück. Ich dachte, daß der Häuptling nun ein Verhör mit mir anstellen würde, dem war aber nicht so. Er ließ mich noch enger fesseln als bisher und an den Zeltpfahl binden. Dann schien er mich keines Blicks mehr zu würdigen, aber ich sah dennoch, daß er mich scharf im Auge behielt.

Nun gab es ein banges Warten für mich. Zehn gegen eins war anzunehmen, daß mein Mimbrenjo ertappt würde. Es waren der Spürhunde zuviel, als daß ich hoffen konnte, der unerfahrene Knabe würde ihnen entwischen. Faßte man ihn, so war es nicht nur um ihn geschehen, sondern es gerieten auch meine kostbaren Gewehre und mein andres Eigentum in die Hände der Yumas.

Laute Zurufe sagten mir, daß man seine Spur gefunden hatte. Sie kamen aus immer weiterer Entfernung, ein sicheres Zeichen, daß man ihn verfolgte. Von jetzt an verging weit über eine Stunde, dann kehrte ein starker Trupp der Roten zurück. Wie freute ich mich, als ich den Mimbrenjo nicht bei ihnen sah! Der Häuptling aber zischte ihnen erbost entgegen:

„Ihr bringt ihn nicht? Seid ihr blind geworden, daß ihr die Spur eines Menschen nicht mehr zu finden vermögt?"

„Die Krieger der Yumas sind nicht blind", antwortete einer. „Wir haben die Fährte des Knaben gefunden."

„Aber nicht ihn selber. Sonst hättet ihr ihn gebracht."

„Du wirst ihn bald zu sehen bekommen. Seine Spur ging durch den Wald bis an dessen Rand und von da aus grad über die offne Ebene hinüber."

„Es war nur kurze Zeit verstrichen, und er konnte keinen großen Vorsprung haben. Ihr mußtet ihn sonach erblicken, als er vor euch über die Ebene lief."

„Der Knabe ist klein; seine Gestalt verschwindet, selbst wenn die Entfernung nicht groß ist. Aber seine Spur war deutlich und muß ihn rasch in unsre Hände bringen. Weil es dazu nur einiger Krieger bedarf, folgten ihr die andern, wir aber sind zurückgekehrt."

Der Häuptling sagte weiter nichts und wandte sich in der Haltung eines Wartenden von ihnen ab. Er war augenscheinlich wütend, sah jedoch ein, daß scharfe Worte hier nichts zu ändern vermochten und die Verfolgung nicht beschleunigen konnten. Mir aber wuchs die Hoffnung, denn das Verhalten des Knaben war so klug, daß ich selbst es nicht besser hätte machen können. Er hatte unsre Pferde stehen und alles bei ihnen liegen lassen und war von der Stelle aus, wo er entwischt war, den Waldrand aufwärts gestiegen und dann in schnellstem Lauf über die Ebene geeilt. Dadurch hatte er die Suchenden von unserm Versteck abgelenkt. Die Pferde standen noch da, und meine Sachen lagen dabei. Der Mimbrenjo war so klug gewesen, sich südwärts zu wenden, denn erstens zog er dadurch die Aufmerksamkeit von der nördlichen Richtung ab, wohin unsre Absichten gingen, und zweitens gab es, wie er gesehen hatte, im Süden genug felsiges Gelände, wo er seine Spuren verschwinden lassen konnte.

Der Nachmittag verging, und es wurde dunkel. Die Indianer zündeten einige Feuer an, um das Abendessen zu bereiten. Der Häuptling saß noch immer auf der gleichen Stelle und verhielt sich stumm. Es schien in ihm zu kochen. Weller war fortgegangen, wohl um aus reiner Langeweile ein wenig im Wald herumzulungern. Jetzt erschien er wieder. Der Große Mund grollte:

„Wo bleibst du solang? Weißt du nicht, daß die vereinbarte Zeit da ist, deinen Vater zu erwarten und herbeizubringen?"

Der Gemaßregelte entfernte sich aufs neue. Einige Zeit später kehrten die Yumas zurück, die die Verfolgung fortgesetzt hatten. Meine Hoffnung war nicht falsch gewesen: sie brachten den Mimbrenjo nicht. Als der Häuptling das sah, sprang er auf, faßte den vordersten von ihnen beim Arm und schüttelte ihn.

„Ihr kommt auch allein? Seid ihr denn stinkende Würmer, die Schmutz fressen und unter der Erde wühlen und deshalb nicht wahrnehmen, was sich darauf befindet? Ich werde euch heimschicken! Da könnt ihr Weiberröcke anziehen und Zelte flicken, was nur die alten Squaws tun, die zu nichts weiter nütze sind."

Das war eine Beleidigung, wie sie kaum größer sein konnte. Er ging damit weit über seine Befugnisse hinaus. Ein Indianerhäuptling besitzt keine andre Macht als die, die ihm von seinem Stamm freiwillig übertragen worden ist. Sie kann ihm in jedem Augenblick wieder entzogen werden. Er kann, falls er sich seiner Würde nicht wert zeigt oder seine Rechte überschreitet, augenblicklich abgesetzt werden und ist dann nicht mehr als jeder andre Stammesgenosse. Der Indianer, gegen den die zornigen Worte gerichtet waren, riß sich los und antwortete zurechtweisend:

„Wer gibt dem Großen Mund die Erlaubnis, mich in dieser Weise anzufassen und anzureden? Wenn ich falsch gehandelt habe, so mögen die Ältesten des Stamms über mich zu Gericht sitzen und ihr Urteil fällen, dem ich mich unterwerfen muß. Wer mich aber beleidigt, der soll sein Messer nehmen und mit mir kämpfen. Der Große Mund mag bedenken, daß er, indem er mich beschimpft, auch alle Krieger herabwürdigt, die mit mir gewesen sind."

Die Krieger, für die er mit diesen Worten sprach, ließen ein beifälliges Gemurmel hören. Der Häuptling erkannte, daß er sich zu weit hatte hinreißen lassen, und lenkte ein:

„Mein Bruder mag annehmen, daß es nicht meine Worte waren, die er hörte, sondern daß der Zorn aus mir gesprochen hat."

„Ein Mann muß es verstehen, seinen Zorn zu bemeistern, doch will ich denken, daß nichts geredet worden sei. Wenn der Große Mund selber gegangen wäre, den Knaben zu suchen, so hätte er ihn auch nicht gefangen."

„Aber die Beine eines Kindes sind doch kürzer als die erwachsener Männer. Ihr hättet ihn unbedingt ereilen müssen."

„Wir sind gelaufen, bis wir keinen Atem mehr hatten, haben ihn aber nicht einmal zu sehen bekommen, weil der Vorsprung, den er hatte, zu groß war. Dann verschwand seine Spur auf dem Felsen, der so hart ist, daß er keine Eindrücke annimmt."

„Habt ihr nur seine Fährte und nicht auch eine andre bemerkt?" — „Nur die seine."

„So befinden sich sein Bruder und seine Schwester nicht mehr bei ihm. Old Shatterhand ist bei ihm gewesen und wird uns Auskunft geben müssen."

Nach diesen Worten trat der Große Mund zu mir und redete mich zum erstenmal an:

„Wie bist du mit dem Knaben, den wir suchen, hierher gekommen? Seid ihr gelaufen oder geritten?"

„Weshalb fragst du?“ erwiderte ich spöttisch. „Du willst Häuptling sein und brauchst mich, um zu erfahren, was der Verstand jedes Kindes entdecken würde. Frag deinen Scharfsinn, wenn du überhaupt welchen hast, nicht aber mich!“

„Du willst nicht antworten, Hund?“ fuhr er mich an.

„Belle immerhin! Von mir erfährst du nichts.“

Der Ausdruck bellen erzürnte ihn so, daß er sein Messer aus dem Gürtel zog. Er steckte es jedoch wieder zurück, versetzte mir einen Fußtritt und knirschte:

„So schweig! Du wirst bald heulen und schreien müssen, daß man es über alle Berge hört.“

„Gewiß nicht eines Feiglings wegen, wie du bist, der vor mir ausriß und dabei vor Angst seine Flinte verlor.“

„Sei still, sonst ersteche ich dich im Augenblick!“ fauchte der Häuptling, indem er das Messer wieder zog.

„Stich immer zu! Bringst du mich zum Schweigen, so doch deine Schande nicht. Dein Gewehr befindet sich in den Händen der Mimbrenjos, die du zu deinen Todfeinden gemacht hast. Wie werden sie über dich lachen, wenn sie erfahren, daß du, der Häuptling der Yumas, aus reinem Entsetzen die Waffe weggeworfen hast und wie der Wind entflohen bist!“

Ich reizte ihn mit Absicht, um ihn zum Sprechen zu bringen, denn ich wollte ermitteln, ob man mich jetzt oder später zu töten beabsichtigte. Er war so ergrimmt, daß er zum Stoß ausholte. Ein mehrstimmiger Zuruf der Seinen veranlaßte ihn, sich zu beherrschen. Er ließ den Arm sinken und schlug ein höhnisches Gelächter an:

„Ich durchschaue dich. Du willst mich reizen, damit ich dich im Zorn töten soll, wirst aber diese Absicht nicht erreichen. Du wirst jetzt keinen Mangel bei uns leiden, damit wir dich schnell und gesund zu unserm Stamm bringen. Du sollst fett und stark werden, damit du die Qualen, die dir bestimmt sind, doppelt lang zu ertragen vermagst. Gebt diesem Hund zu fressen, soviel, wie er fressen kann!“

Dem Befehl kam man sofort nach. Das Essen, das aus Bohnenmehl bestand, in Wasser gekocht, war fertig, und ein alter schmieriger Kerl machte sich daran, mich, da ich die Hände nicht zu gebrauchen vermochte, wie ein kleines Kind zu füttern. Er setzte sich mit seinem vollen Napf zu mir, fuhr mit den Fingern in den Brei und schickte sich an, mir das Zeug in den Mund zu streichen. Ich sträubte mich dagegen. Als der Häuptling das bemerkte, grinste er:

„Der Hund ist zu vornehm, die Speise der roten Krieger zu genießen. Mach ihm einen Arm los, und gib ihm Fleisch! Das wird ihm besser schmecken. Ich habe versprochen, daß er nicht hungern soll. Desto lauter wird er dann pfeifen und winseln können."

Der Alte ging zum Vorratszelt und brachte mir ein großes Stück Rindfleisch, das ich, nachdem er mir einen Arm und beide Hände freigegeben hatte, verzehrte. Dann wurde ich wieder festgebunden.

Eben als die Indianer gegessen hatten, kam Sandy Weller aus dem Wald. Er brachte seinen Vater mit. Dieser eilte, nachdem er den Häuptling begrüßt hatte, zu mir und nickte mir höhnisch-freundlich zu:

„Guten Abend, Sir! Wie ist Euer wertes Befinden, Mr. Shatterhand?"

Ich wandte das Gesicht ab und schwieg.

„Ah, Ihr scheint ein stolzer Boy zu sein! Ich bin so gering, daß Ihr es für unter Eurer Würde haltet, auf meinen Gruß eine Antwort zu geben. Nun, Ihr werdet schon noch höflich werden. Ich stelle Euch hier meinen prächtigen Sohn Sandy vor. Ist ein tüchtiger Schauspieler. Als er sich für einen Kajütenwärter ausgab, habt Ihr wohl nicht geahnt, was eigentlich in ihm steckt. Wie?"

Und als ich auch jetzt nicht antwortete, fuhr er fort:

„Habe mich unendlich gefreut, als er mir vorhin bei meiner Ankunft sagte, welchen Fang meine roten Freunde gemacht haben. Habt Euch um fremde Angelegenheiten, die Euch nichts angingen, gekümmert und wißt Euch nun dafür in Euern eignen nicht zu helfen. So aber geht's, wenn man sich unaufgefordert zum Sachwalter andrer Leute macht. Ihr werdet den Prozeß verlieren und sämtliche Kosten tragen, indem Ihr sie mit dem Leben bezahlt. Wohl bekomm's!"

Ralph Weller wandte sich um und ging zum Häuptling, der sich an einer Stelle niedergesetzt hatte, die außer Hörweite der übrigen lag. Sein Sohn folgte ihm, und die drei begannen nun ein leises Gespräch, bei dem, ihren Gebärden nach, sehr Wichtiges verhandelt wurde. Als es beendet war, erhoben sie sich. Der Große Mund rief seine Leute zusammen, um ihnen das Ergebnis der Unterhaltung mitzuteilen. Die beiden Weller stellten sich indessen geflissentlich so in meine Nähe, daß ich das, was sie sprachen, hören mußte. Der ältere meinte zu Sandy:

„Also ich reite jetzt zurück, und du bleibst bei den Indianern, die gleich nach mir aufbrechen werden. Es ist von hier zur Hacienda del Arroyo grad so weit, daß ihr noch vor der Morgendämmerung den Überfall ausführen könnt."

„Aber das Tor wird geschlossen sein!" meinte der Sohn in einer Weise, aus der ich die Absicht, mich zu ärgern, deutlich erkannte.

„Was schadet das? Ich bin auf die Jagd geritten, habe mich verirrt, kehre so spät zurück und klopfe den Majordomo heraus, um mir öffnen zu lassen.“

„Adolfo wohnt im Hauptgebäude und hört das Pochen am Tor nicht.“

„So hören es die deutschen Auswanderer, und einer von ihnen wird mich einlassen. Ihr werdet das Tor offen finden.“

„Und wenn es nicht so ist, wie kommen wir da hinein?“

„Durch den Bach, der durch die eine Mauerseite in den Hof tritt und ihn durch die andre verläßt. Du darfst dich zunächst nicht sehen lassen, weil man sonst erfahren würde, daß du mit den Roten im Einvernehmen stehst. Du kommst erst dann angeritten, wenn die Yumas abgezogen sind.“

Nachdem die beiden Menschen noch einige unwesentliche Bemerkungen ausgetauscht hatten, wandte sich der Vater zu mir:

„Warum wir Euch das wohl hören lassen, Sir? Ernstlich darum, weil Ihr gegen uns gearbeitet habt und nun sehen sollt, daß alle Eure Ränke vergeblich waren. Wir gelangen doch zum Ziel.“

„Und zweitens“, fuhr Sandy fort, „um Euch die Gewißheit zu geben, daß Ihr verloren seid und keine Hoffnung auf Rettung haben dürft.“

„Ja, so ist es“, bestätigte der Alte. „Wenn wir es nur im geringsten für möglich hielten, daß Ihr gerettet werden könntet, so würden wir uns sehr hüten, Euch zum Ohrenzeugen unsrer Reden zu machen. Bereitet Euch also auf den Tod vor, auf den entsetzlichsten, den es geben kann! Ihr werdet zu den Weidegründen der Yumas geschafft, um dort gepfählt, verbrannt oder sonst noch was zu werden. Vorher aber wird Euch unser Freund Melton einen Besuch abstatten, um Euch Dank zu sagen für die Liebe, die Ihr ihm erwiesen habt. Seine Gelenke werden schneller heilen, wenn er Euch in Fesseln erblickt. Lebt wohl! Ihr seht uns nicht wieder, wenn Ihr einmal unterwegs zu den Yumas seid, und wir Euch leider auch nicht.“

So! Jetzt wußte ich alles, was sie mich wissen lassen wollten. Man hatte es also für nötig gehalten, den für später geplanten Überfall der Hacienda sofort auszuführen. Man denke sich meine Lage! Ich wußte, was geschehen sollte, und vermochte die Landsleute nicht zu warnen. Der Herkules wartete auf Nachricht von mir, und ich konnte sie ihm nicht geben!

Als Ralph Weller fort war, brachen die Indianer ihr Lager ab, um das Tal in der Richtung zur Hacienda zu verlassen. Ich wurde auf ein Pferd gebunden, und zwar so, daß es eines Wunders bedurft hätte, nur einen Finger frei zu bekommen. Dazu mußte ich zwischen zwei Roten reiten, an deren Tiere das meinige gekoppelt war. Es war einige Minuten lang meine Hoffnung gewesen, mein Pferd so antreiben zu können, daß es mich trotz meiner Fesseln aus der Mitte der Indianer tragen mußte, nun aber war ich gezwungen, auch diesen Gedanken als unausführbar aufzugeben.

Eine letzte Rettung gab es noch für die Hacienda, aber nur für den Fall, daß man mich so weit mit in ihre Nähe nahm, daß ich durch Schreie warnen konnte. Und ich nahm mir vor, das ohne Rücksicht auf mein Leben zu tun. Aber als wir noch ungefähr eine Viertelstunde zu reiten hatten, mußten fünf Mann mit mir zurückbleiben, während die andern den Marsch fortsetzten. Wir befanden uns noch nicht im Wald, sondern davor auf freiem Feld. Wären wir unter Bäumen gewesen, so hätte es eher eine Möglichkeit gegeben, trotz der Riemen im Gesträuch zu verschwinden. Hier aber konnte davon keine Rede sein. Dennoch übten die fünf Roten ihr Wächterwerk auf eine wahrhaft ausgesuchte Weise aus, indem sie Pflöcke in die Erde schlugen und mich kreuzweis daran banden. Die Packpferde waren bei uns zurückgeblieben und wurden von ihren Lasten befreit, um grasen zu können.

Gesprochen wurde nicht. Desto mehr zermarterte ich mir das Hirn, um doch einen Rettungsweg zu entdecken — vergeblich.

Die Zeit verging, die Dunkelheit begann zu weichen, und der Tag graute schon. Da hörte ich ein fernes Heulen. So weit es von mir war, ich kannte es doch: es war das Angriffsgeschrei der Indianer.

Die Gefühle, die sich meiner bemächtigten, lassen sich nicht beschreiben. Ich geriet in einen solchen Zustand der Wut, daß ich alle meine Selbstbeherrschung zusammennehmen mußte, scheinbar ruhig zu bleiben. Ich lauschte angestrengt. Das Geheul wiederholte sich. Es war kein Wut-, sondern ein Siegesgeheul. Die Roten hatten keinen Widerstand gefunden. Der Überfall war geglückt.

Wir warteten eine Stunde und noch eine, ohne daß ein Bote erschien. Endlich, nach drei Stunden, kam ein Yuma gejagt. Er meldete, daß alles aufs beste gelungen sei und daß die fünf mit mir nachkommen sollten. Die Packpferde wurden beladen, und wir brachen auf. Im Wald ritten wir an Sandy Weller vorüber, der hier zurückgeblieben war. Er hatte sein Pferd angebunden, lag im Gras, sprang aber auf, als er uns nahen sah, und rief mir zu:

„Was sagt Ihr jetzt, Mr. Shatterhand? Die Hacienda ist unser, und Ihr geht Eurer letzten Stunde entgegen."

Ich hatte ihm kein Wort erwidern wollen, konnte mich aber jetzt nicht halten und rief ihm zornig zu:

„Oder du der deinigen! Sobald ich frei bin, hole ich dich!"

„Tu es, tu es!" lachte er hinter mir her. „Es muß eine wahre Wonne sein, von Old Shatterhand niedergeschossen zu werden."

Der Mensch hatte leichtes Lachen. Mir aber war es trotz der hilflosen Lage, in der ich mich befand, genau so, als hätte ich ihn schon vor der Mündung meines Gewehrs.

Jetzt senkte sich der Wald zu den mehrfach erwähnten Bachwiesen nieder, worauf wir die Herden des Haciendero hatten weiden sehen. Die Tiere waren noch da, aber es standen jetzt rote Hüter bei ihnen. Die weißen lagen ermordet und skalpiert im Gras. Es war keiner mit dem Leben davongekommen. Warum man sie nicht geschont und doch allen Auswanderern das Leben geschenkt hatte, wurde mir erst später klar.

Wir hielten einen Büchsenschuß von der Hacienda an. Dort lagen die Deutschen, um die ich solche Angst ausgestanden hatte, gefesselt auf der Erde, bei ihnen der Haciendero. Als er mich erkannte, rief er mir zu:

„Sie, Señor! Wie kommen Sie hierher zurück?"

„Um Sie zu retten, bin aber dabei leider selbst in die Hände der Mörder geraten. Geben Sie nun zu, daß ich recht hatte?"

„Recht hatten Sie, doch nicht ganz. Das mit dem Überfall war richtig, aber Señor Melton ist unschuldig, wie Sie sich überzeugen können."

Pruchillo winkte mit dem Kopf seitwärts. Dort lagen Melton und Ralph Weller, an Händen und Füßen gebunden. Das war aber nur ein Gaukelspiel, das beweisen sollte, daß die beiden keinen Anteil am Blutwerk der Indianer hätten. Ich wollte das Don Timoteo sagen, wurde aber von meinen Wächtern mit dem Pferd fortgezerrt und dann in solcher Entfernung wieder an den Boden gepflockt, daß ich nicht mehr mit Pruchillo reden konnte.

Das Bild, das sich nun vor mir entwickelte, war wildbelebt. Das Tor der Hacienda stand offen, und die Indianer strömten aus und ein, um alles, was nicht niet- und nagelfest war, herauszuschaffen. Dabei heulten sie vor Entzücken. Was sie geschleppt brachten, wurde nicht unmittelbar vor dem Tor oder vor der Mauer niedergelegt, sondern eine Strecke weit fortgetragen, was mir Grund zu einer Befürchtung gab, die sich später leider auch bewahrheitete. Die Hacienda sollte nämlich eingeäschert werden, und der Raub wurde, damit die Funken ihn nicht erreichen könnten, weit fortgeschafft.

Aber warum das Haus niederbrennen? Welchen Zweck verfolgte der Mormone, der doch der Anstifter des Ganzen war? Auch das sollte mir erst später klar werden. Es war eine geradezu teuflische Berechnung.

Ferner fiel mir auf, daß sich nur Pruchillo mit seiner Frau bei den Gefangenen befand. Ich sah keine von den Personen, die ich während meines Aufenthalts auf der Hacienda bemerkt hatte, auch Señor Adolfo, den aufgedunsenen Majordomo, nicht. Sie waren ermordet worden, und zwar aus dem gleichen Grund, den ich jetzt noch nicht begriff.

Das Plündern währte fast bis an die Mittagszeit. Dann wurden die Herden zusammengetrieben. Man vereinigte sie nordwärts der Hacienda auf einem freien Plan, wo sie von einer Anzahl Indianer beieinandergehalten wurden. Als das geschehen war, brachte man die Leichen der ermordeten Hirten geschleppt. Sie wurden hineingetragen, um mit verbrannt zu werden. Bald stiegen dicke Rauchwolken, erst aus dem Hauptgebäude und dann auch aus den kleinen Hofhäusern auf. Ich hörte den Haciendero vor Schreck schreien. Seine Frau stimmte mit lautem Jammer ein.

Aber es sollte noch schlimmer für ihn kommen. Etwa vierzig Yumas bestiegen ihre Pferde und stoben im Galopp in verschiedenen Richtungen auseinander. Nach einer halben Stunde sah ich auf der östlichen Höhe Rauch aufsteigen, dann bemerkte ich im Süden dunklen Qualm, bald darauf auch im Norden. Nach Westen, wo jedenfalls das gleiche geschah, konnte ich nicht blicken, weil mir der Kopf festgebunden war. Kein Zweifel, die Roten hatten den Wald in Brand gesteckt. Das vertrocknete Gras- und Riedwerk gab den Zunder, über den das Feuer mit fressender Schnelligkeit glitt, um sich an den dürren Ästen festzubeißen und dann auch die grünen Wipfel anzupacken. Pruchillo bat, jammerte und fluchte abwechselnd; es half nichts. Die vierzig Roten schürten den Brand weiter, um das Feuer nicht im saftreichen Grün ersticken zu lassen, und kamen erst dann wieder, als sich die Flammen so mächtig entwickelt hatten, daß Menschenhände ihnen keinen Einhalt zu gebieten vermochten.

Die Glut wuchs und trieb die Yumas davon. Die Packsättel wurden den Tieren aufgelegt, damit sie mit der Beute beladen werden konnten. Nun wurde fortgezogen. Voran ritt der Häuptling, ich folgte mit den fünf Wächtern, dann kamen wieder einige Indianer und darauf die Auswanderer mit dem Haciendero und seiner Frau. Hinterher endlich wurden die erbeuteten Pferde, Rinder, Schafe und Schweine getrieben. Der Zug ging nordwärts, erst am Bach hin und dann, als das Wasser den Bogen nach rechts machte, den linken Waldrand entlang, wo wir an der Stelle hielten, an der mich der Mormone hatte erschießen wollen. Er befand sich an der Seite des Haciendero, neben ihm Ralph Weller, beide ebenso gefesselt wie die andern. Sie mußten zum Schein als Gefangene gehalten werden.

Meine Wächter brachten mich abseits und banden mich an einem einzeln stehenden Baum fest, von dem aus ich den Aufbau des Lagers und das Treiben darin beobachten konnte.

Man legte mich nicht mit den andern Gefangenen zusammen, weil man mich allein für fähig hielt, mich zu befreien und den Yumas dann ihren Raub wieder abzunehmen. Gelang meine Flucht, so rechnete ich auf den Beistand der Mimbrenjos, mit denen ich ja an der großen Lebenseiche zusammentreffen wollte.

Die Roten schlachteten ein Rind, ein Schwein und mehrere Schafe. Das Fleisch wurde gebraten. Sie verzehrten große Mengen davon und ließen auch ihre Gefangenen nicht Hunger leiden. Ich bekam so viel, daß ich es nicht aufessen konnte. Man hatte mir abermals die Hände freigegeben. Falls man das beim Essen immer so machte, so konnte es ein Mittel zu meiner Befreiung werden. Es war freilich lebensgefährlich, auf diese Weise loszukommen. Ich mußte vor aller Augen, wenn meine Hände frei waren, die Riemen von den Füßen lösen. Wenn das nicht überaus schnell geschehen konnte, so fand man Zeit, es zu verhindern, und dann stand es fest, daß man mir die Hände nicht wieder freigeben würde. Und wenn mein Vorhaben doch gelang, so mußte meine Flucht angesichts sämtlicher Roten vor sich gehen, und ich hatte dann sicher so viele Verfolger hinter mir her, daß sie mich wieder fassen mußten. Ja, wenn sich meine Glieder in gesundem Zustand befunden hätten! Aber die sehr fest angelegten Riemen hinderten den Blutumlauf, dadurch wurden die Hände und Füße taub. Sie verloren das Gefühl und gehorchten mir zweifellos nur mit großer Unsicherheit. Mit den Händen konnte ich mir immerhin leichter helfen. Ich brauchte sie nur, wenn sie mir nach dem Essen wieder gebunden wurden, so zu halten, daß man die Riemen nicht so übermäßig fest zusammenbrachte. Das tat ich denn auch jetzt. Es gelang, und ich konnte die Handgelenke bewegen, doch nicht so, daß es mir möglich gewesen wäre, die Fesseln abzustreifen.

Es wurde Abend. Zu essen gab es jetzt nichts, weil jedermann vom Nachmittag her noch satt war. Man legte sich zeitig zur Ruhe, und meine Wächter trafen dabei die Vorsichtsmaßregel, mich in eine Decke einzurollen und mit Riemen zu umwinden, so daß ich wie ein Wickelkind bewegungslos im Gras liegen mußte. In diesem Zustand war ich hilflos und auch zur geringsten Bewegung unfähig, schlief aber doch so gut, wie es unter solchen Umständen möglich war.

Ich hätte wohl bis zum Morgen geschlafen, wenn ich nicht durch eine eigenartige Berührung aufgeweckt worden wäre. Ich wurde nämlich an den Haaren gezerrt und schlug infolgedessen die Augen auf. Ringsum herrschte nächtlicher Dämmerschein, während es unter dem Baum, wo ich lag, finster war. Trotz dieser Dunkelheit sah ich einen meiner Wächter vor mir sitzen, zu meinen Füßen, nicht ganz zwei Meter entfernt. Die übrigen lagen rund um mich her und schliefen, während er wachte. Er rauchte eine Zigarre, jedenfalls von dem Vorrat, den man in der Hacienda erbeutet und dann verteilt hatte.

Wer hatte mich berührt? Ein Yuma sicherlich nicht, denn warum hätte einer der Wächter mich auf diese Weise aus dem Schlaf wecken sollen? Und hätte es einer getan, so hätte er mir nun gesagt, was er von mir wollte, aber es blieb still. Ich dachte sogleich an meinen kleinen Mimbrenjo, hütete mich, einen Laut von mir zu geben, und hob und senkte den Kopf einigemal, um zu zeigen, daß ich aufgewacht war. Der Junge mußte hinter mir im Gras liegen, das fast einen halben Meter hoch war. Einem schlanken Knaben wie dem Mimbrenjo bot es also hinreichend Schutz, so daß er bei der hier herrschenden Dunkelheit selbst von dem nah sitzenden Wächter nicht bemerkt werden konnte. Dennoch war es eine staunenswerte Kühnheit, sich durch die Schläfer um mich her bis an meinen Kopf zu wagen.

Als ich die erwähnten Bewegungen gemacht hatte, hörte ich hinter mir ein leises, reibendes Geräusch, wie wenn sich jemand mit äußerster Vorsicht kriechend im Gras fortbewegt. Er schob sich weiter zu mir heran, bis sein Kopf neben dem meinen lag, hielt mir den Mund ans Ohr und hauchte:

„Ich bin es, der Mimbrenjo. Welchen Befehl hat Old Shatterhand für mich?"

Er war es also wirklich.

Bevor ich ihm antwortete, lauschte ich einige Augenblicke, ob seine letzte Bewegung vielleicht dem Wächter aufgefallen sei. Es war nicht der Fall, und so wandte ich ihm mein Gesicht zu und flüsterte:

„Hast du die Pferde?"

„Ja", erwiderte er ebenso leise.

„Und alle meine Sachen?"

„Alle."

„Wo?"

„Seitwärts der Hacienda am Felsen, wo es keine Spuren gibt."

„Das ist klug. Wie bist du hierhergekommen?"

„Ich sah, daß Old Shatterhand gefangen wurde, weil er mich retten wollte, und vermutete, daß man mich suchen und dabei die Pferde finden würde. Ich wollte die Feinde von den Tieren ablenken und eilte darum aus dem Tal hinauf und über die Ebene, bis ich Felsen fand, wo die Yumas meine Fährte verlieren mußten. Mein Stamm kennt die Schnelligkeit meiner Füße. Kein Yuma hat mich ereilen können; sie waren weit hinter mir. Als meine Spuren nicht mehr zu bemerken waren, lief ich in einem Bogen wieder zum Tal zurück, wo ich mich auf die Lauer legte. Ich sah die Feinde unverrichteter Sache zurückkehren und beobachtete sie weiter. Als sie aufbrachen, nahm ich die Tiere und ritt hinter ihnen her, um Old Shatterhand zu befreien. Ich werde dafür gern mein Leben geben, weil er meinetwegen ergriffen worden ist."

„Du wagst viel, doch sehe ich, daß du vorsichtig und klug dabei bist. Ich denke, daß ich mit deiner Hilfe bald frei sein werde."

„Bald? Warum nicht gleich? Ich habe mein und auch dein Messer mit und werde dich losschneiden."

„Das wirst du nicht, denn die Folge wäre, daß auch du in Gefangenschaft gerietest."

„Old Shatterhand mag bedenken, daß alle schlafen und nur dieser eine wacht. Er ist blind, er sieht mich nicht."

„Und du magst bedenken, was geschehen muß, bevor ich von der Erde aufzustehen vermag. Du mußt die Riemen zerschneiden, die für die Nacht um meinen Körper gebunden sind. Das währt, weil wir sehr langsam verfahren müssen, wohl eine Stunde. Dann muß ich mich aus der Decke rollen, was nur in der Hälfte dieser Zeit möglich ist, und wenn das geglückt ist, so sind noch immer die Fesseln von meinen Händen und Füßen zu entfernen."

„Das geht dann schnell. In zwei Stunden sind wir fertig."

„Wir würden fertig sein, aber mein junger Bruder mag meine Wächter zählen. Es sind ihrer fünf. Sie werden abwechselnd einander ablösen. Jeder wird, bevor er mich von dem vorigen übernimmt, mich untersuchen, um sich zu überzeugen, daß ich noch fest gebunden bin. Du siehst also, daß ich in dieser Nacht unmöglich fort kann."

„Old Shatterhand hat recht. Ich werde also in der nächsten Nacht wiederkommen."

„Du würdest mich ebenso finden wie jetzt und mich ebenso wieder verlassen müssen."

„Aber wie lange soll ich dich in ihren Händen lassen? Wenn sie dich töten, so werde ich nie wieder in unsern Zelten erscheinen dürfen, denn alle würden auf mich zeigen, weil ich durch meinen Leichtsinn Old Shatterhand in den Tod getrieben habe."

„Die Yumas töten mich jetzt noch nicht, sondern sie wollen mich für den Marterpfahl aufsparen, der erst nach ihrer Heimkehr errichtet wird."

„Das ist gut, mein Herz wird leicht. Aber wie soll ich dich befreien, wenn ich nicht wieder zu dir kommen darf?"

„Ich mache mich schon selber los. Da aber meine Füße von den Banden taub geworden sind und mich nicht weit tragen würden, so wünsche ich, daß du in dem Augenblick, wenn ich fliehe, in der Nähe bist, damit ich aufs Pferd springen kann."

„Ich werde den Yumas folgen und mich, so oft sie lagern, ganz nah bereit halten."

„Aber ich muß wissen, in welcher Richtung du dich befindest. Bleib stets hinter ihnen! Und auch die Stelle, wo ich dich zu suchen habe, möchte ich genau kennen."

„Wie soll ich dir das mitteilen, da ich nicht mit dir sprechen kann?"

„Hast du gelernt, die Stimme irgendeines Vogels nachzuahmen?"

„Der Zauberer meines Stammes versteht es, die Stimmen aller Tiere zu sprechen, und ich bin sein Schüler gewesen. Welchen Vogel meinst du?"

„Wir müssen die Stimme eines Tiers wählen, die sowohl bei Tag als auch bei Nacht zu hören ist, da ich nicht weiß, ob ich am Tag oder des Nachts die Flucht ergreifen werde. Die Nachahmung der Tierstimme soll mir sagen, wo du dich befindest."

„Ein Tier, dessen Ruf des Tags und des Nachts ertönt, ist selten. Wollen wir nicht lieber ein Tag- und ein Nachttier wählen?"

„Auch das, wenn es dir auf diese Weise besser scheint. Aber der mexikanische Grasfrosch hält sich im Wald und auch auf dem freien Feld auf und läßt seine Stimme zu jeder Zeit, des Morgens und des Mittags, des Abends und des Nachts, hören. Er wäre der passendste."

„Ganz wie Old Shatterhand denkt! Ich kann die Stimme dieses großen Frosches so gut nachahmen, daß auch das schärfste Ohr getäuscht wird."

„Das ist mir lieb. Es ist ein Glück, daß ich so viel Fleisch von der Hacienda brachte. Du hast also zu leben und kannst alle Aufmerksamkeit auf deine Aufgabe richten. Ich weiß nicht, wann wir von hier aufbrechen und an welchen Orten wir dann haltmachen. Mag das geschehen, wann und wo es wolle, so folgst du uns und suchst dir, so oft wir lagern, ein Versteck, das uns so nah wie möglich liegt, dir aber die nötige Sicherheit bietet. Nun wartest du auf einen Augenblick, an dem in unserm Lager Ruhe herrscht, und stößt dann dreimal den Ruf des Grasfrosches aus, in Zwischenräumen, die eine Viertelstunde betragen können. Vom dritten Ruf an mußt du dich bereit halten, mit mir davonreiten zu können."

„Ich werde so gut aufpassen, daß ich dich kommen sehe, und werde, sobald ich dich erblicke, sofort aus dem Versteck hervorkommen.“

„Schön. Mein Pferd muß zum Besteigen fertig sein, damit ich keinen Augenblick zu verlieren brauche, denn ich werde die Verfolger hart hinter mir haben. Und noch ein andres hat bereit zu sein, nämlich der Henrystutzen, das kleine Gewehr, aus dem ich so viele Schüsse abfeuern kann, ohne laden zu müssen. Du hast es doch?“

„Ich habe es.“

„Hast du es vielleicht untersucht?“

„Nein. Wie könnte ich das wagen! Alles, was Old Shatterhand gehört, ist unantastbar.“

„So ist der Stutzen also in gutem Zustand. Halte dich bereit, mir ihn sofort in die Hand zu geben, damit ich den Verfolgern, falls sie mir zu nah kommen sollten, durch einige Kugeln Halt gebieten kann. Und nun müssen wir uns trennen. Ich will dich nur noch auf etwas sehr Wichtiges aufmerksam machen. Ich vermute nämlich, daß man die andern Gefangenen freilassen wird. Sie werden sehr wahrscheinlich zur Hacienda zurückkehren. Laß dich dadurch nicht irremachen! Ich befinde mich auf keinen Fall bei ihnen. Nun gib mir mein Messer, das du bei dir hast, wie du mir vorhin sagtest.“

„Wie kann ich es dir geben, da deine Hände verhindert sind, es zu fassen? Soll ich es dir in die Decke schieben, in der du steckst?“

„Das geht nicht, weil sie zu fest zusammengeschnürt ist, und man würde es auch finden, wenn man sie morgen früh wieder aufbindet. Schieb es hier, in der Gegend meines rechten Ellbogens, in die Erde, so daß das Heft nur ein klein wenig hervorsteht! Das Gras ist dicht. Man wird es also nicht sehen!“

„Kannst du es denn, obgleich du gefesselt bist, herausziehen und einstecken?“

„Ja. Und nun entferne dich! Wir haben schon zu lange gesprochen, und die Ablösung kann jeden Augenblick vor sich gehen!“

„Ich gehorche. Vorher aber erleichtere mir mein Herz vollends! Ich habe einen unverzeihlichen Fehler begangen, und du bist großmütig genug, mir kein Wort des Vorwurfs zu sagen. Wird mir deine Seele Verzeihung gewähren?“

„Ja. Du bist zu kühn gewesen, als du dich den Yumas so sehr nähertest, aber dieser Kühnheit habe ich es auch zu verdanken, daß ich dich jetzt bei mir sehe. Wir sind quitt. Ich zürne dir nicht.“

„So sage ich dir Dank. Mein Leben gehört dir, und an jedem

meiner Tage werde ich mit Stolz daran denken, daß Old Shatterhand gesagt hat, er sei quitt mit mir."

Er stieß das Messer neben mir in die Erde und zog sich dann zurück, so leise, daß nicht einmal ich es hörte, obgleich ich scharf lauschte. Nach einiger Zeit ertönte aus der Ferne der dumpfe, breite Schrei des Grasfrosches, der mir beweisen sollte, daß dem kleinen Mimbrenjo der schwierige Rückzug geglückt war.

Jetzt wußte ich, daß mir die Flucht auch gelingen würde, und ich schlief so ruhig wieder ein, als befände ich mich schon in Freiheit. Der Lärm des Lagerlebens weckte mich am Morgen. Meine Hüter banden die Decke von mir los, da ihnen diese Vorsichtsmaßregel jetzt überflüssig zu sein schien. Ich tat, als wäre ich noch schläfrig, und wälzte mich auf die Seite, wobei ich mich ein Stück zurückschob, so daß ich das Messer, das sich in der Ellbogengegend befunden hatte, mit den Händen ergreifen konnte, sobald ich mich vollends umwandte.

Wie schon erwähnt, waren mir die Hände jetzt nicht mehr so fest wie vorher zusammengeschnürt; ich konnte die Finger bewegen. Nach einiger Zeit wälzte ich mich abermals herum, so daß ich auf dem Bauch lag. Meine Fingerspitzen tasteten jetzt nach dem Messer. Ich mußte mühsam suchen, bis ich das höchstens zwei Zoll lange Ende des Griffs fühlte, das aus dem grasigen Boden ragte. Und dann dauerte es noch länger, ehe ich das Messer aus der Erde brachte. Nun brauchte ich wieder eine Weile, bevor es mir gelang, die Klinge mit den unbeholfenen Fingerspitzen unter die Weste zu schieben und ihr dort eine solche Lage zu geben, daß sie nicht bemerkt werden konnte.

Eben als ich damit fertig war, wendete man mich um, um mir die Hände wieder freizugeben, weil ich essen sollte. Es wurde überhaupt große Morgenspeisung gehalten, an die sich der Aufbruch anschloß. Die Tiere wurden zusammengeholt und weitergetrieben. Die roten Krieger, die dazu nicht gebraucht wurden, blieben noch eine Weile am Platz, da sie die langsam wandernde Herde bald einholen konnten. Nach vielleicht zwei Stunden trennten sie sich in zwei Abteilungen. Die kleinere blieb zurück, um die andern Gefangenen zu bewachen und sie, wie ich später hörte, erst nach Verlauf von zwei Tagen freizulassen. Das geschah, damit der Haciendero nicht Zeit gewinnen konnte, Hilfe zu holen und den Yumas die Beute wieder abzujagen.

Die größere Abteilung, die vom Häuptling angeführt wurde, folgte in langsamem Ritt den vorausgeschickten Tieren. Ich befand mich, auf ein Pferd gefesselt, bei ihr, von fünf neuen Wächtern umringt. Als wir uns in Bewegung setzten, hörte ich die Stimme des Mormonen hinter uns dreinrufen:

„*Farewell, sir!* Grüßt mir den Satan, wenn er Euch in einigen Tagen in der Hölle guten Morgen wünscht!"

Sein auf die Hacienda gerichteter Teufelsstreich war ihm geglückt, und er hegte die Überzeugung, für immer von mir befreit zu sein.

7. Fort zum Marterpfahl!

Unser Zug nahm die Richtung zum Wald der Lebenseiche. Das war hoffnungerweckend für mich, denn so bestand die Wahrscheinlichkeit, daß wir den zu Hilfe eilenden Mimbrenjos, mit denen ich doch an der Eiche zusammentreffen wollte, begegnen würden. Bei fernerm Nachdenken aber sah ich ein, daß ein Zusammenstoß zwischen Yumas und Mimbrenjos mir große Gefahr bringen würde. Ich mußte mir nämlich sagen, daß die Yumas, falls sie angegriffen werden sollten, mich lieber töten als befreien lassen würden.

Mochte die Begegnung nun Glück oder Unglück für mich bedeuten, sie wurde, wie ich bald sah, unmöglich, weil sich die Yumas am Waldrand rechts wandten, während der jüngere Mimbrenjoknabe und seine Schwester, meine Boten, links geritten waren. Sie hatten ihn westlich umritten, während wir zu seinem östlichen Ende trachteten, und da er von bedeutender Ausdehnung war, so schienen die beiden Wege so weit auseinander zu laufen, daß ein Zusammenprall zwischen Freund und Feind schwerlich erfolgen konnte.

Der Abend kam heran, und noch hatten wir das Ende des Waldes nicht erreicht. Wir mußten an seinem Rand Lager machen.

Ich wartete auf das Zeichen des jungen Mimbrenjo. Es ertönte erst, als wir gegessen hatten und ich schon wieder in die Decke gewickelt war. Fliehen konnte ich heut also nicht, doch war es mir eine große Beruhigung zu wissen, daß der Helfer in der Nähe war und meinen Anordnungen Folge leistete. Wie ich aus der Schallweite heraushörte, hatte er sich nah herangewagt. Das war möglich, weil wir uns am Wald befanden, der ihm sichere Deckung bot. Am Morgen ging es weiter. Dem Häuptling begann das langsame Reiten mit den Herden langweilig zu werden. Er beschloß deshalb, voranzueilen und am abendlichen Lagerplatz auf die Nachkommenden zu warten. Er nahm die Hälfte seiner Krieger und mich nebst meinen Wächtern mit. Das war ein bedeutender Strich durch meine Rechnung. Der Mimbrenjo konnte nur vorsichtig hinter den Herden drein, nicht aber hinter uns her. Er traf also erst hinter den Nachzüglern am Lagerplatz ein, und es war vorauszusehen, daß ich dann schon wieder mit der schrecklichen Decke umwickelt sein würde. Hilflos wie ein Kind, konnte ich somit an keine Flucht denken.

Wie geahnt, so geschehen! Am Vormittag war der Wald zu Ende. Wir ritten bis Mittag bald über grasiges, bald über ödes Land und machten dann für einige Stunden halt, um zu essen.

Am Nachmittag durchkreuzten wir ebensolches Gebiet und hielten dann auf einer weiten, grünen Fläche an. Es wurde gegessen, und nachher wickelte man mich ein. Es war wie gestern abend, nur daß sich der Mimbrenjo wegen der ebenen Gegend nicht so weit heranwagen konnte.

Erst als es dunkel geworden war, kamen die Herden an. Kurze Zeit später hörte ich den dreimaligen Ruf des Grasfrosches, und zwar aus einer Entfernung von höchstens dreihundert Schritt. So nah konnte der Knabe nur in der Nacht bleiben. Bevor es Tag wurde, mußte er zurück, damit er nicht gesehen wurde. Der arme Teufel opferte den Schlaf, ohne daß ich Vorteil davon hatte.

Ebenso ging es am folgenden und auch am vierten Tag. Kam ein mir günstiger Augenblick, so war der Mimbrenjo nicht zur Stelle, und sagte mir sein Zeichen, daß er in der Nähe sei, so war die Gelegenheit für mich vorüber. Der fünfte Tag aber sollte glücklicher für mich sein.

Der Weg führte schon vom Morgen an über felsige Höhen, durch enge Täler und finstere Schluchten. Da konnte man sich nicht trennen, weil hier die doppelte Zahl von Treibern erforderlich war. Ich hatte die bestimmte Ahnung, daß heut die Entscheidung kommen würde. Beim Mittagslager war ich noch nie eingewickelt worden, und die Beschaffenheit der Gegend erlaubte es meinem Helfer, sich so nah zu halten, wie ich nur wünschen konnte.

Kurz bevor die Sonne am höchsten stand, durchquerten wir eine rauhe, viel gewundene Schlucht, die sich plötzlich auf einen grünen Plan öffnete. Das Vieh war nicht zu halten. Es stürmte aus dem Engpaß auf die verlockende Wiese und hatte sich in wenigen Minuten so zerstreut, daß die Reiter ihre liebe Not hatten, es wieder zusammenzutreiben.

Der Große Mund hatte meinen Hütern den Befehl gegeben, mich vom Pferd loszubinden und auf die Erde zu legen. Sie setzten sich neben mir nieder. Da wir dann den Mittelpunkt des Lagers bildeten, lag ich so nah am Ausgang der Schlucht, daß ich ihn mit vierhundert Schritten erreichen konnte.

Aus den Befehlen, die der Häuptling erteilte, entnahm ich, daß er heut nicht weiter wollte. Die geraubten Herden waren von den Märschen der letzten vier Tage so abgemattet, daß man ihnen wenigstens bis morgen früh Ruhe gönnen mußte. Dem längeren Aufenthalt angemessen wurden die Zelte aufgeschlagen, was während der letzten Tage nicht geschehen war. Während dieser Arbeit kam der Häuptling herbei und setzte sich vor mir nieder. Eben als er Platz genommen hatte, ertönte der erste Schrei des Grasfrosches, ohne daß einer der Indianer darauf achtete.

Der Große Mund legte die Füße übereinander, kreuzte die Arme über der Brust, schaute eine Weile auf seine verwundete Rechte und heftete dann seinen stechenden Blick auf mein Gesicht. Ich sah ihm an, daß er jetzt sprechen wollte. Die fünf Wächter blickten zu Boden. Sie schauten weder auf ihn noch auf mich. Das war die ehrfurchtsvolle Erwartung des Augenblicks, wo sich ihr Häuptling wenigstens in Worten mit Old Shatterhand messen würde. Da ein trotziges Schweigen meinen Zustand nur verschlimmern konnte, so nahm ich mir vor, ihm Rede und Antwort zu stehen. Er begann mit der Frage:

„Du nennst dich Old Shatterhand?"

„Nicht ich nenne mich so, sondern berühmte weiße und rote Krieger haben mir diesen Namen gegeben."

„Sie taten unrecht daran. Deine Hand ist gebunden; sie vermag keinen Wurm zu zerschmettern und noch viel weniger einen Menschen. Sieh her, wie ich mich vor dir fürchte!"

Er spuckte mich an, als er diese Worte gesagt hatte. Ich blieb vollkommen ruhig.

„Wenn mein Name wirklich eine Lüge ist, so enthält der deine desto mehr Wahrheit. Du wirst der Große Mund genannt und hast auch wirklich ein so großes Maul, daß es seinesgleichen sucht, aber an deiner Stelle würde ich nicht stolz darauf sein. Es ist keine Heldentat, einen Gefangenen, der gefesselt ist, anzuspeien, weil er sich nicht wehren kann. Zeig mir doch lieber den wahren Mut: nimm mir die Fesseln ab und kämpfe mit mir! Dann wird es sich zeigen, wer den andern zerschmettert, du mich oder ich dich."

„Schweig!" donnerte er mich an. „Du gleichst dem Frosch, der da hinten schreit. Man verachtet sein Quaken."

Es war nämlich soeben der zweite Ruf des Grasfrosches erklungen. Die Worte des Häuptlings gaben mir Gelegenheit, offen zum Ausgang der Schlucht blicken zu dürfen, ohne befürchten zu müssen, das Mißtrauen meiner Wächter zu erwecken. Der Schrei klang so nah, daß ich annahm, mein kleiner Mimbrenjo müsse gleich hinter dem ersten vorspringenden Felsen der Schlucht stecken. Ich hob also noch mehr den Kopf, um ihn merken zu lassen, daß ich hinschaute, und da sah ich wirklich eine kleine, braune Knabenhand, die für einen Augenblick hinter der Kante des Gesteins hervorgestreckt wurde und dann schnell wieder verschwand.

Nun stand es bei mir fest, jetzt zu entfliehen. Binnen einer Viertelstunde mußte ich frei oder eine Leiche sein. In diesem Bewußtsein gab ich die Antwort, die sonst lächerlich gewesen wäre:

„Ich verachte dieses Quaken nicht, sondern freue mich darüber. Kennst du die Stimmen der Tiere?"

„Ich kenne sie alle."

„Ich meine es anders, nämlich so, ob du die Sprache der Tiere verstehst?"

„Kein Mensch versteht sie!"

„Ich verstehe sie doch. Soll ich dir sagen, was der Schrei des Frosches dir mitteilen will?"

„Sag's nur immer!" erwiderte der Yuma, indem er verächtlich lachte.

„Der Frosch teilt dir mit, daß du heut einen Verlust haben und infolgedessen auf dem Weg, den du hiehergekommen bist, wieder zurückreiten wirst."

„Der Große Geist hat dir die Sinne verwirrt!"

„Nein, sondern er hat mir die Sinne geöffnet und geschärft. Ich höre Schüsse fallen, ich höre den Hufschlag eurer Pferde und das Wutgeheul eurer Krieger. Ihr werdet mit zwei Menschen kämpfen, einem großen und einem kleinen, und sie nicht besiegen können. Schande wird über euch ergehen, und die, die ihr verhöhntet, werden euch verlachen."

Er öffnete schon den Mund zu einer wütenden Antwort, besann sich aber, nahm die Arme von der Brust, ließ sie fallen und musterte mein Gesicht mit einem bedenklichen Blick.

„Versteh ich dich recht? Old Shatterhand ist kein Narr, sondern ein listiger Fuchs. Seine Reden haben Sinn, auch wenn sie dunkel sind. Was meinst du mit deinen Worten? Von welcher Schande redest du?"

„Denk nach, so wirst du es finden! Und wenn nicht, so warte, dann wirst du's erleben!"

Der Häuptling dachte so angestrengt nach, daß er dabei die Augen verdrehte, dann rief er aus:

„Ich hab's gefunden! Ich weiß es! — Du glaubst, entwischen zu können, und meinst, daß wir dich verfolgen werden bis an das Tal jenseits der Hacienda, wo der junge Hund der Mimbrenjos wohl noch immer auf dich wartet. Du denkst ferner, daß wir mit dir und mit ihm dort kämpfen werden, ohne euch besiegen zu können. Du ersehnst die Freiheit und träumst mit offnen Augen von ihr. Dein Verstand hat gelitten und —"

Mitten in seiner Rede hielt er inne. Es war ihm ein Gedanke gekommen. Er trat zu mir heran und untersuchte meine Fesseln. Als er sie in Ordnung fand, setzte er sich an seinen Platz zurück und meinte, indem er ein überlegenes Lächeln zeigte:

„Jetzt weiß ich, was es ist: Old Shatterhand will mich in Zorn bringen, um dann über mich wie ein Kind lachen zu können, aber es wird ihm nicht gelingen. Er will uns unsicher machen, damit wir in unsrer Unsicherheit einen Fehler begehen. Ja, er tut nichts ohne Überlegung, aber bei uns wird er sich verrechnet haben."

„Uff, uff!" riefen die Wächter zum Zeichen, daß sie ihm beistimmten. Er fuhr, zu mir gewandt, fort:

„Old Shatterhand hat meinen Sohn, den Kleinen Mund, getötet und wird dafür sterben müssen. Aber er ist ein tapfrer Mann, und ich habe gehört, daß er stets ein Freund der roten Männer war. Darum will ich ihm eine Gnade gewähren und ihm erlauben, seine Todesart selbst zu wählen. Will er erschossen sein?"

Ich wußte, daß seine Worte Spott enthielten, und entgegnete:

„Nein, das paßt mir nicht. Ich möchte neunmal zehn Jahre alt werden, dann ruhig einschlafen und jenseits des Lebens wieder erwachen."

„Das ist das Ende der Feiglinge! Old Shatterhand aber ist eines andern Todes wert. Ein solcher Mann muß jede Art der Marter kennenlernen, ohne mit der Wimper zu zucken, und diesen Ruhm soll er bei uns finden. Zunächst werden wir ihm die Hände und Füße zerbrechen, weil er die Hände meines weißen Bruders Melton zerbrochen hat."

Der Yuma sah mich forschend an, um zu beobachten, was für einen Eindruck diese liebevolle Ankündigung auf mich machen würde.

„Das ist gut!" nickte ich lächelnd.

„Dann werden wir ihm die Muskeln der Arme und Beine durchstechen und ihm die Nägel von den Fingern und Zehen reißen." — „Darauf freue ich mich."

„Nachher skalpieren wir ihn bei lebendigem Leib."

„Sehr richtig, denn wenn ich tot wäre, würde ich's nicht fühlen."

„Dazwischen lassen wir die Wunden stets wieder heilen, damit er stark wird für die neuen Martern."

„Das ist mir lieb, weil ich sonst die neuen vielleicht nicht gut vertragen würde."

„Spotte nicht! Die Lust zum Spott wird dir bald vergehen, denn ich sage dir: wir schneiden dir die Augenlider weg, so daß du nicht mehr schlafen kannst. Wir stellen deine Füße ins Feuer, wir hängen dich an den Beinen auf, wir werfen dich mit Messern, wir —"

„Halt ein!" unterbrach ich ihn, indem ich laut auflachte. „Ihr werdet von alldem gar nichts machen. Und wenn ihr tausend Krieger zähltet, so wärt ihr doch zu wenig, Old Shatterhand ein Leid zuzufügen. Dazu gehören andre Leute. Du hast mich vorhin mit dem Frosch verglichen, den wir hörten. Ich könnte euch mit noch andern, viel widerwärtigeren Tieren vergleichen, will es aber nicht tun. Doch das muß ich euch sagen, daß ihr euch viel mehr vor mir fürchten müßt als ich mich vor euch."

In diesem Augenblick gab der Mimbrenjoknabe sein drittes Zeichen. Der Häuptling schrie wütend:

„Hörst du ihn da drüben wieder quaken? So quakst auch du. Du sollst bald sehen, wer sich zu fürchten hat. Ich werde von jetzt an strenger sein, um dir die Lust zu nehmen, deine Rettung für möglich zu halten. So wahr du die Stimme dieses Frosches hörtest, so wahr bist du verloren."

„Du irrst, denn so wahr ich sie höre, so wahr ist's, daß ihr mir nichts zu tun vermögt."

„Wohlan, ich will es dir beweisen. Von jetzt an sollst du stets, wenn du nicht zu Pferd bist, eingebunden werden. Dann sieh zu, wie du entkommen willst! Bindet seine Hände los und gebt ihm sein Fleisch, dann will ich ihn selber in die Decke rollen. Von jetzt an werde ich das stets selber tun, damit diesem Hund jeder Schein von Hoffnung vergeht."

Ich trieb, indem ich von meinem Entkommen sprach, ein gewagtes Spiel, hatte aber dabei die feste Zuversicht, daß ich es gewinnen würde.

Einer der Wächter holte mein Fleisch, und die übrigen nahmen mir die Riemen von den Händen. Der Augenblick der Entscheidung war nah. Trotzdem war ich völlig ruhig, und das muß man sein. Wer in einem solchen Augenblick wankt und zittert, kommt wohl schwerlich drüber hinweg.

Man hatte mir mein Stück Magerfleisch in dünne Streifen geschnitten, die ich mit den Zähnen leicht in Bissen trennen konnte, ohne ein Messer zu brauchen. Das tat ich auch so langsam und behaglich, als sei ich mit weiter nichts als mit dem Essen beschäftigt. Ich hatte mich dabei in sitzende Stellung aufgerichtet und hielt die Beine und Füße so, daß ich alle Schlingen der Riemen mit einem einzigenmal zerschneiden konnte. Das Leben hing jetzt von Sekunden ab.

Der Große Mund beobachtete mich mit finsterer Miene. Meine zur Schau getragene Behaglichkeit empörte ihn.

„Mach schneller!“ fuhr er mich an. „Ich habe keine Lust, lange auf dich zu warten.“

Um die nötige Zeit zum Vornüberbeugen des Oberkörpers und Hervorholen des Messers zu gewinnen, ließ ich, scheinbar erschrocken über diese plötzliche und scharfe Anrede, das Fleisch aus den Händen fallen und bückte mich nieder, um es aufzuheben, wozu ich mich der linken Hand bediente. Während ich mit vollster Sicherheit annehmen konnte, daß dabei die Augen aller auf das Fleisch und meine Linke gerichtet waren, fuhr ich mit der Rechten unter die Weste.

„Schneller?“ fragte ich. „Gut, so soll es sofort geschehen. Paß auf!“

Bei diesen Worten hatte ich auch schon die scharfe Messerklinge zwischen den Füßen an den Riemen, ein Schnitt — ich sprang empor, setzte dem Häuptling meinen rechten Fuß auf die Achsel, sprang über ihn hinweg und rannte in wilder Hast der Schlucht entgegen. Als meine Füße nach dem Sprung über des Häuptlings Kopf hinweg den Boden berührten, wäre ich beinah zusammengestaucht, aber ich mußte weiter, und so ging es auch. Während ich in großen Sätzen über das Gras flog, herrschte hinter mir zunächst die Stille der Überraschung. Man war starr, als das für unmöglich Gehaltene so plötzlich zur Wahrheit wurde. Dann aber — ich war vielleicht hundert Schritt weit gekommen — löste sich der Bann, und es erschallte ein Geheul, als erhöben tausend Teufel hinter mir ihre Stimmen. Ich blickte mich nicht um und rannte weiter. Alle meine Kräfte mußte ich gleich jetzt anstrengen, um das Pferd zu erreichen. In meinem Zustand hätte ich einen Dauerlauf nicht lang ausgehalten.

Da sah ich den Mimbrenjo hinter dem Felsen hervortreten. Er hatte sein Gewehr in der Rechten und hielt mir mit der Linken meinen Henrystutzen entgegen. Er blieb nicht stehen, sondern kam auf mich zugerannt. Noch ehe wir zusammentrafen, rief ich ihm zu:

„Sind die Pferde hinter der Ecke?“

„Nein, hinter der ersten Krümmung.“

„Wieviel Schritte?“

„Hundertmal fünf.“

O weh! Noch fünfhundert Schritte konnte ich mit meinen eingeschlafenen Füßen nicht laufen, ohne erreicht zu werden; also mußte die Schußwaffe mich retten. Ich riß im Laufen dem Knaben den Stutzen aus der Hand, betastete das Schloß, fand es in Ordnung und fühlte mich infolgedessen so sicher, daß ich stehen blieb und mich den Verfolgern zuwandte. Ich sah, daß sie sich nicht Zeit gelassen hatten, ihre Schußwaffen mitzunehmen. Sie kamen schreiend und in einem wirren Haufen hinter mir hergerannt, voran meine Wächter mit dem Häuptling.

„Zurück, ich schieße!" drohte ich.

Die Yumas beachteten meinen Ruf nicht und kamen heran bis auf hundert Schritt — zwei Schüsse von mir; neunzig Schritt — wieder zwei; achtzig, siebzig, sechzig Schritt: je zwei Schüsse, das waren zehn Kugeln, von denen jede in das Bein eines Verfolgers fuhr. Die Getroffenen stürzten nieder. Die andern wurden stutzig.

„Zurück!" rief ich abermal. „Ich schieße euch alle nieder!"

Noch zwei Kugeln, die saßen. Der wackre Mimbrenjo war bei mir stehen geblieben und schoß auch. Ich machte nur unschädlich. Seine Kugel aber brachte den Tod. Die Verfolger blieben halten und wagten sich nicht weiter. Viele rannten zurück, um ihre Flinten zu holen. Einer aber sprang blind vor Grimm auf mich los — der Große Mund. Er schrie vor Wut wie ein wildes Tier und schwang sein Messer, die einzige Waffe, die er augenblicklich besaß, in der unverletzten linken Hand. Es war ein Unsinn von ihm, mir in dieser Weise nachzustürmen, eine Unvorsichtigkeit, die nur durch seine Erregung erklärt werden konnte. Es war klar, daß sein Leben mir gehörte, aber ich wollte es nicht haben. Ich hatte ihn schon um den Gebrauch der rechten Hand gebracht, er sollte die linke behalten. Darum entschloß ich mich für einen Hieb auf den Kopf. Das Messer hoch zum Stoß erhoben, kam er heran. In dem Augenblick, wo seine Klinge gegen mich fuhr, sprang ich zur Seite und schwang den schnell umgekehrten Stutzen. Sein Stoß ging in die Luft, mein Kolbenhieb aber warf ihn nieder, daß er liegen blieb.

Seine Leute, die das sahen, schrien in allen Tonarten auf, denn sie nahmen an, daß ich den Häuptling nur niedergeschlagen hätte, um ihm dann das Leben zu nehmen. Jene von ihnen, die um ihre Gewehre gelaufen waren, kehrten schon zurück. Andre, die weiter dachten, rannten zu den Pferden. Unsres Bleibens war also nicht länger. Wir eilten der Schlucht zu und liefen drin weiter, um die Pferde zu erreichen. Der Knabe war schneller als ich und mir voran. Als ich dreihundert Schritte zurückgelegt hatte, verschwand er schon hinter der Schluchtkrümmung. Gleich darauf erschien er wieder auf seinem Pferd und mit dem meinen am Zügel. Er sprengte mir entgegen und hielt. Ich schwang mich auf, eben als die ersten mit Gewehren bewaffneten Yumas auftauchten. Sie schossen, fehlten aber in der Eile. Wir rissen unsre Pferde herum und jagten fort, in die Schlucht hinein, den Weg zurück, den wir am Vormittag gekommen waren.

Ich war also frei, mußte aber zunächst an andres denken. Timoteo Pruchillo war zugrunde gerichtet und sollte wenigstens seine Herden wieder erhalten. Das konnte nur dann geschehen, wenn die erwarteten Mimbrenjos Zeit fanden, sie den Yumas wieder abzunehmen. Leider wußte ich nicht, wo diese gegenwärtig ihre Weidegründe hatten. Da der Rasttag wohl in die Mitte der Zeit fiel, so war anzunehmen, daß die Yumas noch vier weitere Tage brauchten, um heimzukommen. Das war für uns und die Mimbrenjos zu kurz, sie zu erreichen. Aber gab es denn kein Mittel, die Yumas unterwegs aufzuhalten? O doch, und zwar ein einfaches, das in meine Hand gegeben war. Dieses Mittel bestand aus niemand anderm als aus — mir selbst. Ich mußte sie verlocken, mir soweit wie möglich zu folgen.

Es lag nahe, daß sie alles aufbieten würden, meiner wieder habhaft zu werden. Aber hatten hundert mich nicht zu halten vermocht, wieviel Leute waren da erst notwendig, mich wieder zu fassen? Mehr jedenfalls. Und diese gab es nicht; es waren im Gegenteil vierzehn weniger geworden. Die zwölf Verletzten mußten gepflegt werden. Woher wollte man da Leute nehmen, die Herden fortzuschaffen?

Wenn ich mir das alles überlegte, so kam ich zu dem Ergebnis, daß der Große Mund, sobald er aus seiner Betäubung erwacht war, folgende Bestimmungen getroffen hatte: Die Herden müssen einstweilen an Ort und Stelle bleiben, wo sie genug Gras zur Nahrung finden. Auch die Verwundeten bleiben da liegen und bei ihnen so viel Krieger, wie zur Bewachung der Tiere und Pflege der Verletzten nötig sind. Die andern aber müssen alle fort, um Old Shatterhand zu ergreifen und die Ehre des Stammes wieder herzustellen. So war es also wahrscheinlich, daß ich vierzig oder fünfzig Verfolger hinter mir hatte.

Ich hätte ihnen sofort entkommen können, wenn ich rechts oder links ausgebogen wäre, aber das wäre ein Fehler gewesen. Sobald sie meine Spuren verloren hätten, wären sie zu den Herden zurückgekehrt, um den Heimzug fortzusetzen, und die Tiere wären für den Haciendero verloren gewesen. Da ich sie ihm aber retten wollte, mußte ich die Verfolger an meine Fährte heften.

Um das zu erreichen, blieb ich auf dem Weg zur Hacienda. Auch durfte ich nicht zu sehr eilen, denn je näher sie mir kamen, desto mehr blieb ihr Eifer wach und desto weniger gerieten sie auf den Gedanken umzukehren. Fand ich dann die Mimbrenjos bei der Lebenseiche auf mich wartend, so konnte ich mit ihrer Hilfe die ganze Schar gefangen nehmen und wieder zurückeilen, um die geraubten Tiere zu holen und sie ihrem Eigentümer zuzuführen. Daß Pruchillo ohne seine Herden ein armer Teufel war, darüber konnte es keinen Zweifel geben. Seine Häuser waren eingeäschert, seine Gärten und Wälder verbrannt. Er besaß nur noch die Wiesen, die ihm ohne Weidevieh keinen Pfennig einbrachten. Ich hatte ja gehört, daß er jetzt lange nicht mehr so wohlhabend wie früher war.

Alle diese Gedanken teilte ich meinem jungen Begleiter mit, während wir flott unsres Wegs dahintrabten. Er nahm meine Darlegung wie ein Alter mit vollem Verständnis auf und fragte in seiner ernsten Weise:

„So denkt Old Shatterhand, daß wir fünfzig Yumas hinter uns haben?“

„Wenigstens vierzig bis fünfzig“, nickte ich.

„Soviel werden uns aber nicht gleich folgen können. Der Häuptling lag in Ohnmacht, und die Krieger mußten warten, bis er erwachte, um seine Befehle zu vernehmen.“

„Das ist richtig. Aber einige sind uns jedenfalls sofort gefolgt, um unsre Spuren festzuhalten, bis die andern kommen. Ich werde mit ihnen sprechen.“

„Sprechen?“ fragte der Knabe erstaunt. „Old Shatterhand will wirklich mit diesen Spürhunden reden, die ihn mit ihren Zähnen zerreißen wollen? In welche Gefahr wirst du dich da begeben!“

„Die Gefahr, in die du dich begabst, als du mich nach Zerstörung der Hacienda aufsuchtest, war viel größer.“

„Ich mußte meinen schweren Fehler wiedergutmachen.“

„Ist dir die Zeit, während du in den letzten Tagen auf mich wartetest, nicht lang geworden?“

„Keine Zeit ist lang, wenn man Geduld hat, und ein Jüngling, der ein Krieger werden will, muß sich außer in der Tapferkeit vor allen Dingen auch in der Geduld üben.“

„Aber du konntest nicht schlafen, denn am Tag mußtest du uns folgen, und des Nachts konntest du jeden Augenblick meine Flucht erwarten!“

„Ein Krieger muß danach trachten, den Schlaf beherrschen zu können. Übrigens konnte ich genug schlafen, denn ich legte mich zur Ruhe, wenn ihr aufgebrochen wart, und folgte euch erst nach einigen Stunden. Die Herden zogen so langsam, daß ich sie schnell einzuholen vermochte.“

„Du hast den Beweis erbracht, daß du einst ein tapfrer Krieger und ein vorsichtiger Berater in der Versammlung der Häuptlinge sein wirst. Du wünschst, einen Namen zu haben. Sobald ich mit den Deinen zum erstenmal am Feuer sitze, werde ich ihnen sagen, daß du wert bist, einen Namen zu tragen.“

„Uff, uff!“ rief er aus, indem seine Augen glänzten und er sich entzückt im Sattel aufrichtete.

„Ja, ich werde ihnen vorschlagen, dir einen zu geben."

„Wolltest du das? Mein Dank würde so groß sein, wie die Erde ist, und so lange währen, wie ich lebe!"

„Ich habe mir vorgenommen, diesen Antrag zu stellen."

„Dann werden sie mich fragen, welchen Namen mir der Große Manitu zeigte und welche Medizin ich gefunden habe. Und ich kann ihnen doch keine Antwort geben."

Wenn ein junger Indianer so herangewachsen und in allem, was er kennen und können muß, so weit ausgebildet ist, daß er nun ein Krieger werden will, so muß er zunächst einen Namen suchen. Er geht in die Einsamkeit, um zu fasten und über das, was einem Krieger und berühmten Mann zusteht, nachzudenken. Die Einsamkeit, das strenge Fasten und das Grübeln nach großen Taten regen ihn auf. Seine Nerven kommen in einen Zustand fieberhafter Tätigkeit, so daß er in Träume oder Wahnvorstellungen fällt. Der erste Gegenstand nun, von dem er träumt oder den ihm ein solches „Gesicht" zeigt, wird seine „Medizin", sein Heiligtum fürs ganze Leben. Er bewaffnet sich, zieht fort und kehrt nicht zurück, bevor er den Gegenstand gefunden, geraubt, erobert oder sonst irgendwie erlangt hat. Das Ding, mag es nun groß oder klein sein, mag es die seltsamste Form und Gestalt haben, wird in Felle genäht und sorgsam verwahrt. Er nimmt es auf seine Kriegszüge mit und hängt es an die Lanze, die vor seinem Zelt in der Erde steckt. Diese Medizin ist ihm das Kostbarste, das Heiligste, was er hat. Um ihren Besitz kämpft er mit Verzweiflung und mit Aufbietung aller seiner Kräfte. Darum ist es ein großer Ruhm, die Medizin eines Feindes erobert zu haben. Ebenso groß ist aber auch die Schande, seine Medizin verloren zu haben, gleichviel, ob im Kampf oder aus einem andern Anlaß. „Der Mann, der keine Medizin hat", das ist die tödlichste Beleidigung, dic einem Indianer gesagt werden kann. Solch ein Verachteter ruht gewiß nicht, bevor er die Medizin eines Feindes erobert hat. Sie wird dann die seinige, und seine verlorengegangene Ehre ist wieder hergestellt.

Meist nimmt ein junger Mann, sobald er den Gegenstand, von dem er träumt, also seine Medizin, gefunden hat, ihren Namen an, weshalb man oft auf die sonderbarsten Bezeichnungen stößt, z. B. die „tote Spinne", das „zerrissene Blatt", der „lange Faden". Die Betreffenden haben eben, als sie die Medizin suchten, zuerst von einer toten Spinne, einem zerrissenen Blatt, einem langen Faden geträumt und tragen nun diese Gegenstände als ihre Medizinen mit sich umher. Es kommt aber auch vor, daß sich ein junger Mann durch eine besondre Tat auszeichnet und einen Ehrennamen erhält, der daran erinnert. Ein solcher Name wird viel höher geachtet als der gewöhnliche Medizinname. Darum erwiderte ich auf die letzten Worte meines jungen Begleiters:

„Du brauchst nicht zu antworten, denn die Auskunft werde ich ihnen geben, wenn sie so fragen."

„Du?" fragte er, indem seine Wangen sich höher röteten.

„Ja, denn ich habe einen Namen für dich."

Er senkte den Kopf, um sein Entzücken zu beherrschen. Er hätte sicher zu gern nach diesem Namen gefragt, doch wäre das gegen alle Regeln gewesen. Ich beschloß, seine Wißbegier zu stillen.

„Kannst du dir nicht denken, welchen Namen ich meine?"

„Nein."

„So sag mir, welches die erste Tat war, durch die du dich ausgezeichnet hast!"

„Meine erste Tat", antwortete er seufzend, „war, daß ich Old Shatterhand in die Hände der Feinde trieb."

„Das hast du wettgemacht und gesühnt. Deine erste, wirkliche Tat war meine Befreiung. Was meinst du wohl, was deine Krieger dazu sagen werden?"

„Wer Old Shatterhand befreit, der ist berühmt und wird niemals einer Medizin bedürfen."

„Nun wohl, du hast zu meiner Befreiung mitgewirkt und dabei zwei Yumas erschossen. Ich werde also am Feuer der Beratung den Ältesten deines Stammes vorschlagen, dich Yuma-Shetar[1] zu nennen, und bin überzeugt, daß sie auf diesen Vorschlag eingehen."

„Gewiß werden sie das!" rief er aus. „Es ist ja ein Ruhm für den ganzen Stamm der Mimbrenjos. O Manitu! Ich wußte es wohl, daß ich bei Old Shatterhand viel eher einen Namen finden würde als an jedem andern Ort. Unsre Krieger werden mich beneiden, die Frauen werden von mir erzählen, und wenn ich vorübergehe, werden die Töchter heimlich durch die Ritzen der Zelte mir nachblicken. Vor allen Dingen aber wird mein Vater, der Starke Büffel, mich an sein Herz drücken, und mein kleiner Bruder wird voll Stolz auf mich schauen. Oh, hätte er ebenso wie ich bei dir bleiben können! Ich glaube, er hätte sich einen ähnlichen Namen wie ich erworben."

„Sehr wahrscheinlich. Dieses Versäumnis kann übrigens nachgeholt werden, denn ich bin überzeugt, deinen Bruder bald wiederzusehen. Wenn er dir ähnlich ist, so wird er nach seiner Ankunft nicht geruht und gerastet haben, bis er von deinem Vater die Erlaubnis erhalten hat, den Zug gegen die Yumas mitmachen zu dürfen."

[1] Yumatöter

„Das glaube ich auch. Mein Vater, der große Häuptling der Mimbrenjos, ist sehr streng. Er achtet wenig auf die Wünsche seiner Kinder, aber eine solche Bitte, die ihn erfreuen muß, wird er gewiß erfüllen. Wie herrlich, wenn die Namengebung meines kleinen Bruders zu gleicher Zeit mit der meinen gefeiert würde!"

Während dieser Unterredung hatten wir den Weg nicht nur durch die gewundene Schlucht, sondern auch durch mehrere Vortäler zurückgelegt und bei jeder Biegung hinter uns geblickt, ob die Verfolger zu sehen seien, hatten aber nichts von ihnen wahrgenommen. Dennoch war ich überzeugt, daß sie sich nicht weit von uns befanden, und nahm mir vor, nun bald, wenn sich die Gegend dazu eignete, die Probe zu machen.

Wir kamen an eine kleine Prärie, die einen vielleicht viertelstündigen Ritt breit war. Als wir sie durchkreuzt hatten, befanden wir uns in einem Busch, der ein gutes Versteck bot. Hier hielt ich mein Pferd an und stieg ab.

„Will Old Shatterhand hier schon Rast machen?" fragte der Rote.

„Nein, sondern nur kurze Zeit anhalten, um mit den Yumas zu reden."

Offenbar kam ihm meine Absicht absonderlich vor. Er sagte aber nichts. Ich schnallte das Paket mit dem neuen Anzug los, um ihn mit dem alten zu vertauschen. Dieser war von Anfang an nicht viel wert gewesen und hatte während meiner Gefangenschaft so sehr gelitten, daß ich nun erst recht wie ein Stromer aussah. Wie ganz anders war es, als ich in dem neuen steckte! Ich besaß nicht die geringste Spur von Eitelkeit, aber die südlichen Indianer sind nun einmal mehr für Äußerlichkeiten eingenommen als ihre nördlichen Brüder, wie sich auch der Mexikaner auffallender und glänzender kleidet als der unpoetische und nüchterne Yankee. Ein Sioux- oder Crowindianer versagt einem weißen Jäger seine Achtung nicht, auch wenn dieser in Lumpen erscheint. Ein Pima oder Yaqui aber kann sich weit schwerer darein finden, eine schlecht gekleidete Person für einen tüchtigen Mann zu halten. Und es kommt oft viel darauf an, welchen Eindruck man gleich im ersten Augenblick macht. Wäre ich nicht in meinem alten Anzug auf der Hacienda erschienen, so hätte mir Pruchillo wahrscheinlich eher geglaubt, und ich wäre nicht gezwungen gewesen, seinen dreisten Majordomo zu ohrfeigen und in den Bach zu werfen. Man sieht, daß selbst in jenen abgelegenen Gegenden Kleider Leute machen.

Als ich mich umgezogen hatte, sah ich ungefähr wie ein reicher mexikanischer Großgrundbesitzer aus, wie ein Caballero, der auf dem Weg ist, die Dame seines Herzens zu besuchen.

„Uff!“ rief der Mimbrenjo verwundert, als ich hinter dem Strauch, der die spanische Wand gebildet hatte, hervortrat. „Fast hätte ich dich nicht wiedererkannt.“ Er errötete vor Verlegenheit. „Aber so haben wir Knaben uns Old Shatterhand vorgestellt, wenn uns von ihm und von Winnetou erzählt wurde.“

Als dieses unbedachte Bekenntnis heraus war, ergriff ihn doppelte Verlegenheit. Ich half ihm darüber hinweg, indem ich ihm meinen Bärentöter gab.

„Mein junger roter Bruder mag hier zurückbleiben und das Gewehr halten, das ich nicht brauche. Sobald die Yumas erscheinen, werde ich ihnen entgegenreiten, um mit ihnen zu sprechen. Sollten ihrer so viele sein, daß sie es wagen, mich anzugreifen, so werden wir, um sie zurückzuhalten, dieses Buschwerk gegen sie verteidigen.“

Während ich so hinter den vordern Sträuchern stand, beobachtete ich den Weg, den wir soeben zurückgelegt hatten. Was ich vermutet hatte, geschah: Schon nach kurzer Zeit sah ich drüben drei Reiter erscheinen, die im Zotteltrab über die Prärie herüberkamen. Ich ritt ihnen entgegen und nahm die Haltung eines Mannes an, der unbesorgt seines Wegs reitet. Dabei hielt ich den Körper vorgebeugt und tat, als ob ich ermüdet sei und auf die vor mir liegende Fläche nicht achtete.

Als sie mich erblickten, stutzten sie. Da sie aber sonst niemand außer mir sahen, ritten sie weiter. Einen einzelnen Reiter brauchten sie nicht zu scheuen. Ich stellte mich so, als bemerkte ich sie nicht, hielt aber den Stutzen quer über den Sattel gelegt, um ihn mit einem Griff im Anschlag zu haben. Dabei war ich überzeugt, daß sie mich nicht sofort erkennen würden, denn sie hatten mich in dem neuen Anzug noch nicht gesehen, und außerdem hielt ich die Zipfel des bunten mexikanischen Halstuchs über Kinn und Bart geschlagen. Da mir überdies der breitrandige Sombrero bis auf die Augen niederging, war von meinem Gesicht eigentlich nur die Nase zu erkennen.

Nun waren die Späher mir so nah gekommen, daß ich die Schritte ihrer Pferde hören mußte. Ich richtete mich also auf, tat, als erblickte ich sie jetzt erst, und hielt mein Tier an, das sie auch nicht kannten. Sie brachten die ihrigen vielleicht zwölf Schritt vor mir zum Stehen. Es waren drei von meinen letzten fünf Wächtern. Der eine redete mich in dem gebräuchlichen Mischmasch an:

„Woher kommst du?“

„Von der Hacienda del Arroyo“, erklärte ich mit verstellter Stimme, was mir nicht schwer wurde, da das Tuch meinen Mund halb verdeckte.

„Und wohin willst du?“

„Zum Großen Mund, dem Häuptling der tapfern Yumas."
„Wie hast du die Hacienda gefunden?"
„Sie ist völlig vernichtet."
„Von wem?"
„Von den Yumas."
„Was willst du bei ihnen?"
„Mit ihnen über die Herden verhandeln, die sie fortgetrieben haben."
„In welchem Auftrag?"
„Ich bin der Bote des Haciendero, der bereit ist, die Tiere zurückzukaufen, und soll mir vom Häuptling den Preis bestimmen lassen."
„Dein Weg ist umsonst, denn er verkauft die Tiere nicht."
„Woher wißt ihr das?"
„Wir gehören zu seinen Kriegern."
„So müßt ihr freilich wissen, was er tun will. Aber ich möchte dennoch mit ihm sprechen, da ich nach meinem Auftrag zu handeln habe."
„Du scheinst nicht zu ahnen, wie gefährlich das ist. Die Krieger der Yumas haben das Kriegsbeil gegen die Weißen ergriffen."
„Ich weiß es, habe aber keine Sorge, da ich als Unterhändler unverletzlich bin. Wo haben die Krieger der Yumas, die auf der Hacienda waren, ihr Lager aufgeschlagen?"
„Das brauchst du nicht zu wissen, denn es ist nicht nötig, daß du so weit reitest. Wenn du langsam dieser Spur weiter folgst, wirst du in kurzer Zeit den Häuptling mit fünfzig seiner Krieger erscheinen sehen."
„Ich danke euch. Lebt wohl!"
Ich tat so, als ob ich weiter wollte, obgleich ich wußte, daß sie noch mehrere Fragen an mich richten würden. Grad auf diese Fragen kam es mir an, denn daraus konnte ich das schließen, was ich wissen wollte.
„Halt, warte noch!" erklang es befehlend. „Du hast nur vom Haciendero erzählt. Er war mit dem Bleichgesicht, das Melton heißt, auf dem Weg nach Ures?"
„Einen Weißen namens Melton habe ich nicht gesehen."
„Vielleicht einen, der Ralph Weller hieß, und dessen Sohn Sandy?"
„Auch nicht."
„So hast du wohl auch nicht einen Trupp unsrer Krieger beobachtet, bei dem diese Bleichgesichter zwei Tage lang gefangen gewesen sind?"
„Nein. Ich habe nur Don Timoteo gesprochen."
„Wo?"

„In den Ruinen seines Hauses. Ich kam zur Hacienda, um ihm Geld zu geben, das ich ihm schuldete. Er will damit das Vieh zurückkaufen und bat mich, den Yumas nachzureiten, um mit ihnen zu verhandeln.“

„Wer hat das Geld, du oder er?“

„Er.“

Sie hatten mich noch immer nicht erkannt und starrten einander betroffen an. Der bisherige Sprecher meinte nachdenklich, ohne dabei auf meine Gegenwart Rücksicht zu nehmen:

„Da muß etwas geschehen sein. Der Haciendero ist noch da, und die andern Bleichgesichter befinden sich nicht bei ihm. Auch unsre Krieger waren nicht zu sehen, obwohl sie hierher unterwegs sein müssen. Don Timoteo will das Vieh zurückkaufen; er hat Geld. Da kann alles anders werden. Und wo befinden sich die vielen fremden Bleichgesichter, die mit ihren Frauen und Kindern von unsern Brüdern erwartet werden und in die Berge gebracht werden sollen?“

Die andern schüttelten stumm die Köpfe. Er wandte sich wieder an mich:

„Bist du nicht vor kurzer Zeit zwei Reitern begegnet?“

„Ja. Es war ein Weißer mit einem jungen Indianer.“

„Wie war der Weiße gekleidet?“

„Wie ein Strolch.“

„Was für Waffen hatte er?“

„Ich sah zwei Gewehre.“

„Das stimmt. Der Hund von Mimbrenjo hat sie ihm nachgebracht.“

Das sagte er zu seinen beiden Gefährten. Dann fragte er mich weiter: „Ritten sie schnell?“

„Nein“, erwiderte ich, indem ich den Zügel schärfer anzog, um mein Pferd um einige Schritt zurückzunehmen. „Sie waren abgestiegen.“

„Wo?“

„Dort hinter mir im Gebüsch.“

„Uff! So müssen wir schnell zurück, denn das schwere Gewehr des Bleichgesichts reicht bis hierher, es ist ein Bärentöter. Und seine leichte Flinte schießt ohne Aufhören. Komm mit uns! Wir reiten eine Strecke zurück, wo du den Häuptling treffen wirst und mit ihm sprechen kannst.“

„Das hat Zeit. Wartet noch ein wenig! Ich möchte etwas von euch haben.“

„Was?“

„Eure Gewehre und eure Pferde.“

„Warum und wozu?“ fragte der Sprecher, indem er mich erstaunt anblickte.

„Darum!“ lachte ich, indem ich mit der Linken das Tuch aus dem Gesicht strich und mit der Rechten den Stutzen auf sie richtete. „Ihr habt selbst gesagt, wie oft ich mit diesem Gewehr zu schießen vermag. Wer von euch von der Stelle weicht, erhält eine Kugel! Und dort im Gebüsch steht der Mimbrenjo mit meinem Bärentöter, dessen Kugel bis hierher geht.“

Sie blieben vor Schreck halten und starrten mir mit weit geöffneten Augen in das unverhüllte Gesicht.

„Uff!“ stieß der eine Yuma hervor. „Das ist Old Shatterhand!“

„Old Shatterhand, Old Shatterhand!“ wiederholten die beiden andern.

„Ja, Old Shatterhand ist es“, nickte ich, das Gewehr mit der Mündung noch immer auf sie richtend. „Wendet nicht um, sonst schieße ich! Ihr wollt mich fangen und seid nun selbst gefangen. Ich will euch aber freilassen und euch die Erlaubnis geben, zu euerm Häuptling zurückzugehen. Laßt eure Gewehre fallen!“

Sie hatten ihre Flinten, wie Indianer bei jeder fremden Begegnung tun, in den Händen, doch nicht schußbereit. Nun wagten sie nicht, sie gegen mich zu erheben, gehorchten aber trotzdem nicht sogleich.

„Schnell, sonst schieße ich! Ich warte nicht!“ donnerte ich sie an. „Ein — zwei —“

Ich hatte noch nicht „drei“ gesagt, so ließen sie ihre Gewehre auf die Erde fallen.

„Steigt ab und tretet auf die Seite!“

Sie gehorchten.

„Jetzt lauft zurück! Wer von euch sich umsieht, bekommt die Kugel!“

Sie rannten in vollstem Lauf fort. Es war eigentlich zum Lachen, wie sie davonrasten. Als sie mich noch fest hatten, spotteten und höhnten sie über mich, jetzt aber liefen sie vor mir wie die Hasen.

Ich aber stieg ab, um ihre Gewehre aufzunehmen und mich ihrer Pferde zu versichern, die beim Verschwinden ihrer Herren unruhig geworden waren. Da sah ich auch schon den Mimbrenjo im vollen Galopp aus dem Busch geritten kommen, um mir zu helfen.

„Uff, uff!“ rief er mir schon von weitem zu. „Old Shatterhand ist ein Zauberer. Ihm gelingen alle, selbst die schwersten Medizinen!“ — „Das war nicht schwer“, lachte ich.

„Ohne Kampf drei Feinde zu entwaffnen und ihnen noch dazu die Pferde abzunehmen? Wer hätte das vorhin gedacht? Als du sagtest, daß du mit ihnen reden wolltest, war ich voll Sorge um dich!“

„Ich hatte einen Verbündeten, nämlich die Überraschung. Dadurch wurde die Angst verdoppelt, die sie vor meinen Gewehren haben. Doch wir müssen fort, denn ihre Brüder können jeden Augenblick erscheinen."

Wir befestigten die drei Gewehre an den Sattelknöpfen der erbeuteten Pferde. Der Mimbrenjo nahm ein Tier, ich zwei am Zügel. Dann ritten wir davon, erst langsam durch den Busch und, als wir ihn hinter uns, vor uns aber freies Gelände hatten, im Galopp. Diese Schnelligkeit hielten wir aber nur so lange ein, bis wir weit genug entfernt waren, um nicht gefährdet zu werden. Als wir die Büsche nur noch als dünnen Streifen hinter uns liegen sahen, blieben wir halten, denn es kam uns darauf an, die Verfolger hinter uns herzulocken, und so mußten wir uns zuweilen von ihnen erblicken lassen, um ihren Eifer wach zu halten.

Während wir jetzt ruhig nebeneinander auf den Pferden saßen, bemerkte ich, daß der Mimbrenjo verstohlene Blicke auf mich richtete. Ich erriet, daß er wissen wollte, was ich mit den drei Yumas gesprochen hatte. Ich erzählte es ihm. Als ich zu Ende war, schaute er sinnend vor sich nieder.

„Bei Old Shatterhand lernt man von Stunde zu Stunde immer mehr. Hat man die Vorteile erfahren, die ein Krieger sich zunutz machen muß, so hört man bald darauf wieder, wie man es anfangen soll, von jemand das zu erforschen, was er einem nicht sagen darf. Wir wissen nun fast alles."

„Oh, noch lange nicht. Die Hauptsache ist mir verborgen geblieben. Zunächst wissen wir, daß wir fünfzig Verfolger hinter uns haben, und zwar unter Anführung des Häuptlings selbst. Was wird daraus zu schließen sein?"

„Daß die Herden und die verwundeten Krieger bis zur Rückkehr dieser fünfzig da liegenbleiben, wo wir sie verlassen haben."

„Richtig! Ferner wissen wir, daß Melton und die beiden Weller frei sind, daß auch der Haciendero nicht mehr gefangen ist und daß sogar die weißen Einwanderer freigelassen wurden."

„Ist das nicht genug?" — „Nein."

„Aber es kam dir doch eigentlich wohl nur darauf an, sie zu retten! Nun sind sie frei."

„Sie sind frei, aber wo stecken sie? Sie sollen von den Brüdern der Yumas, also von andern Yumas, in die Berge geführt werden. Das kommt mir verdächtig vor. Welche Berge sind gemeint? Was sollen sie dort? Sie kamen doch aus ihrer Heimat in dieses Land, um auf der Hacienda del Arroyo zu arbeiten. Wozu schafft man sie da, noch dazu durch feindliche Indianer, in unbekannte Berge?"

„Das vermag ich nicht zu sagen“, meinte der Rote in drolliger Aufrichtigkeit.

„Tröste dich, ich weiß es auch nicht, werde aber nicht ruhen, bis ich es erfahren habe. Ferner: der Haciendero hat mit Melton nach Ures gewollt. Was treiben sie dort? Ich würde diese Reise unter andern Umständen für eine unverdächtige Sache halten, aber Melton hat die Indianer herbeigelockt und von ihnen die Hacienda überfallen, ausrauben und einäschern lassen. Nun reitet er mit dem zugrund gerichteten Besitzer nach Ures, während dessen deutsche Arbeiter von Indianern in die Berge geführt werden. Pruchillo gehört dahin, wo diese Leute sind. Weshalb trennt man sie?“

„Glaubst du, das erfahren zu können?“

„Ja. Ich werde, sobald wir die Herden gerettet haben, unbedingt nach Ures reiten. Und nun endlich, wo sind die Yumas, die da, wo Melton mich ermorden wollte, zur Bewachung der gefangenen Weißen zurückgelassen wurden? Sind die Gefangenen wirklich frei, so können die Wächter ihrem vorangezogenen Häuptling nachfolgen. Sie können schnell reiten, während wir wegen der Herden nur langsam vorwärts kamen. Sie müßten also schon hier sein.“

„Vielleicht begegnen wir ihnen heute noch.“

„Das ist möglich, und darum müssen wir uns vorsehen, damit wir ihnen nicht in die Hände laufen. Doch, schau hinter uns! Siehst du unsre Verfolger?“

„Ja, sie kommen. Sie bleiben vor den Büschen halten. Meinst du, daß sie uns wahrnehmen?“

„Ja. Sie müssen uns ebensogut bemerken, wie wir sie. Paß auf! Sie eilen uns im Galopp nach. Wir dürfen wieder weiter, denn nun, da sie uns erkennen, fällt es ihnen nicht ein umzukehren. Höchstens mußten sie die drei zurückschicken, denen wir die Pferde genommen haben und die infolgedessen nicht mit ihnen Schritt halten können.“

Wir jagten weiter über die schon halb durchquerte Ebene hin, dann durch mehrere Täler, über einige niedrige Berge und trafen dann wieder auf ebenes Land. Dort lag ein Wald, an dem wir auf dem Herweg gelagert hatten und den wir bis zum Abend erreichen wollten. Wir zwei legten jetzt andre Strecken zurück als vorher mit dem schneckengleichen Zug der Weidetiere, deren Spuren noch sehr gut zu sehen waren. Die Fährte war so deutlich, daß man sie fast eine vorgezeichnete Straße nennen konnte.

Die Zeit verging, die Sonne sank im Westen immer weiter nieder. Fast hatte sie den Himmelsrand erreicht, und wir konnten uns nicht mehr allzu weit vom Wald befinden. Da deutete der Jüngling mit ausgestrecktem Arm gradaus vorwärts.

„Sieh, dort kommen die Yumas, die bei den gefangenen Bleichgesichtern zurückgeblieben und von denen wir uns nicht erblicken lassen dürfen!"

Er hatte recht, vor uns erschienen in der Tat Reiter. Es war ein dichter Haufen. Man konnte der großen Entfernung wegen nicht erkennen, aus wieviel Menschen er bestand. Es war allerdings mit Wahrscheinlichkeit anzunehmen, daß wir die ihrem Häuptling nachfolgenden Yumas vor uns hatten. Darum bogen wir, um ihnen aus dem Weg zu gehen, in einem scharfen Winkel rechts hinüber und ließen unsre Pferde laufen, was sie konnten. Ich hoffte im stillen, daß die Nahenden uns noch nicht erspäht hätten.

Dem war aber nicht so, denn während wir der neuen Richtung folgten, drehte ich mich einigemal um und sah, daß sich ein einzelner Reiter, der zunächst nur als winziger Punkt erschien, von dem Trupp getrennt hatte und auf uns zukam. Ich hatte die Wirkung der tiefstehenden Sonne nicht mit in Berechnung gezogen. Ihr grelles Licht traf den Trupp hinten, auf der uns abgekehrten, uns aber vorn, auf der ihm zugewandten Seite. Darum hatte man uns wohl bemerken müssen. Doch beruhigte mich der Umstand, daß sich der Reiterhaufe in seiner Richtung nicht beirren ließ und nur einen Mann abgeschickt hatte, der uns unmöglich erreichen konnte.

Der Trupp ritt jetzt langsamer, wohl um die Rückkehr des einen zu erwarten, von West nach Ost. Wir bewegten uns von Süd nach Nord. Unsre Bahnen bildeten also einen rechten Winkel oder die zwei Winkelseiten eines regelmäßigen Vierecks, auf dessen Querlinie sich der einzelne Reiter hielt. Er hatte also den weitesten Weg zu machen, und doch war es erstaunlich, wie rasch er vorwärts kam. Ich hatte es für unmöglich gehalten, daß er uns bei unserm Galopp einholen könnte, doch seine Gestalt wurde uns so schnell deutlich, daß ich meinen Irrtum einsehen mußte. War er uns erst als kleiner Punkt erschienen, so wuchs er schnell zur Größe eines Kürbisses, dann begann sich sein Bild zu gliedern. Sein Pferd hatte die Größe eines kleinen Hündchens, eines Schäferhundes, einer Dogge. Es kam näher und näher, obgleich wir unsre Schnelligkeit nicht verminderten. Mein Begleiter rief mehrmals ein verwundertes „Uff", und ich war ebenso erstaunt über die unglaubliche Behendigkeit seines Rosses.

In andern Ländern und Zonen hatte ich viele edle Renner gefunden, hier in Nordamerika aber waren nur zwei Pferde bekannt, die eine solche Geschwindigkeit entwickeln konnten, nämlich die beiden Rappen, auf denen Winnetou und ich so oft über die Prärien gejagt waren.

Winnetou! Ich hielt unwillkürlich mein Tier an und beschattete meine Augen mit der Hand. Das Pferd war ein Rappe. Um den Leib des Reiters schimmerte es hell und rot. Ein dunkler Schleier wehte hinter ihm her und dann sah ich an dem Schaft seines Gewehres helle Funken blitzen. Das Herz jubelte mir. Der rote Schimmer kam von der Saltillodecke, die Winnetou stets als Schärpe trug. Der dunkle Schleier war sein langes, schwarzes Haar, und die Funken flogen von den blanken Nägeln, mit denen seine berühmte und gefürchtete Silberbüchse beschlagen war.

Ich war mexikanisch gekleidet. Er erkannte mich also noch nicht, aber er kannte die Stimmen meiner Gewehre, wie mir der scharfe Knall seiner Silberbüchse so vertraut war, daß wir uns zuweilen nur mit Hilfe unsrer Gewehre zusammengefunden hatten. Noch war er so weit entfernt, daß die Einzelheiten seiner hohen, schlanken Gestalt nicht zu unterscheiden waren. Da nahm ich den Bärentöter vor und schoß. Der Reiter riß sein Pferd mitten im vollen Jagen zurück, so daß es sich hoch aufbäumte und fast überschlug; dann trieb er es weiter, stellte sich in den Bügeln hoch und jauchzte:

„Scharlih, Scharlih!“

Er pflegte in dieser Weise meinen Vornamen Karl englisch auszusprechen.

„Winnetou, Winnetou, n'scho, n'scho — Winnetou, Winnetou, wie gut, wie gut!“ antwortete ich, während ich mein Tier ihm entgegenlenkte.

Er kam gleich einem Halbgott dahergebraust. Stolz und aufrecht saß er auf dem fliegenden Rappen, den beschlagenen Kolben der Silberbüchse aufs Knie gestemmt. Sein edles Gesicht mit den gebräunten, fast römischen Zügen strahlte vor Freude. Ich sprang aus dem Sattel. Er gab sich nicht die Mühe, sein Pferd im Lauf anzuhalten, sondern ließ die Büchse zur Erde gleiten und schnellte sich, während es an mir vorüberschoß, herab und mir in die ausgebreiteten Arme.

Ja, wir waren Freunde in des Wortes vollkommenster Bedeutung. Sein Leben gehörte mir und das meine ihm; damit ist alles gesagt. Nun stand er vor mir in der kleidsamen halbindianischen Tracht. Während unsrer Begrüßung hatte sein Rappe einen kurzen Bogen geschlagen und kehrte wie ein treuer Hund zu ihm zurück. Er hörte meine Stimme, wieherte freudig auf und rieb den feinen Kopf an meiner Schulter.

Winnetous Blick fiel dabei auf meine Mähre, und ein lustiges Zucken ging über sein sonst so ernstes Gesicht.

„Armer Scharlih!“ meinte er. „Wo magst du gewesen sein, daß es nichts andres für dich gab? Von heut an wirst du besser beritten sein.“

„Wie?“ fragte ich schnell. „Hast du denn Hatatitla mit?“

Hatatitla, der Blitz, hieß der Rappe, den ich geritten hatte, während Winnetou den seinigen Iltschi, den Wind, nannte.

„Ich pflegte ihn für dich“, nickte er, „und ich nahm ihn mit, weil ich dich erwartete.“

„Das ist herrlich! Auf diesen Pferden sind wir allen Feinden überlegen. Wie aber kommst du in die Sonora, da wir uns doch oben am Gila treffen wollten?“

„Ich mußte zu einigen Stämmen der Pimas, um ihre Streitigkeiten zu schlichten, und dachte dabei an meinen tapfern roten Bruder Nalgu Mokaschi, den Häuptling der Mimbrenjos, den ich so lang nicht gesehen hatte. Ich ritt, ihn aufzusuchen, und als ich an seinem Feuer saß, kehrte sein jüngerer Sohn mit der Squaw, doch ohne den ältern zurück. Er meldete, was geschehen war, und daß du die Hilfe der Mimbrenjos gegen ihre Feinde, die Yumas, fordertest. Wir riefen sogleich ein Hundert und ein halbes Hundert Krieger zusammen, nahmen Fleisch auf viele Tage mit und brachen auf, drei Stunden, nachdem wir deine Botschaft erhalten hatten. Ist Scharlih zufrieden?“

„Ich danke meinem Bruder Winnetou! Aber ist auch der Häuptling, mein Freund, mitgekommen?“

„Wie könnte er zurückbleiben, wenn Old Shatterhand ruft, der mit ihm die Pfeife der Freundschaft geraucht und eben jetzt seine drei Kinder vom Tod errettet hat? Auch der kleine Sohn ist mitgeritten, der nicht im Zelt bleiben wollte, weil sein älterer Bruder bei dir ist. Wir haben uns viel zu sagen, doch steig in den Sattel, damit du vorher den Starken Büffel und seine Krieger begrüßt!“

Mir wäre eine rasche Aussprache lieber gewesen, doch das war gegen indianische Sitte. Wir stiegen also auf. Die Mimbrenjos waren indessen schon an der Stelle vorüber, wo ich nach Norden umgebogen war. Winnetou gab einen Schuß aus seiner Silberbüchse ab, und der scharfe Knall drang bis zu ihnen. Sie sahen uns friedlich beisammen und hielten an. Wir ritten auf sie zu, hinter uns mein kleiner Mimbrenjo, der es nicht gewagt hatte, ein Wort zu sagen, aber mit bewunderndem Blick an der Gestalt des berühmten Apatschenhäuptlings hing.

Von weitem war die Zahl der Mimbrenjos nicht abzuschätzen gewesen, aber jetzt, da wir uns ihnen näherten, sah ich, daß es anderthalbhundert Reiter waren, alle mit Gewehren bewaffnet.

Vor ihnen hielt Nalgu Mokaschi, der Starke Büffel, mein treuer, wenn auch rauher Freund. Sie hatten sich die Gesichter mit gelben und dunkelroten Streifen, ihren Kriegsfarben, bemalt, ein Beweis, wie ernst sie es mit der erbetenen Hilfe zu nehmen beabsichtigen.

Der Häuptling, eine starkknochige Gestalt, wartete vor seinen Leuten auf einem kräftigen Falben. Er blickte uns gespannt entgegen, da er mich von weitem nicht erkannte. Als wir aber nah genug waren, bemerkte ich trotz der Farben, die sein Gesicht bedeckten, daß seine Züge den Ausdruck freudiger Überraschung annahmen.

„Uff, uff!“ rief er aus. „Da ist ja Old Shatterhand, der Freund unsrer Herzen, den wir so viele Monde nicht gesehen haben! Wir sind herbeigeeilt, ihm gegen die Hunde der Yumas beizustehen.“

Der Indianer ist gewohnt, seine Gefühlsregungen zu beherrschen. Die Freude der Mimbrenjos war aber so groß, daß sie in laute Jubelrufe ausbrachen. Der Starke Büffel warf sich aus dem Sattel, um mich zu begrüßen. Er erwartete von mir ein Gleiches. Nach indianischer Sitte hätten wir hier absteigen müssen, um an Ort und Stelle die Pfeife der Begrüßung zu rauchen. Ich aber blieb auf meinem Pferd sitzen und reichte ihm nur die Hand.

„Meine Seele ist froh, den Starken Büffel zu sehen und die Angesichter seiner tapfern Krieger schauen zu dürfen. Ich möchte ihnen gern vieles sagen und sie nach vielem fragen, aber wir müssen diese Stelle verlassen, da die Yumas sofort erscheinen werden. Meine Brüder mögen also zurückreiten.“

„Sind diese Hunde hinter dir? Wir werden sie hier erwarten, um ihnen das Leben zu nehmen.“

„Wenn wir hier halten blieben, würden sie sich, sobald sie uns erblickten, aus dem Staub machen. Darum mag der Häuptling der Mimbrenjos tun, was ich gesagt habe. Reiten wir schnell zu dem Wald, wo mein roter Bruder vor kurzem vorübergekommen ist, so können wir sie dort erwarten, ohne daß sie uns bemerken. Sie werden zwar die Spuren meiner roten Brüder finden, sie aber nicht deutlich lesen können, da wir die Fährte verwischen werden.“

Bevor er auf meine Worte eine Erwiderung geben konnte, erhielt ich von einer andern Seite eine Antwort. Es ertönte nämlich hinter den Reitern ein freudiges Wiehern. Dort hielt ein Indianer das Pferd, das Winnetou für mich mitgebracht hatte, am Leitzügel. Es hatte meine Stimme erkannt und strebte nun, sich loszureißen und zu mir zu kommen.

„Hatatitla!“ rief ich. „Laß den Rappen los!“

Der Rote folgte dieser Aufforderung. Das treue Tier kam herbeigesprungen, beschnoberte mich, und als ich ihm den schlanken Hals und die lange, glänzende Mähne streichelte, umsprang es mich einigemal wiehernd und schnaubend und blieb dann bei mir stehen.

„Uff, Uff!" riefen die Indianer, von dieser Treue gerührt. Ja, das war mein „Blitz", der mich aus so mancher Gefahr getragen und mir durch seine Klugheit und Schnelligkeit nicht nur einmal das Leben gerettet hatte. Er trug auch das indianische Sattelzeug, das ich immer in Gebrauch hatte. Ich schwang mich hinüber, und noch hatte ich keinen Fuß im Bügel, da ging das Tier mit allen Vieren in die Luft. Es rannte wie ein freudig aufgeregter Hund hin und her, schlug ganze und halbe Kreise und stieg bald vorn und bald hinten in die Höhe. Ich ließ ihm eine kurze Zeit den Willen. Sobald ich den Hengst aber zwischen die Schenkel nahm, gehorchte er augenblicklich und blieb vor Winnetou und dem Starken Büffel, der sein Pferd wieder bestiegen hatte, halten.

„Jetzt dürfen wir nicht verweilen", mahnte Winnetou, „da uns die Yumas nicht entdecken sollen. Welche Entfernung liegt zwischen Old Shatterhand und ihnen?"

„Wahrscheinlich eine so geringe, daß sie jeden Augenblick in unserm Gesichtsfeld erscheinen können."

Jeder andre hätte nun zunächst nach der Anzahl der Feinde gefragt. Das fiel dem stolzen Winnetou aber nicht ein. Er schlang seinen Lasso los, band seine Saltillodecke daran, um sie hinter sich herzuschleifen, und gab den Kriegern einen Wink, mit ihren Decken das gleiche zu tun. Durch das Nachschleifen der Decken werden nämlich die Spuren ausgewischt, allerdings nicht so, daß sie gänzlich verschwinden. Wer hinterher folgt, bemerkt wohl, daß sich vor ihm Leute befinden, die diese Vorsichtsmaßregel angewandt haben, aber er ist nicht mehr imstand, ihre Anzahl zu bestimmen. So auch hier bei uns. Die Yumas mußten unsre Fährte sehen, konnten aber unmöglich ermitteln, wieviel Reiter wir waren.

Es ging im leichten Galopp weiter. Ich ritt zwischen Winnetou und dem Starken Büffel. Der Häuptling hatte seinen Sohn mit keinem Blick begrüßt, obgleich er sich sagen mußte, daß der Knabe nichts Gewöhnliches erlebt hatte. So ist der Indianer. Der Mimbrenjo liebte sein Kind jedenfalls nicht weniger als ein Weißer das seine, aber es wäre ein Zeichen der Unmännlichkeit gewesen, wenn er durch eine Frage verraten hätte, daß er sich um den Sohn in Sorge befunden hatte.

Bald tauchte der mehrfach erwähnte Wald seitwärts vor uns auf. Wir hielten uns so, daß wir ihn zu unsrer rechten Hand bekamen. Es galt, uns den Blicken der Yumas zu entziehen und sie in einem Hinterhalt zu erwarten. Ein solches Versteck bot uns ein Vorsprung des Gehölzes, eine aus ihm heraustretende scharfe Ecke, die wir umritten, um hinter ihr anzuhalten.

Auch hier zeigte sich wieder der Einfluß, den Winnetou auf alle, mit denen er in Berührung kam, ausübte. Der Starke Büffel und viele seiner Leute überragten Winnetou an Gestalt. Es waren gefürchtete Krieger unter ihnen, und doch blickten alle, als wir anhielten, auf Winnetou, um zu warten, welche Bestimmungen er treffen würde. Er wurde, ohne daß ein Wort darüber gesprochen worden war, als Anführer der Roten betrachtet, obwohl er gar nicht zu den Mimbrenjos gehörte. Nalgu Mokaschi fiel es nicht ein, neidisch zu sein. Diesen Eindruck machte Winnetou überall, wohin er auch kam, selbst bei feindlichen Stämmen und sogar bei den Weißen, die doch sonst nicht geneigt sind, sich einem Roten unterzuordnen.

Und Winnetou nahm nichts Wichtiges vor, ohne sich vorher mit mir ins Einverständnis zu setzen. Freilich, wer das bemerken wollte, mußte scharf aufpassen. Gewöhnlich fiel da keine Frage zwischen uns. Ein Blick hinüber und herüber genügte meist zur Verständigung; wo nicht, sagte eine Handbewegung das Nötige. Wir hatten uns eben so ineinander eingelebt, daß der eine die Gedanken des andern schon im voraus fühlte. Wenn wir allein miteinander waren, vergingen oft Stunden, ohne daß ein Wort gesprochen wurde. Befanden sich aber andre bei uns, so unterhielten wir uns weniger schweigsam, da wir sprechen mußten, um von ihnen verstanden zu werden. Dann ließ sich Winnetou mitunter sogar zu ausführlichen Erklärungen herbei, die er aber selten in einer langen Rede, sondern in der Weise gab, daß er mit mir Frage und Antwort wechselte. Ein solches Gespräch enthielt dann für die Zuhörer gewöhnlich eine Belehrung, die sie mit achtungsvollem Schweigen von dem berühmten Apatschenhäuptling hinnahmen.

Als er jetzt die Augen aller, selbst des Häuptlings der Mimbrenjos, fragend auf sich gerichtet sah, wandte er sich an mich:

„Old Shatterhand hält diese Stelle für geeignet?"

Ich nickte und stieg vom Pferd.

„Werden zwei Wachen genügen?"

„Ein einziger Mann, solang es noch nicht dunkel ist."

„So mögen die Krieger der Mimbrenjos ihre Pferde absatteln und weiden lassen. Old Shatterhand und Winnetou aber werden die ihrigen nicht abzäumen."

Er stieg ab und warf seinem Tier die Zügel über, ganz so, wie ich es mit dem meinen getan hatte. Ich sah, daß seine Bestimmung allgemeines Erstaunen hervorrief. Die Mimbrenjos hatten geglaubt, wir würden hier hinter der Waldecke auf den Pferden halten bleiben, um die Yumas zu erwarten und dann plötzlich gegen sie hervorzubrechen. Selbst ihr Häuptling war dieser Ansicht gewesen, denn er fragte Winnetou:

„Warum will mein Bruder die Pferde freigeben? Wir müssen doch, wenn die Yumas erscheinen, schnell aufsitzen."

Um den Mund Winnetous zuckte der wohlbekannte Zug von Überlegenheit, als er freundlich antwortete:

„Meint mein Bruder, daß die Yumas kommen werden?"

„Ja, denn Old Shatterhand hat es gesagt."

„Kommen werden sie wohl, aber nicht bis hierher. Sie werden, sobald sie unsre Spuren sehen, umkehren, doch nur zum Schein. Sobald sie im Osten verschwunden sind, werden sie in einem Bogen wenden, um den Wald zu umreiten und uns von Westen her in den Rücken fallen. Wir haben sie also noch nicht zu erwarten und dürfen den Pferden die Freiheit gönnen."

„Ist auch Old Shatterhand dieser Meinung?" fragte mich der Starke Büffel.

„Ja", nickte ich. „Mein Bruder Winnetou hat meine Gedanken erraten."

„Aber wenn die Yumas dennoch näherrücken!"

„So wären sie verloren. Darum werden sie sich hüten, es zu tun."

Als er mich ungläubig anblickte, fuhr ich fort:

„Meinst du, daß die Yumas die Stelle, wo ich euch traf, nicht bemerken werden?"

„Sie sind nicht blind und werden sie also sehen. Aber sie werden nicht wissen, wer und wieviel wir sind."

„Du irrst. Die Yumas erkennen aus meiner Spur, daß ich freiwillig zu euch gestoßen bin, daß ihr also Freunde von mir sein müßt. Auch wissen sie, daß dein Sohn bei mir ist, und werden daher wohl erraten, wer ihr seid."

„Aber unsre Zahl?"

„Die können sie zwar nicht genau berechnen, wohl aber ahnen, falls sie ihre Gedanken zusammennehmen. Als ich zu euch stieß, haben deine Krieger auf ihren Pferden nebeneinander gehalten und eine ziemlich breite Fläche mit Hufspuren bedeckt." — „Die haben wir ausgelöscht!"

„Aber die Spur des Auslöschens ist noch da, und je größern Raum sie einnimmt, desto mehr Reiter müssen wir sein. Würden die Yumas sich das nicht sagen, so wären sie wert, die Tracht alter Weiber zu tragen, und ich bin überzeugt, daß du es noch leichter als sie begreifen wirst."

Der Häuptling der Mimbrenjos fühlte sich ein wenig beschämt und entgegnete schnell:

„Ich habe es längst gewußt und sprach nur, damit meine Krieger es hören sollten. Weshalb aber sagt Winnetou, daß dein Pferd und das seine gesattelt bleiben sollen?“

„Er ist der Ansicht, daß die Yumas versuchen werden, uns zu täuschen, indem sie scheinbar umkehren und uns dann heimlich umreiten. Er will sie beobachten, um sich zu überzeugen, ob seine Vermutung richtig ist, und ich soll ihn dabei begleiten. Daher müssen unsre Tiere, die die schnellsten sind, gesattelt bleiben.“

„Uff! Meine beiden Brüder haben recht. Es mag geschehen, wie sie gesagt haben.“

Winnetou hatte sich während dieser Unterredung niedergelassen, der Starke Büffel und ich nahmen jetzt bei ihm Platz. Die Indianer gaben ihre Pferde frei und lagerten sich in einem Kreis um uns, hatten dabei jedoch acht, daß sich die Tiere nicht etwa über die Waldspitze hinaus entfernten, weil sie da von den Yumas entdeckt worden wären. Ein Krieger begab sich zu der erwähnten Spitze, um dort, unterm Gebüsch verborgen, nach den erwarteten Feinden auszuschauen.

Wären Winnetou und ich nicht bei den Mimbrenjos gewesen, so hätten sie sich wohl alle auf die Lauer gelegt. Sie wollten sich zwar nichts merken lassen, doch sah ich es ihnen an, daß sie innerlich nicht so ruhig waren, wie es den Anschein hatte. Winnetou hingegen schien gar nicht mehr an die Yumas zu denken. Sie konnten in der nächsten Minute erscheinen, und er wollte sie beobachten, dennoch zog er seine Friedenspfeife hervor, was auf eine Begrüßungsfeierlichkeit deutete, die stets viel Zeit in Anspruch nimmt. Ich wunderte mich darum nicht, daß die Mimbrenjos ihn erstaunt anblickten. Er aber nahm, ohne das zu beachten, den schön gestickten Tabaksbeutel vom Gürtel, stopfte das mit Kolibrifedern geschmückte Kalumet und sagte zu mir:

„Weil wir so schnell verschwinden mußten, konnten wir meinen weißen Bruder nicht sofort begrüßen. Nun aber haben wir Zeit, und er mag mit uns die Pfeife rauchen, die der Freundschaft und dem Frieden gewidmet ist.“

Als er beschäftigt war, den Tabak anzubrennen, kam der Wachtposten herbeigerannt und meldete:

„Die Yumas nahen so schnell, daß sie sogleich hier sein werden!“

Die Krieger rings um uns sprangen auf, ihr Häuptling machte auch schon Miene aufzustehen, da strafte der Apatsche den Meldenden in ernstem Ton:

„Was fällt dem Mimbrenjo ein, Winnetou zu stören, der im Begriff steht, die Pfeife des Friedens anzubrennen! Was ist wichtiger, der heilige Rauch des Kalumets oder das Erscheinen einiger Yumahunde, die aus Angst sogleich wieder umkehren werden?"

Der Mann senkte den Kopf.

„Der Mimbrenjo mag an seinen Platz zurückkehren und die Feinde beobachten, um mir später, wenn wir Old Shatterhand begrüßt haben, zu melden, daß sie verschwunden sind."

Der Rote schlich davon. Seine Gefährten konnten nichts andres tun, als sich wieder setzen, obgleich es für sie keine kleine Aufgabe war, ihre Aufregung zu bemeistern. Ihr Häuptling war wohl im stillen froh, daß er wenigstens nicht ganz aufgesprungen war und sich in unsern Augen nicht so sehr wie sie bloßgestellt hatte.

Das Rauchen der Friedenspfeife ist so oft beschrieben worden, daß ich wohl unterlassen kann, es hier zu wiederholen. Ich will aber erwähnen, daß es lang dauerte, ehe das wiederholt gefüllte und in Brand gesetzte Kalumet von Mund zu Mund gegangen war. Winnetou, der Starke Büffel und ich waren jeder zu einer Rede gezwungen, die stehend gehalten wurde. Wir taten sechs Züge aus der Pfeife und bliesen den Rauch gegen den Himmel, die Erde und die vier Hauptwindrichtungen. Die anderen Indianer brauchten nur zwei Züge zu tun und den Rauch ihren beiden Nachbarn ins Gesicht zu blasen.

Zwei durften sich nicht mit beteiligen, nämlich die beiden Knaben des Häuptlings. Sie gehörten nicht zu den Kriegern, hatten noch keine Namen und standen außerhalb des Kreises. Die Aufnahme in den Stand der Krieger ist, wie schon früher erwähnt, an strenge Bedingungen geknüpft, von deren Erfüllung nur in seltenen Fällen abgesehen wird. Ebenso umständlich geht es her, wenn ein neuer Krieger zum erstenmal die Friedenspfeife rauchen soll. Eigentlich muß er sich den roten Ton dazu selber aus den heiligen Steinbrüchen holen. Die südlich wohnenden Stämme können diese Bedingungen freilich nicht erfüllen, machen dafür jedoch andre Anforderungen, deren Ausführung kaum weniger schwierig ist.

Der Mann, der das Wagnis unternimmt, diese Voraussetzungen zu umgehen, muß einen großen Namen haben und seiner Sache sehr sicher sein. Er begibt sich in Gefahr, sein Leben zu verlieren oder wenigstens für immer verfemt zu werden. Dennoch war ich zu dem Wagnis entschlossen und glaubte mich des Erfolgs sicher.

Es galt nämlich dem älteren Sohn des Häuptlings, der sich so brav benommen hatte. Er war der Überzeugung gewesen, daß er bei mir schneller als sonst zu einem Namen kommen würde, und er sollte sich nicht getäuscht haben.

Als Winnetou die Friedenspfeife vom letzten Mimbrenjokrieger zurückerhielt und den Beutel wieder an den Gürtel hängen wollte, nahm ich ihm beides aus der Hand.

„Mein roter Bruder wolle mir sein Kalumet erlauben. Es hat einer den Rauch der Pfeife nicht genossen, der doch würdig ist, sie als einer der ersten in die Hand zu bekommen."

Meine Worte erregten zwar Verwunderung, doch glaubte man, ich meinte den Wachtposten, der sich an der Waldspitze befand und also nicht mitgeraucht hatte. Daß ich nicht nur an ihn dachte, sondern ihn sogar einen der würdigsten nannte, mußte ihnen allerdings sonderbar vorkommen. Ich stopfte die Pfeife, stand auf, schritt aus dem Kreis heraus, ergriff die Hand des Jünglings, führte ihn an meinen Platz und sagte dann, mich rundum wendend:

„Hier steht Old Shatterhand. Meine roten Brüder mögen hören und sehen, was er spricht und tut. Wer dann nicht mit ihm einverstanden ist, mag mit ihm kämpfen auf Leben und Tod!"

Es trat eine erwartungsvolle Stille ein. Aller Augen hingen wie gebannt an mir und an dem Häuptlingssohn. Dessen Hand zitterte in der meinen. Er ahnte, welch wichtiger Augenblick für ihn gekommen war.

„Mein junger Bruder mag mutig tun, was ich ihm sagen werde!"

Diese Worte raunte ich ihm zu, und er antwortete ebenso leise:

„Ich werde befolgen, was Old Shatterhand mir gebietet."

Jetzt setzte ich die Pfeife in Brand, tat den ersten Zug und blies den Rauch gen Himmel.

„Diese Wolke des heiligen Rauchs geht zu Manitu, dem Großen Geist, der alle Gedanken kennt und die Taten des ältesten Kriegers und des jüngsten Knaben verzeichnet. Hier sitzt Nalgu Mokaschi, der berühmte Häuptling der Mimbrenjokrieger. Er ist mein Freund und Bruder, und mein Leben ist sein Eigentum. Und hier neben mir steht sein Sohn, an Jahren ein Knabe, an Taten aber ein erprobter Krieger. Ich fordere ihn auf, meinem Beispiel zu folgen und dem Großen Geist den heiligen Rauch des Kalumets zu weihen."

Bei den letzten Worten gab ich dem Jüngling die Pfeife in die Hand. Er führte sie sofort zum Mund, tat einen langen Zug und blies den Rauch gegen den Himmel. Das war von mir ein Wagnis und von ihm eine Kühnheit, für die freilich nicht er, sondern ich verantwortlich gemacht werden mußte. Die Folge zeigte sich sofort. Der Vorgang war unerhört. Ein Knabe ohne Namen raucht die Friedenspfeife! Die Indianer standen auf und erhoben laute Rufe. Auch der Häuptling sprang auf und starrte mich an. Nur Winnetou blieb ruhig sitzen. In seinem ehernen Gesicht war weder eine Spur von Zustimmung noch von Mißbilligung zu lesen. Ich winkte mit der Hand Schweigen, ergriff die Pfeife wieder, tat die fünf weiteren Züge und gab sie dem Knaben zurück. Da aber erhob sich lautes Gebrüll. Ausrufe des Zorns schwirrten durcheinander. Man hielt das, was ich tat, für ein Verbrechen an den heiligen Gewohnheiten des Volkes. Alle Augen blitzten mir zornig entgegen. Man ballte die Fäuste, man zog die Messer, und von den Ausrufen, die ich hörte, wiederholte sich besonders der eine: „Ein Knabe, der keinen Namen hat!"

Auch der Starke Büffel war, obgleich es sich um seinen eignen Sohn handelte, keineswegs einverstanden mit mir. Er nahm den Knaben bei der Schulter und schob ihn von mir weg.

„Was wagt Old Shatterhand! Wäre er ein andrer, so würde ich ihn auf der Stelle niederschlagen. Einem Knaben das Kalumet geben, darauf steht der Tod. Der Stamm wird dich richten, obgleich du mein Freund und Bruder bist. Ich habe nicht die Macht, dich zu verteidigen."

Als der Häuptling zu sprechen begann, waren seine Leute ruhig geworden. Jetzt ging ein beifälliges Murmeln durch ihre Reihen. Der Knabe stand neben seinem Vater und blickte voll Vertrauen zu mir auf. Eben wollte ich antworten, da erhob sich Winnetou, winkte mit der Hand, ließ sein Auge mit einem festen Blick von Gesicht zu Gesicht schweifen und sagte mit seiner klangreichen Stimme:

„Der Starke Büffel hat nicht die Macht, Old Shatterhand zu verteidigen? Wer hat davon gesprochen, daß er seines Schutzes bedarf? Wäre eine Verteidigung nötig, so würde Winnetou für seinen weißen Bruder kämpfen. Aber wer wagt es zu sagen, daß Old Shatterhand sich nicht selber zu helfen vermag? Was er getan hat, wird er verantworten. Nur einer, der keinen Namen hat, ist von der Pfeife des Friedens ausgeschlossen. Hat dieser Knabe wirklich keinen Namen? Fragt Old Shatterhand! Er wird es besser wissen als die Mimbrenjokrieger."

Sein Scharfsinn führte ihn auf das Richtige: es wäre mir nicht eingefallen, dem Jüngling die Friedenspfeife zu reichen, wenn ich nicht einen Namen für ihn bereit gehabt hätte.

„Der Häuptling der Apatschen hat recht!" rief ich laut. „Wessen Pfeife haben wir geraucht? Die seine! Wer also hat das Recht, mir Vorwürfe zu machen? Nur er allein! Tut er das? Nein, denn er kennt mich und weiß, daß Old Shatterhand nicht ohne Überlegung handelt. Ist der, den ihr einen Knaben nennt, etwa von einem fremden Stamm? Nein! Also müßtet ihr stolz darauf sein, daß Old Shatterhand das Kalumet mit dem Sohn eures Häuptlings teilt. Statt dessen geratet ihr in Zorn."

„Er hat keinen Namen!" rief man mir zu.

„Wer behauptet das?"

„Wir alle und ich auch!" antwortete mir der Starke Büffel. „Ich bin der Vater dieses Knaben und muß es wissen."

„Ich weiß es aber besser, obwohl ich nicht sein Vater bin. Wie lange war er fort von euch? Was ist inzwischen geschehen? Weißt du das? Du schweigst. So sag mir, ob Old Shatterhand das Recht hat, jemand einen Namen zu geben!"

„Old Shatterhand hat es."

„Würdest du dich etwa wegen eines Namens, den ich verleihe, beleidigt fühlen?"

„Nein. Jeder Krieger der Mimbrenjos würde mit Stolz seinen Namen hergeben, um dafür einen von Old Shatterhand zu empfangen."

Da nahm ich den Knaben wieder bei der Hand und rief mit lauter Stimme:

„Ihr habt die Worte eures Häuptlings vernommen. Hört nun auch, was ich euch jetzt sage! Hier steht Old Shatterhand und neben ihm sein junger Freund und Bruder Yuma-Shetar. Er wagte sein Leben für mich, ich gebe das meine für ihn. Seht her! Es sind erbeutete Waffen, die er trägt. Yuma-Shetar wird ein großer Krieger seines Stammes sein."

Yuma-Shetar heißt, wie erwähnt, zu deutsch „Yumatöter". Die Augen meines jungen Freundes leuchteten auf. Winnetou trat zu ihm und legte ihm die Hand auf die Schulter.

„Yuma-Shetar, das ist ein stolzer Name. Old Shatterhand hat ihn dir gegeben, also mußt du ihn verdient haben. Winnetou ist dein Freund und wird mit dir das Kalumet rauchen. Gib es her!"

Er nahm dem Jüngling die Pfeife ab, zündete sie an und wechselte sie mit ihm in gleicher Weise, wie ich es getan hatte. Der Häuptling stand schweigend dabei. Ich sah seine Lippen in großer Bewegung zittern. Die Mimbrenjos machten jetzt andre Gesichter. Winnetou hatte Yuma-Shetar bei der einen Hand ergriffen. Ich nahm ihn bei der andern und sagte:

„Die Krieger der Mibrenjos sehen hier drei Brüder, die treu zueinander halten, Winnetou, Yuma-Shetar und Old Shatterhand. Der Yumatöter ging mit mir in Todesgefahr, er folgte mir, um mich zu retten, als ich am Marterpfahl sterben sollte. Er stand zur Stunde der Befreiung an meiner Seite und tötete zwei meiner Gegner, als sie mich wieder ergreifen wollten. Er geleitete mich bis an die Stelle, wo ich mich jetzt befinde. Ich habe ihn gesehen mutig im Kampf und besonnen im Verfolgen der Feinde. Mancher alte Krieger hätte das nicht vermocht. Darum bin ich er, und er ist ich, und Winnetou, der Häuptling der Apatschen, hält treu zu ihm und mir."

Da konnte sich der alte Häuptling nicht mehr halten. Er stieß einen Ruf des Entzückens aus, riß sein Messer aus dem Gürtel und schrie:

„Yuma-Shetar heißt der tapfre Krieger, dessen Vater ich bin. Hört ihr es? Yuma-Shetar! Old Shatterhand, das große Bleichgesicht, hat ihm diesen Namen gegeben, und Winnetou, der berühmteste Apatsche, hat sich seinen Freund und Bruder genannt. Wer ist unter euch, der etwas gegen diesen Namen hat? Wer will noch darüber zürnen, daß Old Shatterhand die Pfeife des Friedens mit Yuma-Shetar trank? Er komme her zu mir und ziehe sein Messer! Ich werde ihm die Seele aus dem Leib schneiden."

Einen Augenblick lang herrschte tiefes Schweigen. Dann rief einer „Yuma-Shetar!", und „Yuma-Shetar, Yuma-Shetar!" brüllten alle nach, ohne an die Yumas zu denken, die sich in der Nähe befanden. Sie kamen herbei, um dem neuen und jüngsten Krieger die Hände zu schütteln. Ihre frühere Mißbilligung hatte sich ins Gegenteil gekehrt. Der alte Häuptling nahm meine beiden Hände und wollte eine Danksagung beginnen, wurde aber von Winnetou abgelenkt:

„Mein Bruder mag später sagen, was sein Herz empfindet, jetzt ist nicht mehr Zeit dazu. Der Tag hat sich geneigt, und es will finster werden. Dort steht der Späher, der mit uns reden will. Es wird Zeit, an die Beobachtung der Feinde zu denken."

Der Posten stand vor dem Gebüsch. Daraus war zu schließen, daß es nichts mehr zu beobachten gab, doch wagte er wegen des scharfen Verweises, den er vorhin erhalten hatte, nicht, eigenmächtig heranzutreten. Erst als Winnetou ihm einen zustimmenden Wink gab, näherte er sich und meldete:

„Die Yumas kamen, sind aber wieder in der Richtung zurückgeritten, aus der sie erschienen waren."

„Wie weit wagten sie sich heran?"

„Es ritten zwei als Kundschafter voran und blieben an der Stelle, wo wir Old Shatterhand trafen, halten. Sie warteten dort auf die andern Yumas, die lange Zeit die Stelle untersuchten. Die Feinde ritten nur noch eine kleine Strecke weiter, um unsre Fährte zu betrachten, dann kehrten sie langsam wieder um."

Winnetou nickte ihm zu und wandte sich dann an den Häuptling: „Der Starke Büffel hört, daß ich recht gehabt habe. Die Yumas sind umgekehrt, doch nur, um uns irrezuführen. Die Krieger der Mimbrenjos mögen hierbleiben, bis ich mit Old Shatterhand wieder zurück bin."

Wir beide stiegen auf und ritten fort, eben als es so dunkel geworden war, daß man die Huftapfen der Pferde nur schwer zu erkennen vermochte, also in die dunkle Nacht hinein, um einen Feind zu beobachten, von dem wir nur vermuteten, daß er sich nicht mehr in der Richtung befand, in der er sich entfernt hatte.

Wie oft hatte ich mit Winnetou solche Ritte scheinbar ins Blaue unternommen, und stets waren wir durch das bewundernswerte Ahnungsvermögen des Apatschen ans Ziel geführt worden! Ich freute mich darauf, seinen verblüffenden Scharfsinn heut wieder bewundern zu können.

Die Yumas waren nach Osten zurückgeritten. Es fiel uns aber nicht ein, ihnen in dieser Richtung zu folgen, denn ich war ebenso überzeugt wie Winnetou, daß sie bald wieder umgekehrt seien. Man denke sich einen Wald von ungefähr zwei Reitstunden Länge und etwa einer halben Stunde Breite. Er zog sich von Ost nach West. An seiner Südseite, nah am östlichen Ende, lag die Buschecke, hinter der wir die Mimbrenjos zurückgelassen hatten. Es stand also zu erwarten, daß die Yumas aus der östlichen in die westliche Richtung einlenken, den Wald an seiner langen nördlichen Seite umreiten, nach Süden umbiegen und dann an der südlichen Seite entlang gehen würden, um uns von Westen her in den Rücken zu fallen. Wir wollten auf sie treffen, ihnen folgen und sie beobachten. Deswegen bogen wir am südöstlichen Ende des Waldes nach Norden um und ritten bis ans nordöstliche Ende. Dort blieben wir halten.

Wir hatten bis jetzt nicht gesprochen. Jetzt fragte ich kurz:

„Du weiter oder ich?“

„Wie Scharlih will“, antwortete der Apatsche.

„So mag Winnetou weiterreiten. Er hat ein schärferes Ohr als ich.“ — „Das Gehör des ‚Blitzes‘ wird das Ohr meines Freundes unterstützen. Welches Zeichen geben wir uns?“

„Den gewohnten Adlerschrei nicht, denn in dieser Gegend horsten keine Adler.“

„Scharlih mag den Puma nachahmen, dem man des Nachts hier leicht begegnen kann.“

Nach diesen Worten ritt er davon, so leise, daß man den Tritt seines Iltschi kaum hörte. Wir trennten uns, weil wir nicht wußten, ob sich die Yumas nah an den Wald halten würden; daher mußte sich einer von uns weiter als der andre von ihm entfernen. Der Waldrand bildete zahlreiche Windungen, denen die Yumas sicher nicht folgen würden. Wir mußten die von ihnen eingeschlagene Linie vermuten, wozu Gefühl und Erfahrung gehörten. Standen wir zu nah oder zu weit ab, so gingen sie vorüber, ohne von uns bemerkt zu werden.

Ich ritt langsam noch ein Stück vom Wald fort und stieg dann ab, um mich lang auszustrecken. Mein Rappe begann sich Gras abzuraufen.

„Hatatitla, iteschkosch — Blitz, leg dich!" befahl ich ihm.

Er gehorchte sofort, ohne von nun an einen Halm zu berühren. Das Geräusch des Rupfens hätte mich verhindert, in die Ferne zu hören. Ich ruhte hart neben dem Pferd, um besser beobachten zu können. Winnetou hatte gesagt, das Gehör des „Blitzes" würde mein Ohr unterstützen, und ich wußte auch, daß ich mich darauf verlassen durfte.

Das kluge Tier lag mit dem Kopf nach Osten, woher ich die Yumas erwartete. Es hob ihn von Zeit zu Zeit und sog die Luft prüfend durch die Nüstern ein. Da, wir mochten wohl eine Viertelstunde so gelegen haben, verwandelte sich der leise Atemzug des Pferdes plötzlich in ein starkes Schnauben. Es bog die Ohren vor und gab dem Kopf jene eigenartige Stellung, die auf Spannung deutet. Ich selbst konnte noch nichts hören.

Jetzt schnaubte der Hengst lauter, aber nicht ängstlich, wie er es beim Nahen eines Raubtiers getan hätte.

Es kamen Menschen. Ich hielt die Hand auf die Nüstern des Rappen und drückte sie nieder. Darauf wußte ich, daß das Tier nun keinen Laut mehr von sich geben und sich auch nicht bewegen würde.

Man konnte mehrere Schritte weit sehen, und es war nur zu wünschen, daß die Linie. die die Nahenden inne hielten, nicht gradewegs über mich hinwegführte. Die Befürchtung, die ich in dieser Beziehung hegte, traf beinah ein. Ich hörte den dumpfen Schall vieler Huftritte. Sie kamen näher und näher und, wie es schien, auf mich zu. Dann sah ich die dunkle Masse der Reiter und Pferde. Ich konnte nicht mehr auf und fort, weil ich gesehen worden wäre. So schmiegte ich mich dicht an mein Roß und hielt ihm die Nase fest auf die Erde nieder.

Jetzt erschienen sie, doch zum Glück nicht so nah, wie ich erst befürchtet hatte. Vielleicht dreißig Schritt entfernt ritt der erste an mir vorüber. Ihm folgten die andern, zu mehreren nebeneinander. Ich konnte die Gestalten nur undeutlich erkennen, aber die Zahl stimmte ungefähr: es waren die Yumas.

Zuletzt folgten noch zwei Nachzügler, die etwas weiter links abgewichen waren als die andern und mir also vielleicht fünfzehn Schritte näher kamen. Die Gestalt meines Rappens und mein eigner Körper bildeten eine im kurzen Gras deutlich abgezeichnete Masse, die aus solcher Nähe leicht entdeckt werden konnte. Und richtig — die Leute hielten ihre Pferde an und blickten zu mir herüber. Blieb ich jetzt ruhig liegen, so kamen sie gewiß herbei. Ich mußte sie erschrecken. Da war das mit

Winnetou verabredete Zeichen das beste. Freilich, wenn sie mich dann wirklich für einen Kuguar hielten und auf mich schossen? Meine Hoffnung stand aber darauf, daß sie nicht schießen würden, weil der Schall von hier aus leicht zu den Mimbrenjos dringen konnte.

Jetzt wandte der eine schon sein Pferd zu mir herüber. Ich richtete mich halb auf, um mir die Größe des Tiers zu geben, dessen Stimme ich nachahmen wollte, und brüllte kurz und zornig wie ein Puma, der sich verteidigen will. Der Mann ließ einen Schreckensruf hören und riß sein Pferd zurück. Als ich dann das Gebrüll wiederholte, machten sich beide schleunigst davon, den andern nach. Gott sei Dank, die List war geglückt! Wie leicht hätte mein Gebrüll alle Yumas zurücklocken können!

Kaum waren sie fort, und ich hatte eben mein Pferd wieder bestiegen, so traf Winnetou ein.

„Wo?“ fragte er kurz.

„Da, vor uns.“

„Warum hat mein Bruder Scharlih zweimal gebrüllt? Einmal genügte.“

„Weil die Yumas mich liegen sahen und ich sie verscheuchen mußte.“

„Uff! Dann hat Old Shatterhand viel Glück gehabt.“

Nun wurde lange Zeit kein Wort gesprochen. Schweigend folgten wir den Roten. Wenn wir uns ihnen so nah hielten, daß wir sie noch unbestimmt erkennen konnten, vermochten sie uns nicht zu erspähen. Unsre Huftritte konnten sie keinesfalls hören.

So ging es zwei Stunden lang am nördlichen Waldrand hin, dann wurde am westlichen nach Süden umgebogen. Winnetou sprach meine eignen Gedanken aus, als er sagte:

„Da die Yumas nicht wissen, wo sich die Mimbrenjos befinden, werden sie bald lagern und Späher aussenden.“

„Mein Bruder hat recht. Dann reiten wir schnell voran, um den Kundschaftern zuvorzukommen.“

Bald war bei der geringen Breite des Waldes seine südwestliche Ecke erreicht. Die Yumas hielten hier an, und wir ritten, um jegliche Begegnung zu vermeiden, wieder ein Stück zurück.

„Scharlih mag mein Pferd halten“, meinte dann Winnetou. „Ich muß sehen, wie die Yumas lagern.“

Er stieg ab und huschte fort. Ich blieb zurück, vielleicht vierhundert Schritt von den Roten haltend. Hören konnte ich nichts von ihnen, auch nichts sehen, da sie sich hüteten, Feuer anzuzünden. Sie ahnten nicht, daß die Mimbrenjos, vor denen sie sich so in acht nahmen, zwei Stunden von ihnen entfernt waren.

9. Ein unblutiger Sieg

Winnetou kehrte bald zurück. Dennoch hatte er den Lagerplatz ausfindig gemacht und dabei beobachtet, daß zwei Kundschafter fortgeschickt worden waren.

„Die fangen wir?“ fragte ich, er aber antwortete nicht, da er es für selbstverständlich hielt, die Leute festzunehmen.

Wir ritten, um nicht gehört zu werden, erst noch ein Stück vom Wald fort und bogen dann auf seine Südseite ein, wo die Kundschafter entlangkommen mußten. Nach ungefähr einer Viertelstunde lenkten wir dem Wald wieder zu und stiegen, als wir ihn erreichten, ab. Nachdem wir die Pferde angebunden hatten, gingen wir eine kleine Strecke zurück und legten uns an einer geeigneten Stelle nieder. Die zwei Roten mußten vermutlich hier vorüberschleichen.

Wenn das der Fall war, so konnten sie uns nicht entgehen, denn wir mußten sie bemerken, weil es mittlerweile heller geworden war. Der Mond war aufgegangen, doch sahen wir ihn nicht, da er noch hinter dem Wald steckte, der seinen Schatten einige Spannen weit über seine Grenze warf.

Wir mochten ungefähr zehn Minuten gelauscht haben, als wir von rechts her Schritte hörten. Die Erwarteten kamen, und zwar hielten sie sich so nah am Waldrand, daß wir ihre Umrisse deutlich sahen. Sie schlichen hintereinander. Die Gestalt des vordern kam mir bekannt vor. Sie war höher und breiter als die des andern.

„Ich den ersten und du den zweiten“, raunte ich Winnetou zu.

Jetzt waren sie da. Sie glitten vorüber, langsam und indem sie vorsichtig um sich spähten. Als sie vorbei waren, huschten wir hervor. Ich tat drei schnelle Sprünge, kam an dem zweiten vorüber, den ich dabei niederschlug, um Winnetou leichteres Spiel zu schaffen, faßte den ersten mit beiden Händen um den Hals, stieß ihm das Knie ins Kreuz und riß ihn so hintenüber zu Boden. Als ich dann auf seiner Brust kniete und mein Gesicht dem seinen näher brachte, erkannte ich ihn. Es war der Häuptling der Yumas in eigner Person. Er trug die rechte Hand in der Binde und wäre, selbst wenn ich ihn nicht so fest beim Hals gehabt hätte, nicht imstand gewesen, sich mit seinem linken Arm nachdrücklich gegen mich zu wehren.

Ein Blick auf Winnetou zeigte mir, daß ihm der Hieb, den ich dem andern Indianer gegeben hatte, zustatten gekommen war. Er kniete ihm auf dem Rücken, hatte ihm den Lasso abgestreift und band ihm die Hände hinten zusammen. Der Rote befand sich in einem Zustand kurzer Betäubung. Dann kam Winnetou zu mir, wand dem Großen Mund, während ich ihn festhielt, den Lasso von den Hüften und fesselte ihn ebenso wie seinen Gefährten. Dabei sah er auch die Züge des Gefangenen und stand überrascht.

„Uff! Hat Scharlih bemerkt, wen wir ergriffen haben?"

„Ja", antwortete ich, indem ich nun den Hals des Großen Mundes freigab. „Wir haben einen guten Fang gemacht."

Der Häuptling bekam jetzt wieder Luft. Er tat einen tiefen Atemzug und knirschte, während er mich aus seinen Augen anblitzte:

„Old Shatterhand! Hierher kann dich nur der böse Geist geführt haben."

„Nicht der böse Geist, sondern der Krieger, den du hier bei mir siehst", entgegnete ich, indem ich auf den Apatschen deutete. „Kennst du ihn?"

Eben trat der Mond hinter der Kante des Waldes hervor und warf sein Licht auf die Gruppe, die wir bildeten, wobei er meinen roten Freund hell beleuchtete.

„Winnetou! Uff, uff! Der Häuptling der Apatschen!" stieß der Yuma hervor.

„Ja, Winnetou ist's", nickte ich. „Du wirst nun wohl einsehen, daß du nicht wieder loskommen kannst. Wer sich in Winnetous Gefangenschaft befindet, erlangt nur dann die Freiheit, wenn der Apatsche sie ihm freiwillig zurückgibt."

„Du irrst!" fauchte er drohend. „Ich werde in wenigen Minuten wieder frei sein."

„Wieso?"

„Meine Krieger werden mich befreien. Wir sind ihnen vorangegangen, und sie werden uns gleich nachfolgen. Ihr seid verloren. Wenn ihr uns aber wieder losbindet, bin ich bereit, euch laufen zu lassen."

„Wenn du zu unerfahrenen Männern sprächst, so könnte deine List Erfolg haben. Da du aber Winnetou und mich vor dir hast, ist es eine Lächerlichkeit, uns auf so alberne Weise einschüchtern zu wollen. Wir wissen, daß die Yumas lagern und daß ihr beide gegangen seid, mich und meine Begleiter zu suchen. Ihr seid Kundschafter, und eure Krieger werden euch nicht nachfolgen, sondern ruhig liegen bleiben, um eure Rückkehr zu erwarten."

„Und ich sage nochmals, daß du irrst. Bindet uns los, sonst werden meine Krieger in wenigen Augenblicken hier sein und uns befreien! Dann kann ich sie nicht hindern, euch zu töten."

„Wir fürchten sie nicht", entgegnete Winnetou. „So wie ihr zwei euch jetzt in unsrer Gewalt befindet, werden wir auch alle eure Krieger ergreifen."

„Sie werden sich wehren und euch vernichten", drohte der Große Mund.

„Deine Rede ist leer wie ein Pulverbeutel, worin sich kein Körnchen befindet. Ich sage dir, daß du selber deinen Kriegern den Befehl geben wirst, sich nicht gegen uns zu wehren."

„Nie!"

„Nie? Ehe der Tag graut, wirst du es tun. Ich weiß das so genau, daß ich das, was ich mit meinem Bruder Old Shatterhand jetzt noch zu sprechen habe, nicht heimlich sagen werde. Du magst es hören."

Sich zu mir wendend, fuhr er fort:

„Wer soll mit den beiden Gefangenen zu unsern Freunden reiten, um sie zu holen? Einer von uns muß hier bleiben, um die Yumas zu beobachten und die Umgebung ihres Lagers noch genauer, als wir es vorhin tun konnten, zu erkunden."

„Winnetou mag bestimmen."

„So bleibe ich, und du reitest. Bei eurer Rückkehr wirst du mich an dieser Stelle wiederfinden. Die Gefangenen werden sich auf mein Pferd setzen und sich darauf festbinden lassen. Jeden Versuch der Gegenwehr würden wir mit unsern Messern beantworten."

Ich holte unsre Rappen herbei. Die beiden Yumas sahen ein, daß sie sich fügen mußten. Selbst der Gedanke, um Hilfe zu rufen, konnte ihnen nicht kommen, da wir so weit entfernt von ihrem Lager waren, daß man sogar das lauteste Gebrüll dort nicht gehört hätte.

Der Große Mund mußte Winnetous Hengst besteigen und wurde dort festgeschnürt. Der andre stieg hinter ihm auf und wurde mit ihm zusammengebunden. Dann wurden ihre Füße unter dem Bauch des Pferds mit ihren eignen Lasso in der Weise verknüpft, daß je ein rechter oder linker Fuß des Häuptlings mit dem linken oder rechten seines Kriegers zusammengefesselt war. Ich nahm Iltschi beim Zügel, bestieg Hatatitla und ritt davon, in östlicher Richtung, wo sich die Mimbrenjos befanden.

Da ich keine Zeit verlieren wollte, ritt ich Galopp. Der Mond beleuchtete den Weg, den ich einschlagen mußte. Die Gefangenen verhielten sich lange schweigsam, dann aber konnte der Häuptling die Frage, die ihm auf den Lippen lag, nicht länger zurückhalten:

„Wer sind die Männer, zu denen Old Shatterhand reitet?"

„Mimbrenjos", erwiderte ich kurz.

„Uff!" rief er erschrocken aus. „Wurden sie von Winnetou angeführt?"

„Nein. Er weilt nur als Gast bei ihnen."

„Wer ist ihr Häuptling?“

„Naglu Mokaschi.“

„Uff! Muß es grad dieser sein!“

„Du erschrickst? Weißt du nicht, daß ein Krieger vor keinem Menschen erschrecken darf?“

„Ich erschrecke nicht!“ versicherte er stolz. „Der Starke Büffel ist mein ärgster Feind. Wie viele Krieger hat er bei sich?“

„Weit mehr als du.“

„Ich weiß, daß er meinen Tod verlangen wird. Wirst du mich beschützen?“

„Ich? Deine Frage ist die eines Unsinnigen. Du wolltest mich am Marterpfahl sterben lassen, und nun fragst du mich, ob ich dich beschützen werde. Hätte ich mich nicht selbst befreit, du hättest mich auf keinen Fall losgegeben.“

„Nein. Aber ich habe dich gut behandelt. Du hast weder gehungert noch gedürstet, während du dich in meiner Gewalt befandest. Mußt du mir dafür nicht dankbar sein?“

„Wer kann sagen, daß Old Shatterhand jemals undankbar gewesen ist?“

„So rechne auch ich auf deine Dankbarkeit.“

„Das darfst du. Ich bin bereit, das gleiche für dich zu tun, was du für mich getan hast. Der Starke Büffel wird deinen Tod fordern, er wird dich zu den Zelten der Mimbrenjos schaffen, wo du am Marterpfahl sterben sollst. Aber ich werde dafür sorgen, daß du unterwegs gut behandelt wirst und weder Hunger noch Durst zu leiden hast.“

Er fühlte den Spott, der in diesen Worten lag, und schwieg. Ich ahnte aber, daß sein Schweigen nicht lang dauern würde. Die Indianer Mexicos sind in Beziehung auf den Heldenmut nicht mit denen der Vereinigten Staaten zu vergleichen. Ein Apatsche, Komantsche oder gar Dakota hätte es für eine Schande gehalten, ein Gespräch mit mir zu beginnen. Er hätte sich schweigend und scheinbar gleichmütig in sein Schicksal ergeben, dabei aber begierig nach jeder Gelegenheit loszukommen, ausgeschaut. Hätte sich keine gefunden, so wäre er kaltblütig in den martervollsten Tod gegangen, ohne ein Wort hören zu lassen oder auch nur eine Miene zu verziehen. So heldenhaft sind die südlichen Indianer nicht. Ja, sie geben sich zwar den Anschein, aber wenn der Ernst an sie herantritt, ist es mit der geheuchelten Empfindungslosigkeit zu Ende. Der Yumahäuptling wußte, daß er beim Starken Büffel keine Gnade finden würde. Er wußte, daß er Rettung nur durch meine bekannte Nachsicht finden konnte. Die Folge davon war, daß er nach einigen Minuten wieder begann:

„Der Große Mund hat vernommen, Old Shatterhand sei ein Freund der roten Männer?“

„Ich bin ein Freund der Roten und der Weißen, aber ein Feind jedes bösen Menschen, mag die Farbe seines Gesichts nun hell oder dunkel sein.“

„Hältst du mich für einen bösen Mann?“

„Ja, aber vielleicht finde ich doch einen Grund, mich deiner anzunehmen.“

„So sprich! Teile mir den Grund mit!“

„Ich bin bereit, das Schicksal, das deiner wartet, möglichst zu mildern. Vielleicht werde ich für deine Befreiung sprechen, aber ich fordere dafür von dir die Wahrheit.“

„Welche Wahrheit?“

„Ich werde dich nach Melton und nach Weller fragen, und von der Aufrichtigkeit deiner Antworten wird dein Schicksal abhängen.“

„So frag! Ich bin bereit, dir alles mitzuteilen.“

„Nicht jetzt, sondern später, denn wir werden gleich am Ziel sein.“

Es war so, wie ich sagte. Der Galopp der beiden windschnellen Hengste hatte uns rasch vorwärts gebracht. Wir näherten uns der Stelle, wo die Mimbrenjos lagerten. Ich zügelte darum die Tiere und ritt im Schritt weiter. Bald tauchten mehrere Indianer vor und neben uns auf, die ihre Gewehre auf uns anlegten und Halt geboten.

„Old Shatterhand!“ rief ich ihnen zu. Da senkten sie ihre Waffen und ließen mich vorüber.

Die Mimbrenjos hatten kein Lagerfeuer angezündet und sich in den Schatten des Waldes zurückgezogen. Als sie meinen Namen hörten, kamen mir, da die Sicherheitsposten stehen bleiben mußten, einige von ihnen entgegen, um mich zu führen, sonst hätte ich den Platz, wo ihr Häuptling saß. nicht so leicht gefunden. Dieser glaubte, als er zwei Pferde erblickte, ich käme mit Winnetou zurück. Als ich aber vor ihm anhielt und aus dem Sattel stieg, sah er zwei fremde Gestalten auf dem andern Rappen sitzen und forschte:

„Du kehrst ohne den Häuptling der Apatschen zurück? Wo ist er, und wer sind die beiden Männer, die du mitbringst? Warum steigen sie nicht ab?“

„Sie können nicht. Es ist hier im Schatten der Bäume dunkel, und so kannst du nicht sehen, daß sie auf das Pferd gebunden sind.“

„Gebunden? So sind es gefangene Yumahunde?“

„Ja.“

„Das ist gut! Sie werden die Freiheit niemals wiedersehen,

und ich hoffe, daß der Große Mund ebenso wie sie in unsre Hände gerät. Nehmt sie herab und bindet sie an Bäume!"

Der Mimbrenjo wollte sich nach diesem Befehl von den Gefangenen abwenden, da forderte ich ihn auf:

„Du sprichst vom Häuptling der Yumas. Willst du die Gefangenen nicht genauer betrachten?"

Er trat an Iltschi heran und blickte an der Gestalt des vordern Reiters empor. Da fuhr er einen Schritt zurück.

„Uff! Der Große Mund! Ihr tapfern Krieger der Mimbrenjos, vernehmt, daß der Große Mund gefangen ist!"

„Der Große Mund! Der Große Mund!" ging es durch die Reihen. Sie drängten herbei, um sich zu überzeugen, und ihre Lippen flossen von Schimpfworten und Verwünschungen über. Trotz seiner Bande hätten sie ihn vom Pferd gerissen, wenn sie nicht von mir daran gehindert worden wären.

„Zurück!" gebot ich. „Der Gefangene gehört mir. Nehmt beide herab, aber bindet jeden auf ein andres Pferd! Wir müssen sofort zu den Yumas aufbrechen, die dort oben hinter der Ecke des Waldes lagern. Winnetou befindet sich in ihrer Nähe, um sie zu beobachten."

„Überfallen wir sie?" forschte der Starke Büffel.

„Wahrscheinlich nicht. Ich denke, daß ein Kampf gar nicht nötig ist. Ich hatte nicht Zeit, mit Winnetou darüber zu beraten, aber er ist sicher meiner Meinung, daß wir die Feinde gefangennehmen werden, ohne daß ihr oder unser Blut vergossen wird."

„Desto besser, denn dann sterben sie alle am Marterpfahl, und es wird in den Zelten der Mimbrenjos große Freude darüber sein. Hört, ihr Krieger, Old Shatterhand befiehlt aufzubrechen!"

Zwei Minuten später saßen sie im Sattel, und es ging im Galopp den Weg zurück, den ich soeben gekommen war. Ich hatte mich beim Aufbruch nicht um die Gefangenen bekümmert, konnte aber überzeugt sein, daß sie sich in aufmerksamer Obhut befanden. Während ich mit dem Starken Büffel voranritt, erzählte ich ihm, was geschehen war.

„Mein Bruder Old Shatterhand hat in großer Gefahr geschwebt", sagte er, als ich zu Ende war. „Die Krieger der Mimbrenjos wissen, daß der Puma selbst in der Nacht keinen Reiter angreift. Sie hättest du nicht täuschen können. Den Hunden der Yumas aber bist du entgangen, weil ihre Schädel mit verfaultem Gras gefüllt sind. Du meinst also, daß wir nicht zu kämpfen brauchen?"

„Ja."

„Die Yumas sind feige Kröten, aber ihre Zahl ist nicht gering, und so bin ich überzeugt, daß sie sich verteidigen."

„Wer sich verteidigt, ist angegriffen worden. Wir werden sie aber gar nicht angreifen."

„Und dennoch werden sie sich ergeben?"

„Ja. Du wirst alles Weitere später hören, wenn wir mit Winnetou sprechen. Jetzt wollen wir eilen, zu ihm zu kommen!"

Es ging wie im Flug am Wald hin, bis wir den Ort erreichten, wo ich mich von Winnetou getrennt hatte. Da stand er, auf uns wartend, aufrecht im Mondschein. Wir stiegen ab. Die Pferde wurden längs des Waldrandes an die Bäume gebunden, die Gefangenen kamen unter sorgfältigste Bewachung. Die Roten lagerten sich im Schatten, und bald herrschte rings eine solche Stille, daß es nur einem ausgezeichneten Späher der Yumas gelungen wäre, uns hier ausfindig zu machen.

Winnetou, der Starke Büffel und ich saßen beisammen, um das, was geschehen mußte, zu besprechen. Keiner der andern wagte es, uns so nah zu kommen, daß er unsre Worte hören konnte. Der Indianer ist ein freier Krieger, zeigt aber gegen seinen Anführer eine Achtung, die nicht geringer ist als die, die ein General von seinen Untergebenen fordern kann.

Der Starke Büffel war viel älter als Winnetou oder ich und doch viel ungeduldiger. Wir hatten kaum beieinander Platz genommen, so begann er auch schon:

„Die Hunde der Yumas sind uns in den Weg gelaufen. Wir werden sie nicht in ihre Höhlen zurückkehren lassen."

Wir antworteten beide nicht sogleich. Ich war entschlossen, wie immer auf ein gütliches Abkommen zwischen Freund und Feind hinzuarbeiten, um ein Blutvergießen zu vermeiden, und Winnetou stimmte mir darin zu. Nur mußten wir dabei behutsam verfahren, um den Starken Büffel, der nach Rache lechzte, nicht vor den Kopf zu stoßen.

Da wir mit der Antwort zögerten, fuhr der Häuptling der Mimbrenjos fort:

„Haben meine beiden Brüder meine Worte gehört? Warum reden sie nicht? Old Shatterhand will nicht kämpfen. Was soll sonst geschehen? Kann etwa Winnetou mir das sagen?"

„Ich kann es", entgegnete der Apatsche.

„Mein Ohr ist offen und begierig, es zu hören."

„Die Yumas werden sich ergeben, ohne mit uns gekämpft zu haben."

„Das glaube ich nicht. Wenn sie es täten, wären sie größere Feiglinge, als ich trotz meiner Verachtung für sie annehmen möchte."

„Kann nicht auch ein tapfrer Mann gezwungen sein, sich ohne Kampf zu ergeben? Ein kluger Krieger ist nicht nur tapfer, sondern auch vorsichtig. Wer kann von Winnetou und Old

Shatterhand sagen, daß sie jemals mutlos oder gar feig gewesen seien? Und doch ist es vorgekommen, daß sie sich ihren Gegnern ohne Kampf ergeben haben. Hätten sie gekämpft, so wären sie getötet worden, ohne ihren Feinden schaden zu können. Sie gaben sich aber gefangen, entflohen später und konnten sich rächen. Was war nun besser, die blinde Tapferkeit oder die weitschauende Bedachtsamkeit?"

„Die Bedachtsamkeit", war der Mimbrenjo gezwungen einzugestehen.

„Genau so werden auch die Yumas denken, wenn sie sich überzeugen, daß Widerstand vergeblich wäre."

„Ist Winnetou imstande, ihnen diese Einsicht zu geben?"

„Ja, sofern die Krieger der Mimbrenjos ihm dabei helfen."

„So mag er sagen, welche Gedanken er hegt!"

„Wir schließen die Yumas ein. Während Old Shatterhand fort war, habe ich den Platz des Lagers betrachtet. Die Yumas sind sehr müde und schlafen am Waldrand im Gras. Sie verlassen sich auf ihre beiden Kundschafter und haben keine Wachen ausgestellt. Nur bei den Pferden, die in der Nähe grasen, befinden sich zwei Krieger, die aufpassen müssen, daß sich die Tiere nicht zu weit entfernen. Ist es da nicht leicht, die Schläfer einzuschließen?"

„Von der Seite des Waldes ist es leicht, nicht aber von der andern. Im Wald ist es dunkel. Da kann man sich anschleichen und festsetzen, ohne bemerkt zu werden. Draußen aber ist es hell, weil der Mond scheint. Die Leute, die bei den Pferden sind, würden uns kommen sehen und Lärm schlagen."

„Ja, der Mond scheint hell, aber die Augen des Starken Büffels erblicken dennoch nicht das Richtige. Die Yumas können unsre Annäherung unmöglich bemerken. Wir lassen die Pferde zurück und schleichen heran. Falls wir draußen im Gras auf dem Bauch kriechen, wird uns niemand wahrnehmen."

„Uff! Wenn es Winnetou so meint, kann ich ihm nicht unrecht geben. Doch was soll geschehen, sobald wir die Feinde umzingelt haben?"

„Wir fordern sie auf, die Waffen zu strecken."

„Und mein Bruder glaubt wirklich, daß sie das tun? Die Yumas werden zwar erkennen, daß sie eingeschlossen sind, aber sie werden sich durchschlagen, was ihnen leicht werden wird."

„So mag der Starke Büffel sagen, inwiefern ihnen das so leicht sein wird! Können sie dem Wald zu entkommen?"

„Nein, denn dort stecken unsre Krieger im Schutz der Bäume, und jeder von ihnen kann zehn Feinde töten, ehe der elfte an ihn kommt. Sie müssen also auf die andre Seite."

„Aber dort befinden sich doch auch Krieger von uns!"

„Das tut nichts, denn diese Männer werden zwar einige Yumas töten, die andern aber entkommen lassen müssen. Selbst der beste Läufer kann keinen Reiter ereilen.“

„Uff! So denkt der Starke Büffel, daß die Yumas reiten werden?“

„Ja. Sobald sie sich eingeschlossen sehen, werden sie sich auf ihre Pferde werfen und zur Ebene durchbrechen.“

„Aber sie werden keine Pferde haben“, behauptete Winnetou mit der ihm eignen Sicherheit.

Da begann es im Kopf des Mimbrenjo zu dämmern. Er ließ den Atem wie einen leisen, verwunderten Pfiff über seine Lippen gehen.

„Will Winnetou ihnen die Pferde wegnehmen? Das wird schwer sein.“

„Es ist leicht. Haben die Yumas keine Pferde, so können sie nicht durchbrechen. Sie werden es zwar versuchen, aber mit Blut bezahlen.“

„So machen sie keinen solchen Versuch, ergeben sich jedoch auch nicht. Was gedenkt Winnetou dann zu tun?“

„Sie aufzufordern, ihre Waffen abzuliefern! Der Große Mund wird seinen Leuten befehlen, sich zu ergeben.“

„Willst du ihn dadurch, daß du ihm mit dem Tod drohst, zu dem Befehl zwingen?“ — „Das können wir versuchen.“

„Es wird nicht gelingen, obgleich er ein Feigling ist. Er weiß, daß wir ihn nicht so schnell töten, sondern mit uns nehmen werden, um ihn am Pfahl sterben zu lassen. Er wird sich einbilden, uns unterwegs entwischen zu können.“

„Mein Bruder gibt ihm so kurze Gedanken, wie er sie nicht besitzt. Wird der Große Mund wirklich alle seine Krieger erschießen lassen, um allein von uns fortgeschleppt zu werden? Oder wird es ihm nicht lieber sein, wenn sich auch seine Männer als Gefangene bei ihm befinden? Sind sie bei ihm, so ist die Flucht viel leichter, als wenn er allein ist.“

„Aber auch unsre Aufmerksamkeit wird größer sein. Wäre ihm die Flucht gewiß, so würde ich glauben, daß er sich den Anschein gäbe, auf unsre Forderungen einzugehen.“

„So ist es ja nur nötig, ihm diese Sicherheit zu geben, und ich kenne einen, dem das leichtfallen würde: Old Shatterhand ist es.“

„Old Shatterhand? Wie sollte er es anfangen, dem Großen Mund weiszumachen, daß er entrinnen wird, wenn er sich uns mit allen seinen Kriegern ergibt, aber sterben muß, wenn er sich weigert?“

„Frag ihn selbst! Während ich jetzt mit dir redete, hat er darüber nachgedacht. Er weiß, daß der Große Mund ihn betrügen will, und daß es darum leicht sein wird, ihn selbst zu überlisten."

Es war bewunderswert, wie Winnetou meine Gedanken zu erraten vermochte. Ich hatte ihm keine Andeutung gemacht, auch wußte er nicht, was ich unterwegs mit dem Großen Mund geredet hatte, und doch sprach er mit Sicherheit von meinen Gedanken, als wären sie die seinen.

„Hat Winnetou recht vermutet?" fragte mich der Mimbrenjo.

„Ja", nickte ich. „Der Große Mund wird seine Leute auffordern, sich uns zu ergeben."

„Und du, du willst ihn dazu bringen?"

„Ja, durch Gegenlist, da er die Absicht haben wird, mich hineinzulegen. Übrigens ist es nicht nötig, schon jetzt davon zu sprechen. Es genügt, daß ich weiß, was geschehen wird, und was ich tun und sagen soll. Mein Bruder Winnetou hat meine Gedanken erraten, und ebenso habe ich erkannt, daß sein Plan der allein richtige ist. Laßt uns keine Zeit verlieren, ihn auszuführen! Mitternacht ist schon vorüber, und noch bevor der Morgen graut, müssen die Yumas umzingelt sein."

„Ihr habt gesprochen, und es ist euer Wille, also mag es geschehen. Winnetou und Old Shatterhand wissen stets, was sie tun, und so will ich nicht dagegen sein, obgleich ich beide nicht ganz zu begreifen vermag. Howgh!"

Nun wurden die nötigen Vorkehrungen getroffen. Fünf Mann sollten hier mit den beiden Gefangenen zurückbleiben. Sechzig Rote sollten hinter dem Lagerplatz der Yumas in die Büsche schleichen und keinen von ihnen hindurchlassen. Die übrigen mußten hinaus in die Ebene, um von dieser Seite her den Ring ums Lager so eng wie möglich zu schließen. Im Wald sollte Winnetou befehligen, während draußen auf der Prärie der Starke Büffel die Oberleitung hatte. Alles übrige blieb mir überlassen. Das schien nicht viel zu sein und konnte doch höchst wichtig werden, da der geringste Umstand, den ich nicht zu berechnen vermochte, vielleicht alles verdarb.

Zunächst galt es, die sechzig Krieger unbemerkt hinter das Lager zu bringen. Das war Winnetous Sache als Anführer dieser Schar. Bevor er aber aufbrach, forderte er mich auf:

„Mein Bruder Scharlih mag mich begleiten, da ich am liebsten mit ihm zu den Pferden gehe. Nähme ich einen andern mit, so müßte ich die Wächter töten."

Das war mir lieb, und so schloß ich mich ihm an. Es war eine Leichtigkeit, die zwei Yumas bei den Pferden zu überwältigen, mußte aber doch mit großer Vorsicht getan werden, weil das geringste verdächtige Geräusch uns verraten und die Ausführung unsres Plans zunichte machen konnte.

Wir schritten am Rand des Waldes hin, bis wir uns nah an seiner Ecke befanden. Da drangen wir zwischen die Bäume und gingen nun mit der allergrößten Bedachtsamkeit weiter. Wir befanden uns jetzt an der westlichen Seite des Waldes und kamen bald an die Stelle, wo draußen am Rand die Yumas lagen. Indem wir nun noch langsamer als bisher vorgingen, ließ Winnetou in kurzen Zwischenräumen je einen Mann zurück. Als der letzte von ihnen seinen Platz erhalten hatte, bildeten die sechzig Mimbrenjos einen Bogen im Wald um das Lager draußen, und jeder einzelne nistete sich an seiner Stelle so ein, daß er schwer zu entdecken war und doch das Gelände scharf zu beobachten vermochte. Ihre Verhaltungsmaßregeln hatten sie vorher erhalten.

Nun stand ich mit Winnetou allein unter den ersten Bäumen und konnte die Lage überschauen. Auf dieser Seite gab es keinen Mondschein, doch konnten wir jeden einzelnen Yuma liegen sehen.

Einige hatten sich grad da, wo sie von den Pferden gestiegen waren, hingeworfen. Die andern aber ruhten in einer Reihe nebeneinander. Alle hatten ihre Waffen bei sich. Rechts davon weideten die Pferde, und zwei Rote gingen auf und ab, um die Tiere, die sich zu weit entfernten, zurückzutreiben. Winnetou deutete auf diese beiden und flüsterte mir zu:

„Mein Bruder Scharlih mag den einen nehmen und ich den andern.“

Er wollte fortschleichen. Ich hielt ihn aber zurück:

„Hat Winnetou vielleicht bemerkt, daß diese Posten von Stunde zu Stunde abgelöst werden?“

„Ja.“

„So käme die Entdeckung zu früh für uns. Wir müssen warten.“

„Scharlih hat recht. Erst wenn der Ring um das Lager ganz geschlossen ist, können wir der Entdeckung mit Gleichgültigkeit entgegensehen. Mein weißer Bruder mag also zurückkehren und dem Starken Büffel sagen, daß er sich nun mit seinen Leuten aufmachen soll.“

„Gut! Ich werde ihn begleiten. Da ich weiß, wo sich die beiden Enden deiner Linie befinden, kann ich ihm sagen, wo er die seinige anschließen muß.“

„Dann kommst du wieder zu mir?“

„Ja. Wo finde ich dich?“

„Hier an dieser Stelle werde ich dich erwarten.“

Auf dem Rückweg huschte ich an allen unsern Leuten vorüber und überzeugte mich, daß jeder der sechzig am richtigen Platz stand. Hier konnten die Yumas unmöglich durchbrechen.

Als ich beim Starken Büffel eintraf, gab er den Befehl zum Aufbruch. Ein jeder nahm sein Pferd am Zügel, und es wurde eine Einzelreihe gebildet, an deren Spitze ich mich mit dem Häuptling befand. Auch jetzt ging es zunächst bis in die Nähe der Waldecke, dann schritten wir einen weiten Halbkreis ab, dessen Durchmesser der Waldrand und dessen Mittelpunkt das Lager der Yumas bildete. Von Zeit zu Zeit ließen wir einen Mann mit seinem Pferd halten, bis auch dem letzten seine Stelle angewiesen war.

Der Halbkreis war so weit vom Lager entfernt, daß von dort aus keine Kugel herüberreichen konnte. Jeder mußte zunächst sein Tier anpflocken und dann zweihundert Schritt weit vorkriechen, da liegenbleiben und den Tag erwarten. Die Pferde waren mitgenommen worden, um den Feind, falls ihm ja der Durchbruch an einer Stelle gelingen sollte, sofort verfolgen zu können. Die Tiere der sechzig, die im Wald steckten, waren zurückgeblieben, wo sie von den fünf, die die Gefangenen zu bewachen hatten, mit beaufsichtigt wurden.

Durch das Vorgehen um zweihundert Schritt wurde die Kette geschlossen. Die beiden Endglieder des äußern Halbkreises kamen mit den Verbindungsmännern der im Wald steckenden Linie in Berührung. Nun befanden sich die Pferde der Yumas noch innerhalb unsres Kreises, und es galt, sie herauszuschaffen, um die Roten dann sicher zu haben.

Ich legte mich nieder und kroch auf den Händen und Fußspitzen zu der Stelle, wo Winnetou auf mich warten wollte. Er sah mich und kam mir kriechend entgegen.

„Die Wächter sind vor wenigen Minuten abgelöst worden", meldete er. „Sie legten sich sogleich nieder und werden schnell eingeschlafen sein."

„So können wir beginnen. Wohin schaffen wir denn die beiden Gefangenen?"

„In den Wald zu unsern Leuten, die sie bewachen werden."

„Das möchte ich nicht. Die Leute müssen ihre ganze Aufmerksamkeit auf das Lager richten. Wenn sie dazu noch Gefangene bewachen sollen, ist es leicht möglich, daß eine Unvorsichtigkeit begangen wird. Überlaß die Männer mir! Ich werde sie zu ihrem Häuptling bringen, wo sie uns nichts schaden können, während es ihnen hier leicht wäre, uns durch einen Hilferuf zu verraten."

„Scharlih hat recht. Er mag den Mann nehmen, der dort mit dem Rotfuchs naht."

Einer der beiden Wächter brachte einen Gaul, der sich zu weit entfernt hatte, langsam zurückgetrieben. Seiner Richtung war anzusehen, wohin er sich ungefähr wenden würde. Ich kroch, mich an die Erde schmiegend, dorthin und blieb da zwischen zwei Pferden liegen. Der Mann kam, blieb in der Nähe stehen und starrte, mir den Rücken zukehrend, gen Himmel.

Ich kroch unter dem einen Pferd hindurch bis hart hinter ihn, stand auf, nahm ihn mit der Linken bei der Kehle und gab ihm mit der geballten Rechten einen Hieb an die Schläfe. Er brach zusammen, und ich zog ihn fort.

Dabei sah ich mich nach dem andern Wächter um. Er war von Winnetou auch schon gepackt worden. Der Apatsche kam gekrochen, grad so wie ich seinen Yuma hinter sich herziehend. Wir schleppen sie zu den beiden nächststehenden Mimbrenjoposten, um sie ihnen einstweilen zu übergeben. Dann galt es, die Pferde zu entfernen. Das war nicht schwer, denn sie hatten, so weit sie sich bisher bewegen durften, das Gras schon abgefressen und sehnten sich nach neuem Futter. Wir trieben, uns immer möglichst am Boden bewegend, zunächst zwei Tiere fort, über unsre Postenlinie hinaus, wo sie zu grasen begannen. Die andern folgten erst einzeln und dann alle miteinander freiwillig nach. Und als sie merkten, daß sie nicht zurückgetrieben wurden, entfernten sich sich so weit, daß sie endlich die Linie unsrer angepflockten Pferde erreichten, wo sie von selbst halten blieben.

Der Streich war geglückt. Der Apatsche kehrte auf seinen Posten zurück. Jetzt, da die Pferde fort und die Feinde rundum eingeschlossen waren, mochten sie immerhin erwachen. Die Unsern waren bereit, den Kampf zu beginnen. An mir war es nun, die beiden überrumpelten Wächter fortzuschaffen. Sie waren betäubt gewesen, inzwischen aber aufgewacht. Ihre Hüter waren gute Krieger, hatten es aber nicht fertiggebracht, die Yumas zu binden. Sie saßen mit gezückten Messern bei ihnen, um sie zum Schweigen zu zwingen. Es bedurfte meiner Hilfe, den beiden die Arme auf den Rücken zu befestigen. Wir benutzten dazu ihre Lassos, die sie bei sich hatten. Ich verbot ihnen jeden Laut und zwang sie, mir zu folgen. Sie taten das ohne Widerstreben, da sie sich nicht wehren konnten und Scheu vor dem Revolver hatten, den sie in meiner Hand sahen.

Wir bewegten uns auf der Halbkreislinie, die von unsern Posten gebildet wurde, und gelangten dann an die südliche Seite des Waldes, wo sich der Große Mund mit seinem Mitgefangenen unter der scharfen Obhut der fünf Mimbrenjos befand. Er mochte nicht wenig ergrimmt darüber sein, daß ich wieder zwei seiner Leute gefesselt brachte. Es kam nun darauf an, ihm zu beweisen, daß wir seine Yumas umzingelt hatten und daß es ihnen nicht gelingen konnte, durch den Kreis der Mimbrenjos zu brechen. Ich mußte ihm also unsre Aufstellung zeigen. Darum band ich ihm die Füße los, befestigte einen Riemen, dessen andres Ende ich an meinen Gürtel knüpfte, um seinen Leib und erklärte ihm:

„Der Große Mund wird sich nach seinen Kriegern sehnen. Er mag mit mir kommen, ich will sie ihm zeigen."

Er warf einen Blick beinah freudiger Überraschung auf mich, dann aber dachte er an die Vorbereitungen, die ich soeben getroffen hatte, mich seiner zu versichern, und murrte, indem sich seine Brauen finster zusammenzogen:

„Wohin willst du mich schleppen? — Doch nicht zu unserm Lager?"

„Ganz nicht, aber in seine Nähe. Ich hoffe jedoch, dir noch im Lauf des Vormittags deinen Wunsch erfüllen und dich zu deinen Leuten bringen zu können."

Der Yuma konnte in seiner gezwungenen Lage nichts tun als mir folgen. Ich führte ihn bis dahin, wo der erste Posten am Waldrand stand, und von da aus unter die Bäume; dabei warnte ich ihn:

„Merke, was ich dir sage! Du darfst von jetzt an, bis ich dir das Reden erlaube, kein Wort sprechen. Beim ersten lauten Hauch wird dir die Klinge meines Messers ins Herz fahren. Hier fühle!"

Ich zog meinen Dolch und stieß ihm die Spitze durchs Gewand, das seine Brust bedeckte, so daß seine Haut ein kleines Loch bekam. Er erschrak und bat mit unterdrückter Stimme:

„Stich nicht! Ich werde still sein. Du sollst keinen Laut von mir hören."

Er hatte den ersten Posten am Boden liegen sehen. Wir gingen zum zweiten. Da es hier unter den Bäumen dunkel war und der Mann mich möglichenfalls für einen Feind halten konnte, rief ich ihn einige Schritt vorher leise an:

„Ich bin es, Old Shatterhand. Hat sich vielleicht etwas ereignet?"

„Nein, die Yumas schlafen noch."

So schritt ich mit dem Großen Mund von einem Posten zum andern, mit jedem einige Worte wechselnd, so daß der Häuptling erfuhr, in welcher Weise seine Leute hier umzingelt waren. Am andern Ende der im Wald liegenden Wächterlinie traf ich auf den Apatschenhäuptling. Als er den Yuma erblickte, erriet er meine Absicht.

„Du kommst, dich zu überzeugen, daß keiner der Feinde hier durchzuschlüpfen vermag? Es ist eine Schande, der Anführer so untauglicher Leute zu sein. Ihr Erwachen wird ihnen Entsetzen bringen, denn wenn sie sich nicht ergeben, werden wir sie vom ersten bis zum letzten niederschießen."

Wir gingen weiter, aus dem Wald ins Freie hinaus, von Posten zu Posten, bis wir auch diesen größern Kreisbogen abgeschritten hatten. Dabei trafen wir auf den Starken Büffel, der hier befehligte. Er war weniger scharfsinnig als Winnetou und erriet nicht, zu welchem Zweck ich den Großen Mund mitgenommen hatte. Darum fragte er mich beinah unfreundlich:

„Weshalb schleppt Old Shatterhand diesen Hund mit sich? Willst du ihm Gelegenheit zum Entkommen geben? Laß ihn doch bei seinen fünf Wächtern! Du hast nur zwei Augen und zwei Hände, sie aber zehn."

„Meine beiden Augen sind ebensogut wie ihre zehn, und du weißt, daß meine Arme mehr vollbracht haben als die ihrigen. Warum zürnst du? Hast du nicht vorhin selber gesagt, daß Old Shatterhand weiß, was er tut?"

„Das ist richtig. Aber wenn du kommst, um dich zu überzeugen, daß wir wachsam sind, hat es keinen Zweck, den Gefangenen mitzubringen."

„Ich komme aus einem andern Grund. Meinst du, daß es wohl einem einzigen dieser Yumas gelingen wird, durch unsre Umzinglung zu entweichen?"

„Was fragst du noch, da du doch ebensogut wie ich wissen mußt, daß es unmöglich ist. Wenn sie es versuchen, so schießen wir."

„Das wollte ich hören. Handle nach deinen Worten! Und sollte dich ja ein Gefühl des Mitleids überkommen, so unterdrücke es! Je mehr eure Kugeln sofort unter ihnen aufräumen, desto weniger müssen wir später nachholen."

„Mitleid!" lachte er zornig auf. „Hat der Hund hier Mitleid mit meinen Kindern gehabt? Wärst du nicht erschienen und ihr Retter geworden, so hätte er sie getötet. Wie kann es dir da beikommen, zu mir von Mitleid zu sprechen? Solang ein Mimbrenjo lebt, wird ein Yuma keine Gnade bei ihm finden."

Er wandte sich ab, spie dem Großen Mund dabei ins Gesicht und entfernte sich. Nach dem Eindruck, den das Verhalten des grimmigen Häuptlings auf den Yuma gemacht haben mußte, hielt ich die Zeit für gekommen, ihm das Sprechen zu erlauben.

„Du darfst jetzt wieder reden. Du weißt nun, daß die Krieger der Mimbrenjos zahlreicher sind als deine Yumas. Ich habe dir gezeigt, welche Stellung sie einnehmen. Alle ihre Gewehre sind schußbereit. Viele deiner Leute werden gleich bei der ersten Salve sterben, und die übrigen können sich nur dadurch retten, daß sie sich ergeben."

„Sie werden sich durchschlagen."

„Durch die Maschen dieses engen Netzes? Das glaubst du selber nicht."

„Ich bin überzeugt davon. Wenn sie unerwartet auf ihren Pferden im Galopp hindurchbrechen, werden wohl einige von euern Kugeln getroffen werden, die andern aber entrinnen."

„Auf ihren Pferden? Wo haben sie denn die Tiere?"

„Dort", antwortete er, indem er in die Gegend deutete, wo man beim Schein des Mondes die Herde weiden sah.

„Dort, ja dort! Wo aber ist euer Lager? Hast du denn nicht schon unterwegs bemerkt, daß eure Pferde mit List entfernt worden sind?"

„Uff!" rief der Große Mund betroffen, da er diese Beobachtung erst jetzt machte.

„Schau hinüber und überzeuge dich, daß unsre Krieger zwischen deinen Yumas und ihren Pferden liegen! Mit deiner Hoffnung, daß die Eingeschlossenen doch unsre Reihen sprengen werden, ist es also nichts."

Er blickte schweigend zu Boden. Dann verging eine Weile, bis er den Kopf wieder hob.

„Wenn die Mimbrenjos sofort schießen, so ist das Mord, denn meine Krieger sind ahnungslos."

„Hast du nicht die Dörfer der Mimbrenjos überfallen und zerstört? Sie wußten nichts von euerm Raubzug, sie waren ahnungslos. Hast du nicht die beiden Söhne und die Tochter des Starken Büffels töten wollen? Sie wußten nicht, daß du dich in dem Tal befandest, sie waren ahnungslos. Hast du nicht die Hacienda del Arroyo überfallen, ausgeraubt, eingeäschert und dabei mehrere ihrer Bewohner ermorden lassen? Sie wußten nichts von eurer Annäherung, sie waren ahnungslos. Die Ahnungslosigkeit des Gegners ist bei dir kein Grund zur Schonung, folglich bei mir auch nicht. Was ihr verübtet, war, ganz abgesehen vom Raub, gemeiner Mord. Wenn wir euch aber töten, so ist das eine gerechte Strafe für eure Schandtaten. Kannst du ein Wort dagegen vorbringen?"

Der Häuptling sagte nichts, und so schwieg auch ich. Der Mond stand jetzt im Scheitelpunkt und übergoß das Lager der Yumas mit silbernem Licht. Man sah ihre Gestalten liegen. Der Große Mund blickte mit ängstlich forschenden Augen bald rechts oder links, bald gradaus. Er strengte seine Gedanken an, einen Ausweg zu finden. Ich unterbrach sein Grübeln nicht, denn es mußte ihn dahin führen, wohin ich ihn haben wollte. Da sah ich, daß er plötzlich den Kopf höher streckte.

„Uff! Jetzt, jetzt!" rief er halblaut.

Ich folgte mit meinem Blick der Richtung seiner Augen, die zum Lager ging, und erkannte, daß dort ein Yuma aufgestanden war und sich umschaute. Er bemerkte die Pferde nicht da, wo sie sich eigentlich befinden sollten, sondern weit entfernt. Er entdeckte auch unsre Tiere. Obgleich sie einzeln standen und einen Halbkreis bildeten, dessen Regelmäßigkeit auffallen mußte, schien er doch keinen Verdacht zu schöpfen, sondern sie für Yumagäule zu halten, denn er weckte niemanden, sondern verließ das Lager in der Richtung, wo jetzt der größte Trupp der Pferde graste. Er glaubte die beiden Wächter dort und wollte sie auf ihre Achtlosigkeit aufmerksam machen.

„Er ist verloren“, stieß der Häuptling hervor. „Sogleich wird ein Schuß fallen und ihn niederstrecken.“

„Nein“, entgegnete ich. „Man wird ihn gefangennehmen, wie ich dich gefangennahm.“

„So wird er sich wehren und Lärm machen.“

„Dazu kommt er nicht. Du weißt doch, wo Winnetou steht. Der Yuma muß nah an ihm vorbei, und der Häuptling der Apatschen wird ihn so von hinten greifen, wie ich's bei dir gemacht habe. Paß auf!“

Es geschah so, wie ich gesagt hatte. Der Yuma ging unbefangen weiter, dann sahen wir hinter ihm den Apatschen blitzschnell auftauchen. Ebenso schnell waren beide verschwunden und lagen im Gras. Kurze Zeit später erhob sich Winnetou wieder. Er hatte den Yuma gepackt und verschwand mit ihm unter den Bäumen.

„Er hat ihn überwältigt“, knurrte der Große Mund.

„Und zwar im stillen, ohne daß deine Leute etwas bemerkt haben. Du siehst, wie vortrefflich auf unsrer Seite gearbeitet wird. Und doch wäre mir's lieber, wenn der Mann Zeit gefunden hätte, Lärm zu schlagen.“

„Weshalb?“

„Weil wir uns dann jetzt schon in der Entscheidung befänden. Wozu das lange Warten? Unsre Krieger harren auf das Zeichen zum Angriff.“

Ich hielt zwei Finger an den Mund, als wollte ich pfeifen, da bat er rasch:

„Halt! Tu es noch nicht! Warte noch ein wenig!“

„Wozu? Das Verhängnis ist doch nicht von euch abzuwenden.“

„Vielleicht doch! Du hast ja selbst davon gesprochen, als wir uns unterwegs zu den Mimbrenjos befanden.“

„Ich entsinne mich nicht.“

Ich stellte mich aber nur so, um seine Besorgnis zu steigern. Da fuhr er dringender fort:

„Du kannst es doch nicht vergessen haben; — du verlangtest die Wahrheit von mir!“

„Die Wahrheit? Ah so! Ich weiß! Aber sie kann euch nicht retten, weil du das nicht tun wirst, was ich von dir verlange.“

„Was ist das?“

„Deine Krieger auffordern, die Waffen zu strecken und sich zu ergeben.“

Er blickte beschämt zu Boden. Ich aber steigerte mit Absicht diese Verlegenheit.

„Ein solches Versprechen von dir hätte auch keinen Zweck. Ich traue dir nicht, ich vermute, du sinnst auf eine List, und werde das Zeichen geben. Der Kampf mag beginnen.“

„Warte noch, warte noch ein wenig und höre, was ich dir sagen möchte!“

„So sprich, aber schnell! Ich habe keine Lust, die Zeit unnütz zu verschwenden.“

„Ist die Möglichkeit vorhanden, daß meine Krieger geschont werden und, wenn sie sich gefangen geben, die Freiheit wiedererlangen?“

„Ich sage nur: vielleicht.“

„Und daß auch ich mein Leben behalte und wieder freigelassen werde?“

„Das ist weit schwieriger. Deine Leute sind weniger schuldig als du. Deine Missetaten sind so schwer, daß es eines außergewöhnlichen Grundes bedürfte, deine Rettung zu ermöglichen. Der Starke Büffel wird dich auf keinen Fall begnadigen. An ihn dürftest du dich nicht wenden.“

„Aber an dich und Winnetou?“

„Immer nur: vielleicht. Ich will vorher genau wissen, wie du mit den beiden Bleichgesichtern, die Melton und Ralph Weller heißen, bekannt wurdest, weshalb du auf ihre Veranlassung hin die Hacienda del Arroyo überfallen hast und welche Absichten sie in Beziehung auf die weißen Auswanderer verfolgen. Bist du bereit, mir das alles zu sagen?“

„Bist du bereit, mich dafür zu retten?“

„Wenn es mir möglich ist, ja.“

„So werde ich dir sagen, was du wissen willst. Aber jetzt ist keine Zeit dazu. Erwacht wieder einer meiner Krieger, so ist nicht zu erwarten, daß er nochmals so ruhig ergriffen wird. Wenn er Lärm macht, dann schießen eure Krieger.“

„Das ist wohl richtig!“

„Und wenn die Mimbrenjos einmal Blut gesehen haben, dann wird es dir viel schwerer als jetzt, ja vielleicht unmöglich werden, uns zu retten!“

„Davon bin auch ich überzeugt“, meinte ich kalt.

„Drum eile! Verhüte vor allen Dingen das Blutvergießen! Dann werde ich dir alles mitteilen. Ich schwör’ es dir.“

„Deinem Schwur kann ich nur dann Glauben schenken, wenn du ihn mit der Friedenspfeife besiegelst.“

„Dazu haben wir keine Zeit. Die Friedenspfeife können wir später rauchen."

„Sehr wohl, aber ich kann dir kaum trauen. Bedenke, wie schwer mir deine Rettung fallen muß, da sich der Starke Büffel mit allen Kräften dagegen stemmen wird!"

„Er braucht ja nichts davon zu wissen, daß du uns nachts heimlich die Banden zerschneidest."

„Hm! Vielleicht würde ich das tun, weil ich als Christ den Tod selbst meines grimmigsten Feindes verabscheue."

„So eile und laß mich nicht länger warten!"

Er hatte es jetzt eiliger, als ich vorher für möglich gehalten hatte. Ich aber fuhr gelassen fort:

„Ich muß vorher bestimmt wissen, woran ich bin. Du verlangst, daß ich dich und deine Leute heimlich loslasse, und dafür versprichst du mir, daß sie sich jetzt freiwillig gefangen geben?"

„Ja doch, ja!"

„Und klärst mich über die beiden genannten Bleichgesichter der Wahrheit gemäß so vollständig auf, daß ich alle ihre Absichten durchschauen kann?"

„Ja."

„So komm zum Starken Büffel und Winnetou, damit du ihnen sagst, daß du deinen Kriegern den Befehl senden willst, sich zu ergeben."

„Senden? Du meinst, daß ich einen Boten an sie schicken soll? Meine Krieger gehorchen nur mir und werden die Worte eines Boten nicht achten."

„Dafür kann ich nicht, sondern du bist selbst schuld daran, wenn sie vor einem Befehl, den du ihnen sendest, keine Achtung haben. Du hättest ihnen mehr Ehrerbietung für dich, mehr Folgsamkeit einprägen sollen!"

Er hatte bei der Forderung, ihn selber gehen zu lassen, jedenfalls einen Hintergedanken gehabt. Jetzt sah er ein, daß ich unerbittlich war, und lenkte ein: „Wie kannst du verlangen, daß sie einem Mimbrenjoboten gehorchen?"

„Wer spricht von einem Mimbrenjo? Bist du etwa der einzige Gefangene, den wir gemacht haben? Der Krieger, der mit dir ergriffen wurde, ist mit uns beiden geritten und hat die Schar unsrer Leute gesehen. Die beiden Pferdewächter, die ich brachte, haben mit mir die ganze Außenseite unsrer Posten abgeschritten und wissen ebensogut wie du, daß deine Yumas verloren sind, falls sie uns zwingen, zu unsern Gewehren zu greifen. Wenn ich diese drei Männer in euer Lager sende und sie deinen Befehl überbringen, so muß man ihnen unbedingt Glauben schenken."

„Gut, ich bin einverstanden. Führe mich zu diesen dreien!"

„Warte noch einen Augenblick!"

Ich ging mit ihm zum nächsten Posten und gab ihm den Auftrag, den Starken Büffel und Winnetou aufzusuchen, um ihnen mitzuteilen, daß der Große Mund bereit sei, seine Krieger zur Waffenstreckung aufzufordern. Dann kehrte ich mit dem Häuptling auf die andre Seite des Waldes zurück, wo sich die Gefangenen befanden.

Er mußte ihnen den Befehl in meiner Gegenwart erteilen, und während er ihnen seine Gründe auseinandersetzte, gab ich acht, daß kein hinterlistiges Wort mir unterlief. Leise, so daß die Mimbrenjowächter es nicht hören konnten, teilte er ihnen mein Versprechen mit, ihm und allen Gefangenen heimlich die Freiheit zu geben. Er fügte mit Betonung hinzu:

„Und ihr alle wißt, daß Old Shatterhand stets hält, was er verspricht. Er hat noch nie sein Wort gebrochen."

„Ich halte es und werde jede Silbe erfüllen, die ich ausgesprochen habe", bekräftigte ich.

Dann wurden den dreien ihre Füße freigegeben, während ihre Arme noch gefesselt blieben. Zwei von den fünf Wächtern gingen mit, als ich nun mit den drei Yumas und ihrem Anführer zu dem von unsern Posten eingeschlossenen Platz zurückkehrte.

Dort fand ich Winnetou mit dem Starken Büffel und ging zu ihnen hin. Dem Mimbrenjohäuptling war es schwer geworden, meiner Botschaft Glauben zu schenken. Er kam mir hastig einige Schritte entgegen.

„Ist es wahr, daß der Hund von Yuma uns seine Leute mit ihren Waffen ausliefern will?" — „Ja."

„Dann hast du entweder ein Wunder getan, oder es steckt ein Betrug dahinter, den du nicht zu durchschauen vermagst. Old Shatterhand mag sich in acht nehmen."

Da meinte Winnetou in seiner ruhigen Art:

„Es gibt keinen Yuma, dem es gelingen könnte, Old Shatterhand zu betrügen. Der Große Mund bleibt bei uns. Die drei andern Yumas sollen wohl den Befehl zum Lager bringen?"

„Ja", nickte ich.

„Wissen sie, was sie dort sagen sollen?"

„Nur zweierlei muß ich ihnen noch befehlen."

„Was denn noch?" fragte der Große Mund schnell, der eine Bedingung vermutete, auf die er möglicherweise nicht eingehen konnte.

„Etwas sehr Einfaches, was wir bisher nur deshalb nicht erwähnt haben, weil es selbstverständlich ist. Du hattest es vorhin so eilig und wirst mir also beistimmen, wenn ich fordere, daß deine Krieger nicht zögern, dir zu gehorchen?"

„Welche Frist gewährst du ihnen?"

„Ich gebe ihnen eine halbe Stunde Zeit. Von dieser Bedingung gehe ich nicht ab und denke, daß du einverstanden bist."

„Ich muß. Aber du sprachst von zweierlei. Was ist das zweite?"

„Es betrifft die Auslieferung der Waffen. Ich werde, sobald deine Männer erklärt haben, daß sie dir gehorchen wollen, in der Nähe ihres Lagers von unsern Leuten einen Kreis bilden lassen. Dahin muß jeder Yuma einzeln kommen, alle seine Waffen abgeben und dann sofort wieder zu den Seinen zurückkehren. Das ist eine Maßregel, die du nicht unbillig finden wirst."

„Ich gehe darauf ein."

„Nun wohl! Ich erkläre dir aber, daß ich jeden Yuma, bei dem wir dann noch irgendeine Waffe finden, als Verräter niederschießen lassen werde."

„Das ist sehr hart! Alle Waffen abgeben! Wie steht es aber mit den Pferden und den sonstigen Gegenständen, die meine Leute besitzen?"

„Die Pferde gehören uns. Geben wir später einen von euch frei, so steht es nur in unserm Ermessen, ihm sein Tier zu schenken oder nicht. Alles andre, was ihr besitzt, werden wir untersuchen. An euerm Eigentum wollen wir uns nicht bereichern. Was aber vom Überfall der Hacienda del Arroyo stammt, werden wir an uns nehmen und Don Timoteo zurückgeben. Hast du noch eine Frage?"

„Nein."

„So mögen die drei Boten gehen. Du aber setzt dich hier nieder und wirst nicht eher aufstehen, als bis dir die Erlaubnis dazu erteilt wird."

Die Yumas entfernten sich, um ihre unangenehme Aufgabe auszuführen. Der Große Mund hockte sich auf die Erde nieder, und auf einen Wink von mir nahmen die zwei Wächter zu beiden Seiten Platz, um ihn nicht aus den Augen zu lassen.

Ich schaute auf die Uhr, denn es war meine Absicht, falls wir nach Verlauf der halben Stunde noch keinen Bescheid haben sollten, erst einige Schreckschüsse abgeben und dann scharf schießen zu lassen.

Die Boten erreichten, wie wir sahen, das Lager und weckten die Schläfer. Es entstand zunächst ein buntes Durcheinander, dann drängten sich die Yumas in einem engen Kreis um die Abgesandten, worauf nach einer kleinen Weile ein wütendes Geheul erscholl. Die Boten hatten ihren Auftrag ausgerichtet. Er hatte die Wirkung, die zunächst zu erwarten gewesen war, nämlich eine ungeheure Aufregung, die den einzigen bedenklichen

Augenblick für uns bildete. Ging sie vorüber, ohne daß sich die Yumas zu unbesonnenen Feindseligkeiten hinreißen ließen, so war der Erfolg gesichert.

Ich hatte mich mit Winnetou und dem Häuptling der Mimbrenjos eine kleine Strecke vom Großen Mund entfernt, damit er nicht hören sollte, was zwischen uns gesprochen wurde. Als sich der wütende Lärm im feindlichen Lager erhob, warnte der Starke Büffel:

„Jetzt werden die Yumas auf uns eindringen. Man hört es ihrem Geschrei an. Aber wir werden sie empfangen."

„Das ist nur für den Augenblick. Wenn sie erfahren, daß sie eingekreist sind, werden sie kleinlaut werden", erwiderte ich.

„Das glaube ich nicht. Die Yumas schliefen in dem Gedanken ein, daß sie uns mit Tagesanbruch überfallen und vernichten würden. Jetzt, da sie erwachen, erfahren sie, daß sie umzingelt sind und sich ergeben sollen. Da ist es fast gewiß, daß sie in der Aufregung zu den Waffen greifen."

„Sie werden schnell zur Besinnung kommen, denn ich habe ihnen eine Botschaft gesandt. die sie beruhigen und mit Hoffnung erfüllen wird."

„Hast du ihnen vielleicht Hoffnung auf Freiheit gemacht?"

„Ja."

„Ihnen allen und auch ihrem Häuptling?"

„Ihm ganz besonders."

„Bist du toll? Meine Zustimmung dazu bekommst du nie!"

„Die brauche ich nicht. Ich habe überhaupt noch viel mehr versprochen."

„Noch mehr! Was?"

„Den Großen Mund und alle seine Leute heimlich zu befreien, indem ich ihre Fesseln durchschneide."

„Das hast du versprochen, das?" fuhr er mich wütend an. „Wie konntest du ohne unsre Zustimmung —"

Er kam nicht weiter, denn Winnetou ergriff ihn so fest beim Arm, daß er vor Schmerz die Rede vergaß.

„Warum schreit der Starke Büffel wie ein altes Weib, das die Zähne schmerzen! Soll der Große Mund hören, was wir sprechen? Hat man jemals vernommen, daß Old Shatterhand ohne Überlegung handelt? Wenn er ein Versprechen gegeben hat, so wird er es halten. Oder hast du schon einmal gehört, daß mein weißer Bruder einem roten oder weißen Mann ein gegebenes Wort gebrochen hat?"

„Old Shatterhand hält jedes Versprechen."

„Wenn die Bedingungen erfüllt werden, worunter er es gegegeben hat."

„So! Bedingungen!" brummte der Häuptling noch immer

zornig. Und dann fuhr er mich bissig an: „Behalte deine Bedingungen für dich, ich mag sie nicht wissen!"

Damit wandte er sich grollend ab und warf sich in einiger Entfernung ins Gras nieder. Über Winnetous Züge glitt ein Lächeln, doch sagte er nichts. Ich glaubte, ihm eine Mitteilung schuldig zu sein, und bemerkte:

„Ich habe das Versprechen gegeben, weil ich genau wußte —"

„*Pshaw!*" unterbrach er mich. „Was Old Shatterhand tut, ist gut. Er hat nicht nötig, sich bei mir zu entschuldigen. Ich weiß, daß er den Yuma überlisten wird, weil dieser ihn hintergehen will. Der Starke Büffel ist ein tapfrer Häuptling, aber seine Gedanken reichen nur so weit, wie er den Tomahawk werfen kann. Sein Zorn ist schnell groß und schnell wieder klein. Sein Herz ist gut; er wird Old Shatterhand um Verzeihung bitten."

Wenn Winnetou sprach, so mußte jeder Ärger weichen und jedes Gekränktsein sich beschwichtigen. Er beobachtete das feindliche Lager, wo sich die Aufregung jetzt gelegt hatte. Die Yumas standen in ruhiger Verhandlung beisammen und wandten sich bald auf diese, bald auf jene Seite, um unsre Aufstellung zu betrachten. Noch war die halbe Stunde nicht vergangen, da kehrte einer der drei Boten zurück und meldete:

„Die drei ältesten Yumakrieger wünschen Old Shatterhand, Winnetou und den Starken Büffel zu sprechen. Dürfen sie kommen?"

„Ja, aber unbewaffnet."

„Und werden sie, auch wenn ihr nicht einig werdet und sie lieber kämpfen wollen, zurückkehren dürfen, ohne daß ihnen etwas geschieht?"

„Sie sind Abgesandte, sie können hingehen, woher sie gekommen sind."

Der Mann lief zum Lager, um diesen Bescheid zu überbringen, und bald darauf sahen wir die drei Angemeldeten erscheinen. Sie hatten ihre Decken und sogar die Oberkleider abgelegt, damit wir sehen sollten, daß sie keine Waffe versteckt bei sich trugen. Als der Starke Büffel bemerkte, worum es sich handelte, gesellte er sich wieder zu uns.

Die drei gingen an ihrem Häuptling vorüber, ohne einen Blick auf ihn zu werfen, was aber keineswegs ein Zeichen der Verachtung war. Sie kamen jetzt als Bevollmächtigte ihrer Gefährten, und er war in diesem Augenblick nicht ihr Häuptling. Bei uns dreien stehen bleibend, grüßten sie. Dann wandte sich der eine, wahrscheinlich der älteste von ihnen, mit den höflichen Worten an mich:

„Der Große Mund, der Häuptling der Yumas, ist gefangen und hat uns befohlen, uns zu ergeben. Old Shatterhand hat die

Bedingungen mit ihm besprochen. Soweit das Gedächtnis unsrer ältesten Krieger reicht, ist ein solcher Fall nicht vorgekommen. Deshalb sind die Yumas zusammengetreten, um ohne ihren Häuptling einen Entschluß zu fassen. Sie haben uns zu dir gesandt, um sich zu überzeugen, ob der Befehl, den wir erhalten haben, nicht abzuändern ist. Wirst du mit deinen beiden berühmten roten Brüder uns die Erlaubnis geben, die Krieger zu sehen, die uns eingeschlossen haben, und zu prüfen, wie sie aufgestellt sind?"

„Ich achte eure Gründe und weiß, daß es für euch keine Rettung gibt", antwortete ich ihnen. „Darum sei euch euer Wunsch erfüllt! Winnetou, der große Häuptling der Apatschen, wird euch unter seine Obhut nehmen, damit euch unterwegs kein Leid geschieht. Geht also jetzt, und kehrt spätestens nach einer Viertelstunde wieder, um mir euern Entschluß mitzuteilen! Das ist die letzte Frist, die ich euch geben kann."

Sie wandten sich ab, um der Führung Winnetous zu folgen, und schritten unsre ganze Linie entlang. Als sie zurückkehrten, kämpfte schon das Tagesgrauen mit dem Mondlicht. Auch in den Gesichtern der drei Männer gab es einen Kampf, dessen äußere Spuren sie nicht sehen lassen wollten und doch nicht ganz zu unterdrücken vermochten. Es war der Kampf zwischen Stolz und Notwendigkeit. Sie blieben mit gesenkten Blicken eine Weile schweigend vor uns stehen. Dann meinte der älteste:

„Old Shatterhand befand sich in unsrer Gewalt, und es ist ihm doch nichts geschehen. Wird er jetzt seine ganze Strenge gegen uns walten lassen?"

„Daß mir nichts geschehen ist, habe ich nicht euch zu verdanken. Was nützen die Worte? Die Krieger der Yumas mögen mir sagen, was sie beschlossen haben!"

„Wir haben erkannt, daß der Große Mund, unser Häuptling, nichts andres befehlen konnte. Die Läufe eurer Gewehre sind von allen Seiten auf uns gerichtet, und unsre Pferde, deren Schnelligkeit uns hätte forttragen können, habt ihr uns genommen, während wir schliefen."

„So ergebt ihr euch?"

„Wir sind deine Gefangenen."

Er betonte das Wort „deine" besonders. Er wollte mein Gefangener sein, weil ich versprochen hatte, sie freizulassen.

„So geht jetzt, um die Waffen abzuliefern, aber einzeln! Es darf keiner eher herantreten, als bis der vorhergehende abgefertigt ist."

„Dürfen wir nicht wenigstens unsre Medizinen behalten?"

„Der Große Geist hat gewollt, daß ihr in unsre Hände fallt. Sein Angesicht ist von euch gewendet, und so sind eure Heiligtümer wertlos geworden, aber ich will euch nicht so tief erniedrigen. Ihr sollt eure Kalumets und Medizinen behalten dürfen."

Das war wenigstens eine Erleichterung für ihre niedergeschlagnen Seelen. Sie schickten sich an, zum Lager zurückzukehren. Als sie zehn oder fünfzehn Schritte gegangen waren, blieb der Sprecher stehen, wandte sich um und sah zu mir zurück. Es lag in seinem Blick eine Aufforderung für mich, zu ihm zu kommen, da er mir etwas mitteilen müsse. Ich wußte, was er wollte, und ging ihm nach.

„Old Shatterhand mag verzeihen, daß ich noch einmal rede!" sagte er. „Ich weiß, daß die beiden andern Anführer es nicht hören dürfen."

„Sprich, aber faß dich kurz!"

„Ist es wahr, daß Old Shatterhand versprochen hat, uns heimlich freizulassen?"

„Ja, wenn euer Häuptling sein Versprechen erfüllt."

„Welches?"

„Er hat mir nicht erlaubt, es euch zu sagen."

„Aber wenn er es nicht erfüllt?"

„So werde ich annehmen, daß ich das meinige nicht gegeben habe."

„Dann werden wir ihm sagen, daß er sein Wort halten muß. Howgh!"

Er wollte nach diesem Bekräftigungswort gehen, blieb aber nochmals halten und forschte:

„Wohin werdet ihr uns bringen?"

„Darüber ist noch nichts beschlossen. Und damit ist's genug. Es mag nun endlich einmal zum Schluß kommen."

Während die drei Alten ihren Rückweg fortsetzten, wurden dreißig Mimbrenjos bestimmt, den erwähnten Kreis zu bilden, worin die Waffen niedergelegt werden sollten. Sie stellten sich wohlbewaffnet ungefähr fünfzig Schritt vom Lager auf, und kaum war das geschehen, so nahte der Sprecher als erster, um das Geforderte abzugeben. Ich stand dabei und ließ, um die Sache abzukürzen, schnell noch einige Mimbrenjos kommen, die den Inhalt seiner Taschen zu untersuchen hatten. Als Winnetou das sah, eilte er mit noch einigen andern herbei, um die Übergabe dadurch abzuschließen, daß der Entwaffnete gebunden ins Gras gelegt wurde. So wurde mit jedem einzelnen verfahren. Das alles ging rasch. Die Yumas hatten selber genug Riemen und Lassos zum Binden bei sich. Schwer war es nur zu unterscheiden, ob ein Gegenstand in den Taschen der Yumas von der Hacienda stammte oder das Eigentum seines Trägers war, zumal sehr oft eine Sache, von der ich hätte beschwören mögen, daß sie auf der Hacienda geraubt worden war, als Medizin bezeichnet wurde, und ich hatte ja versprochen, jedem seine Medizin zu lassen.

Ein großer Teil des Vormittags war vergangen, als wir endlich fertig waren. Die Yumas lagen nebeneinander wie Säcke auf einem Kartoffelacker. Ihre Waffen bildeten einen großen Haufen und sollten noch vor Mittag verteilt werden. Von den Gegenständen, von denen ich annehmen konnte, daß sie Eigentum des Haciendero gewesen seien, hatte ich eine leidliche Menge zusammenbekommen. Sie wurden einem Mimbrenjo in Aufbewahrung gegeben.

Dann wurde gegessen. Jeder wurde satt, weil beide Teile Vorräte mitgebracht hatten. Da wir noch nicht geschlafen hatten, wurde beschlossen, während der heißen Mittagsstunden zu ruhen. Gegen Abend sollte aufgebrochen werden, und zwar an den Ort, wo die zurückgelassenen Yumas mit den Verwundeten und den geraubten Herden lagerten. Die Krieger sollten gefangengenommen und die Tiere dem Haciendero zurückgebracht werden.

Bei der Verteilung der Waffen ging es lebhaft her. Jeder wollte eine Flinte haben, und da die Gewehre der Yumas nicht viel taugten, so gab es oft Zank und Streit, zu dessen Schlichtung es eines Machtworts bedurfte.

Der Kreis, den unsre Krieger gebildet hatten, war längst aufgelöst worden. Wir lagerten am Waldrand im Schatten, und wer nicht wachen mußte, der schlief, um Kräfte für den weiten Ritt zu sammeln, denn es sollte erst am Ziel angehalten werden. Bei der großen Zahl unsrer Gefangenen mußten zehn Mann wachen. Sie wurden jede Stunde abgelöst. Die zehn wurden wieder abwechselnd von Winnetou, dem Starken Büffel und mir beaufsichtigt, die wir auch allstündlich wechselten.

Ich hatte die erste Wache gehabt, und nach mir kam Winnetou daran. Als mich dann der Häuptling der Mimbrenjos weckte, fühlte ich mich fast müder als vorher und stand auf, um mir Bewegung zu machen. Die zehn Posten, die an der Reihe waren, gingen auf und ab und hatten die Gefangenen so scharf im Auge, daß gewiß keiner etwas Verdächtiges auszuführen vermochte. Man hatte dem Großen Mund, weil er Häuptling war, einen Platz zur Seite gegeben, wo er bewegungslos lag und zu schlafen schien. Als ich aber das zweitemal an ihm vorüberging, öffnete er die Augen und nannte meinen Namen. Ich trat zu ihm und fragte, welchen Wunsch er habe. Er zeigte mir ein erstauntes Gesicht.

„Kann Old Shatterhand wirklich diese Frage aussprechen? Es gibt nur einen Wunsch, den ich haben kann: die Freiheit!"

„Das glaube ich dir. Ich hatte ihn auch, als ich dein Gefangener war."

„Du hast sie wiedererlangt. Wann werde ich sie bekommen? Noch heut?"

„Noch heut?" fragte ich erstaunt. „Du hast geschlafen und träumst wohl noch?"

„Ich träume nicht. Nur zehn Krieger wachen außer dir. Wehrt es dir jemand, meine Fesseln zu zerschneiden? Tu es, so springe ich aufs nächste Pferd, galoppiere davon und bin verschwunden, bevor es einem einfällt, mir zu folgen."

Diese Zumutung kam mir so spaßhaft vor, daß ich in ein lautes Gelächter ausbrach, so daß mehrere Schläfer erwachten und alle Posten zu mir herblickten.

„Was lachst du?" forschte er zornig. „Du hast mir's versprochen!"

„Ich versprach, dich und deine Krieger zu befreien, nicht dich allein. Du wirst nur mit ihnen freikommen."

„So schaffe so schnell wie möglich die Gelegenheit dazu! Du bist es uns schuldig, dein Versprechen zu halten."

„Gewiß! Aber wie steht es mit dem deinigen?"

„Ich halte es, sobald du das deine erfüllt hast."

„Du meinst gewiß, das sei sehr klug ausgesonnen von dir, wirst aber auf diese Weise die Freiheit nicht wiedersehen. Ich lasse dich nicht eher los, als bis du meine Fragen beantwortet hast."

„Und ich beantworte sie nur als freier Mann."

Schon öffnete ich die Lippen zum abermaligen Lachen, wurde aber augenblicklich wieder ernst, denn der Starke Büffel, der in der Nähe lag und den ich schlafend glaubte, sprang in diesem Augenblick auf und rief mir zu:

„Hat Old Shatterhand wohl Zeit, mir eine Frage zu beantworten?"

„Ja", nickte ich.

„So mag er mit mir kommen!"

Ich ging zu ihm. Er führte mich eine Strecke weit fort, so daß man uns nicht hören konnte, blieb dann stehen und blitzte mich mit zornigen Augen an.

„Old Shatterhand hat mit dem Großen Mund gesprochen. Die Worte habe ich zwar nicht verstanden, aber ich errate, was es war."

„Wenn das der Fall ist, so ist es mir unbegreiflich, daß du nicht an deinem Platz liegenbliebst. Der Schlaf ist dir ebenso notwendig wie uns andern allen."

„Wie kann ich schlafen, wenn ich sehe, daß sich der Verrat in unsrer Mitte befindet!"

„Der Verrat? Will mein roter Bruder mir sagen, wen er für einen Verräter hält?“

„Du selber bist es!“

„Ich? Ein Verräter? Wenn der Starke Büffel Old Shatterhand, dem nie jemand die geringste Untreue nachzusagen vermochte, für einen Verräter hält, so kann der Grund nur darin liegen, daß der Große Geist ihm die Sinne verwirrt hat. Ich schenke dir mein Mitleid, und da ich dein Freund und Bruder bin, tut es meiner Seele weh, dich so lange von unserm Rat ausschließen zu müssen, bis dein verwirrter Verstand wieder in Ordnung gebracht ist.“

Darauf ließ ich ihn stehen und ging weiter. Er aber sprang mir nach und ergriff mich wütend beim Arm.

„Was hast du gesagt? Den Verstand willst du mir absprechen? Meinst du, weil deine Gewandtheit so groß ist, kannst du nicht bloß deine Feinde besiegen, sondern darfst sogar auch deine Freunde beleidigen? Zieh dein Messer und kämpfe mit mir! Eine solche Kränkung kann nur mit Blut abgewaschen werden!“

Nicht nur seine Worte, sondern auch seine verzerrten Gesichtszüge sagten mir, daß sich der alte Hitzkopf im Zustand wirklichen Grimmes befand. Er hatte sein Messer aus dem Gürtel gerissen und stand in der Stellung eines Kämpfers vor mir. Ich aber blieb gelassen:

„Womit eine solche Beleidigung gesühnt werden muß, das kann nur ich bestimmen, denn ich bin es, der beleidigt wurde. Du nanntest mich einen Verräter. Gibt es für einen Krieger eine größere Beleidigung? Wenn ein Fremder mir das Wort entgegenwirft, so schlage ich ihn nieder, daß er für immer liegenbleibt. Tut es aber ein Freund, so muß ich annehmen, daß er plötzlich verrückt geworden ist. Fühlst du dich dadurch in deiner Ehre gekränkt, so kann ich nicht dafür, denn du allein bist es, der mir den Grund geliefert hat, so von dir zu denken.“

„Aber ich habe recht! Du willst den Großen Mund freilassen! Muß es mir nicht verdächtig vorkommen, daß du bei ihm stehst und mit ihm verhandelst, während wir schlafen?“

Da legte ich ihm die Hand schwer auf die Achsel und sagte sehr ernst:

„Wenn Old Shatterhand wacht, können die andern ruhig schlafen; das magst du dir merken. Damit mag die Sache ein Ende haben.“

Ich wollte abermals gehen, er hielt mich jedoch wieder zurück und schrie:

„Nein, sie ist nicht zu Ende! Du mußt mit mir kämpfen! Nimm dein Messer, sonst steche ich ohne deine Gegenwehr zu!“

Die Indianer waren durch das Geschrei des Alten munter geworden. Auch Winnetou war erwacht, kam herbei und fragte:

„Weshalb fordert mein roter Bruder Old Shatterhand zum Kampf heraus?"

„Weil er mich beleidigt hat. Er sagte, mein Verstand sei verwirrt", grollte der Starke Büffel.

„Warum behauptet er das?"

„Weil ich ihn einen Verräter genannt habe."

„Welchen Grund hatte der Häuptling der Mimbrenjos dazu?"

„Old Shatterhand stand bei dem Großen Mund und redete mit ihm."

„War es eine Verräterei, die er mit ihm besprach?"

„Ja. Old Shatterhand hat selber erklärt, daß er ihn loslassen will."

„Und das ist der einzige Grund, den du für dein Verhalten hast? Ich sage dir, mein Bruder Shatterhand weiß, was er tut. Und wenn alle Menschen der Erde zu Verrätern würden: er allein bliebe treu!"

„Das glaubst du, ich aber weiß das Gegenteil. Er hat mich beleidigt, er muß mit mir kämpfen!"

Es war wirklich ein Genuß, den Blick zu sehen, mit dem Winnetou den Alten von oben bis unten maß, und dann den Ton zu hören, in dem er ihn fragte:

„Will mein Bruder zum Gelächter der Seinigen werden?"

Das ergrimmte den Starken Büffel noch mehr. Er brüllte wild auf:

„Willst etwa auch du mich reizen? Sieh meine Gestalt, meine Muskeln! Meinst du, daß ich unterliege?"

„Ja! Wenn Old Shatterhand will, wird seine Klinge dir gleich beim ersten Stich ins Herz fahren, aber er wird nicht wollen."

„Wenn er zögert, mit mir zu kämpfen, so ist er ein Feigling, und ich steche ihn nieder!"

Jetzt zogen sich die Brauen Winnetous zusammen, und seine Züge nahmen jenen Ausdruck an, den ich sehr wohl kannte, und der mir sagte, daß der Apatsche seine Seele nun verschlossen hatte. Er zog die eine Schulter ein wenig höher und entschied:

„Der Starke Büffel ist entschlossen, sich lächerlich zu machen. Old Shatterhand wird mit ihm kämpfen. Welche Bedingungen stellt mein Bruder?"

„Kampf auf Leben und Tod."

„Mit den Messern?"

„Mit den Messern!"

„Wann?"

„In diesem Augenblick."

„Nach welchen Regeln sollen die Messer geführt werden?"
„Nach gar keiner Regel. Ich steche, wie es mir beliebt."
„Was soll geschehen, wenn einer sein Messer verliert? Darf der andre ihn niederstechen?"
„Wenn er kann, so mag er es tun; der andre aber wird sich mit den Fäusten wehren und den Gegner erschlagen oder erwürgen dürfen."
„Meine beiden Brüder werden mir erlauben, Schiedsrichter zu sein. Ich bin bereit, und sie können den Kampf auf Leben und Tod beginnen."
Die Augen des alten Isegrim leuchteten vor Kampflust. Er kannte mich, dachte aber in diesem Augenblick nicht an das, was er mit mir erlebt hatte. Wenn er zornig war, so gab es bei ihm kein Bedenken. War der Zorn verraucht, so war er der liebenswürdigste Mensch, das heißt, so liebenswürdig, wie ein Indianer eben zu sein vermag. Freilich hatte ihm sein Zorn schon schlimme Streiche gespielt und er hätte seinen Einfluß bei seinem Stamm wohl längst verloren, wenn er nicht sonst ein tüchtiger Anführer und riesenstarker Mann gewesen wäre. Er zählte vielleicht sechzig Jahre, besaß den Bau und die Körperkraft eines Hünen und befand sich noch im Vollbesitz der Beweglichkeit, die andre in solchem Alter verloren haben. Er war also ein ebenbürtiger Gegner. Eigentlich war ich sogar im Nachteil; denn er gedachte den Kampf ernsthaft zu führen, während ich ihn schonen wollte.
Am liebsten hätte ich mich geweigert, auf den Zweikampf einzugehen, aber dann wäre er sofort mit dem Messer auf mich eingedrungen, und ich hätte mich dennoch wehren müssen. Deshalb zeigte ich meine Bereitwilligkeit dadurch an, daß ich mich ihm gegenüberstellte und mein Messer mit der linken Hand zog. Ich tat das, um meine rechte Faust frei zu haben. Er aber in seiner Wut beachtete diesen Umstand nicht.
Die Mimbrenjos hatten gesehen und gehört, worum es sich handelte, und kamen herbei. Die gefangenen Yumas suchten sich unter ihren Fesseln eine solche Lage zu geben, daß sie gleichfalls zusehen konnten. Auf allen Gesichtern lag der Ausdruck größter Spannung, nur auf denen der beiden Söhne des Häuptlings nicht. Sie wollten es nicht merken lassen, daß sie sich in Sorge befanden. War ich Sieger, so tötete ich ihren Vater, und blieb er in der Oberhand, so war es um mich geschehen, dem sie ihre Verehrung zollten.
So standen wir einander auf fünf Schritt gegenüber, jeder sein Messer in der Hand und das Auge scharf auf den Gegner gerichtet. Winnetou fragte, bevor er das Zeichen zum Beginn gab:

„Hat der Häuptling der Mimbrenjos für den Fall seines Todes einen Wunsch auszusprechen?"

„Ich sterbe nicht!" lachte der Gefragte grimmig auf. „Gib das Zeichen, und sofort wird mein Messer Old Shatterhand fressen!"

„Oder hat mein weißer Bruder mir einen Auftrag zu erteilen?" fragte der Apatsche jetzt mich.

„Ja. Wenn der Starke Büffel mich erstochen hat, so sag ihm, daß ich der Retter seiner Kinder gewesen bin und seinem Sohn einen Namen gegeben habe. Vielleicht ist er dann vorsichtiger im Umgang mit Freunden, denen er Dankbarkeit schuldet."

Ich war der Ansicht gewesen, daß diese Erinnerung den Alten zu Verstand bringen würde, hatte mich aber geirrt, denn er fuhr erst recht zornig auf:

„Ein Verräter kann niemals Anspruch auf Dank erheben. Ich will Blut sehen, Blut!"

Der Kampf war also nicht rückgängig zu machen, und wenn ich vorher entschlossen gewesen war, so zart wie möglich mit dem Alten umzugehen, so fühlte ich jetzt auch mein Blut in Wallung geraten und nahm mir vor, ihm eine etwas derbere Lehre zu geben. Ich nickte also Winnetou zu. Er erhob die Hand und rief:

„Keiner der Zuschauer weiche von seinem Platz, bis ich es ihm erlaube! Der Kampf mag beginnen. Howgh!"

Wer wird anfangen? Ich nicht! Doch war ich entschlossen, den Häuptling gleich beim ersten Angriff unschädlich zu machen. Zaudern durfte ich nicht, denn je länger ich mich dem Messer des Gegners aussetzte, desto größer wurde für mich die Gefahr, von ihm getroffen zu werden.

Der Starke Büffel stand aufrecht wie eine Säule. Wollte auch er nicht der Erste sein? So bewegungslos sein Körper war, in seinem Innern sah es anders aus. Das lebhafte Flackern seiner Augen verriet, daß er nur so still stand, um meinen Blick zu ermüden und sich plötzlich auf mich zu werfen. Ich hatte mich in dieser Annahme nicht geirrt, denn plötzlich flammte es zwischen seinen Lidern auf, und ich ließ das Messer fallen, überzeugt, daß er jetzt auf mich einspringen würde. Er hob wirklich schon den Fuß, setzte ihn aber wieder auf die Erde und rief:

„Habt ihr gesehen, daß sich Old Shatterhand fürchtet? Das Messer ist ihm entfallen, weil die Angst ihm die Finger öffnete."

Anstatt zu antworten, bückte ich mich, als wollte ich das Messer aufheben. Ich wußte, daß der Starke Büffel die Blöße, die ich mir dabei gab, zum Angriff benutzen würde. Er tat auch sofort den entscheidenden Sprung, entscheidend, weil damit seine Niederlage besiegelt war. Denn da ich mich bückte, mußte er, um mich zu treffen, seine hohe Gestalt ebenfalls beugen und den Stoß auf einen Punkt richten, der in der Höhe meines Rükkens lag. Ich machte aber eine schnelle Wendung zur Seite und richtete mich dann rasch auf. Dadurch kam ich aufrecht neben dem Häuptling zu stehen, während er in gebeugter Haltung gegen die Stelle stieß, wo ich mich soeben befunden hatte. Ich konnte also meine ganze Kraft anwenden und schlug ihm die geballte Rechte von hinten ins Genick, daß er wie eine leblose Masse zu Boden sank. Mit einem schnellen Griff riß ich dem Gefällten das Messer aus der Hand, mit einem zweiten wandte ich ihn aus der Bauch- in die Rückenlage, um ihm auf die Brust zu knien und ihm das eigne Messer an die Kehle zu setzen, aber ich führte die Bewegung nicht aus. Seine Augen waren weit geöffnet und starrten mit gläsernem Ausdruck herauf. Der Mund stand offen. Das dunkle, wetterharte Gesicht schien plötzlich versteinert. Kein Glied seines Körpers zuckte. Ich richtete mich auf und sagte zu Winnetou:

„Der Häuptling der Apatschen sieht den Starken Büffel am Boden liegen und sein Messer in meiner Hand. Er mag entscheiden, wer der Sieger ist!“

Winnetou kam heran und kniete vor dem Mimbrenjo nieder, um ihn zu untersuchen. Als er sich dann erhob, war sein Gesicht sehr ernst und seine Stimme schien zu zittern.

„Der Häuptling der Apatschen hat gesagt, daß der Starke Büffel noch heut die Ewigen Jagdgründe betreten könne, und er hat recht gehabt. Die Faust Old Shatterhands ist wie ein Felsen. Sie zerschmettert selbst dann, wenn er nicht töten will.“

Das war durchaus wahr gesprochen, denn ich hatte den Starken Büffel wirklich nicht erschlagen wollen. Ein kräftiger Mensch kann einen andern wohl durch einen Fausthieb betäuben, wenn ihn die Faust dann auch für einige Stunden schmerzt. Aber gradezu erschlagen, das kann nur dadurch geschehen, daß man eine höchst empfindliche Stelle trifft. Die Zuschauer standen stumm, auch die beiden Söhne des Besiegten, zu dem ich ebenfalls niederkniete, um ihn zu untersuchen.

Seine stieren Augen waren die eines Toten, sein offner Mund deutete auf Lähmung, sein Herz klopfte schwach. Er lebte also noch. Ich versuchte seine Augenlider zusammenzudrücken, da bewegte er seine Augen, indem sie jemanden suchten und dann auf mir haften blieben. Es kehrte ihnen dabei der Ausdruck des Schreckens zurück. Die Lippen schlossen und öffneten sich abwechselnd, und durch alle Glieder ging eine würgende Bewegung, die bewies, daß der Gelähmte alle seine Kraft anstrengte, die Lähmung zu überwinden. Ich stand auf und meldete den Roten:

„Der Häuptling ist nicht tot. Seine Seele ist noch in ihm. Ob aber der Körper ihr wieder gehorchen wird wie zuvor, muß erst abgewartet werden."

Da stieß der am Boden Liegende einen langen, durchdringenden Schrei aus, schnellte empor und schlug mit den Armen um sich.

„Ich lebe, ich lebe! Ich kann reden, ich kann mich bewegen!"

Winnetou nahm mir das Messer aus der Hand, hielt es ihm entgegen und fragte:

„Erklärt sich der Starke Büffel für besiegt? Old Shatterhand konnte ihn erstechen, hat es aber nicht getan."

Der Mimbrenjo hob langsam den Arm und richtete ihn steif auf mich. Sein Gesicht nahm dabei den Ausdruck des Grauens an.

„Das Bleichgesicht hat den Tod in seiner Faust. Es war entsetzlich, Leben zu besitzen und doch tot zu sein. Old Shatterhand mag mir das Messer ins Herz stoßen, aber so, daß ich dann nicht mehr sehen und hören kann!"

Er stellte sich vor mich hin, in der Haltung eines Mannes, der den Todesstoß erwartet. Ich nahm ihn bei der Hand, führte ihn zu seinen Söhnen und sagte zu dem jüngern:

„Dein älterer Bruder hat einen Namen von mir erhalten, dir biete ich eine ebenso große Gabe: ich schenke dir deinen Vater. Nimm ihn hin, aber sag ihm, daß er nicht wieder an Old Shatterhand zweifeln soll!"

Der Alte sah mir mit starrem Forschen ins Gesicht und schlug dann die Augen nieder.

„Das ist fast schlimmer als der Tod! Du gibst mein Leben einem Kind! Die alten Weiber werden auf mich deuten, und von einem zahnlosen Mund wird es zum andern gehen, daß ich von dir besiegt wurde und nun einem Knaben gehöre, der keinen Namen hat. So wird mein Leben ein Dahinsiechen in Schande sein!"

„Mitnichten! Im Zweikampf besiegt zu sein, ist keine Schande, und dein jüngerer Sohn wird bald einen so berühmten Namen haben wie sein älterer Bruder. Deine Ehre ist dir nicht genommen. Frage Winnetou und die Ältesten deines Stammes, sie werden es dir bestätigen!"

Ich entfernte mich, und er ging auf seinen Platz, um sich dort traurig niederzuhocken. Auch die andern suchten ihre Lagerplätze auf, viele fanden aber den Schlaf nicht so schnell wieder. Als mich nach der festgesetzten Zeit Winnetou ablöste, fragte er mich:

„Hat mein Bruder Scharlih schon einmal einen solchen Hieb gegeben, der nicht betäubt und doch der Seele die Macht über den Körper raubt?"

„Nein.“

„Es war schrecklich anzusehen! Hätte diese Lähmung dauern können?“

„Jawohl. Für Wochen, Monate und Jahre.“

„Dann mag mein weißer Bruder die Feinde lieber gleich erschlagen! Der Starke Büffel wird dich nicht wieder zum Kampf zwingen. Ich errate, was du mit dem Großen Mund gesprochen hast. Er verlangte heut schon die Freiheit?“

„Ja.“

„Er hat dir aber nicht mitgeteilt, was du wissen willst?“

„Nein.“

„Er wird es auch nicht sagen, sondern dich belügen. Was hast du über ihn beschlossen?“

„Das, wofür mein Bruder Winnetou sich entschieden hat.“

„Du kennst meine Gedanken. Old Shatterhand und Winnetou trachten nicht nach Blut, aber retten können sie den Großen Mund doch nicht. Wollten wir ihm die Freiheit geben, so würde die Schuld von allen Missetaten, die er später begeht, auf uns fallen. Er ist der Todfeind der Mimbrenjos. Sie mögen ihn mit sich nehmen, um ihn nach ihren Gesetzen und Gebräuchen zu richten.“

Der mir so unerwartet aufgezwungene Zweikampf war nicht imstand, mich um meine Ruhe zu bringen. Ich schlief darauf so fest, daß ich geweckt werden mußte. Zur angegebenen Zeit wurde aufgebrochen. Unser Ritt verlief ohne irgendein erwähnenswertes Ereignis.

10. Von Erfolg zu Erfolg

Schon nahte der Abend, als wir die enge Schlucht erreichten, die auf den Lagerplatz der bei den Herden zurückgebliebenen Yumas mündete.

Wir mußten also vorsichtig sein und einen Kundschafter vorsenden, der aber wegen des weithin hörbaren Hufschlags nicht zu Pferd sein durfte. Der Wichtigkeit dieses Postens wegen und weil ich die Schlucht schon kannte, übernahm ich selbst das Späheramt. Als mein junger Freund, der Yumatöter, das hörte, kam er zu mir und sagte ehrfurchtsvoll:

„Old Shatterhand will die Feinde auskundschaften. Ich habe die Gegend auch kennengelernt. Darf ich mit?“

„Ich brauche freilich einen Begleiter, um ihn als Wächter zu verwenden, aber du hast genug getan und dir einen Namen erworben. Der Weg zu großen Taten steht dir nun frei, da du ein Krieger bist. Du bedarfst dazu meiner nicht mehr, und ich will lieber einem andern den Weg zur Berühmtheit öffnen. Schick deinen Bruder her! Er soll mich begleiten!"

„Old Shatterhand besitzt ein Herz voll Güte. Mein jüngerer Bruder wird sich dieses Vertrauens würdig zeigen."

Der Zug mußte halten, denn es konnte einer der Yumas, die wir überrumpeln wollten, als Wächter in der Schlucht stehen oder aus irgendeinem andern Grund so weit in die Enge eingedrungen sein, daß wir unversehens auf ihn stießen. Wir stiegen also ab, und ich ging mit dem jüngeren Indianerknaben zu Fuß weiter. Er schritt hinter mir her und sprach kein Wort. Ich sah zuweilen zurück und vergnügte mich an seiner Miene. Er war sich der Wichtigkeit unsrer Aufgabe bewußt, daher der Ausdruck des Glücks und des Selbstgefühls in seinen noch jugendlich weichen Zügen.

Der Unterschied zwischen mir, dem erwachsenen Krieger, und ihm, dem unbekannten Jüngling, ließ ihn gar nicht daran denken, sich mir zur Seite zu halten. Aber ich bemerkte wohl, daß er zuweilen unwillkürlich einige rasche Schritte machte und dann gleich wieder zurückblieb. Er wollte mir offenbar etwas sagen, durfte aber das Gespräch nicht beginnen. Ich ging daher ein wenig langsamer und ermunterte ihn:

„Mein junger Bruder mag an meiner Seite gehen!"

Er gehorchte sofort.

„Mein roter Bruder wünscht, zu mir sprechen zu dürfen", fuhr ich fort. „Ich weiß, was ihm auf den Lippen schwebt. Soll ich's ihm sagen?"

„Old Shatterhand spricht, wann er will!"

„Es betrifft deinen Vater, den Starken Büffel. Habe ich recht?"

„Old Shatterhand trifft stets das Richtige."

„Du wolltest mich fragen, warum ich sein Leben dir geschenkt habe? Du darfst jetzt zu mir reden, als wäre ich dein Gefährte."

„Wenn Old Shatterhand mir das erlaubt, so darf ich ihm sagen, daß mein Vater sterben wird!"

„Warum denkst du das?"

„Ich sehe es ihm an, und Yuma-Shetar ist gleicher Meinung. Er wird sich töten, weil er die doppelte Schande nicht ertragen kann."

„Es ist keine Schande, von mir niedergeworfen zu werden. Ich habe Winnetou auch besiegt, bevor er mein Bruder wurde. Nun frag ihn, ob er sich dessen schämt! Rede mit deinem Vater darüber! Du sprachst aber von einer doppelten Schande. Damit meintest du, daß ich ihn dir geschenkt habe?"

„Ja."

„Ich habe so gehandelt, um ihm die Schmach zu ersparen, von

mir das Leben geschenkt zu erhalten. Er hatte es in seinem Zorn auf meinen Tod abgesehen. Er hätte mich als Sieger nicht geschont, sondern sicherlich erstochen. Es wäre also eine Schande gewesen, wenn er das Leben aus meiner Hand geschenkt erhalten hätte. Jetzt ist sein Leben dein Eigentum, und da du sein Kind bist, kann er es als Gabe von dir annehmen, ohne erröten zu müssen. Begreifst du mich nun?"

Er dachte erst eine kleine Weile nach und atmete dann auf.

„Mein Herz war schwer um meines Vaters willen, nun aber ist es wieder leicht geworden. Die Worte Old Shatterhands sind weise. Mein Vater kann ohne Scham weiterleben; ich werde es ihm sagen. Dafür aber, daß mein berühmter weißer Bruder das Leben meines Vaters in meine Hand gegeben hat, soll ihm das meinige gehören. Old Shatterhand sage ein Wort, so bin ich bereit, sofort für ihn in den Tod zu gehen!"

„Ich wünsche, daß du lebst, um ein tapfrer Krieger und ein guter Mensch zu werden. Zu einem guten Menschen kann ich dich nicht machen. Du mußt selber bestrebt sein, nie ein Unrecht zu tun. Aber ein tapfrer Krieger zu werden, dazu will ich dir behilflich sein. Ich werde dafür sorgen, daß du stets in meiner Nähe bist, solange ich mich in diesen Gegenden befinde."

Da ergriff er einen Finger meiner Hand, drückte ihn an seine Brust und sagte mit überquellendem Herzen:

„Ich habe meinem großen weißen Bruder vorhin mein Leben zugesagt, nun wollte ich, ich hätte viele Leben. Sie alle würden Old Shatterhand gehören!"

„Ich weiß! Du bist ein dankbarer Jüngling, und wer dankbar ist, der wandelt auf dem Weg, an dem auch alle andern Tugenden blühen. Pflücke sie beizeiten, denn je länger dieser Weg wird, desto seltener sind sie zu finden und desto mehr sind sie von Dornen umgeben, die die pflückende Hand verscheuchen!"

Der junge Mann holte tief Atem. Meine Worte waren ihm ins Herz gedrungen und dort auf einen fruchtbaren Boden gefallen. Ein solches Aufatmen, das ein sicheres Zeichen tiefinnerster Bewegung ist, habe ich immer gern gehört.

Der Tag neigte sich schnell zur Rüste. In der Schlucht war es schon ziemlich düster geworden. Wir mußten um so schärfer aufpassen. Vorteilhaft war, daß mein Gefährte schon gelernt hatte, mit unhörbaren Schritten zu gehen. Indianer werden schon in früher Jugend in dieser Kunst — denn es ist wirklich eine Kunst — geübt.

Es stellte sich heraus, daß sich kein feindliches Wesen in der Schlucht befand. Wir erreichten den Ausgang beim letzten Tagesschein, der uns erlaubte, uns leidlich umzuschauen.

Als ich Gefangener der Yumas war, hatten wir nahe der

Schlucht gelagert. Unterdessen hatten die vielen geraubten Tiere das Gras abgeweidet, und die Hirten waren dadurch gezwungen gewesen, sich von hier zu entfernen. Wir sahen sie so weit draußen, daß die Pferde und Kühe scheinbar die Größe kleiner Hunde hatten.

Einer der Yumas kam jetzt auf den Ausgang der Schlucht zu. Um den Grad der Begabung des Mimbrenjoknaben zu prüfen, fragte ich diesen:

„Du siehst den Yuma, der sich uns nähert. Wird er vollends herkommen oder unterwegs umkehren?“

„Er wird kommen, um sich hier aufzustellen, und die Krieger zu erwarten, die dir nachgejagt sind.“

„Ist das nicht überflüssig?“

„Nein. Er soll ihnen, falls sie erscheinen, sagen, wo sich seine Gefährten befinden, weil sie sich von hier entfernt haben.“

„Die Leute würden ihre Brüder doch auch ohne eine solche Anweisung finden, da die Hirten doch jedenfalls Wachtfeuer brennen werden.“

„Sie werden so vorsichtig sein, keine anzuzünden. Sie wissen nicht, ob es gelungen ist, dich wieder zu ergreifen, und Old Shatterhand ist für seine Feinde ein gefährlicher Gegner.“

„Hm! Warum kommt aber dieser Mann erst jetzt? Weshalb hat man nicht schon am Tag einen Posten hierhergestellt?“

„Weil die Erwarteten am Tag die Herden da draußen sehen können und also keines Wegweisers bedürfen.“

„Das ist richtig. Du hast mir gute Antworten gegeben. Aber das Wissen genügt nicht. Man muß auch zu handeln verstehen.“

„Old Shatterhand mag mir sagen, was ich tun soll! Ich werde gehorchen.“

„Ich möchte den Yuma fangen.“

Das bronzene Gesicht des Knaben wurde infolge der Erregung, die meine Worte bei ihm hervorriefen, noch dunkler.

„Wenn Old Shatterhand seine Hand ausstreckt, kann der Yuma ihm nicht entgehen.“

„Hast du nicht auch eine Hand?“

Er blickte glänzenden Auges zu mir auf, zögerte aber.

„Es ist die Hand eines Knaben, der in Gegenwart eines großen Kriegers nicht handeln darf.“

„Der Krieger erlaubt es dir. Du sollst deinem Vater zeigen, daß du an meiner Seite gewesen bist.“

„Dann werde ich ihn erschießen!“

„Nein. Seine Brüder würden den Schuß hören. Ich sagte dir, daß ich ihn gefangen haben will.“

„Old Shatterhand mag erklären, was er von mir verlangt. Ich werde es ausführen.“

„Du sollst selber wissen, was du zu tun hast. Die Tat wäre nicht ganz die deine, wenn du meinen Rat brauchtest. Überlege also schnell, bevor es zu spät ist!“

Er lugte hinaus auf die Stelle, wo sich der Yuma jetzt befand, und musterte hierauf unsre Umgebung. Sein Gesicht hatte dabei einen unternehmenden, ja entschlossenen Ausdruck.

„Ich weiß, was ich tue“, meinte er dann. „Wir stehen hier am Ausgang der Schlucht, hinter deren Felsecke wir hervorblicken. Der Yuma wird nicht draußen bleiben, sondern in die Schlucht hereinkommen.“

„Das halte auch ich für wahrscheinlich.“

„Ich sehe ein Versteck für mich, worin ich mich verberge, bis er vorüber ist. Dann schleiche ich hinterdrein und schlage ihm den Kolben meines Gewehrs auf den Kopf, daß er niederstürzt. Mit meinem Lasso werde ich ihn binden.“

„Wenn das Versteck gut ist, ist auch der Plan nicht schlecht. Wo liegt es?“

„Gleich hinter uns auf dem Felsen.“

Wir standen in Deckung beim Ausgang der Schlucht. Wenige Schritt rückwärts trat die Steinwand in etwas mehr als Mannshöhe vielleicht zwei Meter zurück. Wer da oben lag und sich niederduckte, konnte von einem Vorübergehenden nicht entdeckt werden. Darum fragte ich:

„Kannst du denn hinauf? Der Stein ist glatt.“

„Da ist nichts!“ antwortete er unbesorgt. „Ich würde noch viel höher kommen.“

„Aber wenn du herunterspringst, wird er dich hören.“

„Ich springe nicht, sondern ich gleite leise.“

„Dann rasch hinauf! Es eilt.“

„Wo wird sich Old Shatterhand inzwischen verstecken?“

„Das ist meine Sache. Rechne nicht auf mich, ich kann dir nicht beistehen! Wenn du nicht schnell und entschlossen handelst, wird er dich töten.“

„Der Yuma wird keinen Mimbrenjo töten!“ gab er stolz zurück. „Ich fange ihn und lasse ihn am Pfahl sterben.“

Er war ein guter Kletterer und kam schnell wie ein Eichhörnchen auf den Felsvorsprung, an den er sich so schmiegte, daß ich ihn nicht sehen konnte. Wer ahnungslos vorüberkam, vermochte ihn erst recht nicht zu bemerken.

Nun war es hohe Zeit, mich zurückzuziehen, denn der Yuma hatte, um uns zu erreichen, höchstens noch dreihundert Schritt zu gehen. Ich eilte also eine Strecke zurück bis zu einem Steinblock, hinter den ich mich stellte. Das Unternehmen war für den jungen Helden trotz meiner Anwesenheit nicht ungefährlich. Wenn der Yuma ihn vorzeitig bemerkte und es zum Kampf kam, konnte ich nicht schnell genug Hilfe bringen, weil ich nicht schießen durfte. Ich sah darum den nächsten Augenblicken mit Spannung entgegen, zumal ich der Urheber der Tat war und ihre Folgen verantworten mußte.

Erleichtert wurde die Ausführung des Vorhabens dadurch, daß es mittlerweile noch dunkler geworden war, und daß ein Umstand eintrat, den wir nicht mit in Betracht gezogen hatten. Der Yuma blieb nämlich, als er die Schlucht erreicht hatte, an der Ecke halten, wo wir vorhin unsre Beobachtungen gemacht hatten, und kam nicht herein. Er befand sich dort auf dem Posten, der ihm angewiesen worden war und begann, langsam hin und her zu gehen. Dabei näherte er sich wiederholt dem Felsen, auf dem der Knabe lag, aber nicht so weit, daß er von oben herab mit dem Kolben erreicht werden konnte.

Ich sagte mir, daß der junge Mimbrenjo warten würde, bis der Yuma ihm einmal nahe genug sei, und faßte mich in Geduld. So vergingen fünf Minuten. Es wurde so dunkel, daß ich kaum zwanzig Schritt weit sehen konnte. Ich lauschte angestrengt und beschloß eben, mich leise dem Ausgang der Schlucht zu nähern, um im Notfall schneller bei der Hand sein zu können, da vernahm ich einen Ton, wic wenn man mit einem Stock auf einen Kürbis schlägt. Das war der Hieb, den der Yuma hatte bekommen sollen. Ich blieb stehen und horchte weiter. Ein röchelndes Stöhnen ließ sich hören, dann wiederholte sich das erste Geräusch. Der Yuma hatte einen zweiten Kolbenschlag erhalten. Jetzt brauchte ich keine Sorge mehr um den Gefährten zu haben und wartete, was er nun unternehmen würde. Nach kurzer Zeit hörte ich Schritte, und dann rief der Mimbrenjo halblaut meinen Namen.

Ich ging zu ihm.

„Nun, wie hat mein junger Bruder seine Aufgabe ausgeführt? Ist sie geglückt?“

„Ja. Der Yuma ging unter meinem Versteck hin und her, da gab ich ihm einen Hieb, der ihn niederwarf. Er stöhnte und wollte sich erheben. Ich sprang hinab und gab ihm einen zweiten Schlag, worauf er still liegen blieb. Dann band ich ihn mit meinem Lasso. Ob er noch lebt oder ob ich ihn erschlagen habe, weiß ich nicht.“

„Komm, laß uns nachsehen!“

Wir begaben uns an Ort und Stelle, wo ich den Yuma untersuchte. Er war bei voller Besinnung. Die Hiebe hatten ihn nur für einige Augenblicke betäubt. Um Hilfe hatte er nicht gerufen, weil er wußte, daß sein Ruf nicht bis zu seinen Gefährten dringen würde. Was er besaß, war Beute seines Besiegers, doch war das Ergebnis gering. Die Taschen des Yuma waren völlig leer, und bewaffnet war er nur mit einem Messer und einem Bogen nebst Köcher, worin sich einige Pfeile befanden. Ich hätte meinem kleinen Helden einen reicheren Fang gegönnt, denn bei den Roten heißt es: je mehr Beute, desto größer die Heldentat.

Unsre Nachforschung hatte einen günstigen Verlauf genommen. Wir mußten nun zurückkehren und den Gefangenen mitschleppen, da wir ihn nicht liegenlassen durften. Es war mit Sicherheit anzunehmen, daß er abgelöst würde, und bevor das geschah, mußten wir wieder hier sein, um seinen Nachfolger zu empfangen, der beim Fehlen seines Vorgängers Lärm schlagen würde. Ich fragte darum den Yuma:

„Kennst du mich?“

„Old Shatterhand!“ entgegnete er erschrocken. „Ja, ich kenne dich!“

„Wenn dir dein Leben lieb ist, so antworte mir auf meine Fragen die Wahrheit! Sind, seit ich fort bin, noch mehr Yumas zu euch gestoßen?“ — „Nein.“

„Wann wirst du abgelöst?“

„Nach zweimal der Zeit, die die Bleichgesichter eine Stunde nennen.“

„Du wirst jetzt mit uns kommen. Damit du gehen kannst, werde ich dir die Füße freigeben.“

Ich löste dem Roten den Lasso von den Beinen, schnürte ihm die Arme an den Leib und band ihn mit mir zusammen, so daß ich ihn sicher hatte. Dann eilten wir trotz der Dunkelheit schneller zurück, als wir am Tag hergekommen waren, weil wir da langsam hatten vordringen müssen, um vorsichtig nach Indianern auszuspähen.

Als ich Winnetou unsre Beobachtungen gemeldet hatte, meinte er:

„Es wird ein leichtes sein, sie zu ergreifen, nur dürfen wir die Gefangenen nicht mitnehmen, da sie uns verraten könnten. Wieviel Mimbrenjos werden wohl genügen, die Feinde zu überrumpeln, daß kein einziger von ihnen entrinnt?“

„Die Hälfte ist genug, doch besser einige mehr, da man immer mit Zwischenfällen rechnen muß.“

„Und die andre Hälfte genügt, die Gefangenen hier zu bewachen?“ — „Ja.“

„Wer soll sie befehligen?“

„Der Starke Büffel. Winnetou und ich werden bei dem Überfall zugegen sein. Es ist sogar notwendig, daß wir die Yumas erst umschleichen, um zu erfahren, wie sie lagern. Das müssen wir beide selber tun, weil es schwierig ist, denn sie haben keine Feuer brennen.“

„Lieber möchte ich den Starken Büffel bei mir behalten. Seit dem Zweikampf mit meinem Bruder Shatterhand ist er ein andrer Mann geworden. Sein Auge ist nur noch nach innen gerichtet und hat keine Aufmerksamkeit mehr für das, was um ihn vorgeht."

„Das hindert nicht, ihm die Aufsicht über die Gefangenen zu übergeben. Er hat sich nicht um sie gekümmert, weil es nicht nötig war, nun aber wird er achtsam sein. Grad der Zweikampf war eine Folge seines Hasses gegen die Yumas. Er glaubte, ich wollte ihnen oder zunächst ihrem Häuptling zur Flucht verhelfen. Da er sie am Marterpfahl sterben lassen will, wird er gewiß keinen Fehler begehen. Ich werde mit ihm sprechen."

Der Starke Büffel hatte mein Gespräch mit Winnetou nicht gehört, weil er sich nicht bei uns befand. Ich ging zu ihm und nahm seinen Sohn und den Gefangenen mit.

„Warum sitzt der Häuptling der Mimbrenjos nicht bei Winnetou?" fragte ich ihn. „Der Apatsche hat ihm Wichtiges mitzuteilen."

„Was kann es Wichtigeres für mich geben als meinen Ruhm, der verlorenging!" antwortete er düster.

„Ist der Ruhm deiner Söhne für dich nicht ebenso wichtig?"

„Sprichst du vom Yumatöter?"

„Nein, von dem jüngern Sohn."

„Der hat weder Namen noch Ruhm. An ihn habe ich nicht zu denken."

„Du irrst. Er wird ein berühmter Krieger werden. Er hat mir soeben den Beweis geliefert."

„Weil er mit dir gegangen ist? Zusehen, ob die Yumas sich in der Schlucht befinden, das ist kein Heldenstück. Einen Feind ausspähen, kann jeder Mimbrenjoknabe."

„Aber einen Feind niederschlagen und gefangennehmen, kann das auch jeder eurer Knaben? Der deine hat es getan. Hier vor dir steht der Yuma, den dein Sohn gefangen hat. Ich ging fort. Er lauerte dem Yuma auf, schlug ihn nieder und band ihn mit dem Lasso. Als ich wiederkam, war alles geschehen, so daß ich nichts mehr dabei zu tun hatte."

Da ging dem Alten doch das Herz auf. Er erhob sich und legte seinem zweiten Sohn die Hand aufs Haupt.

„Du bist mein jüngerer Sohn, brauchst aber deinen ältern Bruder nicht um seinen Namen und seine Tapferkeit zu beneiden, denn Old Shatterhand ist bei uns und wird dir die Wege zeigen, auf denen du auch einen solchen Namen gewinnst. Der Gefangene ist dein und wird am Marterpfahl von dir den Todesstreich erhalten."

„Sorge dafür, daß sie alle auch wirklich an den Marterpfahl

kommen!“ mahnte ich. „Wir müssen die Gefangenen jetzt deiner Aufsicht übergeben und lassen dazu die Hälfte deiner Krieger bei dir zurück.“

„Mit der anderen Hälfte wollt ihr die Yumas fangen? Und ich soll hierbleiben! Warum soll ich nicht teilnehmen?“

„Weil einer von uns dreien, du, Winnetou oder ich, hierbleiben muß, und wir wissen, daß deine Wachsamkeit durch deinen Haß verstärkt wird. Die Gefangenen gehören dir, also mußt du sie auch bewachen. Halte dich bereit, uns nachzukommen, sobald wir dir einen Boten senden!“

Durch ein leichtes Neigen seines Kopfes erklärte er sich einverstanden.

Nun wurden unsre Begleiter bestimmt, dann stiegen wir zu Pferd und ritten bis an den Ausgang der Schlucht, wo wir absaßen und die Tiere einigen Wächtern übergaben. Geritten waren wir, um schneller hinzugelangen, sonst wäre die Ablösung vor uns dagewesen, hätte den Posten vermißt und Lärm geschlagen. Die Ankunft dieser Ablösung mußte bald erfolgen. Da der Mann möglicherweise unsre Pferde hören konnte, schlich ich ihm mit Winnetou entgegen. Die Richtung wußte ich ja. Einige hundert Schritt vor der Schlucht blieben wir stehen, um zu warten. Es dauerte kaum zwei Minuten, so hörten wir ihn kommen. Wir huschten auseinander, ich links, Winnetou rechts, und als der Yuma zwischen uns hindurch wollte, wurde er von beiden Seiten gepackt und lautlos in die Schlucht zu den Wächtern der Pferde geschafft.

Darauf ging ich mit Winnetou, die Yumas zu beschleichen. Sie hatten noch immer keine Feuer brennen. Dennoch waren wir schon nach einer halben Stunde wieder zurück, um unsre Leute zu holen und ihnen Anweisungen zu geben. Die Feinde hatten es uns leicht gemacht. Sie saßen alle ungefähr in der Mitte ihres jetzigen Weideplatzes beieinander, und nur vier von ihnen schritten weiter außerhalb hin und her, um die Tiere zusammenzuhalten. Wenn es uns gelang, die vier ohne Lärm aufzuheben, so konnten wir die andern leicht einkreisen, so daß sie sich ohne Gegenwehr ergeben mußten. Im andern Fall aber waren wir gezwungen, auf sie zu schießen.

Glücklicherweise stellte sich heraus, daß es nicht notwendig war. Die vier wurden unschwer überwältigt. Einem von ihnen teilte ich alles mit, was geschehen war, und schickte ihn, als wir die andern umzingelt hatten, als Unterhändler zu den Seinen. Ich stellte zehn Minuten Frist zur kampflosen Übergabe, und es dauerte nicht so lange, bis sie sich uns auslieferten.

Nun wurden zunächst einige Feuer angebrannt und die Pferde herbeigeholt, dann schickten wir dem Starken Büffel einen Boten, um ihm melden zu lassen, daß er mit seinen andern Mimbrenjos und den Gefangenen kommen sollte. Bald entwickelte sich ein reges Lagerleben. Wir betrachteten das geraubte Vieh als Eigentum des Haciendero, nahmen uns aber dennoch die Freiheit, einige Tiere davon zu schlachten, um Fleisch zu haben. Das kleine Opfer konnten wir ihm dafür, daß wir ihm die Herden retteten, wohl zumuten. Zwischen Winnetou und mir wurde vereinbart, gleich morgen mit den Herden zur Hacienda aufzubrechen. Als wir das dem Häuptling der Mimbrenjos mitteilten, fragte er:

„Was soll indessen mit den Gefangenen geschehen?"

„Sie sind dein. Tu mit ihnen, was du willst", antwortete Winnetou.

„So werde ich sie sofort zu den Weideplätzen meines Stammes bringen, wo wir über sie Gericht halten."

„Dazu brauchst du Leute. Ich aber kann doch mit Old Shatterhand die Herden nicht allein zur Hacienda treiben!"

„Ich werde euch fünfzig Männer mitgeben, die euch helfen."

Das hatten wir erwartet und nahmen das Anerbieten an. Für mich galt es nun, mit dem Großen Mund zu sprechen, um das Nötige über den Mormonen und seine Absichten zu erfahren. Ich war freilich überzeugt, daß er sich hüten würde, mir die Wahrheit zu sagen, hoffte aber, wenigstens so viel zu erkunden, daß ich das übrige durch Schlüsse zu ergänzen vermochte. Ich gab mir den Anschein, die Fesseln der Gefangenen untersuchen zu wollen, und kam dabei auch zu ihm. Als ich seine Riemen betastete, knurrte er:

„Warum hast du meine Krieger überfallen?"

„Weil sie unsre Feinde sind."

„Aber warum tust du es, da du doch dein Versprechen halten und sie wieder freigeben mußt?"

„Ich wollte ihnen die geraubten Tiere abnehmen, um sie dem Haciendero zurückzubringen."

„Dem Don Timoteo Pruchillo?"

„Ja."

„Der ist gar nicht mehr Haciendero!" grinste er.

„Wer denn?"

„Das Bleichgesicht, das ihr Melton nennt."

„Melton? Wie kommt der dazu, Haciendero zu sein?"

„Er hat die Hacienda dem Don Timoteo abgekauft. Willst du etwa ihm die Tiere bringen?"

„Fällt mir nicht ein! Ich schaffe sie zu Pruchillo."

„Den findest du nicht. Er ist fort."

„Woher weißt du das?"

„Von Melton, der es so mit Ralph Weller beschlossen hatte."

„Also befindet sich Harry Melton jetzt als Besitzer auf der Hacienda?"

„Nein."

„Wo ist er denn?"

„Auf — in —."

Der Große Mund hielt stockend inne. Er hatte mir eine Antwort geben wollen, sich aber anders besonnen, und als ich meine Frage wiederholte, äußerte er:

„Ich weiß es nicht."

„Soeben wolltest du mir's sagen. Dann erkläre mir wenigstens, was aus den deutschen Einwanderern geworden ist!"

„Sie müssen — sie sind — sie befinden sich — —."

Er stockte wieder.

„So rede doch!" forderte ich ihn auf.

„Ich weiß auch das nicht."

„Aber ich höre dir's an, daß du es weißt."

„Ich kann es unmöglich wissen. Diese Leute waren meine Gefangenen, doch habe ich sie freigelassen. Wie kann ich wissen, was sie dann getan haben und wo sie sich befinden?"

„Du mußt es wissen, denn du hast die Pläne Meltons kennengelernt. Er hat dich aufgefordert, die Hacienda zu überfallen."

„Wer hat dir diese Lüge gesagt?"

„Es ist die Wahrheit. Als Melton mit den Einwanderern unterwegs war, hast du ihn mit Ralph Weller aufgesucht und das Nötigste mit ihm verabredet."

„Auch das ist eine Lüge!"

„Leugne nicht! Ich selbst habe euch beobachtet."

„So haben deine Augen dich getäuscht."

„Meine Augen täuschen mich nie. Dein Leugnen bringt dir keinen Nutzen. Ich muß unbedingt wissen, was nach der Einäscherung der Hacienda mit den Einwanderern geschehen ist."

„Und ich kann es dir nicht sagen, da ich es selber nicht weiß."

„Du weißt es. Du hast versprochen, mir Auskunft zu erteilen."

„Und du hast versprochen, uns freizulassen. Anstatt aber dieses Versprechen zu erfüllen, nimmst du immer mehr von uns gefangen."

„Ich werde es erfüllen, wenn du das deine hältst."

„Ich habe es gehalten und dir alles gesagt, was ich weiß."

„Es ist nicht wahr, doch streiten wir uns nicht! Wir wären quitt gewesen, wenn jeder sein Wort gehalten hätte, nun sind wir ebenso quitt, weil keiner es gehalten hat. Ich bin heute die letzte Nacht bei euch. Morgen früh trenne ich mich vom Starken Büffel, der euch zu seinen Weideplätzen schaffen wird, wo ihr den Martertod sterben sollt."

Ich stellte mich, als wollte ich gehen. Das half.

„Warte noch!" rief er, als ich mich schon einige Schritte entfernt hatte.

„Nun?" fragte ich, mich ihm wieder zuwendend.

„Wirst du uns wirklich freilassen, wenn ich dir alles sage?"

„Ja. Aber du weißt ja nichts."

„Ich weiß es. Melton hat mir nur geboten, zu schweigen."

„So öffne endlich den Mund! Also, hat Melton dich zum Überfall der Hacienda aufgefordert?"

„Nein."

„Haben die beiden Bleichgesichter, die Weller heißen, mit Melton im Einverständnis gehandelt?"

„Nein."

„Aber Melton hat die Hacienda gekauft?"

„Ja."

„Welche Absicht verfolgt er mit den Einwanderern?"

Der Yuma zögerte eine längere Weile, als wollte er sich eine Ausrede aussinnen oder den nötigen Mut schöpfen, eine schon ausgesonnene Lüge auszusprechen, und erst als ich meine Frage wiederholte, gestand er:

„Melton will sie verkaufen."

„Verkaufen? Menschen verkaufen? Das ist ja gar nicht möglich!"

„Es ist möglich. Das mußt du sogar noch besser wissen als ich, denn du bist ein Bleichgesicht, und nur Bleichgesichter kaufen und verkaufen Menschen. Oder willst du leugnen, daß die schwarzen Leute auch Menschen sind? Hat man nicht mit ihnen als Sklaven Handel getrieben?"

„Hier ist nicht von Schwarzen die Rede. Ich spreche von Bleichgesichtern, die man nicht als Sklaven verschachert."

„Und doch werden sie gekauft! Ich habe gehört, daß es Kapitäne gibt, die so böse Menschen sind, daß sie keine Matrosen bekommen. Wenn nun so ein Kapitän Leute braucht, so stiehlt oder kauft er sie."

„Ah! Willst du etwa behaupten, daß die weißen Einwanderer an einen solchen Kapitän verkauft worden sind?" — „Ja."

„Von wem?"

„Von Melton. Die Auswanderer gehören ihm, er kann also mit ihnen machen, was ihm gefällt. Er hat sie aus ihrem Land geholt und dort viel Geld für sie bezahlt."

„Das ist nicht sein Geld, sondern das Pruchillos gewesen."

„So hat Melton die Hacienda und mit ihr die Weißen gekauft. Er hat sein Geld wieder haben wollen, und da es ihm die Fremden nicht geben konnten, hat er sie an den Häuptling eines Schiffs veräußert."

„Woher weißt du das?“

„Von ihm selber. Bevor ich ihm die Freiheit wiedergab, sagte er mir, daß er sie verkaufen werde.“

„Wo befand sich denn der Häuptling des Schiffs?“

„In Libertad. Jetzt habe ich dir alles gesagt, was ich weiß. Dein Wunsch ist erfüllt, und ich verlange, daß du auch den meinen erfüllst.“

„Verlangst du das wirklich? Die Geschichte, die du mir erzählt hast, ist eine Lüge vom Anfang bis zum Ende. Der Häuptling des Schiffs ist nur in deinem Kopf vorhanden. Übrigens mußt du wissen, daß kein Schiffskapitän Frauen und Kinder als Matrosen kauft.“

„Du glaubst mir also nicht? Dann ist es schade um jedes Wort, das ich gesprochen habe. Was ich dir sagte, habe ich von Melton selbst erfahren. Mein Versprechen ist also erfüllt, und nun wirst du das deine halten!“

„Allerdings. Ich habe dir mein Wort gegeben, dich zu befreien, wenn du mir die Wahrheit sagst. Ich halte also mein Versprechen, wenn ich dich nicht befreie, weil du mich belogen hast.“

Hätte er gekonnt, er wäre vor Wut aufgesprungen, so aber richtete er sich trotz seiner Fesseln in sitzende Stellung auf und zischte mich an:

„Du nennst mich einen Lügner, bist aber selbst der schändlichste, den es gibt! Hätte ich meine Hände frei, so erwürgte ich dich und —“

„Sei still!“ unterbrach ich ihn. „Ich habe mit dir nichts mehr zu schaffen. Nur das eine will ich dir noch sagen, daß du nämlich doch nicht verschwiegen gewesen bist. Ich weiß, woran ich bin. Du aber wirst morgen als Gefangener mit dem Starken Büffel ziehen müssen.“

„Du weißt nichts, gar nichts, und wirst auch nie etwas erfahren!“ lachte er höhnisch-grimmig auf.

Ich ging, blieb aber in einiger Entfernung stehen, denn ich hatte, während ich mit dem Großen Mund sprach, hinter dem Strauch, an dem er lag, eine Bewegung bemerkt. Es steckte jemand dahinter. Ich vermutete, wer es war, und als ich zu dem Platz schaute, wo der Starke Büffel gesessen hatte, sah ich ihn nicht mehr dort. Als ich nun den Strauch scharf ins Auge nahm, entdeckte ich eine Gestalt, die sich in tiefgebückter Haltung von dort zurückzog. Während ich mich dann neben Winnetou niedersetzte, sagte er, indem ein halbes Lächeln um seine Lippen zuckte:

„Scharlih hat mit dem Großen Mund gesprochen. Hat er den Busch beobachtet, an dem der Häuptling der Yumas lag?“

„Ja."
„Und auch den, der dahinter steckte?"
„Ja."
„Der Starke Büffel ist noch immer von Mißtrauen erfüllt gewesen, wird aber nun eingesehen haben, daß er unrecht hatte."
So scharf dachte Winnetou. Er hatte nur bemerkt, daß ich mit dem Yuma sprach, aber kein einziges Wort gehört, und dennoch wußte er, daß es zwischen mir und dem Großen Mund zur Entscheidung gekommen war.
Eben schritt der Starke Büffel zwischen den einzelnen Gruppen seiner Leute daher. Er schien an uns beiden vorüber zu wollen. Winnetou aber forderte ihn auf:
„Mein Bruder mag sich zu uns setzen. Wir haben Wichtiges mit ihm zu besprechen."
„Ich bin bereit, dieses Wichtige zu hören", erklärte der Mimbrenjo, während er der Aufforderung Folge leistete.
„Mein Bruder Shatterhand", fuhr Winnetou fort, „hat von dem Großen Mund Dinge erfahren, die wir sofort beraten müssen."
Auch diese Worte waren ein Beweis von der Denkschärfe des Apatschen. In freundlichem Spott aber tat er nun die folgende Frage:
„Der Starke Büffel war nicht auf seinem Platz zu sehen. Er war wohl gegangen nachzuschauen, ob irgendwo ein Busch zu finden sei?"
„Ich verstehe den Häuptling der Apatschen nicht", meinte der Mimbrenjo sichtlich verlegen.
„Ein Busch, hinter dem man sich verbergen kann, um zu hören, was Old Shatterhand mit dem Großen Mund zu reden hat?" — „Uff! So hat Winnetou mich beobachtet?"
„Ich sah den Starken Büffel erst hin- und dann wieder herkriechen. Er wird nun wissen, daß er meinen weißen Bruder zu Unrecht beleidigt hat. Old Shatterhand ist ein ehrlicher Mann. Wer aber einem andern Unrecht getan hat und das einsieht, muß es bekennen, sonst ist er kein guter Mensch."
Die Aufforderung, die in dieser letzten Bemerkung lag, erhöhte die Verlegenheit des Mimbrenjo. Er kämpfte eine kleine Weile mit seinem Stolz, dann gewannen die freundschaftlichen Gefühle, die er für mich hegte, die Oberhand, und er gestand:
„Ja, ich habe Old Shatterhand schweres Unrecht zugefügt. Ich nannte ihn einen Verräter. Das ist die schlimmste Beleidigung, die man einem Krieger zufügen kann. Sie kann mir unmöglich vergeben werden!"
„Ich verzeihe dir", beruhigte ich ihn. „Du hast einen zornmütigen Kopf, aber ein gutes Herz. Wenn du dein Unrecht ein-

siehst, kann ich es dir nicht länger anrechnen. Es ist nun vorüber. Sprechen wir nicht mehr davon!“

„Ja, schweigen wir darüber. Es wird nicht wieder geschehen. Du bist gerechtfertigt, obgleich ich manches von dem, was zwischen dir und dem Yuma gesprochen wurde, nicht verstanden habe.“

„Auch mir ist allerlei daran rätselhaft.“

„Du hast die Erzählung von dem Häuptling des Schiffs nicht geglaubt?“ — „Nein.“

„So sind die weißen Einwanderer nicht verkauft worden?“

„Nein, wenigstens nicht in dem Sinn, wie der Yuma es meinte. Nicht verkauft, aber schändlich betrogen wurden sie von Melton und den beiden Weller.“

Da Winnetou nur ahnte, aber nichts Bestimmtes wußte, teilte ich ihm mein Gespräch mit. Er hörte aufmerksam zu, fiel darauf in ein kurzes, nachdenkliches Schweigen und fragte dann:

„Wer hat die Fremden kommen lassen, Timoteo Pruchillo oder Melton?“ — „Pruchillo.“

„Denkst du, daß er es ehrlich mit ihnen gemeint hat?“

„Ich bin überzeugt davon. Er ist selber betrogen worden.“

„Melton hat ihm die Hacienda abgekauft?“

„Das möchte ich jetzt annehmen. Er hat sie aber vorher überfallen, ausrauben und niederbrennen lassen, um billig in ihren Besitz zu gelangen.“

„Hat er die Auswanderer auch mitgekauft?“

„Ich denke es, denn es gab in ihrem Vertrag einen Satz, der besagte, daß sie auch dem Nachfolger Pruchillos verpflichtet seien. Und das ist es, was mich für sie mit großer Besorgnis erfüllt. Wenn Melton ihr Herr geworden ist, so ist es um ihr Wohlergehen schlimm bestellt.“

„Eins vermag ich nicht zu durchschauen. Er hat die Hacienda verwüsten lassen, um sie wertlos zu machen, und sie dann doch erworben. Sie muß also trotz der Verwüstung für ihn einen Wert besitzen.“

„Das ist richtig, aber auch ich sehe in diesem Punkt nicht klar. Nachdem alles verbrannt und vernichtet ist, kann er dort auf Jahre hinaus weder Ackerbau noch Viehzucht treiben. Es muß also eine andre Art der Nutzung sein, die er im Sinn hat, eine Nutzung, zu der er die Auswanderer zwingen will. Ich bin überzeugt, daß sein Plan schon fertig war, als er Don Timoteo überredete, fremde Arbeiter kommen zu lassen. Es handelt sich auf jeden Fall um eine Büberei, gegen die ich die Fremden, die Kinder meines Vaterlandes sind, in Schutz nehmen möchte.“

„Auch Winnetou wird ihnen seinen Kopf und seinen Arm anbieten.“

„Ich danke dir! Es liegt Gefahr im Verzug. Wir dürfen nicht zögern, können aber auch nicht mit den Herden reisen, die wir Don Timoteo zurückbringen wollen. Mit ihnen würden wir über vier Tage brauchen, um die Hacienda zu erreichen."

„Nein, wir reiten allein. Was wird der Starke Büffel tun? Wird er uns begleiten?"

„Ich würde mit euch reiten", antwortete der Häuptling, „aber meine Brüder werden einsehen, daß es besser ist, wenn ich bei den gefangenen Yumas bleibe. Meine Krieger bedürfen eines Anführers, um so mehr, als ich sie teilen muß. Die Gefangenen müssen fortgeschafft werden, und es gilt, die Herden zur Hacienda zu bringen. Fünfzig meiner Leute werden genügen, das Vieh zu treiben. Ich gebe ihnen einen erfahrenen Krieger als Anführer mit. Wenn sie auf der Hacienda angekommen sind, und ihr habt sie nötig, so müssen sie euch gehorchen wie mir. Mit den andern schaffe ich die Yumas fort. Je weiter ich sie von der Hacienda entferne, desto weniger braucht ihr besorgt zu sein, daß sie mir entfliehen und zurückkehren, um das Vieh wieder zu holen und euch sonstwie Schaden zu bereiten."

Das war verständig gesprochen. Außerdem war mir an der Begleitung des jähzornigen Alten nicht viel gelegen. Ich hegte die Überzeugung, daß ich mit Winnetou weit leichter ans Ziel kommen würde. Darum stimmte ich ihm bei, und auch der Apatsche meinte:

„Der Starke Büffel hat gute Worte gesprochen. Vielleicht brauchen wir die fünfzig Krieger, wenn sie die Herden abgeliefert haben. Vielleicht sind wir auch gezwungen, wenn wir ihnen voraus sind, ihnen eine Nachricht zu senden. Dazu müssen wir noch einen Krieger haben, der uns begleitet und uns als Bote dienen kann."

Das benutzte ich zu einer Fürsprache für meine beiden jungen Schützlinge.

„Da werde ich den Starken Büffel doch lieber bitten, uns seine beiden Söhne mitzugeben. Sie sind klug und tapfer und haben mir bewiesen, daß sie zu Botendiensten geeignet sind. Ist es meinem Bruder Winnetou recht?"

„Was Old Shatterhand sagt, soll geschehen!" nickte der Apatsche.

Auch der Mimbrenjo erklärte sich einverstanden. Er war sogar stolz darauf, daß seinen Söhnen, trotz ihrer Jugend, eine solche Auszeichnung zuteil wurde, und versprach, für sie die zwei ausdauerndsten Pferde auszusuchen. Das war uns lieb, da die Jünglinge sonst wohl kaum fähig gewesen wären, mit uns Schritt zu halten.

Nachdem noch einige Einzelheiten besprochen worden waren,

legten wir uns schlafen, um frühzeitig munter zu sein. Kaum graute der Morgen, so versahen wir uns mit Lebensmitteln, da wir nicht wußten, ob wir in der ausgeraubten Hacienda etwas finden würden, und stiegen zu Pferd. Die Mimbrenjos grüßten uns zum Abschied mit aufrichtiger Herzlichkeit. Die gefangenen Yumas sahen uns mit finstern Blicken ziehen. Ihr Anführer, der Große Mund, rief uns nach:

„Da reiten die Verräter und dreifachen Lügner! Wäre ich nicht gefangen, ich würde sie niederschlagen und anspeien!"

Ja, er war gefangen, und es stand nicht zu erwarten, daß er wieder freikommen würde. Dennoch sollten wir diesen gefährlichen Menschen nur zu bald wiedersehen!

11. Der Player

Auf unserm Ritt zeigte sich, was gute Pferde zu leisten vermögen. Mir war bang um die Auswanderer, daher trieben wir unsre Tiere tüchtig an; glaubten wir doch, daß sie sich später nach unsrer Ankunft auf der Hacienda tüchtig ausruhen könnten. Die Folge war, daß wir schon am Nachmittag des nächsten Tags die Grenze der Hacienda erreichten, die beiden Jünglinge freilich auf schweißtriefenden Rossen, während unsre Hengste so munter waren, als ständen wir erst am Beginn des weiten Ritts.

Wir nahmen wieder den Bach zum Führer und sahen dann die Mauern vor uns liegen, die die Brandstätten der eingeäscherten Gebäude umgaben. Niemand verwehrte uns den Eingang. Dennoch zögerte ich, in den Hof zu reiten. Winnetou verstand mich sofort:

„Scharlih mag erst allein suchen! Es waren rote Männer, die die Hacienda überfielen. Wenn sich jemand hier befindet und uns gleich miterblickt, kann er uns für Yumas halten und die Flucht ergreifen, so daß wir uns nicht erkundigen können und keine Auskunft erhalten."

Ich ritt also allein in den Hof. Er bildete einen Wirrwarr von rauchgeschwärzten Mauertrümmern, die ich durchforschte, ohne eine Menschenseele zu finden. Ich kehrte um und versuchte, außerhalb der Mauern auf jemanden zu treffen. Kaum war ich um die südwestliche Ecke gebogen, so sah ich einen Mann, einen Weißen, langsamen Schritts mir entgegenkommen. Er trug einen langen, dunklen Rock, der ihm fast das Aussehen eines Geistlichen verlieh, und blieb, als er mich erblickte, überrascht stehen.

„*Buenos dias!*" grüßte ich. „Gehören Sie zu dieser Hacienda, Señor?"

„Ja“, antwortete er, indem er mich mit seinen stechenden Augen musterte.

„Wer ist der Besitzer?“

„Don Enriquo Melton.“

„Also doch! Ich suche ihn. Er ist ein Bekannter von mir.“

„Dann tut es mir leid, daß Sie ihn nicht treffen. Er ist mit Don Timoteo Pruchillo, dem früheren Besitzer, nach Ures geritten, um den Kauf gerichtlich festzulegen.“

„So sind doch seine Freunde da?“

„Die beiden Señores Weller? Nein. Sie sind hinauf zur Fuente de la Roca[1].“

„Und die deutschen Arbeiter?“

„Sind unter Führung der beiden Señores auch hinauf, wo sie von den Yumaindianern erwartet werden. Sie müssen ein Freund von Don Enriquo Melton sein, da Sie nach allen diesen Personen fragen. Darf ich mich erkundigen, wer —“

Mitten in der Rede unterbrach er sich. Er hatte seinen Weg fortgesetzt, und ich war an seiner Seite geblieben. Jetzt eben bogen wir um die Ecke. Er sah die drei Indianer, blieb stehen, hielt im Sprechen inne, starrte den Apatschen erschrocken an und rief dann in englischer Sprache, während wir uns bisher des Spanischen bedient hatten:

„Winnetou! *Bless my eyes!* Den führt der leibhaftige Satan hierher!“

Während der letzten Worte drehte er sich um und rannte davon, sprang mit einem kühnen Satz über den Bach hinüber und hetzte dann wie ein gejagtes Wild über den mit Asche bedeckten Waldboden, aus dem die Stümpfe der verbrannten Bäume und Sträucher ragten. Winnetou hatte ihn auch gesehen und seine Worte gehört. Er trieb seinen Iltschi an, kam an mir vorüber und sprengte über den Bach, um dem Fliehenden zu folgen. Jedenfalls kannte er den Menschen, und zwar mußte er ihn von einer Seite kennengelernt haben, die es ihm unter den gegenwärtigen Verhältnissen geraten erscheinen ließ, sich seiner zu bemächtigen.

Aber das war eine schwierige Sache. Die zahllosen Stummel des abgebrannten Gehölzes waren, da sie gleiche Farbe mit der handhoch liegenden Asche hatten, bei einem so schnellen Ritt nicht zu erkennen und konnten das Pferd leicht zu Fall bringen oder an den Füßen so verletzen, daß es zum Reiten untauglich wurde. Das sah Winnetou ein, als Iltschi einigemal gestrauchelt war. Er hielt ihn an, sprang ab und setzte die Verfolgung zu Fuß fort.

Hätte ich gewußt, wer der Mann war, und daß wir uns seiner

[1] Felsenquelle

auf alle Fälle versichern mußten, so wäre es mir im Anfang seiner Flucht ein leichtes gewesen, ihm eine Kugel ins Bein zu geben. Nun aber mußte ich das unterlassen, zumal ich mir sagte, daß Winnetou das auch tun würde, falls er es für nötig halten sollte. Er war ein ausgezeichneter Läufer. Hier aber war er im Nachteil, da ihn seine Büchse und seine Ausrüstung hinderten, wogegen der andre nichts zu tragen hatte und, von der Angst zur größten Anstrengung angetrieben, eine außergewöhnliche Schnelligkeit entwickelte. Winnetou war nicht imstand, ihm seinen Vorsprung abzugewinnen. Doch wußte ich, daß er ihn bei längerer Verfolgung einholen würde, da er eine Ausdauer besaß wie kein andrer.

Der Lauf ging die Anhöhe hinan, die hinter den Gebäuden der Hacienda lag und kahlgebrannt war. Der Flüchtling kam eine volle Minute vor dem Apatschen oben an und verschwand dann jenseits. Als Winnetou die Höhe erreichte, sah ich, daß er zunächst auch weiter wollte. Aber er hielt an, besann sich, warf dem Fliehenden einen die Entfernung abschätzenden Blick nach und legte dann das Gewehr an. Er wollte schießen, ließ es aber wieder sinken, machte eine Armbewegung, die soviel wie „nein, ich will es doch unterlassen“ bedeutete, kehrte um und eilte die Anhöhe wieder herab. Als er seinen Rappen erreichte, der sich nicht von der Stelle gerührt hatte, stieg er wieder auf und ritt über den Bach herüber.

„Winnetou will das Bleichgesicht doch lieber laufen lassen“, sagte er. „Drüben im andern Tal gibt es wieder Wald, der nicht gebrannt hat. Er würde ihn vor mir erreichen, und ich könnte ihn nicht mehr fassen.“

„Mein Bruder würde ihn dennoch einholen.“

„Ja, ich würde ihn ergreifen, aber das kostete eine lange Zeit, vielleicht mehr als einen Tag, da ich seiner Fährte folgen müßte, die nur langsam zu lesen ist. Und eine solche Zeit ist die Sache nicht wert.“

„Mein Bruder Winnetou wollte schießen. Warum hat er es nicht getan?“

„Weil ich ihn nur verwunden wollte. Die Entfernung aber war so groß, daß ich keinen sichern Schuß hatte. Getroffen hätte ich ihn bestimmt, aber töten wollte ich ihn nicht, weil ich zwar Schlimmes von ihm weiß, aber doch nicht so viel, daß ich das Recht habe, ihm das Leben zu nehmen.“

„Mein Bruder kennt den Menschen?“

„Ja. Scharlih hat ihn wohl noch nicht gesehen, aber seinen Namen kennt er auch. Er gehört zu den Bleichgesichtern, die sich Mormonen nennen. Er zählt sich zu den Heiligen der letzten Tage, aber sein Wandel in der Vergangenheit und Gegenwart ist der eines sehr gefährlichen Menschen. Er ist sogar ein Mörder. Da er aber keinen meiner Brüder getötet hat, muß ich ihm das Leben lassen."

„Und doch hast du ihn verfolgt! Du bist also der Ansicht gewesen, daß es für uns von Vorteil wäre, ihn zu fangen."

„Ja, das waren sofort meine Gedanken. Wenn er sich hier auf der Hacienda befindet, so ist er gewiß ein Verbündeter Meltons."

„Wer ist dieser Mensch, den du einen gefährlichen Mann und sogar einen Mörder nennst?"

„Wie sein eigentlicher Name ist, weiß Winnetou nicht. Dieses Bleichgesicht wird gewöhnlich der Player[1] genannt."

„Der Player! Ah! Von dem habe ich freilich mehr als genug gehört. Du weißt, daß Harry Melton einen Bruder Thomas hat, der als Falschspieler berüchtigt war. Er erschoß im Fort Uintah einen Offizier und zwei Soldaten, worauf ich ihn bis zum Fort Edwards jagte. Ich nahm ihn gefangen und lieferte ihn ab, aber er entkam dann. Mit diesem Bruder Tom ist der Player sehr bekannt gewesen. Sie haben jahrelang miteinander ihre unsaubern Geschäfte betrieben, und man redet davon, daß es dabei nicht nur Diebstahl und Raub, sondern sogar Mord und Totschlag gegeben hat. Mir sind zwei oder drei Fälle bekannt, in denen ich diesen Player für schuldig halte. Also der Halunke befindet sich hier! Dann ist er freilich ein Verbündeter Harry Meltons, den er infolge der Bekanntschaft mit seinem Bruder Thomas kennengelernt haben wird. Es ist jammerschade, daß ihm die Flucht gelungen ist."

„Wollen wir ihm nach? Scharlih wird seine Spur ebenso leicht finden wie ich. Er kann uns nicht entgehen."

„Davon bin ich überzeugt, aber Winnetou hat richtig gesagt, daß wir auf diesen Fang eine Zeit verwenden müßten, die wir notwendiger brauchten. Der Player hielt mich für einen guten Bekannten von Harry Melton und hat mir infolgedessen einige Mitteilungen gemacht, die er jetzt bereuen wird. Ich muß sie meinem roten Bruder mitteilen."

Ich erzählte ihm, was ich gehört hatte. Als ich fertig war, wiederholte er in seiner nachdenklichen Weise:

„Die beiden Weller sind mit den Auswanderern hinauf zur Fuente de la Roca, und Melton ist mit Pruchillo nach Ures geritten. Was sollen die Landsleute Old Shatterhands an der Fuente?"

„Ja, wenn ich das wüßte! Kennt Winnetou diesen Ort?"

„Ich habe einmal auf dem Weg von Chihuahua in die Sonora zwei Tage lang da oben gejagt und die Nächte an der Fuente zugebracht. Die Gegend ist mir so bekannt, als wäre ich öfters

[1] „Spieler"; hier so viel wie Falschspieler

dort gewesen. Der Jagd wegen sind die Deutschen nicht hinauf, und Feldarbeit gibt es in jener wilden Gegend nicht. Wäre es auf solche Arbeit abgesehen, so wären sie hiergeblieben, wo ihre Kräfte nötiger sind."

„So bleibt die Sache ein Rätsel, dessen Lösung wir höchstens aus dem Umstand zu ziehen vermöchten, daß man an der Fuente mit Yumaindianern zusammentreffen will, also mit den Verbündeten Meltons, deren Brüder auf seine Veranlassung hin hier diese Verwüstung angerichtet haben."

„Was für Yumas werden es sein? Doch nicht der Große Mund mit seiner Abteilung, die wir gefangen haben?"

„Nein. Es handelt sich jedenfalls um eine andre Schar, die aber wahrscheinlich mit der ersten befreundet ist. Ich vermute sogar, daß der Große Mund von ihrer Anwesenheit an der Fuente weiß, und ich möchte behaupten, daß diese Anwesenheit mit dem Überfall und der Einäscherung der Hacienda in innigem Zusammenhang steht. Und wie der Überfall ein Schandstreich war, so steht zu erwarten, daß es sich da oben an der Fuente auch um ein verbrecherisches Vorhaben handelt."

„Scharlih spricht aus, was Winnetou denkt. Deine Landsleute befinden sich abermals in Gefahr, und ich bin bereit, sogleich zur Fuente aufzubrechen."

„Ich würde allerdings nicht säumen, unverzüglich hinzureiten, aber mein Bruder hat gehört, daß Melton mit Don Timoteo nach Ures ist, um den Kauf gerichtlich gültig zu machen. Gelingt es uns, das zu hintertreiben, so entziehen wir Melton den Boden, auf dem er seine Absichten ausführen will."

„Mein Bruder möchte also lieber nach Ures? Da läßt er aber doch seine Landsleute im Stich."

„Nein. Melton ist der Urheber von allem, was geschehen ist und noch geschehen soll. Die beiden Weller sind ihm untergeordnet und werden jedenfalls nur einleitende Schritte tun können. Die eigentliche Tat aber wird erst in Meltons Anwesenheit ausgeführt werden. Wir können nicht nur den Kauf rückgängig machen, sondern Melton ins Gefängnis bringen. Gelingt uns das, so ist er unschädlich, und die Wellers werden mit den Yumas oben an der Fuente vergeblich auf ihn warten."

„Mein weißer Bruder meint also, daß Melton von Ures nicht hierher, sondern zur Fuente zu reiten gedenkt?"

„Ja."

„Was soll aber der Player auf der abgebrannten Hacienda? Nicht auf ihn warten?"

„Schwerlich! Der Player wird sich als eine Art von Sicherheitsposten hier befinden. Woher er gekommen ist, weiß ich freilich nicht. Die Sache scheint schon von langer Hand vorbereitet und mit großer Umsicht geleitet zu sein. Es handelt sich um das Einnisten der Mormonen in dieser Gegend. Daß es in so schurkischer Weise geschieht, ist wahrscheinlich nur Meltons Sache und geschieht nicht auf einen von der großen Salzseestadt ausgehenden Befehl. Er hat den Auftrag, sich hier festzusetzen, führt ihn aber auf seine Weise aus. Die Weller und der Spieler helfen ihm dabei, Vater und Sohn in unmittelbarer, der Player mehr in mittelbarer Weise, indem er hier bleibt und den Wächter spielt, um dafür zu sorgen, daß oben an der Fuente keine Störung eintritt."

„Mein Bruder Scharlih hat mit seinen Gedanken wohl das Richtige getroffen. Es soll ein Verbrechen geschehen, die Yumas sollen helfen, es auszuführen, aber die Bleichgesichter sind die Anstifter. So ist es immer gewesen. Man rottet die roten Männer aus, weil man ihnen Taten vorwirft, deren Schuld doch nur die Weißen tragen. Und hier haben wir es nicht einmal mit gewöhnlichen Bleichgesichtern zu tun, sondern mit Leuten, die sich außerordentlich fromm stellen und sich den Namen ‚Die Heiligen der letzten Tage' gegeben haben."

Leider hatte der Häuptling der Apatschen recht. Wenn die Mormonen solche Menschen wie Melton, die Weller und den Player nicht nur unter sich aufnahmen, sondern sie sogar als Gründer neuer Niederlassungen aussandten, so glich ihre Sekte einer faulen Frucht, die nicht am Stamm reifen kann, sondern unten am Boden verwesen muß.

„Wie lange muß man von hier bis hinauf zur Fuente de la Roca reiten?" fragte ich.

„Mit unsern Rappen brauchen wir zwei Tage, von Ures aus sind es drei."

„So ist es also kein Umweg, wenn man nicht den graden Weg von Ures nimmt, sondern hier über die Hacienda geht?"

„Er wird höchstens einige Stunden betragen", meinte der Apatsche.

„Dann können wir wieder hierher zurückkehren, und es ist nicht unmöglich, daß Melton es ebenso macht. In diesem Fall müssen wir ihm unterwegs begegnen, falls er seine Geschäfte in Ures schon beendet haben und wieder aufgebrochen sein sollte. Ich denke, wir zögern nicht. Wir haben keine Zeit zu verlieren."

„Scharlih mag beachten, daß die Tiere der Ruhe bedürfen. Wir sind einen ganzen Tag und einen halben auf einem Weg geritten, zu dem man eigentlich über vier Tage braucht. Unsre Hengste halten den Ritt nach Ures wohl noch aus, aber die Mimbrenjopferde sind so ermüdet, daß wir ihnen eine weitere Anstrengung unmöglich zumuten können."

„Ich mute sie ihnen auch nicht zu. Wir beide werden allein reiten, und die zwei Mimbrenjos bleiben hier, wo ihre Gegenwart uns förderlich ist, während ihre Begleitung uns nur hindern würde."

„Mein Bruder meint, daß sie nach dem Player spähen sollen?"

„Ja. Er kehrt jedenfalls zurück, wenn auch in vorsichtiger Weise. Mich hat er nicht gekannt, also weiß er nicht, daß wir uns in einer ihm feindlichen Absicht hier befinden. Er wird unsre Anwesenheit für Zufallssache halten und nicht gleich hinauf zur Fuente rennen, um sie dort zu melden. Freilich hat er Angst vor dir und wird also nur heimlich zurückkommen, um zu forschen, ob du noch da oder schon fortgeritten bist. Sieht er uns nicht mehr, so wird er sich sicher fühlen, und die beiden Mimbrenjos können ihn beobachten, um zu erkunden, was er treibt und welche Aufgabe ihn hier auf der verwüsteten Hacienda festhält."

„Es mag geschehen, wie mein Bruder Scharlih gesagt hat. Sie mögen den Player beaufsichtigen, aber vorsichtig und unbemerkt, damit er nicht etwa sie selber entdeckt. Wenn wir von Ures zurückkehren, können sie uns sagen, wo er steckt, und wir werden ihn festnehmen, um ihn zu zwingen, uns das zu verraten, was wir wissen wollen. Howgh!"

Winnetou war also mit mir einverstanden. Den Mimbrenjos brauchten wir unsern Entschluß nicht erst mitzuteilen, da sie unsre Worte gehört hatten; doch es verstand sich bei ihrer Jugend von selbst, daß sie in Beziehung auf ihr Verhalten die notwendigen Anweisungen erhielten. Wir beide, Winnetou und ich, ließen unsre Rappen im Bach trinken und brachen dann, ohne ausgeruht zu haben, nach Ures auf.

Der Weg war mir bekannt. Solang es Tag war, ritten wir so rasch wie möglich. Als es dunkel geworden war, ließen wir die Pferde drei bis vier Stunden ruhen, bis der Mond aufging und wir wieder in den Sattel steigen konnten. Der Ausdauer unsrer Hengste hatten wir es zu verdanken, daß wir unser Ziel um die Mittagszeit des folgenden Tags erreichten. Aber wir hätten ihnen jetzt auch keine weitere Anstrengung zumuten dürfen, denn sie waren nun so ermattet, daß sie uns nur stolpernd durch die Gassen trugen, und wir, ohne lange zu wählen, vor der ersten besten Kneipe abstiegen. So elend die Schenke auch aussah, wir bekamen doch Wein und Tortilla für uns und Mais und Wasser für die Pferde. Um die Zeche brauchte ich nicht zu sorgen. Ich habe zwar schon gesagt, wie es um meinen Beutel stand, aber Winnetou war stets mit Goldstaub und Nuggets versehen, so daß ich in seiner Gesellschaft nicht in Verlegenheit kommen konnte.

Wohin aber nun, um Melton und Pruchillo zu finden? Eine

überflüssige Frage! Wer in der Wildnis jeden auszukundschaften versteht, für den kann es nicht schwer sein, in einer Stadt von neuntausend Einwohnern zwei Personen zu finden, die als Fremde sicherlich die Aufmerksamkeit der Bürger auf sich gezogen hatten. Es fiel mir überhaupt nicht ein, lange zu suchen, sondern ich begab mich, als wir für unsre Pferde gesorgt und die fladenartige Tortilla gegessen hatten, mit Winnetou gradwegs zu dem großartigen Beamten, bei dem ich während meiner ersten Anwesenheit in dieser guten Stadt gewesen war. Der Polizist, der mich damals zurechtgewiesen hatte, lungerte wieder vor dem Amtsraum umher, und als wir das Zimmer betraten, lag die Señora wieder in ihrer Hängematte. Hinter ihr hing, wie damals, ihr Gemahl, neben ihr aber war heut eine dritte Hängematte angebracht, in der zu meiner Freude einer der beiden Gesuchten saß: nämlich Don Timoteo, der eine der wunderbaren, gedrehten Zigaretten zwischen den Lippen hielt und sich gemächlich schaukelte. Er schien sich neben der ebenfalls rauchenden Dame sehr behaglich zu fühlen. Als er uns eintreten sah, rief er mir, ohne unsern Gruß abzuwarten, entgegen:

„*Valgame Dios,* der Deutsche! Was wollen denn Sie hier? Ich denke, Sie sind Gefangener der Indianer! Wie kommt es, daß man Sie freigelassen hat?“

„Auch Sie waren gefangen“, antwortete ich, „und ich sehe Sie frei. Welchem Umstand haben Sie das zu verdanken?“

„Meine Dankbarkeit gehört Señor Melton, ohne den ich noch heut gefangen oder wohl tot wäre. Er wußte den Roten solche Angst vor den Folgen einer Gewalttat einzuflößen, daß sie uns freiließen. Hatten Sie auch einen solchen Fürsprecher?“

„Ja, mein Messer.“

„Was soll das heißen?“

„Das soll heißen, daß ich mich selber frei gemacht habe. Einen Fürsprecher wie Melton brauche ich nicht. Übrigens irren Sie sich, wenn Sie meinen, daß Sie ihm Ihre Rettung verdanken. Ich hatte Sie vor ihm gewarnt und damals mit meiner Warnung vollständig recht gehabt.“

„Vollständig unrecht, wollen Sie sagen! Don Enriquo Melton hat als Ehrenmann an mir gehandelt, und nach dem, was er an mir getan hat, möchte ich es fast als Böswilligkeit bezeichnen, daß Sie ihn noch immer verleumden.“

„Wenn Sie den Menschen einen Ehrenmann nennen, so ist der größte Schuft ein Caballero. Halten Sie es wirklich für eine Ehrenhaftigkeit, wenn er die Indianer auf Sie hetzt, um Ihre Besitzung zu verwüsten?“

„Er? Sie haben diesen unbegreiflichen Gedanken schon einmal gegen mich ausgesprochen, und da meine Entgegnung von damals anscheinend erfolglos war, werde ich Ihnen aufs schlagendste beweisen, wie unrecht Sie diesem braven Mann tun. Wie Sie dazu kommen, sich in meine Angelegenheiten zu mischen und mir Ratschläge zu erteilen, die ich gar nicht von Ihnen verlangt habe, lasse ich dahingestellt und sage Ihnen nur das eine, daß er mir meine Hacienda abgekauft hat."

„Das weiß ich!" entgegnete ich kurz.

„So? Und dennoch wagen Sie es, den Señor zu verdächtigen. Und Sie erkennen nicht, welch edler Zug es von ihm ist, daß er sich zu diesem Kauf entschlossen hat?"

„Ein edler? Wieso?"

„Durch die Verwüstung hat die Besitzung beinah allen Wert verloren. Es hätte großer Geldsummen bedurft, sie wieder in den vorigen Stand zu bringen. Ich war mit einem Schlag ein armer Mann geworden, und kein Mensch hätte mir auch nur einen Centavo für die Hacienda bezahlt. Dieser Herr aber fühlte sich durch meine hilflose Lage in seinem Herzen gerührt und bot sich mir, als wir wieder frei waren, als Käufer an."

„So! Und Sie waren sehr erfreut über diese außerordentliche Barmherzigkeit?"

„Spotten Sie nicht!" wehrte Don Timoteo ab. „Es war wirklich Barmherzigkeit von ihm, daß er mir einen Betrag zahlte, den er binnen zehn Jahren mit dieser Besitzung nicht verdienen kann. So lange muß er sein schweres Geld hineinstecken, ohne daß er einen Centavo herauszieht."

„Darf ich fragen, wieviel er gegeben hat?"

„Zweitausend Pesos. Mit diesem Geld kann ich neu beginnen, wogegen ich auf der verwüsteten Hacienda hätte verhungern müssen."

„Der Kauf ist gerichtlich abgeschlossen und nicht mehr rückgängig zu machen?"

„Nein. Ich wäre übrigens der dümmste Mensch von der Welt, wenn ich einen solchen Gedanken hegte."

„Melton hat die zweitausend Pesos bezahlt?"

„Ja, gleich nachdem wir den Handel besprochen hatten."

„Also nicht hier in Ures, nach dem gerichtlichen Abschluß, sondern vorher?"

„Ja, vorher, sofort nach unsrer Befreiung. Und zwar in vollklingenden Goldstücken. Und auch dieser Umstand, daß er mich bezahlt hat, noch bevor ihm der Kaufgegenstand gerichtlich zugesprochen war, ist ein Beweis seines guten Herzens und seiner Ehrenhaftigkeit."

„Hm! Ich möchte wünschen, Melton persönlich meine Ansicht über dieses gute Herz und diese Ehrenhaftigkeit mitteilen zu können. Hoffentlich befindet er sich noch hier?"

„Nein, er ist gestern abgereist."
„Wohin?"
„Zur Hacienda. Dorthin müssen Sie sich verfügen, wenn Sie ihm das Unrecht, das Sie ihm angetan haben, abbitten wollen."
„Wissen Sie bestimmt, daß Melton zur Hacienda ritt?"
„Ja. Wohin sollte er sonst gehen? Er wollte augenblicklich mit der Erneuerung der Besitzung beginnen."
„Dazu fehlt dort nicht weniger als alles. Er hat also wahrscheinlich das Nötige von hier mitgenommen?"
„Was sollte das sein?"
„Zunächst Arbeiter."
„Die hat er. Ihre Landsleute, die ich von Deutschland kommen ließ, befinden sich ja dort."
„Auch Werkzeuge! Die ihrigen sind doch wohl alle vernichtet. Dazu die nötigen Sämereien, Vorräte an Lebensmitteln, Maurer, Zimmerleute und andre Handwerker, um neue Gebäude zu errichten, und vieles andre noch. Hat er das alles mitgenommen?"
„Nach solchen Dingen habe ich nicht gefragt. Es kümmert mich nicht, da die Hacienda nicht mehr mir gehört. Ich weiß nur, daß er fort ist."
„Wohl gleich nach dem gerichtlichen Abschluß des Verkaufs?"
„Sogleich. Er verweilte nicht eine Stunde."
„Ritt der neue Haciendero allein?"
„Gewiß! Ich sehe überhaupt nicht ein, warum ich Ihnen diese Fragen, zu denen Sie keine Veranlassung haben, beantworten soll. Sie sind jedenfalls aus andern Gründen hier, und ich muß Sie ersuchen, mich in Ruhe zu lassen."
Pruchillo drehte sich schroff zur Seite, um mir zu zeigen, daß er nichts mehr mit mir zu schaffen haben wollte. Ich ließ mich nicht beirren.
„Leider kann ich Ihnen die Ruhe, die Sie wünschen, noch nicht gönnen. Ich bin nur in der Absicht hierhergekommen, Sie aufzusuchen, um mit Ihnen über diese Angelegenheit zu sprechen."
Jetzt fuhr mich die Dame zornig an:
„Das ist eine Rücksichtslosigkeit! Sie haben gehört, daß Don Timoteo nichts mehr von Ihnen wissen will, und müssen sich also entfernen."
„Sie irren, Señora. Don Timoteo muß mich anhören. Wenn Sie sich dabei langweilen sollten, so steht es Ihnen ja frei, sich zu entfernen."
„Entfernen? Was fällt Ihnen ein! Man hört es Ihren Worten an, daß Sie ein Deutscher sind, ein Barbar. Don Timoteo ist unser Gast, und wir werden dafür sorgen, daß er unbelästigt

bleibt. Nicht ich werde mich entfernen, sondern ich befehle Ihnen, diesen Raum augenblicklich zu verlassen."

„Ich bin gegenwärtig im Amtszimmer des Alcalden. Sie haben hier nichts zu suchen, wohl aber ich, der ich mich hier befinde, um seine amtliche Tätigkeit in Anspruch zu nehmen. Wenn also eins von uns beiden die Berechtigung besitzt, den andern zur Entfernung aufzufordern, so bin ich es."

Ich sah ihr an, daß sie auf diese Zurechtweisung zornig losplatzen wollte. Aber sie besann sich eines andern, machte eine wegwerfende Gebärde gegen mich und wandte sich an ihren Mann.

„Schaff diese Menschen fort!"

Da rutschte der Beherrscher von Ures aus seiner Hängematte herab, stellte sich in achtunggebietender Haltung vor mir auf und deutete auf die Tür.

„Señor, wollen Sie augenblicklich gehen? Oder soll ich Sie wegen Widersetzlichkeit einsperren lassen?"

Bevor ich antworten konnte, trat Winnetou mit zwei raschen Schritten zu ihm heran, faßte ihn unter den Armen am Oberkörper, hob ihn empor, trug ihn zu seiner Hängematte, legte ihn behutsam hinein und mahnte:

„Mein weißer Bruder mag hierbleiben und ruhig warten, bis wir mit ihm sprechen werden. Und seine Frau mag schweigen, wenn Männer reden. Eine Squaw gehört zu ihren Kindern, nicht aber in den Rat erwachsener Männer. Wir kamen, um mit dem Haciendero zu reden, und er mag wollen oder nicht, er wird uns anhören müssen. Hier steht mein Bruder Old Shatterhand, und ich bin Winnetou, der Häuptling der Apatschen, dessen Name auch in Ures bekannt ist!"

Jawohl, er war bekannt, denn kaum hatte er das letzte Wort gesprochen, so rief die Dame trotz der Beleidigung, die der Apatsche ihr und ihrem Mann zugefügt hatte, in einem ganz andern Ton als vorher:

„Winnetou! Der Apatschenhäuptling! Der berühmte Rote! Ist's wahr? Ist er's wirklich?"

Er war zu stolz, auf ihre Worte zu achten, darum antwortete ich an seiner Stelle:

„Ja, er ist's, Señora. Und nun, werden Sie trotz einiger Eigentümlichkeiten, die Ihnen an uns nicht gefallen wollten, nichts mehr dagegen haben, daß wir hier bleiben und unsre Sache zu Ende bringen. Wo nicht, so wagen Sie, daß Winnetou Sie ebenso hinausträgt, wie er Ihren Gemahl in seine Matte zurückgebracht hat."

Da klatschte sie vergnügt in die Hände.

„Welch ein Abenteuer, von Winnetou getragen zu werden!

Ganz Ures würde davon sprechen und mich beneiden! Ich werde es versuchen!"

„Und ich rate Ihnen ab, Señora. Auf den Händen getragen oder auf die Straße geworfen zu werden, ist zweierlei. Sehen Sie sich meinen Freund an, damit Sie ihn Ihren Freundinnen beschreiben können! Das ist der beste Rat, den ich Ihnen geben kann. Wenn Sie aber wieder das Wort ergreifen, wird Ihnen die höchst seltene Gelegenheit, sich in seiner Nähe zu befinden, augenblicklich entzogen."

Sie zündete sich eine neue Zigarette an und legte sich dann in ihrer Hängematte mit der Miene eines Menschen zurecht, der sich im Zirkus befindet und das größte Wunder der Welt vorgeführt bekommt. Auch ihr löblicher Eheherr und Gatte betrachtete den Häuptling mit sichtlicher Befriedigung, offenbar ohne ihm den entschlossenen Zugriff übelzunehmen. Was Pruchillo betrifft, so war ihm, wie auch den beiden andern, der Name Old Shatterhand durchaus gleichgültig, von Winnetou aber hatte er soviel gehört, daß der Name auch auf ihn die wünschenswerteste Wirkung hervorbrachte. Er dachte nicht mehr daran, uns zum Fortgehen aufzufordern.

Es war keineswegs ein Wunder, daß mein Gefährte auch hier in Ures als Berühmtheit galt. Die Apatschen streifen noch weit südlicher umher, besonders jenseits der Sierra in Chihuahua, wo sie sogar bis hinein nach Coahuila gelangen; und da Winnetou von Zeit zu Zeit alle diese Stämme seines Volks besuchte, so waren seine Taten bis so weit hinab bekannt geworden, und zwar nicht nur unter den Roten, sondern auch bei den Weißen. Ja, der Ruf des Heldentums, der an seinem Namen hing, war bei ihnen noch größer als bei seinen Stammesbrüdern, und ich habe oft die Beobachtung gemacht, daß besonders die Damenwelt gern von ihm hörte. Er war ein schöner Mann, und die Sagen, die sich an seine erste und einzige Liebe knüpften, waren imstand, ihm das Herz jeder Señorita zu gewinnen.

Sehr zufrieden mit dem Erfolg, den Winnetou durch sein plötzliches Eingreifen erzielt hatte, wandte ich mich an Pruchillo:

„Sie haben meine Fragen für höchst unnütz gehalten, Don Timoteo. Sie waren aber für mich überaus wichtig, und werden für Sie sogleich ebenso wichtig sein. Die Yumaindianer haben Ihre Hacienda zerstört und Ihnen alles abgenommen. Ich denke, daß man sogar Ihre Taschen durchsucht und ihres Inhalts beraubt hat?"

„Allerdings."

„Auch Meltons Taschen?"

„Ja."

„Wie hat er Ihnen dann zweitausend Pesos in glänzenden Goldstücken auszahlen können?"

Der edle Don zeigte ein verblüfftes Gesicht und antwortete langsam und verlegen:

„Ja — woher hat er — dieses Geld — genommen?"

„Fragen Sie vielmehr: Warum haben die Indianer ihm dieses Geld gelassen?"

„*Ascuas!* An diese Frage habe ich nicht gedacht! Sie meinen, daß er das Geld bei sich gehabt hat?"

„Er oder einer der beiden Weller. Zweitausend Pesos in Goldstücken sind nicht vor Indianeraugen zu verbergen, und zugleich bilden sie für jeden Roten, selbst wenn er der wohlhabendste Häuptling wäre, einen Reichtum, den er sich gewiß nicht entgehen läßt. Wenn der Große Mund auf die Goldstücke verzichtet hat, so muß das einen sehr wichtigen Grund haben. Können Sie sich denken, was für einer das ist?"

„Nein."

„Es gibt nur einen, einen einzigen. Einem Feind läßt kein Roter einen solchen Schatz. Melton muß also ein guter Freund, ein Verbündeter des Großen Mundes sein."

„Das glaube ich nicht."

„Ich behauptete, daß die Roten kommen würden, um Ihre Hacienda zu überfallen, und warnte Sie. Sie glaubten mir nicht, ich aber hatte recht. Ebenso täusche ich mich auch jetzt nicht, obgleich Sie abermals der Ungläubige sind."

„Melton hat großmütig an mir gehandelt. Es ist mir also ganz unmöglich anzunehmen, daß er mit den Roten im Bund steht. Wenn ich mich nicht irre, vermuteten Sie damals sogar, daß er der Anstifter des Überfalls sei."

„Der Wortlaut dessen, was ich Ihnen sagte, ist mir nicht im Gedächtnis geblieben, aber wenn ich es damals noch nicht mit Bestimmtheit behauptet haben sollte, so behaupte ich es jetzt."

„Sie irren! Melton ist mein Freund. Er hat es durch den Kauf bewiesen."

„Ja, Harry Melton hat es bewiesen, aber nicht, daß er Ihr Freund, sondern daß er ein elender Verräter ist. Welchen Wert besaß Ihre Hacienda vor dem Überfall?"

„Das mag ich gar nicht sagen. Ich will nicht von diesem entsetzlichen Verlust sprechen."

„Hätten Sie die Besitzung damals verkauft?"

„Nein, das wäre mir nicht eingefallen."

„Nun, so haben Sie alles klar vor Augen liegen. Der Mormone ist beauftragt, in dieser Gegend Grund und Boden zu erwerben. Ihre Hacienda paßte ihm, sie war ihm aber zu teuer. Um sie zu entwerten, ließ er sie verwüsten. Der Vertrag, den er mit dem Großen Mund abschloß, lautete: Aller Raub gehört den Indianern, den verwüsteten Grund und Boden kaufe ich für ein Lumpengeld. Der Überfall gelang. Die Beute war wertvoll, so konnten die Roten ihm sein Geld lassen. Begreifen Sie das nicht?"

„Nein, denn eine solche Schlechtigkeit wäre ungeheuerlich. Und bedenken Sie folgendes: Was nützt ihm der Grund und Boden, wenn er verwüstet und wertlos ist?"

„Er bebaut ihn neu!"

„Das kostet ihn weit mehr, als die Hacienda vorher wert war, die Jahre, die er warten muß, ehe dieses Geld Zinsen trägt, gar nicht mitgerechnet."

„Das sage ich mir auch. Es muß hier etwas mitspielen, das ich noch nicht zu entdecken vermochte, aber gewiß noch erfahren werde. Sie meinen, daß Melton zur Hacienda zurückgekehrt ist. Das ist aber nicht der Fall, denn wir kommen von dort, und er hätte uns begegnen müssen. Er hat indes einen Aufpasser dort zurückgelassen."

„Sie wollen sagen: zwei, nämlich die beiden Señores Weller?"

„Nein. Die sind fort, dafür ist ein andrer da. Haben Sie von einem Yankee, einem Mormonen, gehört, den man den Player nennt?" — „Nein."

„Er ist, wie Sie noch hören werden, eine sehr zweideutige Gestalt. Diesen Mann haben wir dort angetroffen. Er sagte uns, daß Melton mit Ihnen nach Ures sei, um den Kauf gerichtlich abzuschließen. Er wußte das, Melton muß es ihm also gesagt haben. Er hat mit ihm gesprochen, und zwar hinter Ihrem Rücken. Sie haben nichts von der Anwesenheit dieses Players wissen sollen."

„Hm! Das wäre freilich befremdend."

„Waren, als Sie mit Melton die Hacienda verließen, die beiden Weller und die Deutschen noch dort?"

„Ja. Er hat die Deutschen doch von mir übernommen. Mit ihrer Hilfe will er die Besitzung neu bearbeiten, neue Felder, neue Wiesen und Weiden und einen neuen Wald anlegen. Die Weller sind dabei als Aufseher gedungen."

„Aber sie sind nicht mehr dort, sie sind sofort nach Ihrer Abreise hinauf zur Fuente de la Roca gezogen."

„Zur Fuente?" staunte er.

„Die Weller mit den Deutschen. Und da oben werden sie von einer Schar von Yumaindianern erwartet."

„Ist das möglich? Woher wissen Sie das?" fragte er, aus der Hängematte springend.

„Vom Player, der mich für einen Freund Meltons hielt und es mir darum sagte."

„Zur Fuente!" wiederholte Pruchillo, indem er mit allen Zeichen der Erregung im Zimmer auf- und abschritt. „Das gibt mir zu denken. Das gibt mir wirklich zu denken, wenn Sie nicht falsch berichtet sind, Señor."

„Es ist wahr. Der Player hat mir das Geheimnis nur in der Überraschung anvertraut. Später erkannte er Winnetou und entfloh vor ihm. Er hat ein böses Gewissen. Hier ist der Anfang des Fadens, den ich zu verfolgen gedenke. Ihre Hacienda hat auch im verwüsteten Zustand aus irgendeinem Grund großen Wert für Melton. Darum bin ich nach Ures gekommen, um ihn und Sie zu suchen. Sie habe ich, er aber ist fort, jedenfalls hinauf zur Fuente de la Roca, um dort die Weller einzuholen."

Der Haciendero war während meiner Worte immer noch hin und her gegangen. Jetzt drehte er sich plötzlich auf dem Absatz herum und blieb vor mir stehen.

„Señor, ich hab's! Wenn er wirklich da hinauf ist, so habe ich den Punkt, wo der Wert der Hacienda trotz ihrer Verwüstung für ihn steckt."

„Nun?" fragte ich gespannt.

„Zu der Hacienda gehört ein Quecksilberbergwerk. Es ist aber nicht im Betrieb, weil ich keine Arbeiter bekommen konnte, und weil Indianer jene Gegend unsicher machen."

„Auch das habe ich gehört und —"

Ich sprach nicht weiter, denn es stieg in mir ein Gedanke auf, der mir die Zunge lähmen wollte, der aber, zu Melton in Beziehung gebracht, gar nicht so ungeheuerlich war. Es wurde hell in mir, doch mit dieser Helligkeit vergrößerte sich auch die Sorge, die ich um meine Landsleute hegen mußte. Ich erkundigte mich:

„Wo liegt das Bergwerk?"

„Droben im Gebirge, hinter der Sierra Madre, fünf starke Tagereisen von hier."

„Befindet sich die Fuente de la Roca auf diesem Weg?"

„Ja, freilich, freilich! Das ist's ja, was mich an Señor Melton irre macht."

„Ah, sind Sie doch mißtrauisch geworden? Ich weiß nun, woran ich bin. Melton hat es besonders auf das Quecksilberbergwerk abgesehen. Dort sind Millionen zu finden, wenn man die nötigen Arbeiter dazu hat. Und Sie sind so töricht gewesen, ihm die Hacienda, das Bergwerk und dazu dreiundsechzig Arbeiter für lumpige zweitausend Pesos zu verkaufen. Nun behaupten Sie noch einmal, daß er ein Ehrenmann, ein Caballero ist!"

„Ein Schurke ist er, ein Schuft, ein Dieb und Betrüger, ein Räuber, ein Teufel!" schrie Timoteo Pruchillo wütend auf. „Und ich bin der größte Esel, den es auf der Erde gibt!"

„Don Timoteo, ich hatte Sie gewarnt!“

„Ja, das haben Sie!“ rief er, indem er sich mit der Faust vor den Kopf schlug. „Hätte ich Ihnen geglaubt!“

„Dann säßen Sie auf Ihrer Hacienda, und wir hätten die Yumas mit blutigen Köpfen zurückgewiesen.“

„Ja, das hätten wir, das hätten wir! Nun aber haben sie mir die Herden genommen, und ich habe nichts, gar nichts mehr!“

„O doch! Zweitausend Pesos haben Sie und...“

„Spotten Sie nicht, Señor!“

„Ich spotte nicht. Sie haben diese zweitausend Pesos und Ihre Herden samt allem, was die Yumas Ihnen geraubt haben. Ich bin den Feinden nicht nur entwischt, sondern wir haben sie mit den Mimbrenjos, mit denen Winnetou mir zu Hilfe kam, sogar gefangengenommen. Sie haben alles hergeben müssen und werden zu den Zelten der Mimbrenjos geschafft, um dort ihre Strafe zu erleiden. Fünfzig Mimbrenjos aber sind mit Ihren Herden unterwegs, um sie zur Hacienda zurückzubringen. Wir beide sind vorausgeritten, um Ihnen das zu melden. Freilich ahnten wir nicht, daß Sie die Hacienda verkaufen würden.“

Er stand starr vor freudigem Erstaunen.

„Die Yumas gefangen —! Strafe —! Fünfzig Mimbrenjos — zur Hacienda — mit meinem Vieh —!“

So stieß er abgebrochen hervor. Dann ergriff er plötzlich meinen Arm und wollte mich an die Tür ziehen.

„Kommen Sie! Wir müssen zur Hacienda, sofort!“

„Sie sagen ‚wir‘? Was sollte denn ich dort suchen?“

„Reden Sie nicht so, Don Carlos! Ich weiß wohl, daß Sie allen Grund dazu haben. Ich habe Sie mißachtet, Sie gekränkt und beleidigt. Ich war mit Blindheit geschlagen. Jetzt aber werde ich — ah, Don Antonio Riego“, unterbrach sich Pruchillo, indem er sich an den Beamten wandte, „da kommt mir ein Gedanke. Sollte es nicht möglich sein, die Hacienda und die Arbeiter mit dem Bergwerk zurückzuerhalten? Der Kauf ist endgültig abgeschlossen?“

„Ja“, erklärte der Gefragte.

„Ist denn nicht vielleicht ein Fehler vorgekommen, ein unscheinbarer Fehler, der ein Loch ergibt, durch das ich in meinen Besitz zurückkriechen könnte?“

„Nein. Sie selber haben mich um die größte Vorsicht gebeten und mich gewarnt, ja keinen Fehler zu begehen. Es war Ihnen ja darum zu tun, die zweitausend Pesos nicht etwa wieder hergeben zu müssen.“

„Sie behalten das Geld und bekommen doch die Hacienda!“ tröstete ich den Mexikaner. „Melton wird gezwungen, Ihnen die Besitzung zurückzuerstatten, und Sie beanspruchen die zweitausend Pesos als Ersatz für den Schaden, den Sie durch den Brand erlitten haben."

„Wäre das möglich?"

„Es ist noch viel mehr möglich. Ich behaupte sogar, daß der Kauf rückgängig gemacht werden kann. Nur müssen wir beweisen, daß Melton die Indianer gedungen hat, die Hacienda zu verwüsten."

„Werden Sie diesen Beweis erbringen können, Don Carlos?"

„Höchstwahrscheinlich. Wenigstens hoffe ich das."

Da fiel der Apatsche ein:

„Für meinen Bruder Old Shatterhand ist nichts unmöglich, was er will. Er war gefangen und für den Marterpfahl bestimmt. Nun ist er frei und hat seine Peiniger gefangengenommen."

„Nicht ich, sondern Winnetou hat sie gefangengenommen", wehrte ich ab.

„Ja, Winnetou muß es gewesen sein, dem diese Tat zuzuschreiben ist!" rief die Dame aus, die für ihn begeistert war. Seine schönen, ernsten Züge, seine stolze, eherne Gestalt und Haltung hatten den größten Eindruck auf sie hervorgebracht.

„Mag es gewesen sein, wie es will, ich habe mein Eigentum wieder!" meinte der Haciendero, der mehr ans Haben als ans Danken dachte.

„Nein, grad wie die Yumas gefangengenommen wurden, das will ich hören!" beharrte die Señora. „Winnetou wird die Güte haben, es zu erzählen. Ich lade ihn ein, sich neben mich in diese Matte zu setzen."

Sie deutete auf die neben ihr schwebende Hängematte, worin Pruchillo gelegen hatte.

„Winnetou ist kein Weib", antwortete der Häuptling. „Er legt sich nicht in die Fäden und redet nicht von seinen Taten."

Die Doña forderte also mich zum Bericht auf, und ich tat ihr den Willen, indem ich kurz das Geschehene erzählte und dabei die Mitwirkung des Apatschen besonders hervorhob. Als ich fertig war, rief sie entzückt:

„Das ist so, als hätte ich es in einem Roman gelesen! Ja, wo Winnetou, der Häuptling der Apatschen, auftritt, da sind solche Abenteuer unausbleiblich. Wäre ich ein Mann, ich würde stets mit ihm reiten."

„Und Winnetou wäre ein Weib, wenn er sich das gefallen ließe!" entgegnete der Apatsche und schritt aus dem Zimmer. Ein solches Lob aus solchem Mund war ihm widerwärtig.

„Was hat er nur?" staunte die Señora. „Befindet er sich stets in so bissiger Laune?"

„Nein", erklärte ich lachend. „Aber eine Liebenswürdigkeit

wie die Ihrige kann ihn über alle Berge treiben. Wenn man ihn halten will, muß man schweigen und ihn nicht unaufhörlich ansehen."

„Ich werde mir Mühe geben, das fertigzubringen. Wann reisen Sie wieder ab?" — „Morgen."

„In welchem Haus werden Sie wohnen?"

„Das ist noch unbestimmt."

„Sie werden leicht ein passendes finden, aber Winnetou lade ich ein, unser Gast zu sein, und stelle ihm unsre zwei besten Zimmer zur Verfügung. Was meinen Sie dazu?"

Den Apatschen wollte sie bei sich haben, ich aber konnte wohnen und bleiben, wo es mir beliebte. Das machte mir Spaß, und deshalb erwiderte ich belustigt:

„Ich halte Ihren Gedanken für reizend, Señora."

„Nicht wahr? Der arme Wilde muß sich stets im Wald und im Freien umhertreiben. Ich will ihm einmal eine feine Wohnung bieten, hoffe aber, daß er dafür bereit ist, den Abend in meinem Salon zuzubringen."

„Versuchen Sie's, indem Sie ihn fragen!"

„Wollen Sie das nicht für mich tun?"

„Wenn es ginge, gern, Señora, aber es geht nicht. Sie sehen doch ein, daß eine solche Einladung nicht durch eine Mittelsperson überbracht werden darf. Von Ihren schönen Lippen ausgesprochen, hat sie doppelten Wert. Sie werden jedenfalls Damen für den Abend zu sich laden?"

„Gewiß! Den berühmten Winnetou vorstellen zu können, ist ein Vorzug, um den mich alle meine Freundinnen beneiden werden."

Es handelte sich also um eine Schaustellung, und ich freute mich schon im voraus auf die Antwort des Apatschen. Übrigens wurde sogleich von zwei andern Seiten Einwand erhoben. Nämlich der Alcalde, der wohl bemerkt hatte, welchen Eindruck der schöne Indianer auf seine Frau gemacht hatte, mochte eine Anwandlung von Eifersucht empfinden und kam zu ihr herüber, um ihr einige zwar leise, aber eindringliche Bemerkungen ins Ohr zu flüstern. Sie schob ihn, ohne ihn aussprechen zu lassen, einfach zurück. Den andern Einwand erhob Pruchillo, indem er zu mir sagte:

„Bis morgen wollen Sie hierbleiben? Das ist nicht möglich! Sie müssen noch heut mit mir zur Hacienda."

„Ich muß? Wer behauptet das? Es gibt für mich kein Müssen."

„Das habe ich auch nicht sagen wollen, aber die Rücksicht auf Ihre Ehre und auf mich erfordert, daß Sie keinen Augenblick zögern, das zu vollenden, was Sie angefangen haben."

„An die Rücksicht auf meine Ehre brauche ich nicht erinnert zu werden. Ich bin keineswegs entehrt, wenn ich mich jetzt um Ihre Hacienda nicht mehr kümmere. Und sodann reden Sie von einer Rücksicht gegen Sie. Was oder wer verpflichtet mich denn, Sie zu berücksichtigen? Ich kam zu Ihnen und warnte Sie, Sie jagten mich fort. Ich mußte sogar die Beleidigungen Ihres unverschämten Majordomo mit Gewalt von mir weisen, und Sie sahen vom Fenster aus zu, ohne ein Wort zu sagen. Ich bat Sie, Melton nicht mitzuteilen, daß ich Sie vor ihm gewarnt hatte, und als er kam, hatten Sie nichts Eiligeres zu tun, als ihm Wort für Wort alles zu erzählen."

„Warum werfen Sie mir das vor?" fragte er. „Vorwürfe können jetzt nichts mehr ändern."

„An dem Geschehenen können sie freilich nichts ändern, aber auf das, was geschehen wird, werden sie jedenfalls Einfluß haben. Aus meiner Erzählung wissen Sie, welche Anstrengung es gekostet hat und in welche Gefahr ich mich begeben habe, die Yumas und ihre Beute in unsre Gewalt zu bekommen. Und nachdem Sie das alles erfahren haben, fordern Sie mich auf, Ihnen weiterzuhelfen. Sie bitten nicht, sondern Sie fordern. Nun frage ich Sie, was Ihre Angelegenheiten mich angehen? Sie haben gehört, was wir für Sie taten, aber haben Sie auch nur ein einziges Wort des Dankes hören lassen? Sehen Sie nun selber, wie Sie weiterkommen! Ich habe keine Lust, mich als Dank für meine Güte an meine Pflicht und Ehre erinnern zu lassen."

Ich tat, als wollte ich mich entfernen. Da ergriff er mich beim Arm.

„Bleiben Sie doch, Señor, bleiben Sie! Was ich unterließ, ist aus Vergeßlichkeit unterblieben."

„Ich glaube, da beurteilen Sie Ihr Verhalten falsch. Es ist nicht Vergeßlichkeit, sondern etwas andres. Sie halten sich für so erhaben über einen deutschen Barbaren und ebenso über einen Mann wie Winnetou, daß Sie ihnen gegenüber nicht zu bitten, sondern nur zu gebieten haben. Gehen Sie doch hinüber nach Deutschland, damit Sie erfahren, daß dort jeder Knabe mehr gelernt hat, als Sie in Ihrem ganzen Leben jemals lernen werden! Und die Herrschaften, die sich hier so bequem in ihren Matten schaukeln, mögen die finstern und blutigen Gründe des Wilden Westens aufsuchen, damit sie zu der Einsicht gelangen, daß an Winnetou das kleinste Glied des kleinen Fingers mehr Kraft, Geschick und Adel besitzt, als in euerm Ures überhaupt zu finden ist. Ich bin hier nicht erst heut, sondern schon vorher von oben herab behandelt worden. Jetzt schaut einmal von unten herauf, ob ich nicht Veranlassung habe, euch Vorwürfe zu machen! Ich habe hier um Schutz für die Einwanderer nachgesucht und bin abgewiesen worden. Ihr habt den Kauf abgeschlossen und damit die braven Leute mit ihren Kindern in die Gewalt eines Verbrechers getrieben. Sagt mir doch, was ich eigentlich hiernach zu tun hätte!"

Ich bekam keine Antwort. Da steckte der Apatsche den Kopf zur Tür herein:

„Ist mein Bruder fertig? Winnetou hat keine Lust, hier länger zu verweilen."

Rasch war der Haciendero bei ihm, nahm seine Hand und bettelte:

„Kommen Sie noch einmal zu uns, Señor! Ich bitte Sie dringend. Sie wissen, daß ich ohne Ihren Rat nichts ausrichten kann."

Der Apatsche trat herein und sah ihn ernst an.

„Hat sich das Bleichgesicht bei meinem Bruder Shatterhand bedankt?"

Mit dieser kurzen Frage betonte er, der von der vorigen Auseinandersetzung nichts gehört hatte, den Kern meiner Vorwürfe.

„Es fand sich noch keine Gelegenheit dazu, aber ich werde es nachholen", lautete die Entschuldigung. „Sie wollen bis morgen hierbleiben?"

Winnetou nickte.

„Darüber vergeht aber eine kostbare Zeit, in der Wichtiges geleistet werden könnte", erinnerte Pruchillo.

„Das Wichtigste ist, daß unsre Pferde Kräfte sammeln", entgegnete Winnetou. „Von welchen Leistungen redet überhaupt das Bleichgesicht? Old Shatterhand und Winnetou haben nichts dagegen, wenn es seine Absicht ist, noch heut etwas zu leisten."

„Ich habe Ihnen ja gesagt, daß ich ohne Ihre Hilfe nichts fertigbringe."

„So mag das Bleichgesicht Old Shatterhand bitten. Was er tut, tu ich auch."

Bitten fiel dem Mexikaner schwer, aber er bequemte sich doch dazu, er brachte es sogar fertig, sich für das bisher Geschehene zu bedanken, aber nicht aus freier Anregung seines Herzens, sondern aus Rücksicht auf den Nutzen, den er davon zu haben hoffte. Der Mann konnte nicht dafür, daß er kein Gemüt besaß. Gemüt besitzt ja schließlich nicht jeder. Ich hätte ihn nicht im Stich gelassen, auch wenn ich nicht aus Sorge für meine Landsleute gezwungen gewesen wäre, den Fußtapfen Meltons zu folgen. Deshalb erklärte ich auf seine Bitten:

„Gut, wir wollen uns auch fernerhin Ihrer annehmen. Aber sagen Sie uns, was nach Ihrer Meinung nun geschehen muß!"

„Ich denke eben, daß wir gleich aufbrechen sollten, um Melton zu fangen."

„Unsre Pferde würden unter uns zusammensinken, zudem müssen Sie bedenken, daß wir ebensolang wie unsre Tiere unterwegs gewesen sind. Wir haben in zwei und einem halben Tag sechs reichliche Tagemärsche zurückgelegt, und ich glaube nicht, daß Sie, Señor, nach einer solchen Leistung imstand wären, einen Gewaltritt hinauf zur Fuente und in die Berge zu machen. Wenn Sie es so eilig haben, können Sie ja vorausreiten. Nehmen Sie einige Polizisten mit!"

Da schlug die Señora die Hände zusammen.

„Das ist ein prächtiger Gedanke! Vorausreiten und einige Polizisten mitnehmen! Was sagst du dazu, mein Männchen?"

„Wenn es dir recht ist, so ist der Gedanke allerdings sehr glücklich", lispelte das edle Ortsoberhaupt.

„Hast du nicht deinen *Ayuda*[1], der alle deine Obliegenheiten zu erledigen versteht, so daß du eine kleine Reise unternehmen kannst?"

Der Alcalde war wohl seit langer Zeit nicht so glücklich gewesen, einmal die Zügel nicht zu fühlen, die sie mit ihren schönen Händen führte. Eine kleine Reise! Sein Gesicht glänzte vor Vergnügen, aber er erkundigte sich doch in vorsichtiger Weise:

„Wohin wollen *wir* reisen, meine Seele?"

Das Wörtchen *wir* betonte er besonders. Sie machte ihm das Herz leicht, indem sie lächelte:

„Ich bleibe daheim."

Hatte sein Gesicht vorher geglänzt, so strahlte es nun völlig.

„Wohin soll ich gehen?"

„Ich gebe dir Gelegenheit, ebensolchen Ruhm zu erwerben wie Winnetou. Da Don Timoteo einige Polizisten wünscht, so reitest du mit und befiehlst einige *Guardas de la policia* zu deiner Begleitung."

Don Antonios Gesicht hörte plötzlich auf zu strahlen, es zog sich in bedenkliche Falten und wurde ungeheuer lang. Beinah bebend erklangen seine Worte:

„Ich — ich selbst soll mit in die Berge, und zwar reiten?"

„Gewiß, denn gehen kannst du einen solchen Weg doch nicht!"

„Meinst du nicht, daß ein solcher Ritt etwas — etwas anstrengend, vielleicht sogar gefährlich ist?"

„Für einen Caballero gibt es keine Gefahr. Also?!"

Sie warf ihm einen gebieterischen Blick zu, worauf der arme Teufel nur die eine Antwort hatte:

[1] Gehilfe, Vertreter

„Ja, wenn du meinst, so reite ich mit, mein Herz!“

„Freilich meine ich! In einem Stündchen hast du alles beisammen: die Wäsche, das Pferd, die Zigaretten, Seife zum Waschen, zwei Pistolen, Handschuhe, das nötige Geld, womit ich dich reichlich versehen werde, Schokolade, eine Flinte und ein Kopfkissen, damit du, wenn ihr gezwungen sein solltet, einmal in einem schlechten Bett zu schlafen, nicht tiefzuliegen brauchst und schlimme Träume hast. Du siehst, wie ich für dich sorge. Nun sorge auch du dafür, daß meine Erwartungen erfüllt werden. Kehre ruhmbedeckt zurück! Einem *Jurisconsulto*[1], wie du bist, kann das nicht schwer werden. Meinen Sie nicht auch, Señor?“

Diese Frage war an mich gerichtet. Ich nahm die Sache scheinbar völlig ernst.

„Ich stimme Ihnen vollständig bei, Señora, soweit einem die Rechtsgelehrsamkeit bei einem solchen Ritt zustatten kommt.“

„Hörst du es?“ fragte sie ihren Mann. „Der Señor ist mit mir einverstanden. Wann werden Sie aufbrechen, Don Timoteo?“

„In einer Stunde“, entgegnete Pruchillo, der wohl gern mit Winnetou und mir geritten wäre, nicht aber mit dem Pantoffelhelden.

Der *Jurisconsulto* machte ein Gesicht, worüber man hätte lachen mögen. Aus der schönen, kleinen Reise war ein gefährlicher, anstrengender Ritt geworden. Das Kopfkissen, das er mitbekommen sollte, war wohl kaum imstand, das Grauen, das er verspürte, zu mildern. Don Antonio Riego mochte mir ansehen, daß ich Mitleid mit ihm fühlte, denn er warf mir einen flehenden Blick zu, in der Hoffnung, daß ich mich seiner annehmen und den Versuch machen würde, seine Gattin von ihrem verrückten Plan abzubringen, doch vergeblich. Ich war ausnahmsweise hart. Unsrer Angelegenheit konnte es keinen Schaden bringen, wenn der Beherrscher von Ures einmal in die Berge ritt, um Ruhm zu sammeln, und anstatt dessen nur die abgeschundene Haut seiner Beine und einen steifen Rücken mit nach Haus brachte. Deshalb nahm ich mich seiner nicht an und sagte im Gegenteil zum Haciendero:

„Wahrscheinlich werden Sie Melton fangen, ehe wir Sie eingeholt haben. Wir sind aber als Zeugen nötig. Wo werden wir Sie treffen?“

„Wir werden an der Fuente de la Roca auf Sie warten.“

„Welchen Weg nehmen Sie hinauf?“

„Den über die Hacienda.“

Das war mir nicht lieb. Er konnte auf unsre beiden Mimbrenjos oder auf den Player stoßen und uns dabei das Spiel ver-

[1] Rechtsgelehrter

derben. Doch fiel es mir nicht ein, ihm abzuraten, denn ich wußte, daß ich meinen Zweck viel leichter und sicherer erreichen würde, wenn ich ihm scheinbar zuredete und ihm dabei sein Vorhaben möglichst gefahrvoll darstellte.

„Sehr gut, Don Timoteo! Sie werden uns dadurch einer schweren Arbeit entheben, denn der Player, von dem ich Ihnen erzählt habe, treibt sich jedenfalls noch dort umher. Er muß festgenommen werden, und da er ein verwegener Kerl ist und mit der Büchse ebensogut wie mit dem Messer umzugehen versteht, so ist das mit Lebensgefahr verbunden. Er wird sich ganz verzweifelt wehren, und da ich weiß, daß er es mit drei kräftigen Männern aufnimmt, ist es mir lieb, daß Sie diesen Weg einschlagen. Sie treffen eher dort ein, werden ihn gefangennehmen, und wenn wir nachkommen, ist die Arbeit getan. Lassen Sie sich aber ja nicht aus dem Hinterhalt erschießen! Er hat seine Mordtaten alle heimlich ausgeführt."

Diese Worte wirkten, denn Ton Timoteo verfärbte sich, und Don Antonio war aschfahl geworden. Ich war überzeugt, daß sie die Hacienda meiden würden.

Die Señora aber rief ihrem untergebenen Vorgesetzten oder vorgesetzten Untergebenen zu:

„Hast du's gehört? Das ist eine Tat, die deiner würdig ist. Ich hoffe, daß du selbst den gefährlichen Verbrecher ergreifst und ihn keinem andern überläßt. Du wirst dafür täglich zwei Zigaretten mehr rauchen dürfen als bisher."

Riego machte ein Gesicht, als wäre er selber soeben ergriffen und verhaftet worden. Seine Gattin bemerkte das nicht, warf mir einen fast mitleidigen Blick zu und meinte:

„Sie scheinen auch nicht der Held zu sein, für den wir Sie halten sollen, Señor, sonst würden Sie sich nicht so darüber freuen, daß der Player schon gefangen ist, wenn Sie hinkommen."

„Allerdings freue ich mich. Der Mann ist mehr als lebensgefährlich, und jede Kugel, die trifft, macht ein Loch in die Haut."

„Und Sie sind wohl kein Freund von solchen Löchern?"

„Nein, denn wenn sie zu tief gehen, ist's zu Ende mit dem Leben."

„So gebe ich Ihnen den Rat, sich hübsch in acht zu nehmen, daß Ihre liebe Haut nicht verletzt wird. Don Antonio aber weiß, daß dem Mutigen die Welt gehört. Meine Seele wird ihn umschweben und beschützen. Meinst du nicht, lieber Gatte?"

„Ja", nickte Riego mit einem Gesicht, als hätte er Pfefferkörner zerbissen.

Sie schlüpfte aus ihrer Hängematte und ging an mir vorüber,

ohne mich anzusehen. Ich war in ihren Augen ein feiger Wicht. Vor Winnetou aber blieb sie stehen und ließ ihm ihr liebenswürdigstes Lächeln strahlen.

„Don Winnetou, Sie haben also wirklich die Absicht, die Nacht hier in Ures zu bleiben?"

Das Gesicht, womit der Apatsche auf sie niederblickte, läßt sich nicht schildern. Was sich darin aussprach, war Mitleid und zugleich Erstaunen darüber, daß sie es wagte, ihn unmittelbar anzureden. Ich verstand sein Unbehagen und erwiderte an seiner Stelle:

„Ja, wir bleiben bis morgen da."

„Warum sprechen denn Sie? Lassen Sie doch Winnetou reden!" sagte die Dame, indem sie mir einen verächtlichen Blick zuwarf. „Er hat gehört, daß ich ihn verehre, und wird mich doch wohl seine Stimme hören lassen."

Sie wiederholte ihre Frage, und da mein Freund nun zur Antwort gezwungen war, nickte er bejahend.

„So gebe ich mir die Ehre, Sie einzuladen, mein Gast zu sein", fuhr sie fort. „Wollten Sie die Einladung annehmen, so würden Sie mich sehr beglücken."

„Meine weiße Schwester mag in ihrem Haus glücklich sein", entgegnete der Apatsche mit unbewegtem Gesicht.

„Und ich darf Damen zu mir laden, die Winnetou feiern werden?"

„Winnetou weiß, daß die Bleichgesichter Bären einsperren, um sie sehen zu lassen — aber er ist kein Bär."

„Also kein Fest?" fragte die Mexikanerin mit sehr enttäuschtem Gesicht.

„Nein", sagte er, drehte sich um und ging hinaus. Ich folgte ihm, und wir entfernten uns ohne ein Wort des Abschieds. Wir hatten in der Stadt nichts mehr zu suchen. Einige Kleinigkeiten kauften wir ein, dann holten wir unsre Rappen und führten sie hinaus ins Freie, wo wir uns wohler befanden. Es gab da ein laufendes Wasser und saftiges Gras. Wir legten uns nieder, einen tüchtigen Schlaf zu tun. Noch ehe wir eingeschlafen waren, sahen wir die Helden vorüberreiten. Der kleine Trupp bestand aus fünf Personen, dem Haciendero, drei Polizisten und dem *Jurisconsulto.* Die vier Beamten trugen ihre Uniformen, was selbst den ernsten Winnetou zum Lächeln nötigte. Die Pferde waren gut. Pruchillo und die drei Polizisten ritten leidlich, der *Alcalde del distrito* aber bildete eine weniger reizende Figur. Er hatte ein Kissen unter sich und eins hinter sich angeschnallt. Beide schimmerten aus der Ferne zu uns herüber. Sie waren also wohl mit weißem Leinen überzogen worden. Wer sich zu einem Ritt in die wilden Berge hinauf mit solchen Ausrüstungsgegenständen versieht, wird alles andre verrichten, nur keine Heldentaten. „Glück auf den Weg, mein Feldherr!" dachte ich und schloß die Augen, fest überzeugt, daß die fünf Reiter nicht über Erfolg, Ehre und Ruhm auf ihrem Pfad stolpern würden.

Wir schliefen ungestört den Rest des Nachmittags und die Nacht. Die Rappen hatten wir nicht angebunden, da wir ihrer sicher waren. Die beiden Tiere waren treu und wachsam wie Hunde. Sie gingen nicht von uns fort und hätten uns sogar gewiß geweckt, falls jemand in unsre Nähe gekommen wäre. Als wir uns wieder in den Sattel setzten, ging eben die Sonne auf. Wir waren frisch und munter, und auch die Hengste hatten sich erholt und wieherten freudig in die frische Morgenluft hinaus.

Nun ritten wir zur Hacienda zurück, und zwar folgten wir während der ersten Stunde der Fährte unsrer fünf Helden, die von gestern her im Gras noch leidlich zu erkennen war. Dann lenkte sie von unsrer Richtung scharf rechts ab.

„Scharlih hat sie richtig beurteilt", sagte Winnetou. „Sie reiten nicht über die Hacienda, weil sie sich vor dem Player fürchten. Die weiße Squaw wird nicht viel Rühmenswertes von ihrem Mann zu erzählen haben. Uns aber werden die Leute vielleicht Ärger bereiten."

„Möglich!" antwortete ich. „Aber groß wird er nicht sein, und ich will einen kleinen Ärger gern auf mich nehmen, wenn ich mir dabei sagen kann, daß der undankbare Haciendero und der lächerliche Rechtsgelehrte ihrer Strafe entgegengehen."

Unser Ritt verlief, ohne daß sich dabei etwas Erwähnenswertes ereignete. Jetzt eilten wir nicht so sehr wie beim Ritt zur Stadt und gönnten uns nachts die nötige Ruhe. Es war kurz vor Tagesende, als wir die Grenze der Hacienda erreichten. Das Feuer war nicht bis an die Stelle, wo wir anhielten, gedrungen. Es befand sich dort ein Buschwerk, das sich zum Versteck eignete, und diesen Ort hatten wir unsern beiden Mimbrenjos als Treffpunkt bezeichnet. Sie waren mit ihren Pferden da und kamen, als sie uns hörten, aus dem Gesträuch gekrochen.

„Ihr seid beide hier?" fragte ich. „Das ist ein Zeichen, daß ihr den Player nicht zu bewachen braucht. Liegt er irgendwo fest oder ist er fort?"

„Er war fort, ist aber wieder zurückgekehrt und hat sich nicht weit von hier am Bach schlafen gelegt", antwortete der Yumatöter.

„Wie weit er fort war, wißt ihr nicht?"

„Wir wissen es, indem wir es berechnen. Als Old Shatterhand und Winnetou sich entfernt hatten, übergab ich meinem Bruder unsre Pferde und folgte der Spur des Bleichgesichts, das Player heißt. Meine berühmten Brüder wissen, daß die Fährte über die

Höhe hinab in den Wald führt. Dort hat das Bleichgesicht sein Tier stehen gehabt und es sofort bestiegen, um eiligst fortzujagen. Ich folgte ihm, bis der Wald zu Ende ging, und sah, daß er von dort aus Galopp geritten war."

„Wie war die Gegend beschaffen?"

„Mit Gras bewachsen und eben bis auf wenige niedrige Hügel."

„Ging seine Spur gradaus wie der Weg eines Flüchtlings, der möglichst schnell entrinnen will?"

„Nein, sondern in Windungen zwischen den Hügeln hindurch."

„So ist die Absicht, uns zu entfliehen, nicht der einzige Grund dafür, daß er Galopp geritten ist. Hätte ihn allein die Angst vor uns getrieben, so wäre sein Weg wie der Flug einer Kugel gewesen, die nicht nach rechts und links abweicht. Wer aber so eilig ist, ohne jemanden hinter sich zu haben, der ihn treibt, der muß jemanden vor sich haben, zu dem er schnell kommen will. Es gibt also in der Richtung, in der er davongeritten ist, Leute, denen er sein Zusammentreffen mit uns hat melden wollen."

„Ja. Ich folgte seiner Fährte nicht aus dem Wald hinaus, weil er sonst bei seiner Rückkehr meine Spur gesehen hätte, sondern ging zu meinem jüngern Bruder, um zunächst mit ihm die Pferde zu verstecken und dann zu der Stelle zurückzukehren, wo die Fährte des Players aus dem Wald ins Freie trat. Dort legten wir uns weit voneinander, um eine größere Strecke übersehen zu können, auf die Lauer."

„Meine jungen Brüder haben ihn wiederkommen sehen?"

„Ja, gestern, als die Sonne grad auf ihrem höchsten Punkt stand."

„Also Mittwoch, zur Mittagszeit, und Montag trafen wir ihn hier. Der Ort, wo er gewesen ist, liegt demnach einen Tagesritt von hier entfernt. In welcher Richtung?"

„Nach Ost."

„Mithin der Fuente zu. Wir werden wohl erfahren, ob dort auch nur ein einzelner Posten steht oder ob sich mehrere dort befinden. Es scheint, daß man eine Beobachterkette von hier aus gelegt hat, damit, falls hier etwas Wichtiges geschieht, die Nachricht davon weitergegeben werden kann."

„Es müssen sich mehrere Yumas dort aufhalten, denn der Player hat ein weißes Pferd gehabt und ist auf einem schwarzen zurückgekehrt."

„Ein weißes? Du hast es doch nicht gesehen?"

„Nein, aber da, wo es im Wald angebunden gewesen ist, hing an einem Zweig ein weißes Schwanzhaar, das nur von einem Schimmel herrühren konnte. Und als ich zurückkam, saß er auf einem Rappen, der für einen roten Krieger aufgeschirrt war."

„Hm! So besteht der Posten, zu dem er sich begeben hat, allerdings aus mehreren Indianern. Er hat sein ermüdetes Pferd dort gelassen und dafür ein frisches eingetauscht, um schnell zurückkehren zu können. Die Botschaft, die er brachte, mußte auf einem ebenso frischen Pferd weitergetragen werden. Daraus folgt, daß mehrere ausgeruhte Tiere und auch mehrere Reiter vorhanden waren. — Meine Brüder wissen also, wo sich der Player jetzt befindet?"

„Ja. Wir haben gesehen, wo er sich niederlegte, und da er ermüdet war, wird er den Ort noch nicht verlassen haben, sondern fest schlafen."

„So führt uns jetzt zu ihm, damit wir ihn überraschen!"

Wir banden unsre Hengste an und folgten den Brüdern in der Richtung zum Gemäuer der Hacienda. Es dämmerte bereits, und bald sahen wir den wie ein Priester gekleideten Halunken unweit einer Krümmung des Bachs liegen. Es war eine günstige Stelle, so gewählt, daß jedes Geräusch von allen Richtungen dorthin dringen konnte. Er hatte eine Decke unter dem Kopf, und neben ihm lag ein Gewehr, das ich bei unserm ersten Zusammentreffen nicht bei ihm gesehen hatte. Er schlief fest. Wir näherten uns mit unhörbaren Schritten und setzten uns so um ihn nieder, daß wir ihn zwischen uns hatten. Sein Gewehr nahm ich weg und legte es so weit fort, daß er es nicht fassen konnte. Wir hatten Zeit, da wir unsre Pferde ruhen lassen mußten, und warteten also, ohne ihn aufzuwecken. Da sein langer Rock nicht zugeknöpft war, sahen wir, daß er darunter einen Gürtel trug, worin ein Bowiekneif steckte. Auch die Griffe von zwei großkalibrigen Revolvern lugten daraus hervor.

Indem ich langsam und äußerst vorsichtig vorging, gelang es mir, das Messer und einen der Revolver hervorzuziehen. Der andre aber steckte fester, und so kam es, daß der Mann die Berührung fühlte und erwachte. Schnell und ohne Schlaftrunkenheit, wie ein echter Westmann, richtete er sich in sitzende Stellung auf und fuhr mit beiden Händen in den Gürtel, aus dem ich soeben den zweiten Revolver vollends herausgezogen hatte. Aber so ganz geistesgegenwärtig, wie zum Beispiel Winnetou in solchen Lagen gewesen wäre, war er doch nicht. Er starrte uns mit großen Augen an und öffnete den Mund, um zu sprechen, brachte aber nichts hervor.

„*Good morning*, Mr. Player!" grüßte ich. „Ihr habt sehr gut geschlafen, und das war Euch nach dem weiten Ritt, den Ihr seit Montag gemacht habt, wohl zu gönnen."

„Was — wißt Ihr — von meinem — Ritt?" stammelte er nun doch.

„Fragt nicht so dumm! Leute wie wir werden doch wissen, wo Ihr gewesen seid. Nämlich da oben bei den Roten, um zu melden, wen Ihr hier gesehen habt, und Euern Schimmel gegen einen Rappen umzutauschen."

„Wahrhaftig, er weiß es! Was wollt Ihr hier, Sir? Warum treibt Ihr Euch in dieser traurigen Gegend umher, wo für Mensch und Tier nichts mehr zu holen ist?"

„Das könnte ich Euch auch fragen, will es jedoch unterlassen, weil es belanglos ist. Aber vorstellen möchte ich mich. Oder habe ich Euch meinen Namen schon am Montag genannt?"

„Ist nicht nötig, denn wo man Winnetou sieht, ist meist auch Old Shatterhand zu finden. Daran dachte ich am Montag nicht sogleich."

„Glaube es! Denn hättet Ihr daran gedacht, so wärt Ihr nicht ausgerissen. Ihr habt doch jedenfalls schon gehört, welch guter Freund von Melton und den Weller ich bin, und da Ihr mit diesen Gentlemen so eng verbunden seid, war Eure Flucht eigentlich ein Unsinn. Es war auch überflüssig, den Indianern die Botschaft zu überbringen. Wir selbst können das viel besser besorgen als Ihr, denn wir wollen ja auch hinauf."

„Nach Almaden alto?" entfuhr es ihm.

Das war der Name des Quecksilberbergwerks, das man nach dem berühmten spanischen Quecksilberbergwerk Almaden so genannt hatte. Almaden alto heißt Hoch-Almaden. Der Ort lag ja hoch in den Bergen.

„Ja, nach Almaden alto", bestätigte ich, „und vorher zur Fuente de la Roca, um meinem Freund Melton einen Besuch abzustatten. Er ist krank an den Händen, wie Ihr wißt. Es ist einer so rücksichtslos gewesen, sie ihm aus den Gelenken zu drehen, und so muß ich als guter Freund doch hin, um mich nach seinem Befinden zu erkundigen."

Der Player wußte recht gut, was geschehen war. Und so verstand es sich von selbst, daß er meine Worte als Spott nahm. Seine Lage war nicht angenehm, das sah er ein. Aber wenn er auch wußte, daß er von Winnetou nichts Gutes erwarten konnte, so hatte er ihm doch keinen Grund zur persönlichen Rache gegeben, und mir war von ihm erst recht nichts geschehen. Darum fühlte er sich wenigstens in Beziehung auf sein Leben sicher und nahm an, daß es geraten sei, uns keine Furcht zu zeigen, sondern den Unschuldigen und Überraschten zu spielen.

„Was kümmert mich Euer Verhältnis zu Melton? Daß Ihr ein Freund von ihm seid, habe ich mir gleich am Montag denken können, da Ihr nach ihm fragtet und von meinem Hiersein unterrichtet wart. Aber was Ihr von mir wollt, das geht mich etwas an. Ihr seid heimlich herangeschlichen, habt mich umringt und mir die Waffen genommen. Warum das? Ich habe Old Shatterhand stets für ehrlich gehalten."

„Das bin ich auch, und darum habe ich eine so innige Bekanntschaft mit Melton und den beiden Weller geschlossen. Sie werden Euch viel Liebes und Gutes von mir erzählt haben?"

„Sie haben allerdings von Euch gesprochen. Ich hörte von ihnen, daß Ihr in Gefangenschaft der Yumas geraten wärt und am Marterpfahl sterben solltet, und sehe nun zu meinem Erstaunen, daß Ihr Euch schon wieder auf freiem Fuß befindet."

„Oh, darüber braucht Ihr nicht zu erstaunen. Ich bin den Yumas davongelaufen und dann zurückgekehrt, um sie gefangenzunehmen."

Ich teilte ihm von dem, was vorgefallen war, soviel mit, wie ich für nötig hielt. Die Wirkung zeigte sich sofort.

„Was? Die Mimbrenjos kommen?" hauchte er, indem er sich entfärbte.

„Ja, sie kommen. Ihr seht schon zwei ihrer jungen Krieger hier bei mir. Das scheint Euch zu erschrecken. Wahrscheinlich steht Ihr mit den Mimbrenjos auf etwas gespanntem Fuß. Wenn das so ist, bin ich gern bereit, mich Eurer anzunehmen, so daß sie Euch nichts anhaben können."

„Das wäre mir sehr lieb!" beteuerte er eifrig. „Ich habe nicht den Wunsch, ihnen zu begegnen."

„Schön! Ich werde Euch helfen, indem ich Euch mit mir in die Berge zu unserm Freund Melton nehme."

Seine Verlegenheit wuchs. Er wußte genau, daß meine Worte nur Spott enthielten, und daß für mich keine Rede davon sein konnte, ihn in meinen Schutz zu nehmen. Um über meine Absichten klarzuwerden, erwiderte er:

„Nehmt meinen Dank für diese Freundlichkeit, Sir! Aber wenn Ihr es so gut mit mir meint, warum enthaltet Ihr mir da meine Waffen vor?"

„Das geschieht zu Euerm Besten, Mr. Player. Wenn die Mimbrenjos noch vor unserm Aufbruch kommen sollten, könntet Ihr leicht durch Eure bekannte Tapferkeit versucht werden, einen unnötigen Gebrauch von Euern Waffen zu machen. Das würde die Roten gegen Euch aufbringen, und deshalb haben wir Euch in Rücksicht auf Euer Heil diese Gegenstände einstweilen abgenommen. Wir werden noch weiter für Euer Wohl besorgt sein, indem wir Euch ein wenig fesseln, damit Ihr die Mimbrenjos nicht etwa ungeschickterweise reizt. Auch Eure Taschen werden wir untersuchen, weil sie leicht etwas enthalten könnten, was die Roten Euch übelnehmen." — „Sir, redet Ihr im Ernst?" fuhr er auf. „Was habe ich euch getan, daß ihr mich hier überfallt und nun sogar durchsuchen und binden wollt?"

„Uns? Nichts! Ich habe erst zum zweitenmal das Vergnügen, Euch zu sehen. Was könnt Ihr mir da getan haben? Aber da Ihr Aufrichtigkeit wünscht, so will ich Euch ehrlich sagen, was ich will. Ihr seid da oben in Almaden alto gewesen?"

„Nein, ich war noch nicht oben."

„Und ich sage Euch: Ihr wart oben, und da Ihr nicht freiwillig reden wollt, werde ich Euch den Mund öffnen. Wenn Ihr meint, mich belügen zu können, so bekommt Ihr Hiebe, daß Euch die Haut dampft. Bindet ihn!"

Indem ich den beiden Mimbrenjos diese Aufforderung zurief, nahm ich ihn mit der einen Hand bei der Kehle und mit der andern beim Gürtel, drückte ihn nieder und hielt ihn fest. Er schrie, was er konnte, schlug mit den Armen um sich und stampfte mit den Beinen, doch nur wenige Sekunden, dann war er gefesselt.

„Was fällt euch ein! Was habe ich euch getan?" rief er. „Ich bin Mormone, ich gehöre zu den Heiligen der letzten Tage. Nun wißt ihr, wie ihr mich behandeln sollt."

„Ja, nun wissen wir's!" lachte ich. „Ihr seid ein Glaubensbruder von Melton und sollt gradeso wie er behandelt werden."

„Mein Himmel!" zeterte er. „Wollt Ihr mir etwa auch die Hände brechen?"

Ich hatte ihm erst Schläge zugedacht, was aber für den Zuschauer sehr peinlich ist. Einen erwachsenen Menschen zu prügeln wie einen nichtsnutzigen Buben, ist nun einmal nicht nach meinem Sinn. Da er mich selber auf einen bessern Gedanken brachte, ging ich darauf ein und nahm seine gefesselten Hände zwischen die meinen. Die Angst, sich die Hände ausrenken lassen zu müssen, wirkte besser als ein Dutzend Hiebe auf den Rücken. Kaum hatte ich zugegriffen und einen kräftigen Druck gegeben, so brüllte er entsetzt auf:

„Halt, nicht brechen, nicht brechen! Ich werde alles sagen!"

„Gut, ich will nachsichtig sein und noch warten. Beantwortet meine Fragen der Wahrheit gemäß! Lügt Ihr aber, so prasseln Euch die Knochen. Also Ihr wart droben in Almaden alto und auch an der Fuente de la Roca?"

„Ja."

„Ihr kennt die Gegenden so genau, daß Ihr als Führer dienen könnt?"

„Ich kenne sie. Ich war öfters dort, noch vor Melton und den Weller."

„So seid Ihr also der eigentliche Kundschafter, der vorausgeschickt worden ist?"

„Der war ich. Ich habe Melton auf die Hacienda und das Bergwerk aufmerksam gemacht."

„Die deutschen Auswanderer werden nach Almaden alto geschafft, um dort unter der Erde graben zu müssen?“

„Ja.“

„Das war schon bestimmt, ehe sie drüben in ihrem Vaterland gedungen wurden?“

„Ja.“

„Sind Yumas oben?“

„In Almaden und an der Fuente. Auch unterwegs hält nach jeder Tagereise ein Posten von fünf Mann.“

„Was sollen die Yumas in Almaden?“

„Sie sollen für die Lebensmittel sorgen und werden dafür aus dem Ertrag des Bergwerks bezahlt.“

„Wieviel Mann sind es?“

„Dreihundert lagern in Almaden, zwanzig an der Fuente, und viermal fünf sind von hier bis hinauf als Posten aufgestellt.“

„Wann kommen die Auswanderer hin?“

„Sie müssen schon dort sein.“

„Wieviel sollen unter die Erde?“

„Alle.“

„Doch nicht etwa auch die Kinder?“

„Auch sie.“

„Himmel! So haben wir keine Zeit zu verlieren! Wir müssen sofort aufbrechen. Ist mein Bruder Winnetou bereit dazu?“

„Winnetou tut alles, was Scharlih für nötig hält“, antwortete der Apatsche.

„Wir haben keine Zeit, eine lange Beratung zu halten. Hört, was zunächst geschehen muß!“

Ich trat zur Seite, so daß der Player nicht hören konnte, was gesprochen wurde, und sagte zu dem jüngern Sohn des Starken Büffels:

„Mein junger, roter Bruder hat gehört, was der Player auf meine Fragen antwortete. Er mag sich auf sein Pferd setzen und schleunigst ausrichten, was ich ihm auftrage! Es gilt zunächst, die vier Yumaposten unterwegs aufzuheben und außerdem die zwanzig Mann, die bei der Fuente stehen. Dazu genügen dreißig Mimbrenjokrieger. Mein Bruder reitet zu denen, die die Herden bringen, und holt diese dreißig; sie sollen uns schnell folgen. Neunzehn Mann bleiben bei den Herden, und einer reitet zum Starken Büffel, um ihn um hundert Krieger zu bitten, die uns so rasch wie möglich nach Almaden nacheilen sollen. Jetzt fort!“

Der brave Knabe flog schon wie ein Pfeil zu seinem Pferd. Zwei Minuten später galoppierte er davon. Eine halbe Stunde darauf waren auch wir drei unterwegs, den Player, auf sein Pferd gebunden, in unsrer Mitte, also vorerst drei Personen gegenüber dreihundertvierzig Feinden. Aber es galt, meine Landsleute vor einem entsetzlichen Schicksal zu bewahren. Da konnte es kein ängstliches Abwägen der widrigen Verhältnisse geben.

12. Nach Almaden alto

Wir befanden uns jetzt unterwegs zum alten Quecksilberbergwerk Almaden[1] alto und mußten über die Fuente de la Roca kommen. Fuente heißt Quelle und Roca Felsen, Fuente de la Roca ist folglich soviel wie Felsenquelle. Da Winnetou sie kannte, brauchte ich keine Besorgnis zu hegen, vom Player falsch geführt zu werden. Wir konnten uns nicht verirren. Aber in Beziehung auf die unterwegs aufgestellten Posten mußten wir uns auf seine Aussage verlassen. Es standen da zwar bloß je fünf Mann, und eine so geringe Anzahl brauchten wir nicht zu fürchten, wenn wir nur die Stellen kannten, wo sie steckten. Wenn er uns diese Plätze aber falsch angab, konnten wir von ihnen leicht überfallen werden. Es galt also, ihn so in Angst zu halten, daß er es nicht wagte, uns zu täuschen.

Die Fuente, an der zwanzig Yumas lagerten, war zwei Tageritte entfernt. Auf dem Weg befanden sich überdies noch vier Posten zu je fünf Mann. Da man nun von Ures bis Almaden alto fünf Tagereisen rechnete, und wir von der Hacienda aus nur vier hatten, so standen die Posten nur einen Zweidritteltageritt auseinander, und wenn wir so ritten, wie Winnetou und ich es gewohnt waren, trafen wir schon heut nachmittag auf den ersten, was aber nicht in meinem Plan lag. Ich wollte die fünf Roten des Abends in der Dunkelheit überrumpeln, und so mußten wir also entweder schnell reiten und irgendwo haltmachen oder einen so langsamen Schritt annehmen, daß wir erst mit der Dunkelheit bei dem Posten anlangten. Ich entschloß mich aus guten Gründen für das Schnellreiten.

Was nun die Mimbrenjos betraf, auf deren Hilfe ich hoffte, so war leicht zu berechnen, wann sie bei uns eintreffen konnten. Die dreißig Mann, die wir angefordert hatten, benötigten einen Tag bis zur Hacienda und von da bis zu irgendeinem Punkt, wo wir sie erwarten würden, genau so viel Zeit, wie wir selber, um von der Hacienda aus dorthin zu gelangen.

Ob sie den Weg kannten, wußten wir nicht, durften uns aber auf ihre Findigkeit verlassen. Trotzdem machten wir eine Fährte, die noch nach Tagen zu sehen war, und sorgten außerdem für verschiedene Zeichen, aus denen sie erkennen konnten, daß sie sich auf unsrer Spur befanden. Die Zeichen bestanden in Stei-

[1] Sprich: Almadén, das Wort bedeutet Bergwerk, Erzstufe. Der Herausgeber

nen, die wir unterwegs in auffälliger Weise zusammenlegten, und in Ästen, die wir an Stellen, wo es entdeckt werden mußte, abbrachen und an einem andersartigen Baum befestigten.

Der Player ritt zwischen Winnetou und mir, der Yumatöter hinter uns.

Die Beschreibung der Gegend, durch die wir kamen, kann ich mir ersparen. Das Gelände steigt zur hohen Sierra Madre auf und ist desto mehr bewaldet, je höher man kommt. An Wasser hat man keine Not zu leiden, denn wenn es auch hier und da eine unfruchtbare Felsebene gibt, so ist man doch bald darüber hinweg.

Der Player mußte annehmen, daß uns der Weg bekannt sei, da wir ihn nicht danach fragten. Eine solche Frage war unnötig, weil wir die Spur noch sahen, die er gestern zurückgelassen hatte. Daß er selbst sie noch wahrnehmen konnte, bezweifelte ich, da sie auf längern Strecken so schwer zu erkennen war, daß Augen, wie Winnetou sie besaß, dazu gehörten, sie zu unterscheiden.

Um die Mittagszeit machten wir an einem Fluß kurzen Halt, um die Pferde zu tränken, dann ging es wieder weiter bis um die Mitte des Nachmittags, wo wir an einer Waldecke anhielten, weil wir da auf drei Seiten offne Aussicht hatten. Der Player wurde vom Pferd genommen und ins Gras gelegt. Wir setzten uns zu ihm, um zu essen, und er erhielt auch seinen Teil. Unterwegs hatten wir kein Wort mit ihm gesprochen. Jetzt war anzunehmen, daß wir uns in der Nähe des ersten Postens befanden. Es galt, zu erfahren, wo er stand, und so machte ich dem Schweigen ein Ende.

„Als Ihr gestern hier vorüberkamt, habt Ihr wohl nicht gedacht, Mr. Player, daß Ihr Euch heut schon wieder hier befinden würdet, und zwar als Gefangener?"

„Ich hier vorübergekommen?" antwortete er. „Wenn Ihr das annehmt, so befindet Ihr Euch sehr im Irrtum."

„Macht keine Flausen! Ich weiß nicht nur, daß Ihr hier gewesen seid, sondern ich sehe aus Eurer Fährte, daß Ihr Euch hier umgedreht habt, um zurückzublicken. Besinnt Euch nur! Ihr seid ein Schlaukopf und habt schon manchen Mann übertölpelt, bei uns aber gelingt Euch das nicht. Wollt Ihr zugeben, daß Ihr hier angehalten habt?"

Er wußte nicht, ob er gestehen oder leugnen sollte, und schwieg.

„Wir wissen, daß wir uns in der Nähe des ersten Postens befinden", fuhr ich fort. „Wir würden ihn auch ohne Euch entdecken, wir brauchen ja nur Eure Spur weiter zu verfolgen, doch wir können dadurch Zeit gewinnen, daß Ihr uns die Stelle sagt."

„Das darf ich doch nicht. Es wäre Verrat“, entgegnete er.

„Gebt Euch doch nicht auf einmal das Ansehen eines gewissenhaften Mannes! Wer soviel auf dem Gewissen hat wie Ihr, dem kommt es auf etwas mehr oder weniger nicht an. Übrigens ist das, was ich von Euch fordere, kein Unrecht, sondern eine gute Tat. Seid Ihr uns zu Willen, dann sprecht! Sonst werdet Ihr sehen, was geschieht! Wollt Ihr uns also sagen, wo sich der Posten befindet?“

Bei dieser Frage ergriff ich eine seiner Hände und drückte sie recht kräftig.

„Haltet ein!“ rief er. „Ich will es sagen!“

„Schön! Aber redet die Wahrheit! Bis jetzt haben wir keinen Grund, Euch ans Leben zu gehen, und darum versichere ich Euch, daß es nicht unsre Absicht ist, Euch etwas anzutun. Aber falls Ihr uns durch Lügen Unannehmlichkeiten bereiten solltet, so gebt Ihr uns die Veranlassung, die wir jetzt noch nicht haben, und das Messer ist Euer Lohn! Wo steht der Posten?“

„Nicht weit von hier“, erwiderte er, den Blick starr auf meine Hand gerichtet, mit der ich die seine noch fest umklammert hielt.

„Wie lange reitet man bis dorthin?“

„Eine gute halbe Stunde.“

„Beschreibt die Gegend!“

„Von hier aus geht es über das Grasland, das Ihr hier vor Euch liegen seht. Dann kommt man wieder an einen Wald, der sich bergauf zieht. Jenseits der Höhe gibt es einen Wassertümpel, und an diesem liegt der Posten.“

„Ist der Wald dicht?“

„Ja. Aber es führt ein lichter Streif, fast wie ein ausgehauener Weg, auf die Höhe und zum Tümpel.“

„Kann man von der Höhe aus den offnen Plan, über den wir reiten müssen, überblicken?“

„Nein. Die Bäume sind zu hoch.“

„Sollen die fünf Indianer an dem Tümpel bleiben?“

„Jawohl. Aber da sie sich durch die Jagd mit Fleisch versorgen müssen, ist es möglich, daß sich einer von ihnen diesseits der Höhe befindet und uns nahen sieht.“

„Wie sind sie bewaffnet?“

„Mit Lanzen und Pfeilen.“

„Wie heißt der Anführer aller dieser Yumas, auch der dreihundert, die in Almaden sind?“

„Wer sie jetzt befehligt, weiß ich nicht. Später wollte der Große Mund kommen, mit dem Melton einen Vertrag abgeschlossen hat.“

„Das genügt. Das übrige über Melton brauche ich jetzt noch nicht zu wissen. Ihr seid schon in Ures gewesen und kennt den

Weg, den man von dort aus nach Almaden alto einschlagen muß."

„Ja."

„Er führt wohl auch an dem Tümpel vorüber, wo der Posten liegt?"

„So ist es, denn er stößt dort mit dem von der Hacienda kommenden zusammen."

Meine Fragen hatte ich nicht ohne Absicht getan. Ich dachte dabei an Don Timoteo Pruchillo, Don Antonio Riego und die drei Polizisten, die, wie sich jetzt herausstellte, an dem Posten vorüber mußten und sehr wahrscheinlich in die Hände der Roten gefallen waren. Winnetou hatte den gleichen Gedanken gehabt, denn er stand, als er die Antwort des Player hörte, auf und entschied:

„Wir müssen fort, um die weißen Männer zu retten, die nicht erfahren genug sind, die Gefahr zu erkennen, die auf ihrem Weg lauert."

„So meint mein roter Bruder, daß —?"

Ich sprach meine Frage nicht aus, warf aber dabei auf den Player einen bezeichnenden Blick. Winnetou verstand mich.

„Dieses Bleichgesicht hat aus Angst vor der Kraft Old Shatterhands die Wahrheit gesagt. Winnetou kennt den Wald, die Höhe und auch den Tümpel, den er sogar bei Nacht finden würde."

„Aber jetzt ist es noch lange Tag. Wenn wir sofort aufbrechen, können wir, während wir über die offne Prärie reiten, gesehen werden."

„Winnetou ist nicht so unvorsichtig, sich den Yumas zu zeigen. Er wird einen Umweg südwärts machen. Von dort her sind die fünf Weißen aus Ures gekommen, und wir müssen ihre Spur betrachten, die wir des Abends nicht erkennen würden."

Er hatte recht. Wir banden den Player wieder auf sein Pferd und verließen den Platz, indem wir aus unsrer bisherigen Richtung nach Süden abbogen. Der grüne Plan, über den wir mußten, zog sich weit auf diese Seite hin.

Der Tümpel lag, wie wir gehört hatten, eine gute halbe Stunde nach Osten. Wir ritten wenigstens ebensolange südwärts, dann zeigte es sich, daß die Berechnung des Apatschen stimmte, denn wir trafen auf eine breite Fährte, die nach Nordosten lief. Winnetou stieg ab, untersuchte sie und meldete:

„Fünf Reiter. Es sind unerfahrene Weiße, denn sie ritten nebeneinander. Der Häuptling der Apatschen meint, daß er die Männer aus Ures vor sich hat."

„Wie alt ist die Fährte?" fragte ich.

„Wohl einen ganzen Tag. Wenn Bleichgesichter gegen Indianer ziehen und dabei so breite und deutlich sichtbare Spuren machen, sind sie verloren. Wir haben ihre Fährte entdeckt und werden nun auch bald sie selber finden."

Er stieg wieder auf, und dann folgten wir den Eindrücken der fünf Weißen, überzeugt, daß wir die unvorsichtigen Leute als Gefangene des Indianerpostens sehen würden.

Der Umweg, den wir gemacht hatten, bildete einen nach Süden gerichteten spitzen Winkel. Wir kamen also anstatt grad aus Westen aus Südsüdwest an den Wald, hinter dem der Tümpel lag, und konnten mit größter Wahrscheinlichkeit annehmen, nicht entdeckt worden zu sein. Der Rand des Gehölzes war mit dichtem Buschwerk bestanden, in das wir eindrangen, bis wir eine Stelle fanden, die sich als Versteck für unsre Pferde eignete. Wir banden sie an, hoben den Player aus dem Sattel und befestigten seine Hände und Füße an zwei Bäume. Dann sagte Winnetou zu dem jungen Mimbrenjo:

„Old Shatterhand und Winnetou werden zum Tümpel gehen. Mein Bruder Yumatöter aber bleibt hier zurück, bis wir entweder wiederkommen oder er von einem von uns benachrichtigt wird. Er sticht diesem weißen Gefangenen das Messer ins Herz, wenn er einen Fluchtversuch wagen sollte. Geschieht sonst etwas Unerwartetes, so ist mein Bruder trotz seiner Jugend so entschlossen und klug, daß er selbst weiß, was er zu tun hat. Howgh!"

Man sah es dem Jüngling an, wie stolz ihn das Lob machte. Er zog sein Messer und setzte sich, ohne dem Apatschen eine Antwort zu geben, neben dem Gefesselten nieder. Ich drang mit Winnetou tiefer in den Wald ein, der schon jetzt steil aufwärts stieg. Nach einer kleinen Weile fragte der Apatsche:

„Wieviel Yumas werden sich bei dem Tümpel befinden?"

„Drei", erklärte ich ohne Besinnen.

„Old Shatterhand hat recht. Wir sind zwei gegen drei und werden die fünf Weißen leicht und schnell befreien."

Es war keineswegs ein Kunststück, so genau zu wissen, wieviel Rote wir vor uns hatten. Der Player war hier gewesen, um zu melden, daß er uns an der Hacienda gesehen hatte, darauf war einer von den fünf fortgeritten, um die Meldung zur Fuente de la Roca zu bringen. Es waren also nach des Players Entfernung vier zurückgeblieben. Darauf kamen die fünf Reiter aus Ures und wurden festgenommen. Abermals ritt ein Bote zur Fuente, um die wichtige Botschaft dorthin zu tragen. Es konnten also nur noch drei da sein. Die fünf gefangenen Sonntagsreiter waren mit Lebensmitteln reichlich versehen. Diese Vorräte hatte man ihnen selbstredend abgenommen. Da verstand es sich von selbst, daß es keinem der drei Yumas, die die fünf bewachen mußten, einfiel, auf die Jagd nach Fleisch zu gehen.

Wir stiegen unter den dichten Bäumen so leise aufwärts, daß unsre Schritte in einer Entfernung von zwei Meter nicht zu hören waren, und erreichten nach kurzer Zeit die Höhe, die nicht breit war und sich jenseits sanft abwärts senkte. Winnetou kroch mit einer Sicherheit unter den Bäumen hin, als hätte er sich schon vielmal in dieser Gegend befunden. Dann legte er sich ins Moos und lauschte. Dieses Lauschen und der Umstand, daß es jetzt nach Wasser roch, zeigten mir an, daß wir uns nah am Tümpel befanden.

Ich schob mich weiter vorwärts, kam neben Winnetou zu liegen und konnte nun unter den niedersten Zweigen, die fast die Erde berührten, hinaus auf eine kleine Lichtung blicken, deren Mitte ein stehendes Wasser einnahm. Jedenfalls gab es da einen Quell, der so schwach war, daß er gleich wieder in den lockern Waldboden versickerte. Das Plätzchen war an drei Seiten von Bäumen und Büschen eingeschlossen, die vierte stand offen. Da ging der Weg vorüber, der von der Hacienda del Arroyo zur Fuente de la Roca führte. Wir lagen diesseits am Rand des Gebüsches, dann kam ein schmaler, mit Binsen und Schilf bewachsener Streifen, worauf der Tümpel folgte. Jenseits von ihm saßen bei den Bäumen drei Yumas, und dort standen auch, an fünf Stämme festgebunden, die Weißen aus Ures. Wir fanden die Verhältnisse genau so, wie wir erwartet hatten.

Die Roten redeten mit den Weißen, und zwar in dem sprachlichen Gemisch, dessen man sich in jenen Gegenden zwischen beiden Rassen bedient. Wenn wir die Weißen befreien wollten, mußten wir auf die andre Seite hinüber. Wir krochen also in einem Halbkreis um die Lichtung und kamen dann so nah an die Gruppe, daß wir Rede und Gegenrede verstehen konnten.

Wie zu erwarten gewesen war, befand sich kein Häuptling, ja nicht einmal ein einigermaßen hervorragender Krieger unter den Roten, von denen keiner eine Flinte besaß. Die Pferde waren rundum angebunden und fraßen die Blätter und jungen Zweige ab. Zwei der Indianer saßen auf den frischüberzogenen Kissen des Rechtsgelehrten und ließen sich die Lebensmittel, die seine Frau für ihn eingepackt hatte, mit sichtlichem Behagen schmekken. Don Antonio nahm sich in seiner Prunk-Uniform ungemein drollig aus. Sie paßte auch gar zu schlecht zu der Umgebung, in der er sich befand. Die Angst, die so deutlich, wie mit Buchstaben geschrieben, in seinen Zügen zu lesen war, entsprach sehr wenig der Aufgabe, womit ihn seine Señora in die Berge geschickt hatte. Ich glaubte sogar, Schweißtropfen auf seiner Stirn zu bemerken. Seine Untergebenen, die Polizisten, befanden sich in gleicher Stimmung wie er, und der Haciendero machte auch nicht den Eindruck eines Helden, der seiner Fesseln zu spotten vermag. Man hatte ihnen die Taschen ausgeleert und ihnen alles abgenommen. Diese Gegenstände lagen auf einem Haufen.

Von den drei Roten schien der, der sich mehr spanische Ausdrücke als die beiden andern angeeignet hatte, das Wort zu führen. Er tat es in einer Weise, aus der hervorging, daß es seine Absicht war, den Weißen noch mehr Angst einzuflößen. Eben als ich mich so zurechtgelegt hatte, daß ich, hinter einem Busch steckend, ruhig lauschen konnte, hörte ich ihn sagen:

„Wir sehen euch an, daß ihr sehr tapfre Krieger seid, doch ist es gut gewesen, daß ihr euch nicht gewehrt habt, denn wenn das geschehen wäre, hätten wir euch getötet. Nun aber werdet ihr noch einige Tage leben dürfen, dann werden wir euch die Haut in Streifen abschneiden, um Riemen daraus zu machen."

„Die Haut — Streifen — Riemen!" schrie der Alcalde auf. „Allgütiger Himmel! Das ist Mord, das ist die größte Marter, die es gibt!"

„Bist du denn nicht der oberste Mann in der Stadt, die Ures heißt?"

„Der bin ich, ja. Ich habe es Ihnen schon gesagt, wertester Señor."

„So wisse, was bei uns gebräuchlich ist: je vornehmer der Mann, desto größer die Qual, unter der er zu sterben hat. Was sind die drei Männer, die zu dir gehören?"

„Sie sind Polizisten, Untergebene von mir."

„So werden wir ihnen weniger Martern bereiten. Wir skalpieren sie erst, und dann stechen wir ihnen die Augen aus."

Die drei stießen einen Schrei des Entsetzens aus. Der Rote grinste sie höhnisch an und fuhr, zu dem Haciendero gewandt, fort:

„Und du bist Don Timoteo Pruchillo, ein sehr reicher Mann. Dir schneiden wir die Hände ab."

„Ich zahle euch ein Lösegeld, wenn ihr mir die Freiheit gebt."

„Die roten Männer brauchen kein Geld. Das ganze Land gehört ihnen. Was ihr besitzt, habt ihr ihnen erst geraubt. Ihr braucht es ihnen nicht zu schenken, denn sie werden es sich selbst wiedernehmen, und ihr müßt sterben."

„Auch ich zahle ein Lösegeld!" rief Don Antonio Riego. „Ich gebe Ihnen hundert Piaster!"

Der Indianer lachte.

„Zweihundert Piaster!"

„Du bist der reichste Mann in Ures und willst so wenig geben?"

„So gebe ich dreihundert, fünfhundert Piaster, wertester Señor."

„Du hast gehört, daß wir kein Geld brauchen. Ich habe einen Boten fortgeschickt, und noch heut wird der Schnelle Fisch kommen und bestimmen, welchen Todes ihr sterben sollt."

Bei dieser Drohung kam Pruchillo ein Gedanke, dem er, um die Roten einzuschüchtern, sofort Ausdruck gab:

„Wenn ihr uns das geringste Leid antut, wird es euern eignen Tod zur Folge haben. Wir haben mächtige Freunde, die uns rächen werden."

„Wir verachten eure Freunde. Es gibt keinen Weißen, den ein Yumakrieger zu fürchten hat."

„Doch! Ihr alle fürchtet: Old Shatterhand."

Der Rote machte eine verächtliche Handbewegung.

„Old Shatterhand ist ein weißer Hund, den wir mit einem Hieb auf die Schnauze töten würden, wenn er zu uns käme. Aber er wird sich hüten zu kommen, denn er befindet sich nicht in dieser Gegend."

„Du irrst. Er war auf meiner Hacienda, und dann habe ich mit ihm in Ures gesprochen. Er will zur Fuente und nach Almaden alto, um die fremden Arbeiter zu befreien."

Jetzt wurde der Rote aufmerksam. Er schien den Haciendero mit seinem Blick durchbohren zu wollen, sagte dann aber ungläubig:

„Du willst uns bange machen, aber ein Yuma kennt keine Angst." — „Ich lüge nicht. Don Antonio, bestätigen Sie es mir!"

Der Beamte ergriff den Faden, woran er sein Leben hängen wähnte, und bekräftigte:

„Don Timoteo Pruchillo hat die Wahrheit gesagt. Old Shatterhand war auch bei mir, und Winnetou, der Häuptling der Apatschen, befand sich bei ihm."

„Uff, uff!" fuhr der Rote auf, indem er in die Höhe sprang. „Winnetou war bei euch in Ures? Und Old Shatterhand befand sich bei ihm?"

„Ja. Old Shatterhand war sogar zweimal bei mir, wertester Señor. Die beiden berühmten Männer sind über die Hacienda del Arroyo geritten, um uns nachzukommen."

Da streckte der Rote seine Hand gegen seine beiden Gefährten aus.

„Haben meine Brüder gehört, was gesagt wurde? Wir müssen diesen Ort sofort verlassen, alle Spuren vertilgen und uns verstecken, und einer von euch muß dem Schnellen Fisch entgegenreiten, um ihn zu warnen. Die beiden Krieger sind gefährlicher als hundert andre. Der Player erzählte uns, der Große Mund habe Old Shatterhand gefangen und fortgeführt. Wenn er wieder bei der Hacienda war, so hat er sich selbst befreit und wird Rache gegen uns schnauben wie ein wilder Büffel, der selbst den Bären des Gebirgs besiegt. Wir befinden uns also in größter Gefahr und —“

Er kam nicht weiter. Es gab für ihn eine Unterbrechung, auf die er am allerwenigsten vorbereitet war. Winnetou war bei den letzten Worten wie ein Blitz empor- und auf ihn zugeschnellt, legte ihm die Hand auf die Schulter und sagte in seiner ruhigen Weise:

„Also hat der Yuma vorhin gelogen, als er sagte, daß ein Yuma keine Angst kenne. Er wollte Old Shatterhand wie einen Hund mit einem Hieb auf die Schnauze erschlagen, und nun er hört, daß der weiße Krieger sich in der Nähe befindet, will er sich feig und jämmerlich verstecken.“

Das war wieder einmal einer von den Augenblicken, in denen der Apatsche sich in seiner überwältigenden Größe zeigte. Er hatte keine Waffe in der Hand. Seine Silberbüchse hing ihm auf dem Rücken, und das Messer steckte unberührt im Gürtel, aber er stand so stolz vor dem Yuma, leuchtete ihm mit solchen Augen ins Gesicht und drückte ihm die Hand mit solcher Gewalt auf die Schulter, daß dem Mann die Sprache versagte. Die beiden andern Yumas waren auch aufgesprungen. Sie standen ebenso starr vor Bestürzung. Da ermannte sich der Überraschte:

„Ein fremder Krieger! Wer — wer —“

Er wollte fragen, wer der fremde Indianer sei, erhielt jedoch vorher die Antwort von dem Haciendero, der jubelnd ausrief:

„Winnetou ist es! Dem Himmel sei Dank, wir sind gerettet!“

„Win — Winnetou?“ stöhnte der Yuma mit stockendem Atem. „Der Apatsche ist da? Uff! Nehmt die Waffen und wehrt euch, ihr Krieger, denn —“

Er griff zu seinem Messer. Die andern beiden waren nicht so schnell, die Angst lähmte ihre Glieder. Winnetou schleuderte mit seinem Fuß ihre Lanzen und Pfeile ins Wasser und herrschte ihn an:

„Schweig, Yuma, und rühr dich nicht! Da steht Old Shatterhand! Oder willst du versuchen, ihm einen Hieb auf die Schnauze zu geben?“

Dieser Ausdruck war mir nur lächerlich erschienen, Winnetou aber war darüber so ergrimmt, daß er ihn nun schon zum zweitenmal wiederholte. Während er die letzten Worte sprach und auf mich zeigte, trat ich zwischen den Büschen hervor. Ich hielt in der Rechten einen Revolver auf die Yumas gerichtet.

„Das — das ist — Old Shatterhand?“ fragte der Yuma, die Augen stier auf mich geheftet.

Ihm traute ich mehr Widerstand zu als seinen Gefährten. Er mußte also auch eher als sie unschädlich gemacht werden, darum tat ich einen schnellen Schritt auf ihn zu.

„Ja, das ist Old Shatterhand, wie du sogleich fühlen wirst."

Den Griff des Revolvers fest mit der Hand umschließend, schlug ich ihm die Waffe an den Kopf, daß er niederstürzte und sich nicht rührte. Dann donnerte ich seine Gefährten an:

„Werft die Messer weg, sonst habt ihr augenblicklich eine Kugel!"

Sie gehorchten sofort.

„Legt euch nieder, und rührt euch nicht!"

Auch das taten sie schnell und ohne Widerrede. Nun wurden die fünf Gefangenen befreit und aufgefordert, die drei Roten mit den Riemen zu binden, womit sie selbst gefesselt gewesen waren. Es läßt sich denken, wie rasch sie diesem Gebot nachkamen. Der hasenherzige *Jurisconsulto* warf sich auf den betäubten Indianer, da er diesen nicht zu fürchten brauchte, und schlang ihm die Riemen mit dem Eifer eines Henkers um Hände und Füße.

„Ja, gefesselt soll er werden, wie ein toller Hund, der Schurke! Ich werde ihn in Ketten und Banden nach Ures bringen, damit man dort sieht, daß ich als Sieger mit den wildesten Bestien des Gebirges in ritterlichem Kampf gestanden bin!"

So lächerlich diese Prahlerei auch wirkte, sie ärgerte mich doch, da der Mann von seinem Ruhm sprach, ohne ein Wort für seine Retter zu haben. Darum fuhr ich ihn nicht eben höflich an:

„Schweig, Prahlhans! Wer hat den Yuma niedergeworfen, Sie oder ich? Bedanken Sie sich gefälligst bei mir!"

Da richtete sich Don Antonio Riego auf und meinte halb beleidigt, halb vorwurfsvoll:

„Señor, ich bin — nun, Sie wissen doch, was ich bin, und Sie haben nur getan, was Ihre Schuldigkeit war. Das will ich freundlich anerkennen, aber mich dafür bedanken, das habe ich nicht nötig. Nicht wahr, Don Timoteo?"

„Sehr richtig, sehr richtig!" nickte der edle Haciendero. „Wir sind selber Manns genug und brauchen keinen, der nichts andres weiß, als sich nur immer in unsre Angelegenheiten zu mischen."

Das war stark! Ich mußte meine ganze Selbstbeherrschung zusammennehmen, um ihm nicht die gehörige Antwort zu erteilen. Ich wendete mich ruhig ab, aber es gab einen Anwalt für mich, der die Nichtswürdigkeit ebenso fühlte wie ich, in diesem Fall aber weniger Geduld besaß als ich. Kaum waren die Worte gesprochen, so hörte ich hinter mir zwei Schläge. Ich wandte mich rasch wieder um und sah Pruchillo wie Riego am Boden liegen. Winnetou hatte sie mit dem Kolben seines Gewehrs niedergeschlagen und holte schon wieder aus, das auch mit den

Polizisten zu tun, die vor Schreck über seine schnelle Tat nicht an Flucht oder Gegenwehr dachten.

„Halt, diese nicht!" rief ich, indem ich ihm in den Arm fiel. „Sie können nichts dafür."

Er ließ den Kolben sinken, aber seine Augen sprühten Blitze.

„Gut! Sie sollen verschont bleiben, doch nur dann, wenn sie sich wieder an die Bäume binden lassen, sonst zerschmettere ich ihnen die Köpfe!"

Zugleich stellte er sich zwischen sie und ihre Gewehre. So zornig wie in diesem Augenblick hatte ich den Apatschen selten gesehen. Ein Polizist trat vor und streckte mir seine Hände hin.

„Ja, binden Sie uns, Señor. Wir widersetzen uns nicht. Ich weiß, Sie werden uns nichts zuleid tun, sondern es geschieht nur, um den beiden undankbaren Señores zu zeigen, mit wem sie es zu tun haben. Hoffentlich sind sie nicht tot. Ich aber glaube, Ihnen unsre Dankbarkeit am besten dadurch beweisen zu können, daß wir uns in Ihre Forderung fügen."

„Gut! Um Ihres Vorgesetzten willen muß ich auch Sie binden, er könnte Sie sonst auffordern, ihn loszubinden. Sie müßten gehorchen, und ich würde das nicht dulden. Kommen Sie also her, Sie werden bald wieder frei sein!"

Wo Indianerpferde sind, hat man um Riemen niemals Not. Die drei Polizisten waren gezwungen gewesen, ihrem Vorgesetzten trotz seiner Unfähigkeit in die Berge zu folgen. Sein Ungeschick hatte sie in die Gefangenschaft der Roten gebracht, woraus wir sie befreit hatten. Sie wären uns dafür gern dankbar gewesen, hatten es aber bei dem Verhalten ihres Herrn nicht gewagt und waren empört über ihn. Jedenfalls gönnten sie ihm den Kolbenhieb. Sie wurden von mir wieder dingfest gemacht. Don Timoteo und Don Antonio lagen in tiefer Ohnmacht. Während ich sie zu den Bäumen zog um sie dort wieder zu fesseln, ging Winnetou fort, weil er den Yumatöter, den Player und die Pferde holen wollte. Bald kam er mit ihnen zurück. Dem Mimbrenjo brauchte ich nichts mitzuteilen, denn der Apatsche hatte ihn schon vom Verlauf der Ereignisse unterrichtet.

Die Pferde wurden angebunden, dann wurde unser junger roter Begleiter als Wächter der Gefangenen bestellt, während ich mit Winnetou fortging. Es handelte sich darum, die beiden Yumas, die als Boten zur Fuente gesandt worden waren und deren Rückkehr bald in Aussicht stand, unterwegs abzufangen, noch ehe sie den Lagerplatz erreichten. Hätten wir sie dort erwarten wollen, so konnten sie uns, wenn sie uns eher bemerkten als wir sie, leicht entgehen. Wir schlugen den Weg ein, auf dem die Erwarteten kommen mußten. Die Gewehre hatten wir zurückgelassen.

Unser Weg bestand in einem von der Natur geschaffenen dünnen, lichten Streifen, der sich jenseits durch den Wald von der Höhe niederzog und unten auf offnes Land führte. Da, wo der Wald zu Ende ging, verbargen wir uns unter den Bäumen. Es wollte Abend werden, und wir mußten uns nun mehr auf unsre Ohren als auf die Augen verlassen.

Winnetou hatte, seit er von mir verhindert worden war die Polizisten niederzuschlagen, noch kein Wort gesprochen; jetzt endlich fragte er:

„Ist Scharlih zornig auf mich, daß ich den Bleichgesichtern den Kolben auf die Köpfe gegeben habe?"

„Nein", erwiderte ich. „Der Häuptling der Apatschen hat ganz in meinem Sinn gehandelt."

„So können eben nur Weiße sein. Ein roter Krieger, selbst wenn er bisher mein gefährlichster Feind gewesen wäre, würde mir, wenn ich ihn befreite, fortan sein Leben schenken. Die Bleichgesichter aber haben nur schöne Worte und böse Taten. Was soll mit den Undankbaren geschehen?"

„Was Winnetou über sie bestimmt."

Da er nichts sagte, schwieg auch ich. Es wurde dunkel, und wir lauschten aufmerksam in die Ferne. Die Boten waren in einem längern Zwischenraum von hier fortgeritten, dennoch stand zu erwarten, daß sie miteinander zurückkehren würden. Diese Vermutung bestätigte sich, denn als wir endlich Huftritte hörten, waren es die zweier Pferde. Wir verließen unser Versteck und traten an den Weg. Sie waren schon nahe. Bei der jetzt herrschenden Dunkelheit konnten wir sie noch nicht erkennen, aber wir hörten, daß sie nebeneinander ritten.

„Winnetou mag den nehmen, der auf dieser Seite reitet", flüsterte ich. „Ich nehme den drüben."

Darauf huschte ich auf die andre Seite des Wegs hinüber. Die Yumas kamen. Sie sahen uns nicht und wollten vorüber, aber die Pferde bemerkten uns mit ihren schärfern Sinnen; sie schnaubten und weigerten sich weiterzugehen. Wären Winnetou und ich an ihrer Stelle gewesen, so hätten wir Verdacht geschöpft und unsre Tiere augenblicklich herumgerissen und wären eine Strecke zurückgekehrt. Dann wären wir zu Fuß wieder herangeschlichen, um die Stelle zu untersuchen. Die Indianer aber waren entweder keine erfahrenen Leute, oder sie fühlten sich so sicher in der abgelegenen Gegend, daß sie die Anwesenheit eines menschlichen Feindes für unmöglich hielten. Sie glaubten vielmehr, daß das Scheuen ihrer Gäule auf die Nähe irgendeines wilden Tiers schließen ließe, und erhoben ihre Stimmen, um es zu vertreiben. In diesem Augenblick trat ich einige Schritte weit hinter das Pferd dessen, der auf meiner

Seite hielt, sprang hinter ihm auf, nahm ihn mit der Linken bei der Gurgel und riß ihm mit der Rechten die Zügel aus der Hand. Er vergaß das Schreien und ebenso sein Gefährte, mit dem Winnetou in gleicher Weise verfahren war. Die Leute waren so erschrocken, daß sie an keinen Widerstand dachten, und als sie zum Bewußtsein ihrer Lage kamen, war es zu spät; denn wir hatten sie aus dem Sattel gedrängt, saßen nun selbst darin fest und hatten sie quer vor uns liegen, indem wir sie mit kräftigem Griff bei der Kehle hielten. Wir drückten den Pferden die Sporen in die Weichen und jagten fort, den Berg hinan.

Der Mimbrenjo war so klug gewesen, ein Feuer anzuzünden, so daß wir den Lagerplatz nicht erst suchen mußten. Wir sprangen von den Pferden, ohne die Gefangenen aus der Hand zu lassen, und unser kleiner roter Gefährte beeilte sich, sie zu binden. Es war eine seltsame Lage, worin wir uns befanden. Wir drei hatten elf Gefangene: fünf Yumas, den Player, den *Alcalde del distrito,* den Haciendero und die drei Polizisten, und wollten auch noch die zwanzig Yumas an der Fuente de la Roca unschädlich machen.

Die beiden zuletzt ergriffenen Krieger vermochten jetzt wieder Atem zu schöpfen. Die mexikanischen Roten sind, wie bereits bemerkt, mit den ritterlichen Indianern des Nordens nicht zu vergleichen. Ein Sioux- oder Schlangenindianer an ihrer Stelle hätte kein Wort verloren, seine Lage aber scharf überdacht und eifrig nachgesonnen, wie er sich daraus befreien könne. Die Yumas waren anders. Kaum hatten sie Atem bekommen, so begannen sie zu schimpfen und verlangten, freigelassen zu werden.

Unter andern Umständen hätten sie keine Antwort erhalten, aber ich wollte aus Gründen, die sich bald ergeben werden, ihre Namen wissen und auch die der drei Yumas, die wir schon vor Abend überrumpelt hatten. Darum entgegnete ich dem Roten, der zuletzt geredet hatte:

„Du scheinst zu glauben, daß man den Mund nur zum Sprechen bekommen hat. Ein kluger Mann aber weiß ihn auch zum Schweigen zu gebrauchen."

Winnetou warf mir einen verwunderten Blick zu, sagte aber nichts. Der Gefesselte erwiderte zornig:

„Wir sind Krieger der Yumas und leben mit den Weißen in Frieden. Wie könnt ihr es wagen, eure Hände an uns zu legen?"

„Jeder kann behaupten, ein Krieger zu sein. Aber ob es wahr ist, das ist eine andre Sache. Wie lautet denn der berühmte Name, den du trägst?"

„Spotte nicht! Mein Name ist von allen Feinden gefürchtet. Ich werde der Schwarze Geier genannt."

„Und wie heißen deine vier Brüder?"

Er nannte ihre Namen und fügte hinzu:

„Sie sind ebenso berühmt wie ich, und du wirst es bereuen, dich an ihnen vergriffen zu haben."

„Dein Maul ist größer, als deine Taten sind. Ich habe eure Namen noch nie gehört, und wenn ihr wirklich so berühmte Leute wärt, so wärt ihr nicht so blind und dumm in unsre Hände gelaufen."

„Es war dunkel, wir konnten euch nicht sehen, und da wir mit allen Roten und Weißen in Frieden leben, war nicht daran zu denken, daß wir hier auf einen Feind stoßen würden. Ich verlange, augenblicklich freigelassen zu werden!"

„Warte noch eine kleine Weile! Du behauptest, daß die Yumas mit allen Menschen in Frieden leben. Wie kommt es da, daß der Große Mund die Hacienda del Arroyo überfallen und verwüstet hat? Lebt ihr wirklich auch mit allen Roten auf gutem Fuß? Ich weiß, daß ihr mit den Mimbrenjos verfeindet seid. Mäßige dich also! Du sprichst mit Männern, denen du nicht das Wasser reichen kannst. Sieh den berühmten Krieger hier an meiner Seite! Es ist Winnetou, der Häuptling der Apatschen, und ich selber werde Old Shatterhand genannt."

Nach diesen Worten wandte ich mich ab. Yuma-Shetar wollte den Sprecher und seinen Gefährten an die Stelle schleifen, wo die drei andern Yumas lagen. Ich gab ihm aber in wohlbegründeter Absicht einen Wink, es nicht zu tun.

Der Yuma war zum Schweigen gebracht, ich bekam dafür mit andern zu tun. Don Timoteo und Don Antonio hatten sich von den Kolbenhieben erholt, und der Beamte fuhr mich jetzt zornig an:

„Wie kommt es, Señor, daß Sie mich schlagen lassen und wieder gefesselt haben? Sie werden sich an geeigneter Stelle dafür verantworten müssen."

„Schwatzen Sie nicht so albernes Zeug!" wies ich ihn zurecht. „Ich habe Sie nicht geschlagen, und Sie befinden sich in der gleichen Lage, worin ich Sie hier vorgefunden habe. Wie kann da von einer Verantwortung die Rede sein!"

„Ich war inzwischen schon frei, und Sie haben uns wieder fesseln lassen. Das ist unerlaubte Freiheitsberaubung. Ich wiederhole, daß Sie sich in Ures zu verantworten haben werden."

„Ihr schönes Ures wird nicht so glücklich sein, mich noch einmal in seinen Mauern zu begrüßen, und ebenso bin ich überzeugt, daß sie die Stadt nie wieder sehen, weil Sie die kurze Zeit, die Ihnen noch zu leben bleibt, hier an dem Baum verbringen werden."

„Sind Sie bei Sinnen? Sie wollen mich nicht wieder losmachen?"

„Nein. Ich bin einmal so töricht gewesen, habe aber dafür so schlechten Dank geerntet, daß es mir nicht einfallen kann, diese Dummheit zum zweitenmal zu begehen. Ich machte sie dadurch ungeschehen, daß ich die Lage der Dinge gradeso wiederherstellte, wie ich sie hier vorgefunden habe. Sie soll auch so bleiben. Wir reiten morgen früh fort und lassen Sie gefesselt zurück."

Ich wartete aber nur auf eine Bitte. Die auszusprechen, fiel ihnen jetzt aber noch nicht ein. Don Antonio rief mir sogar zu:

„Tun Sie, was Sie wollen, Señor! Sie werden Ihre Absicht nicht erreichen und ebensowenig Ihrer Strafe entgehen. Wenn Sie uns auch gefesselt zurücklassen, so gibt es doch Leute, die uns losbinden werden, sobald Sie fort sind."

„Welche Leute wären das wohl?"

„Die Indianer, die hier liegen."

„Die Roten werden wir mitnehmen, denn sie sind unsre Gefangenen, während wir mit Ihnen nichts zu tun haben."

„Wir sind doch ebenfalls gefangen!"

„Aber nicht von uns. Sie sind die Gefangenen der Yumas, haben unsre Hilfe verschmäht und befinden sich nun wieder in der gleichen Lage wie vor unsrer Ankunft."

„Señor, Sie sind ein Unmensch, ein Wüterich!"

Da konnte ich mich nicht mehr halten, trat nahe zu dem *Alcalde del distrito* und lachte ihm ins Gesicht: „Und Sie sind der allergrößte Schafskopf, der mir je im Leben begegnet ist!"

Jetzt schien er endlich einzusehen, daß er falsch gehandelt hatte. Er schwieg, und ich ging zu Winnetou und dem Mimbrenjo, um zu essen. Der Player, der Haciendero und der *Jurisconsulto* wurden in ihren Fesseln gefüttert, die drei Polizisten aber band ich los, so daß sie selber essen konnten. Als sie fertig waren, wurden sie wieder gebunden, aber nur so leicht, daß sie ohne Belästigung schlafen konnten. Als wir drei dann noch ein Weilchen beisammen saßen und bestimmten, in welcher Reihenfolge wir wachen wollten, sagte Winnetou zu mir:

„Mein Bruder hat seinen Stolz verleugnet und mit diesen Menschen gesprochen. Weshalb hat er dem Schwarzen Geier nicht mit Schweigen geantwortet?"

„Ich wollte die Namen der Yumas erfahren."

„Was können Scharlih die Namen nützen?"

„Ich möchte ermitteln, welche Botschaft der Schnelle Fisch von der Fuente de la Roca abgesandt hat. Winnetou hat gehört, daß er dort über jene zwanzig Yumas gebietet. Die beiden Boten sind bei ihm gewesen. Er hat erfahren, daß wir bei der Hacienda waren und daß die fünf Weißen hier gefangen worden sind. Es ist für uns wichtig zu wissen, was er unternehmen will. Die

Boten werden es uns freiwillig nicht sagen. Wir müssen List anwenden."

Er sah mich forschend an, doch war es ihm diesmal nicht möglich, meine Gedanken zu erraten. Darum fuhr ich fort:

„Der Häuptling der Apatschen versteht die Yumasprache. Ich würde mich freuen, wenn er sie so gut zu sprechen verstünde, daß er für einen Yuma gehalten werden kann."

„Winnetou redet diese Sprache wie ein Yuma."

„Das ist gut. Ich habe mit Absicht die beiden Boten nicht zu den drei andern Yumas legen lassen. Sie sollen nicht miteinander flüstern können. Mein Bruder hat ihre Namen gehört. Der eine Bote heißt Schwarzer Geier, und jener der drei andern, der mir für meine Absicht am besten geeignet erscheint, weil er jedenfalls der am wenigsten Kluge ist, wird Dunkle Wolke genannt. Wir lassen das Feuer ausgehen, so daß es finster wird. Dann schleicht Winnetou zum Schwarzen Geier, gibt sich für die Dunkle Wolke aus und —"

„Uff!" unterbrach mich der Apatsche. „Jetzt verstehe ich meinen Bruder. Ich bin die Dunkle Wolke, und es ist mir gelungen, aus meinen Fesseln zu schlüpfen. Ich will die roten Brüder auch losbinden. Während ich mich anstelle, als löste ich die Banden des Schwarzen Geiers, wird er mir sagen, was der Schnelle Fisch an der Fuente beschlossen hat. Im Flüstern sind die Stimmen aller Menschen gleich."

Wegen dieses Plans wurde kein Holz mehr ins Feuer gelegt. Winnetou streckte sich ebenso wie ich lang aus und gab sich nach einigen Minuten den Anschein, fest zu schlafen. Der Mimbrenjo hatte die erste Wache und setzte sich so, daß er der Dunklen Wolke den Rücken zukehrte. Wenn der Jüngling wachte, konnte es leichter möglich erscheinen, daß ein Gefangener sich befreite, als wenn Winnetou oder ich die Augen offen hatten, zumal er ihm den Rücken zudrehte. Yuma-Shetar fing seine Sache klug an. Er stellte sich sehr ermüdet, legte sich auch lang, stemmte den Ellbogen auf die Erde, stützte den Kopf mit der Hand und schloß nach wiederholten scheinbaren Versuchen wachzubleiben die Augen.

Ich hatte die meinigen ein wenig offen und bemerkte, daß die Yumas den Knaben scharf beobachteten und sich bedeutungsvolle Blicke zuwarfen, ebenso, daß die Polizisten mit Riego und Pruchillo flüsterten. Die Flamme sank tiefer und tiefer. Die Yumas streckten sich in ihren Fesseln, um sie zu zerreißen. Dann ging das Feuer aus, und es wurde so finster, daß man die Hand nicht vor den Augen sehen konnte.

Winnetou stieß mich mit der Hand an, um anzudeuten, daß er jetzt fortschleichen werde. Er tat es mit solcher Geschicklichkeit, daß ich nicht das mindeste davon bemerkte. Er hatte alles, was seine Person kenntlich machte, abgelegt und glitt hinüber zu der Stelle, wo der Schwarze Geier neben seinem Gefährten lag. Er berührte den Yuma leise mit der Hand und raunte ihm zu:

„Still! Der Schwarze Geier erschrecke nicht und lasse keinen Laut hören!"

Der Rote war durch die unerwartete Berührung überrascht, denn es verging eine Weile, in der er sich sammelte. Dann fragte er ebenso leise: „Wer ist es?"

„Dunkle Wolke."

Jetzt mußte es sich entscheiden ob die Täuschung gelang oder nicht. Da flüsterte der Schwarze Geier:

„Ich fühle meines Bruders Hand. Ist sie denn frei?"

„Beide Hände sind frei. Dunkle Wolke war nicht sehr fest gebunden und hat sich losgemacht."

„So mag Dunkle Wolke auch mich schnell befreien! Die Hunde schlafen. Wir fallen über sie her und schlagen sie tot!"

Winnetou nestelte an den Fesseln des Yuma herum.

„Ist es nicht besser, sie leben zu lassen? Der Schnelle Fisch würde sich freuen, sie lebendig zu bekommen."

„Dunkle Wolke ist nicht klug. Männer wie Old Shatterhand und Winnetou muß man töten, wenn man sicher gehen will. Der Schnelle Fisch konnte nicht gleich mit uns reiten. Er wird am Vormittag mit fünf Kriegern kommen, um die weißen Gefangenen zu holen. Aber warum macht Dunkle Wolke nicht schneller? Es ist doch nicht schwer, einen Knoten zu lösen!"

„Der Knoten ist gelöst, aber ein andrer als der, den der Schwarze Geier meint."

Nach diesen Worten huschte Winnetou von ihm fort und kehrte zu uns zurück, um mir das Ergebnis unsrer List mitzuteilen. Da unser Zweck erreicht war, blies der Yumatöter in die Asche. Ein kleines Flämmchen erschien, erhielt Nahrung, und bald brannte das Feuer so hell wie vorher.

Winnetou lag wieder neben mir. Wir taten so, als schliefen wir. Es war spaßig zu sehen, mit welchen Augen der Schwarze Geier die Dunkle Wolke betrachtete. Er sah, daß sein Stammesbruder gefesselt war. Das mußte ihn befremden, doch nahm sein besorgtes Gesicht bald den Ausdruck der Beruhigung an, weil er anscheinend eine Erklärung des Rätsels gefunden hatte: der eingeschlafene Mimbrenjo war erwacht und hatte sich bewegt. Das hatte die Dunkle Wolke gehört und war schnell an ihren Platz zurückgekehrt und einstweilen wieder leicht in ihre Fesseln geschlüpft, um zunächst abzuwarten, ob der Wächter das Feuer wieder anblasen würde oder nicht.

Bald darauf schlief ich ein. Yuma-Shetar hatte den ersten, Winnetou den zweiten und ich den dritten Teil der Nacht zu wachen. Als ich geweckt wurde, gab es doppeltes Licht. Das Feuer brannte, und über uns stand der Mond. Mein erster Blick war auf den Schwarzen Geier gerichtet. Er stellte sich schlafend, war aber wach, da er noch immer auf die Dunkle Wolke wartete. Ich setzte mich, den Rücken zur „Wolke" gerichtet, und beobachtete dabei mit stillem Vergnügen die wütenden Blicke, die der Geier von Zeit zu Zeit auf den Gefährten schleuderte, dessen Verhalten er sich nicht mehr zu erklären wußte.

Es wurde Tag, und ich weckte Winnetou und den Yumatöter. Der Schwarze Geier konnte seine Wut nicht mehr bemeistern. Sein Gesicht war verzerrt, und seine Augen schossen Blitze auf seinen Gefährten, der sich während der Nacht nicht gerührt hatte. Winnetou bemerkte es auch, trat zu ihm und sagte mit halbem Lächeln:

„Schwarzer Geier hat noch nicht gelernt, seine Gedanken zu verhüllen. Ich lese in seinem Gesicht, daß er auf Dunkle Wolke zornig ist."

„Der Häuptling der Apatschen erblickt Dinge, die nicht vorhanden sind!"

„Was Winnetou erblickt, ist vorhanden. Warum hat Dunkle Wolke den Wächter nicht erschlagen? Drei haben gewacht und Dunkle Wolke dabei den Rücken zugekehrt. Dunkle Wolke konnte von hinten schlagen oder stechen und dann die andern Yumas befreien."

„Winnetou spricht Worte, die ich nicht verstehe."

„Der Schwarze Geier versteht mich recht wohl. Dunkle Wolke war bei ihm, um ihm die Riemen aufzuknüpfen, ließ ihn dann aber im Stich, um sich wieder schlafen zu legen. Ein guter Schlaf ist besser als die Freiheit."

Da stieß der Geier wütend hervor:

„Dunkle Wolke ist kein Krieger, kein Mann, sondern ein altes Weib, das vor jedem Frosch flieht!"

Das hörte der Beschimpfte. Er richtete sich so weit auf, wie es ihm seine Fesseln erlaubten, und rief zu dem andern hinüber: „Was hat der Schwarze Geier gesagt? Ich sei ein altes Weib? Er selbst ist als das feigste alte Weib im ganzen Stamm bekannt. Wäre er ein Mann, so hätte er sich gestern abend nicht ergreifen lassen."

„Du bist ja auch gefangen!" entrüstete sich der andre. „Warum hast denn du dich fangen lassen? Und bei dir ist es nicht am Abend, sondern bei Tag gewesen! Welche Feigheit, sich von den Fesseln befreit und sie doch wieder angelegt zu haben, weil du dich fürchtetest!"

Und nun begann zwischen den beiden ein heftiger Redekampf. Winnetou aber machte dem Auftritt ein Ende, indem er den Yumas Aufklärung gab.

„Du bist es gewesen?“ stammelte der Geier betroffen. „Das ist unmöglich. Ich habe Dunkle Wolke an der Stimme erkannt.“

„So bist du halb im Schlaf gewesen. Ich war es, der zu dir sprach, um dir zu entlocken, was ich wissen wollte.“

„Hört ihr's!“ rief da die Dunkle Wolke aus. „Er hat den Häuptling der Apatschen für mich gehalten und ihm unsre Geheimnisse mitgeteilt. Schande über ihn! Er muß aus dem Stamm gestoßen werden!“

„Du wirst ebenso wie er nicht mehr zum Stamm der Yumas gehören“, wies ihn Winnetou zurecht, „denn ihr werdet eure Medizinen verlieren. Jetzt müssen wir aufbrechen.“

Die Drohung erschreckte die Yumas so, daß sie schwiegen, brachte aber dafür Riego zum Reden. Als er Winnetous letzte Worte hörte, wandte er sich ängstlich bittend an mich:

„Señor Shatterhand, wollen Sie die Roten wirklich mitschleppen?“

„Ja“, bestätigte ich.

„Aber Sie werden uns doch vorher freilassen?“

„Nein. Ich habe Ihnen schon gesagt, daß uns das nicht einfallen kann.“

„Aber bedenken Sie doch, daß Sie dadurch zum Mörder an uns werden, mein wertester Señor!“

„Wie haben denn Sie gehandelt? Übrigens ersuche ich Sie, mich mit Ihrem ‚wertesten Señor‘ zu verschonen. Ich verzichte auf einen Titel, den Sie vorher schon einem Yuma gegeben haben. Es scheint, Sie können nur dann höflich sein, wenn die Angst Sie dazu treibt.“

„Sie sollen kein unrechtes Wort mehr von uns hören, wenn Sie uns loslassen! Ich sehe ein, daß wir undankbar waren und ohne Sie verloren gewesen wären. Auch der Haciendero ist zu dieser Einsicht gekommen. Nicht wahr, Don Timoteo?“

„Ja, Señor Shatterhand“, bestätigte der Angeredete. „Ich habe während der letzten Nacht nachgedacht und weiß nun, daß alles, was mir widerfahren ist, nicht geschehen wäre, wenn ich auf Ihre Warnungen gehört hätte.“

Er bat, und der Beamte bat. Die am Baum verbrachte Nacht hatte sie mürbe gemacht. Das war es, was ich bezweckt hatte, und so fragte ich endlich freundlicher:

„Was werden Sie denn tun, wenn ich Sie loslasse?“

„Wir werden mit Ihnen nach Almaden alto reiten, um dort den Betrüger zu bestrafen.“

„Ja, wir reiten mit Ihnen“, stimmte der *Jurisconsulto* bei.

„Wir werden den Halunken zur Rechenschaft ziehen und große Taten verrichten, indem wir mit den Yumas kämpfen."

„Dann möchte ich Sie doch lieber zurücklassen, denn ich bin überzeugt, daß wir viel leichter zum Ziel gelangen, wenn Sie nicht bei uns sind. Sie würden ja doch nur wieder Dummheiten machen."

„Nein, nein! Wir versprechen Ihnen, nichts zu tun, ohne vorher Ihre Erlaubnis einzuholen."

„Wenn Sie den festen Willen haben, diesem Versprechen nachzukommen, so will ich mich erbitten lassen, doch muß vorher zweierlei geschehen: Sie unterzeichnen einige Zeilen, die ich mir für den Gebrauchsfall in mein Buch schreibe, des Inhalts, daß Sie uns als Ihren Lebensretter zu Dank verpflichtet sind."

„Die Unterschrift sollen Sie haben. Und was ist das zweite?"

„Daß Sie sich auch an Winnetou wenden. Bisher haben Sie nur mich gebeten, Sie freizugeben. Er hat aber darüber ebensogut zu bestimmen wie ich."

Sie folgten dem Wink. Der Apatsche antwortete ihnen nicht, sondern sagte wegwerfend zu mir:

„Die Bleichgesichter sind wie die Flöhe, die keinen Nutzen bringen und den Mann, an dem sie hängen, nur belästigen. Wenn Old Shatterhand solch Ungeziefer mit sich schleppen will, so ist das seine Sache. Der Häuptling der Apatschen hat nichts dagegen."

Darauf löste ich den Mexikanern die Riemen. Daß sie wirklich Angst gehabt hatten, zeigte sich jetzt, als sie meine Hände ergriffen, um sich zu bedanken. Ich hatte nicht nötig, sie von mir abzuwehren, denn ihre Dankesbezeugungen wurden von einer Seite unterbrochen, an die ich jetzt am wenigsten gedacht hätte. Nämlich an der gleichen Stelle, an der ich gestern mit Winnetou den Tümpel erreicht hatte, teilte sich das Gebüsch, und es erschien der jüngere Mimbrenjo, den ich fortgeschickt hatte, die fünfzig Krieger bei den Herden zu benachrichtigen. Da er so schnell zurückkehrte, mußte etwas geschehen sein. Er erstattete Winnetou und mir seine Meldung.

„Meine beiden großen Brüder haben so deutliche Spuren hinterlassen, daß ich ihnen leicht zu folgen vermochte. Leider wurde es gestern dunkel, bevor ich diesen Ort erreichte, und ich mußte, um die Fährte nicht zu verlieren, den Morgen kurz vor dem Ziel erwarten."

„Mein junger Bruder", antwortete ich, „muß bald, nachdem er uns verlassen hatte, wieder umgekehrt sein. Ich sandte ihn seinen Brüdern entgegen. Weshalb hat er den Auftrag nicht ausgeführt?"

„Er hat ihn ausgeführt. Wie könnte er gegen die Befehle Old Shatterhands und Winnetous handeln! Ich bin auf meine Brüder getroffen und habe sie mitgebracht."

„Unmöglich! Die Herden können frühestens morgen bei der Hacienda eintreffen."

„Unsre Krieger konnten eher kommen, weil sie die Herden verlassen mußten. Sie sind von den Yumas überfallen worden."

„Was? Es scheint, die Gegend wimmelt gradezu von Yumakriegern. Wir hatten den Großen Mund mit seinen Leuten gegen uns, droben in Almaden alto stehen dreihundert, und nun gibt es noch einen dritten Trupp, der die Herden überfallen hat. Das ist doch sonderbar!"

„Old Shatterhand wird es noch sonderbarer finden, daß der Große Mund den Trupp angeführt hat."

„Der große Mund befindet sich doch in den Händen deines Vaters und soll nebst den andern gefangenen Yumas zu den Weideplätzen der Mimbrenjos geschafft werden."

„So war es, aber es ist ihm geglückt, sich zu befreien. Dann hat er mit vielen Yumakriegern die Herden überfallen."

„Die Treiber haben sich gewehrt?"

„Nur kurze Zeit. Sie zählten nur fünfzig, und der Große Mund hatte mehrere hundert Krieger bei sich. Einige Mimbrenjos wurden getötet und mehrere verwundet. Sie sahen ein, daß Widerstand zu nichts führen könne, und ergriffen die Flucht zur Hacienda, wo sie Old Shatterhand und Winnetou wußten. Darum sind sie eher dort eingetroffen, als mein großer weißer Bruder gedacht hat."

„Weshalb sind sie in dieser Richtung geflohen und nicht nordwärts, wo sie deinen Vater wußten?"

„Weil der Große Mund ihnen den Weg verlegte und weil sie zur Hacienda nicht mehr weit hatten. Auch glaubten sie, von Old Shatterhand und Winnetou notwendig gebraucht zu werden. Ich traf schon vor dem Wald der großen Lebenseiche auf sie und kehrte schnell um, sie meinen beiden berühmten Brüdern nachzubringen. Sie harren unten am Waldrand, wo die Fährte, der wir gefolgt sind, unter die Bäume tritt. Ich vermutete den ersten Yumaposten hier und schlich voran, ihn zu erkunden."

„So weiß man also nicht, auf welche Weise der Große Mund frei geworden ist?"

„Nein."

„Dann kann es mit deinem Vater und seinen Kriegern schlimm stehen. Wer weiß, in welcher Gefahr er sich befindet. Ihr seid doch wohl so klug gewesen, einige Leute abzusenden, das zu erspähen?"

„Ja. Zwei sind fort, um meinen Vater aufzusuchen, und zwei

andre sind zu unsern Weideplätzen, um dafür zu sorgen, daß sich schnell weitere zweihundert Krieger nach Almaden alto aufmachen."

„Hole deine Begleiter herbei! Sie kommen mir wie gerufen, obgleich der Grund ihres schnellen Erscheinens recht betrübend ist."

Kein Gefangener hatte ein Wort des Gesprächs gehört, da wir uns in vorsichtiger Entfernung von ihnen hielten. Wir hatten in Gegenwart des Jünglings keinen Vorwurf aussprechen wollen; jetzt aber, als er fort war, nahm das Gesicht Winnetous einen so strengen Ausdruck an, wie ihn seine Züge selten zeigten.

„Der Starke Büffel ist wert, aus der Reihe der Häuptlinge gestoßen zu werden. Kann Old Shatterhand das, was er gehört hat, für möglich halten?"

„Eigentlich nicht, aber unser Freund hat es doch ermöglicht. Wie zornig machte ihn der Gedanke, daß ich den Großen Mund entkommen lassen könne! Und nun hat er ihn selber entfliehen lassen!"

„Scharlih mag dazunehmen, daß die Yumas alle gefesselt waren und keine Waffen hatten."

„Und daß sie von so vielen Mimbrenjokriegern bewacht wurden. Und doch ist der vornehmste und für uns wichtigste von ihnen entronnen."

„Vielleicht er nicht allein."

„Ja, es ist sogar wahrscheinlich, daß alle seine Leute mit ihm befreit wurden. Da er den Herden mit einer überlegenen Anzahl folgte, muß man vermuten, daß eine bedeutende Schar von Yumas auf die Mimbrenjos gestoßen ist und die Gefangenen befreit hat."

Jetzt erschienen die Mimbrenjos. Ich zählte vierzig Mann. Einige von ihnen waren verwundet. Da vier von ihnen als Boten unterwegs waren, hatten sie also bei dem Zusammentreffen mit dem Großen Mund sechs Tote verloren.

Am liebsten wäre ich jetzt gleich zur Fuente aufgebrochen, aber wir mußten vorher den Schnellen Fisch mit seinen fünf Mann erwarten und festnehmen. Ich schickte den Yumatöter an die Stelle, wo ich gestern mit Winnetou die beiden Boten ergriffen hatte. Er konnte dort weit ostwärts blicken.

Es war wohl gegen neun Uhr vormittags, als der Yumatöter heraneilte, um zu melden, daß er sechs Reiter erspäht hätte. Ich eilte mit fünfzehn Mimbrenjos die Höhe hinunter und legte mich mit ihnen in den Hinterhalt. Wir sahen die sechs im Trab näher kommen. Als sie den Fuß der Höhe erreichten, ließen sie ihre Pferde langsamer gehen, was uns die Ausführung unsrer Absicht erleichterte. Wir drangen von beiden Seiten aus den

Büschen auf sie ein, rissen sie von den Gäulen und nahmen ihnen die Waffen ab, noch ehe sie recht wußten, wie ihnen geschah. Dann wurden sie zum Tümpel geschafft, dessen grasige Ufer kaum Platz für so viele Leute boten.

Nun konnten wir zur Felsenquelle aufbrechen. Je eher es uns glückte, die Auswanderer zu befreien, desto weniger lange hatten sie zu leiden. Freilich, ob ich mit meinen wenigen Mimbrenjos diese Aufgabe bewältigen würde, schien zweifelhaft. Wir mußten noch drei Posten zu je fünf Mann und dazu die an der Fuente befindlichen Yumas aufheben. Selbst wenn uns das gelang, hatten wir dann mehr Gefangene zu bewachen, als wir selbst zählten, und sollten es außerdem noch mit Melton, den beiden Weller und den dreihundert Yumas, die in Almaden alto standen, aufnehmen. Unsre einzige Hoffnung war, daß die zur Hilfe gerufenen Mimbrenjos noch rechtzeitig eintreffen würden.

Bei der Minderzahl, in der wir uns befanden, mußten wir unsre Zuflucht vor allen Dingen zur List nehmen, und da richtete ich mein Augenmerk auf den Player. Wenn ich ihm unsre Nachsicht in Aussicht stellte, stand zu erwarten, daß er dieses Mittel zu seiner Befreiung gern ergreifen würde. Ich richtete es also beim Aufbruch so ein, daß er von den Yumas abgesondert ritt und den Yumatöter als Wächter bei sich hatte.

13. Der Gefahr entgegen

Es waren eigentlich nur drei Mann, auf die ich mich restlos verlassen konnte, Winnetou und die beiden Söhne des Starken Büffels. Von den andern Mimbrenjos stand auch zu erwarten, daß sie ihre Schuldigkeit nach Kräften tun würden, aber zu diesen Kräften hatte ich eben kein rechtes Vertrauen. Ich zweifelte daran, daß sie der Aufgabe, die wir lösen sollten, gewachsen seien. Und was nun gar die fünf Mexikaner betraf, so war ich überzeugt, daß ihre Gegenwart uns eher hinderlich als förderlich sein würde.

Es fiel uns nicht ein, die Yumas nach dem Weg zu fragen. Sie durften überhaupt nicht wissen, wieweit wir unterrichtet waren und inwieweit wir uns in Ungewißheit befanden. Winnetou kannte die Fuente und ihre Umgebung und schlug sicher den kürzesten Weg dorthin ein. Er mochte meine Gedanken aus den Blicken erraten, die ich von Zeit zu Zeit vorwärts warf, denn er sagte bei einer solchen Gelegenheit:

„Mein Bruder braucht keine Sorge zu hegen, daß wir die Fuente verfehlen. Ich treffe sie so gewiß, wie meine Kugel ihr Ziel findet.“

„Davon bin ich überzeugt", erwiderte ich. „Aber es fragt sich, ob wir zur rechten Zeit dort anlangen, weil wir unsern heutigen Ritt erst so spät beginnen konnten."

„Scharlih mag sich auch in dieser Beziehung beruhigen. Wir kommen zwar erst des Nachts dort an, aber in der Dunkelheit bleibt unser Nahen unbemerkt, und wir werden die Yumas so vollständig überraschen, daß uns keiner entgehen und die Kunde von unsrer Anwesenheit weitertragen kann."

Der Weg war bequem. Er führte stundenlang über einen weiten Llano, der mit kurzem Gras bewachsen war. Dunkle Streifen, die bald im Norden und bald im Süden am Gesichtskreis erschienen, deuteten an, daß der Llano mit Wald eingefaßt war. Der Boden hatte die nötige Feuchtigkeit, Gras hervorzubringen, auch kamen wir an manchem fließenden oder stehenden Wasser vorüber.

Mittags wurde an einem Fluß angehalten, um die Pferde verschnaufen und weiden zu lassen, dann ging es weiter. Obgleich man es nicht sehr bemerkte, stieg der Llano immer bergan, bis er an einem Laubwald endete, der die Lehnen sanfter Höhen umsäumte. Wir ritten zwischen ihnen empor. Sie bildeten sich zu Bergen aus, die mit dichtem Nadelholz bestanden waren. Die Täler wurden von kleinen Bächen durchflossen und verwandelten sich infolge der zunehmenden Steilheit der angrenzenden Höhen in Schluchten, worin es schon düster war, als die Gipfel der Berge noch im Abendrot erglänzten.

Nun mußten wir langsamer reiten. Winnetou war als Führer an unsrer Spitze. Es trat völlige Dunkelheit ein, aber er leitete uns mit großer Sicherheit. Die Finsternis wurde nur dadurch beschwerlich, daß wir unsre Gefangenen nun mit doppelter Aufmerksamkeit zu bewachen hatten.

Wohl drei Stunden waren seit der Dämmerung vergangen, da hielt der Apatsche an einem Wasser an, das in einem breiten und bequem zu kreuzenden Tal floß. Ich hatte den Letzten des Zugs gemacht und ritt nun vor, da ich mir sagte, daß wir wahrscheinlich in der Nähe der Felsenquelle angelangt seien. Als ich Winnetou erreichte, erklärte er:

„Scharlih wird bemerkt haben, daß dieses Tal nach Norden streicht, während die Fuente und auch Almaden östlich liegen. In einiger Entfernung von hier aber führt ein Seitental rechts ab, also nach Osten. Daraus kommt das Wasser, an dem wir uns befinden. Dort entspringt es zwischen Felsen, und darum wird die Stelle, an der es aus den Steinen tritt, die Fuente de la Roca genannt. Die Feinde werden dort alle beisammen sein, denn es ist nicht anzunehmen, daß sie jetzt in der Finsternis noch umherschweifen. Wir müssen unsre Gefangenen hier zurücklassen. Nähmen wir sie weiter mit, so könnten sie uns durch Rufen verraten. Sollen nun gleich so viel Mimbrenjos, wie wir zur Überwältigung der Gegner brauchen, mitgehen, oder hält es mein Bruder für besser, daß ich erst allein anschleiche, um zu erfahren, wie wir den Überfall bewerkstelligen?"

„Das zweite wird besser sein. Winnetou mag erst auf Kundschaft gehen. Wie weit ist die Felsenquelle von hier entfernt?"

„In einer Viertelstunde bin ich dort und kann also in einer Stunde wieder zurück sein."

Er sprang vom Pferd, übergab mir seine Silberbüchse und verschwand in der Dunkelheit. Wir andern stiegen auch ab, nahmen die Gefangenen von den Gäulen und legten sie nebeneinander, weil sie so besser beaufsichtigt werden konnten. Als ich mich niedergesetzt hatte, kam Don Antonio zu mir.

„Ich habe bemerkt, daß der Apatsche fort ist. Wohin ist er gegangen, Señor?"

„Zur Fuente."

„Was will er dort?"

„Er will die Yumas beschleichen, um zu erfahren, wie wir sie fassen sollen."

„Das ist doch überflüssig! Wenn wir gleich hingeritten wären, so hätten wir sie sicher überrumpelt. So aber befürchte ich, daß sie den Häuptling der Apatschen bemerken und uns entwischen."

„Ihre Befürchtung ist unnötig."

„Wer hat denn eigentlich bestimmt, daß der Häuptling vorausgehen soll?"

„Er und ich."

„Winnetou ist ein Indianer, der nichts gilt. Sie sind zwar ein Weißer, aber fremd hier zu Land. Dagegen bin ich ein Vertreter der hiesigen Obrigkeit und muß, wenn es sich um die Verhaftung roter Verbrecher handelt, verlangen, daß nichts ohne meine Genehmigung unternommen wird. Sie hätten mich also vorher fragen sollen."

„Meinen Sie? Da passen wir freilich nicht gut zusammen, denn ich pflege zu handeln, ohne viel zu fragen."

„Das bitte ich zu ändern. Ich ersuche Sie sehr, immer an meine Würde zu denken und mich um meine Erlaubnis zu bitten, bevor Sie eine Bestimmung treffen, die von Amts wegen mir zusteht!"

„Hm! Sie führen da eine sonderbare Sprache, Don Antonio. Ihr Amt geht mich, trotzdem Sie sich in Amtstracht befinden, gar nichts an. Von Ihrer Würde habe ich keine Spur bemerkt, solange Sie als Gefangener am Baum hingen. Sie werden unsre Hilfe brauchen, nicht aber wir Ihre Befehle. Das klügste, was

Sie tun können, ist schweigen. Da haben Sie meine Antwort!"

„Bei der ich mich unmöglich beruhigen kann, Señor! Wenn Sie sich einbilden, unser Oberhaupt zu sein, so —"

„Schweigen Sie!" unterbrach ich Riego streng. „Ich bilde mir allerdings ein, nebst Winnetou hier Anführer zu sein. Ist Ihnen das nicht recht, so kehren Sie gefälligst um und reiten Sie dorthin zurück, woher Sie gekommen sind!"

Das wirkte. Er ging zu Pruchillo und setzte sich entsagungsvoll bei ihm nieder. Sich jetzt noch laut zu widersetzen, wagte er nicht, doch hörte ich ihn mißmutig vor sich hinbrummen. Dieses Vergnügen konnte ich ihm gönnen.

Noch waren nicht drei Viertelstunden vergangen, so kehrte Winnetou zurück und meldete:

„Es sitzen vierzehn Yumas an der Quelle. Zwanzig sind es gewesen, fünf und den Schnellen Fisch haben wir ergriffen, folglich sind alle beisammen."

„Wird es leicht oder schwer sein, sie zu fangen?"

„Leicht. Sie glauben sich sicher und haben ihre Waffen abgelegt. Die Pferde weiden abwärts vom Quell am Wasser."

„So müssen wir aufwärts an ihnen vorüber. Werden sie uns nicht wittern?"

„Nein, denn die Luft steht in dem Tälchen still, und wir gehen am andern Ufer. Ich werde euch so führen, daß wir sie einschließen, ohne daß sie es bemerken."

Wir suchten uns fünfundzwanzig Mimbrenjos aus, die ihre Gewehre mitnehmen mußten, da die Yumas mit den Kolben niedergeschlagen werden sollten. Die übrigen blieben mit den jungen Häuptlingssöhnen und unsern unfähigen weißen Begleitern aus Ures zurück, um die Gefangenen zu bewachen.

Während wir am Wasser aufwärts schritten, bildeten wir eine Einzelreihe. Jeder ging hart hinter seinem Vordermann, damit wir die Führung nicht verloren. Bald gelangten wir in das rechts abbiegende Nebental und mußten nun höchst vorsichtig sein. Jeder legte die Rechte auf die Schulter seines Vordermannes und hielt sich mit der Linken von den Bäumen ab. Der Schein eines Feuers glänzte uns entgegen. Über dem Wasser drüben hörten wir Pferde stampfen.

Wir wurden von Winnetou in einem Bogen um das Feuer geführt. Als wir dann die Fuente erreichten, sahen wir, daß der Ort für unsern Zweck nicht besser geeignet sein konnte. Der Felsen spaltete sich zu einer Nische, in deren Hintergrund der Quell aus dem Gestein hervorsprudelte. Das Feuer brannte vor der Nische, die Indianer aber saßen in dem Spalt, außer dreien, die mit Braten beschäftigt waren. Wir brauchten nur die drei niederzuschlagen, die andern elf waren uns sicher, wenn wir uns vor der Nische aufstellten, aus der es wegen der Höhe der Felsen kein Entrinnen gab. Ihre Waffen lagen in einem Haufen ziemlich entfernt vom Lagerplatz.

Ich befahl, einen Halbkreis zu bilden, die drei am Feuer Winnetou und mir zu überlassen, und sprang, als der Befehl leise von einem zum andern gegangen war, vorwärts. Wir hatten nur wenige Schritte zu tun. Als die Yumas das Geräusch unsrer Füße hörten, waren sie auch schon eingeschlossen, und mein und Winnetous Kolben trafen die drei vordern Roten so, daß sie zusammenknickten.

Die andern sprangen erschrocken auf, um aus der Nische hervor und zu ihren Waffen zu eilen, erkannten aber, daß es unmöglich war. Denn wir standen vor dem Eingang und hielten ihnen mehr als zwanzig Gewehrläufe entgegen. Sie mußten sich ergeben und wurden mit ihrem Riemenzeug gebunden.

Hier an der Fuente befand sich der wichtigste von den fünf Posten, die man zwischen der Hacienda und Almaden alto gelegt hatte. Wir entdeckten in der Nische mehrere Ledersäcke, die Lebensmittel und alles andre enthielten, was zu einem längern Aufenthalt nötig ist. Wozu die Posten überhaupt aufgestellt waren, konnten wir uns denken. Auf dieser Linie sollte nämlich die Ausbeute des Quecksilberbergwerks über die Hacienda nach Ures gebracht und von dort aus sollten alle Bedürfnisse für Almaden alto zurückgeschafft werden. Die Posten mußten für die Sicherheit des Wegs sorgen.

Als wir uns im Besitz der Quelle befanden, ging Winnetou zurück, um die andern zu holen. Nach Verlauf einer Stunde waren sie bei uns. Es gab selbstverständlich lebhafte Auftritte, die keine Bedeutung hatten, weshalb ihre Schilderung besser unterbleibt. Wir schliefen tüchtig und brachen am nächsten Morgen zeitig auf.

Nun befanden wir uns eigentlich in einer kleinen Verlegenheit. Niemand von uns war in Almaden alto gewesen. Man wird sagen: der Haciendero hat doch jedenfalls den Weg zu seiner Besitzung gekannt. Ja, das ist richtig, aber wir wollten ihn keine Unsicherheit merken lassen, um ihm keine Gelegenheit zu geben, sich uns gegenüber wieder aufs hohe Pferd zu setzen. Zudem glaubte ich, mich auf den Player besser als auf Pruchillo verlassen zu können. Der Mormone war als Spion oben in Almaden gewesen und hatte die Gegend jedenfalls durchsucht. Für meinen Zweck kannte er sie wahrscheinlich genauer als der Haciendero, und es zeigte sich auch in der Folge, daß ich da richtig vermutet hatte.

Für den ersten Teil des Ritts brauchten wir keine Erkundigungen einzuziehen. Es verstand sich von selbst, daß unser

Weg von der Fuente aus talaufwärts führte. Wohin wir uns wenden mußten, wenn das Tal zu Ende war, das konnte ich dem Spürsinn Winnetous überlassen. Für die spätere Strecke wollte ich dadurch sorgen, daß ich den Player ausforschte.

Um ihn zu den nötigen Mitteilungen willig zu machen, mußte ich ihn in Angst versetzen. Ich hatte den Yumatöter, der stets neben ihm ritt, davon unterrichtet und gesellte mich, scheinbar absichtslos, im Lauf der ersten Viertelstunde zu ihm. Da der junge Indianer zwar die gebräuchliche Mischmundart sprach, aber dabei weniger indianische Ausdrücke anwandte als andre, konnte der Player recht gut verstehen, was zwischen uns beiden gesprochen wurde. Als wir eine kleine Weile schweigend nebeneinander geritten waren, fragte mich der Yumatöter:

„Die Krieger der Mimbrenjos, meine Brüder, sind zu Hunderten mit ihren tapfersten Häuptlingen ausgezogen, um in Almaden alto auf uns zu treffen. Denkt Old Shatterhand, daß sie schon dort sein werden, wenn wir bei dem Bergwerk ankommen?"

Mit voller Absicht erzählte der junge Indianer, daß uns unsre Verbündeten erwarteten. Der Player sollte wissen, daß wir Hilfsmittel genug besaßen, unsre Absichten durchzuführen.

„Nein", erwiderte ich. „Sie sind noch nicht dort."

„Aber sie sind doch zu gleicher Zeit mit uns aufgebrochen und haben nicht so weit wie wir."

„Der Yumatöter muß sich sagen, daß die Mimbrenjos vor unsrer Ankunft doch nichts unternehmen dürfen. Wenn sie sich aber den dreihundert Yumas, die droben in Almaden sind, zeigen wollten, so würde augenblicklich der Kampf beginnen, der nur unter Winnetous und meiner Führung stattfinden soll. Ein vorzeitiges Erscheinen unsrer Verbündeten könnte also alles verderben."

„Verderben? Die Hunderte von Mimbrenjos werden die dreihundert Yumas doch leicht besiegen. Oder zweifelt Old Shatterhand daran?"

„Nein. Es ist gar nicht möglich, Zweifel zu hegen. Erstens sind deine Brüder den Feinden an Zahl überlegen, und zweitens besitzen sie sämtlich Schußwaffen, was ich von den Yumas nicht annehmen kann. Die Gegner müssen also unterliegen."

„So meine ich, daß unsre Krieger die Erlaubnis haben sollten, sofort anzugreifen, auch wenn wir uns noch nicht bei ihnen befinden."

„Yuma-Shetar mag bedenken, welchen Zweck ich verfolge. Ich will Melton und die beiden Weller fangen. Ich werde sie gewiß ergreifen, wenn die Mimbrenjos nach unsrer Verabredung handeln. Greifen sie aber eher an, so ist es wahrscheinlich, daß die drei für mich wichtigen Personen die Flucht ergreifen."

„Sie werden von den Mimbrenjos daran gehindert werden."

„Ja, das sollte man zwar meinen, ist aber nicht so sicher, wie mein junger Bruder denkt. Die drei Weißen werden sich hüten, am Kampf teilzunehmen und dadurch ihr Leben in Gefahr zu bringen. Sie werden vielmehr von weitem und in Sicherheit den Ausgang des Kampfes abwarten. Erkennen sie, daß er für sie ungünstig enden will, so reiten sie fort, und wir haben das Nachsehen."

„Kann das nicht auch geschehen, wenn Old Shatterhand und Winnetou dabei sind?"

„Nein, denn wir werden so klug sein, uns schon vor dem Kampf der drei Bleichgesichter zu versichern. Sie ahnen nichts von unsrer Annäherung, halten sich also nicht versteckt und werden uns ahnungslos in die Hände laufen. Darum habe ich den Mimbrenjos den Befehl gegeben, sich, bis wir zu ihnen stoßen, in solcher Entfernung von Almaden zu verbergen, daß ihre Anwesenheit dort nicht bemerkt werden kann. Nach unsrer Ankunft werden wir ganze Arbeit machen."

Damit war unser Gespräch beendet, und es kam nun darauf an, ob es die gewünschte Wirkung auf den Player hervorgebracht hatte. Er blickte in düsterm Sinnen vor sich nieder und schien bedenklich geworden zu sein. Es fiel mir nicht ein, ihn anzureden; er mußte selbst anfangen. Und das tat er schon nach kurzer Zeit, indem er sich in englischer Sprache an mich wandte:

„Sir, wollt Ihr mir sagen, ob der Yumatöter Englisch versteht?"

„Nur einige Worte, mehr nicht", antwortete ich.

„Dann erlaubt mir, Euch zu sagen, daß ich verstanden habe, was Ihr jetzt gesprochen habt. Welchen Grund habt Ihr denn eigentlich, Euch so feindlich zu uns zu stellen?"

„Das könnt Ihr noch fragen? Mr. Player, nehmt mir es nicht übel, wenn ich diese Frage für töricht halte."

„Habe ich Euch jemals etwas getan?"

„Nein, aber mit euern Gefährten habe ich eine tüchtige Rechnung auszugleichen. Die Quittung werde ich ihnen mit einigen Kugeln erteilen."

„Und ich? Was gedenkt Ihr dann mit mir zu tun?"

„Das kann ich jetzt noch nicht wissen. Ich muß erst erfahren, wie groß der Anteil ist, den Ihr an der Vergewaltigung meiner Landsleute habt."

„Und wenn ein solcher Anteil vorhanden wäre?"

„Das würde Euch einen wohlgezielten Schuß eintragen. Ich liefere Euch den Auswanderern aus und bin überzeugt, daß sie wenig Federlesens mit Euch machen werden. Oder denkt Ihr etwa, Nachsicht von ihnen erwarten zu dürfen?“

„Nein. Wenn ich in ihre Hände gerate, bin ich verloren. Aber wer zwingt Euch denn, mich ihnen auszuliefern?“

„Niemand. Es ist mein freier Wille. Ich kann Euch ausliefern oder auch laufen lassen, ganz wie mir es beliebt.“

„So möchte ich Euch bitten, das zweite zu tun!“

„Euch die Freiheit geben? Was fällt Euch ein!“

Ich machte dabei eine abweisende Armbewegung, die ihm sagen sollte, daß daran nicht zu denken sei. Er kaute eine Weile an der Unterlippe und fuhr dann fort:

„Sir, ich habe viel von Euch gehört, und bei allem, was man von Euch erzählt, steht die Menschlichkeit obenan, womit Ihr selbst den ärgsten Feind behandelt. Wie kommt es da, daß Ihr diese schöne Eigenschaft nicht auch gegen mich anwenden wollt?“

„Pah! Ihr scheint Euch einen falschen Begriff von Menschlichkeit zu machen. Menschlich ist jener, der seinen Nächsten eben als Menschen behandelt, und das tu ich allerdings. Das heißt: einen guten Menschen behandle ich gut und einen schlechten schlecht.“

„Ihr haltet mich also für schlecht?“

„Gewiß!“

„Da irrt Ihr Euch, Sir. Ich bin nicht schlecht, gebe aber gern zu, daß ich leichtsinnig gehandelt habe. Ich wollte schnell ein reicher Mann werden und habe mich deshalb dem Unternehmen Meltons angeschlossen. Als ich das tat, wußte ich nicht, daß Eure Landsleute ihr ganzes Leben unter der Erde verbringen sollen. Ist das nicht ein Milderungsgrund?“

Ich gab mir den Anschein, als schenkte ich seiner Versicherung Glauben.

„Hm! Es ist immerhin ein Leichtsinn, sich an einem Unternehmen zu beteiligen, ohne zu wissen, auf welche Weise es zustande kommen soll. Es wird mir schwer, Euch eine solche Unvorsichtigkeit zuzutrauen.“

„Ich schwöre, ich habe nur gewußt, daß die Deutschen im Bergwerk arbeiten sollen. Daß man sie aber für immer darin vergraben will, davon hatte ich keine Ahnung.“

„Aber als Ihr es erfuhrt, wart Ihr doch einverstanden?“

„Nein. Ich habe mich mit aller Gewalt dagegen gesträubt, konnte es aber leider nicht ändern. Doch nahm ich mir fest vor, ihnen später ihre Lage zu erleichtern, soviel in meiner Macht stand.“

„So! Nun, wenn das der Fall ist, so seid Ihr allerdings nicht der schlechte Mensch, für den ich Euch gehalten habe. Habt Ihr denn eine Ahnung, was es heißt, fürs ganze Leben in einem Schacht eingesperrt zu sein?"

„Das kann ich mir doch denken."

„In einem Quecksilberbergwerk nämlich. Dies fürchterliche Gift übt eine entsetzliche Wirkung auf den Körper aus. Wie hätten meine armen Landsleute nach einigen Jahren ausgesehen, wenn sie nicht indessen gestorben wären! Und was für einen Tod hätten sie gehabt!"

„Schiebt das nicht auf mich, Mr. Shatterhand! Der teuflische Plan ist in Meltons Gehirn entstanden."

„Ihr sagt richtig: teuflisch ist der Plan. Die Urheber werden aber auch eine Strafe erleiden, die ihrem Verbrechen angemessen ist. Ich werde sie den Mimbrenjos übergeben und sie am Marterpfahl hinrichten lassen."

„Sie haben es verdient. Ich aber sage mich von diesen Leuten für immer los!"

„Das ist zu spät. Der Anteil, den Ihr an ihrem Werk habt, kann nicht getilgt werden."

„Er kann es, wenn Ihr nur wollt, indem ich Euer Verbündeter werde."

„Ich danke für einen solchen Verbündeten."

„Wirklich? Meint Ihr nicht, daß ich Euch von Nutzen sein kann?"

„Die Verhältnisse liegen so, daß ich keiner Hilfe bedarf. Mein Plan ist leicht auszuführen. Wir reiten nach Almaden, schießen die Yumas zusammen, nehmen die weißen Halunken gefangen und veranstalten den mit uns verbündeten Mimbrenjos ein Schauspiel mit Opferung der Verbrecher an den Marterpfählen. Da Ihr soviel von mir gehört haben wollt, werdet Ihr mir wohl zutrauen, daß ich das ohne Eure Hilfe fertigbringe."

„Ich gebe freilich zu, daß Ihr der Mann dazu seid, auch ohne mich ans Ziel zu kommen, aber Ihr werdet dabei auf Schwierigkeiten stoßen, die ich, falls Ihr Euch meiner Hilfe bedienen wolltet, leicht beseitigen würde."

„Was für Schwierigkeiten meint Ihr?"

„Wißt Ihr denn den Weg hinauf nach Almaden?"

„Ich brauche ihn nicht zu kennen. Der Haciendero ist ja bei uns."

„Wißt Ihr die Stellen, wo die drei Yumaposten liegen, die Ihr noch aufzuheben habt?"

„Wir werden sie finden."

„Ja, ein Pfadfinder, wie Ihr seid, wird sie aufspüren, aber nach langem Suchen. Dabei geht kostbare Zeit verloren. Ebenso müßt Ihr in Betracht ziehen, daß Euch kein Mann entkommen darf, denn wenn es einem gelänge, so würde er Euch voran nach

Almaden alto eilen und Eure Ankunft melden. Ob dann das weitere so glatt für Euch verlaufen würde, bezweifle ich sehr. Und dann wollt Ihr, bevor es zum Kampf kommt, Euch Meltons und der zwei Weller versichern. Ihr scheint das für sehr leicht zu halten."

„Allerdings. Ich will gar nicht von meinen frühern Erlebnissen reden. Schon das, was in den letzten Tagen geschehen ist, muß Euch sagen, daß wir es ohne große Gefahr durchsetzen werden."

„Es wird Euch zwar keine Gefahr bringen, da Ihr Meister in solchen Dingen und zumal im Anschleichen seid. Desto mehr Mühe aber wird es Euch kosten, diese drei Männer zu erwischen, da Ihr nicht wißt, wo sie wohnen, wo sie sich verborgen halten."

„Ihr redet in Rätseln, Mr. Player. Erst sprecht Ihr vom Wohnen und dann vom Sich-Verbergen. Ein Versteck ist keine Wohnung!"

„Gewöhnlich nicht, hier aber doch. Die drei haben eine den Umständen nach ganz bequeme Behausung. Sie liegt aber so versteckt, daß selbst Euer bekannter Spürsinn nicht ausreicht, sie zu entdecken."

„Es wird Spuren geben, wonach wir uns richten können."

„Nein, denn die Gegend ist ausnahmslos so felsig, daß es dort keine Fußtapfen geben kann."

„So legen wir uns auf die Lauer. Melton wird seine Wohnung, die Ihr ein Versteck nennt, doch zuweilen verlassen, so daß wir ihn zu sehen bekommen."

„Das tut er allerdings, aber nur des Nachts. Meine Botschaft, daß ich Winnetou an der Hacienda gesehen habe, ist zu ihm gelangt. Es lag zwar kein Grund vor zu vermuten, daß er von unserm Vorhaben mehr wüßte, als ich Euch in der Übereilung gesagt hatte, aber das war doch genug, um anzunehmen, daß er Verdacht schöpfen und weiter nachforschen würde. Als ich da unten mit Euch sprach, ahnte ich zuerst nicht, daß Ihr Old Shatterhand wärt; doch wußten wir, daß Winnetou von Old Shatterhand unzertrennlich ist und sehr wahrscheinlich versuchen würde, die Gefangenen der Yumas zu befreien. Glückte ihm das, so war anzunehmen, daß er sofort nach Almaden alto aufbrechen würde. Melton und die Weller werden sich also auf alle Fälle so verhalten, wie es ihnen die Vorsicht gebietet: sie gehen nicht vor der Dämmerung aus. Bei dem Weg ins Bergwerk, den sie zu machen haben, ist es gleich, ob sie ihn des Nachts oder am Tag tun."

„So! Ihr kennt also den Ort, wo sie wohnen?"

„Ja."

„Meint Ihr nicht, daß ich Euch zwingen kann, ihn mir zu entdecken? Ich stelle Euch die Wahl zwischen dieser Mitteilung und dem Tod!"

„Das nützt Euch nichts. Habt Ihr die Absicht, mich in gleicher Weise wie Melton zu behandeln, so ist mir der Tod ohnehin gewiß. Ich werde nur dann sprechen, wenn ich auf Schonung rechnen kann. Ich war, wie schon gesagt, nicht böse, sondern nur leichtsinnig, und würde es Euch zeit meines Lebens danken, wenn Ihr einmal Gnade für Recht ergehen lassen wolltet. Macht wenigstens den Versuch!"

„Hm! Ein Versuch ist nicht die vollendete Tat, man kann dann immer noch machen, was man will. So könnte ich prüfen, ob mit Euch auf ehrlichem Weg auszukommen ist."

„Tut das, tut dás, Sir! Ich gebe Euch mein Wort, daß der Versuch gelingen wird."

„So sagt mir zunächst, wie Ihr Euch diesen Versuch denkt!"

„Bindet mich zunächst los, und dann werde ich —"

„Halt!" unterbrach ich ihn. „Vom Losbinden kann keine Rede sein. Ihr bleibt unter allen Umständen zunächst noch Gefangener."

„Aber wie kann ich Euch behilflich sein, wenn ich mich nicht bewegen darf?"

„Sollten Eure Dienste eine Bewegung notwendig machen, so werden wir Euch die Fesseln abnehmen. Das einzige, was Ihr jetzt zu tun vermögt, ist, uns den Weg anzugeben, den wir reiten müssen."

„Das werde ich", brummte er, mißmutig darüber, daß ich ihm gleich seinen ersten Wunsch abgeschlagen hatte.

„Und zwar richtig anzugeben", fügte ich mit Nachdruck hinzu. „Wolltet Ihr uns irreleiten, vielleicht um Zeit zu gewinnen, so würden wir Euch die Riemen straffer anziehen. Und nun sagt: wann werden wir den nächsten Yumaposten erreichen?"

„Noch vor Abend."

„Wie ist sein Standort beschaffen?"

„Er befindet sich an einem Waldrand. Vorher müssen wir über eine freie Ebene."

„So kann der Posten diese Ebene überblicken?"

„Ja. Wenn Ihr ihn überraschen wollt, müßt Ihr sie vermeiden."

„Das kommt auf ihre Länge oder Breite an. Sobald wir sie erreichen, werdet Ihr uns darauf aufmerksam machen. Sagt mir zunächst, warum Ihr auf der Hacienda geblieben und nicht mit nach Almaden geritten seid?"

„Ich hatte den Auftrag, dort die Retorten zu erwarten, die aus Ures kommen werden."

„Diese sollten dann über die Postenkette nach Almaden alto geschafft werden?"

„Ja."
„Wenn Ihr Retorten braucht, so vermute ich, daß in Almaden das Quecksilber in Form von Schwefelquecksilber, mithin als Zinnober gefunden wird?"
„So ist es. Es kommt jedoch stellenweise auch gediegen vor."
„Der Zinnober soll also in den Retorten in Schwefel und Quecksilber zerlegt werden. Durch welche Zuschläge soll das geschehen? Eisenhammerschlag ist hier nicht zu haben. Ich vermute folglich Kalk?"
„Ja, es soll Kalk verwendet werden."
„Findet man den da oben?"
„Massenhaft. Die Berge und Felsen bestehen meist aus Kalk, worin es zahlreiche Höhlen gibt."
Bei dem Wort Höhlen kam mir ein Gedanke. Es war für uns äußerst beschwerlich, die Gefangenen im Freien zu bewachen. War es möglich, sie oben in einer Höhle unterzubringen, so brauchten wir viel weniger Leute, die Roten unter Aufsicht zu halten. Deshalb erkundigte ich mich:
„Kennt Ihr eine Höhle, die in der Nähe des Schachts liegt?"
„Ja."
„Ist sie groß?"
„Sie kann wohl an die hundert Menschen fassen."
„Wieviel Eingänge hat sie?"
„Nur einen. Sie hat keine Hinterwand und scheint tief in den Kalkfelsen zu gehen. Man kann aber nicht weiter, weil man an einen Abgrund kommt, dessen Breite man nicht zu ermessen vermag."
„Ist er tief?"
„So tief, daß man einen Stein, den man hinabwirft, unten nicht auftreffen hört. Rechts gibt es eine kleine Nebenhöhle, die voll Wasser steht. Ich habe es versucht; es ist trinkbar und sehr kühl."
„Wissen Eure Freunde auch von dieser Höhle?"
„Kein Wort! Ich habe ihnen nichts gesagt, denn ich hatte — —"
Der Player hielt inne. Er schien jetzt mehr gesagt zu haben, als er eigentlich wollte.
„Weiter! Denn ich hatte — — —?"
„Ich hatte meine Gründe dazu", vervollständigte er sich. „Ich brauchte einen solchen Ort für mich allein."
„Wozu?"
Er gab nicht sofort Antwort. Da er nachsann, vermutete ich, daß er eine Ausrede suchte. Dann erklärte er:
„Mein Grund wird Euch beweisen, daß ich wirklich kein schlechter Mensch bin. Ich dachte an die deutschen Arbeiter.

Vielleicht konnte es mir gelingen, einige von ihnen zu befreien. Ich brauchte ein Versteck, sie zu verbergen, und da kam mir die Höhle ungemein passend vor. Darum erwähnte ich nichts von ihr."

„Das macht Euerm guten Herzen allerdings alle Ehre. Wann habt Ihr sie entdeckt?"

„Schon als ich vor einem Jahr zum erstenmal oben war."

„Ihr wart von Melton geschickt worden und habt ihm nach Eurer Rückkehr Bericht erstattet?"

„Ja."

„Damals habt Ihr doch noch nichts von den deutschen Arbeitern gewußt?"

„Nein."

„Und wollt ihm doch grad ihretwegen die Höhle verheimlicht haben! Ihr seht, daß man mit Euern Versicherungen vorsichtig umgehen muß. Ihr habt einen andern Grund gehabt, von der Höhle zu schweigen. Ich will aber nicht in Euch dringen, ihn mir zu nennen, da er mir gleichgültig sein kann. Doch laßt das den letzten Versuch gewesen sein, mir Schwarz für Weiß vorzumachen! Ich bin nicht der Mann, der so leicht zu täuschen ist, und wäre das nächste Mal nicht so bereitwillig, mich zufrieden zu geben."

Den eigentlichen Grund für seine Geheimhaltung der Höhle glaubte ich erraten zu können. Er hatte wohl die Absicht gehabt, seine Kumpane zu bestehlen und das entwendete Quecksilber und Zinnober in der Höhle zu verbergen, bis sich Gelegenheit finden würde, es unbemerkt fortzuschaffen. Daß er sich sträubte, mir das zu gestehen, war kein Beweis dafür, daß er es mit seinen Versprechungen unehrlich meinte. Trotzdem fühlte er sich durch meine letzten Worte beunruhigt und entschloß sich, um meinen Argwohn zu zerstreuen, mir einen Umstand mitzuteilen, den ich noch nicht kannte und der für mich höchst wertvoll war.

„Ich gebe zu, daß Ihr Ursache habt, mir zu mißtrauen, aber es kann Euch doch nichts nützen, Dinge zu erfahren, die mit Euern Absichten in keinem Zusammenhang stehen."

„Das weiß ich wohl, und deshalb bin ich nicht in Euch gedrungen, mir wegen der Höhle die Wahrheit zu sagen. Ich meine nur, daß Ihr Euch hüten sollt, mich in Dingen, die mich angehen, täuschen zu wollen. Ihr wißt, daß von Euerm Verhalten Euer Leben abhängt."

„Es fällt mir nicht ein, Euch zu täuschen. Dafür will ich Euch den vollgültigen Beweis geben, indem ich Euch etwas verrate, was Euch jedenfalls freudig überraschen wird."

„Was?"

„Da oben in Almaden gibt es weder Gras noch Baum, und so muß alles, was man zur Nahrung braucht, weit hergeschafft werden. Wie Melton überhaupt für alles schon vorher gesorgt hat, ehe die Hacienda ihm gehörte, so hat er auch Lebensmittel gekauft, die in fünf Maultierwagen von Ures nach Almaden gegangen sind."

„Das zu hören, ist mir allerdings wichtig. Wer führt den Wagenzug? Denn ich nehme an, daß die Fuhrleute den Weg nach Almaden alto nicht kennen."

„Melton hat ihnen vorsichtshalber einige Indianer entgegengeschickt."

„Habt Ihr die Leute mit ihren Wagen und Maultieren gesehen?"

„Nein, denn sie haben einen Weg eingeschlagen, auf dem sie nicht auf mich treffen konnten. Der Weg, der über die Hacienda führt und den auch Ihr bis jetzt benutzt habt, ist für Fuhrwerk stellenweise nicht gangbar, daher mußten diese Wagen einen andern einschlagen, der weiter südlich liegt und länger ist, dann aber mit dem unsrigen zusammenfällt."

„Kennt Ihr die Gegend, wo beide Wege sich vereinigen?"

„Sehr gut, da ich es bin, der den bequemeren Weg ausfindig machen mußte. Wir werden übermorgen an diese Stelle kommen."

„Meint Ihr, daß die Wagen dann schon vorüber sein werden?"

„Wenn ich genau nachrechne und ihnen kein Unfall zugestoßen ist, halte ich es für wahrscheinlich, daß sie die Stelle morgen abend erreichen werden."

„So hätten wir sie dann vor uns und könnten uns mit Lebensmitteln versehen?"

„Nicht nur mit Lebensmitteln. Die Wagen enthalten auch noch viele andre Gegenstände, die in Almaden gebraucht werden."

„Wenn sich das bewahrheitet, so will ich zugeben, daß Ihr mir mit der Mitteilung einen dankenswerten Dienst erwiesen habt, obgleich wir auch ohne sie auf die Wagen getroffen wären. Aber aus Euern Worten entnehme ich noch etwas, was für uns ebenso wichtig, wenn auch bedeutend unangenehmer ist. In der Gegend von Almaden wächst kein Baum, kein Gras. Wie weit erstreckt sich die Unfruchtbarkeit?"

„Beinah eine Tagereise weit auf alle Seiten."

„Aber wo Wasser ist, da gedeiht doch wenigstens Gras, und Ihr spracht vorhin von Wasser."

„Das befand sich in der Höhle. Wasser gibt es freilich in Almaden, aber nur unterirdisch. Das freie Gelände ist eine steinharte, dürre Kalkfelseneinöde."

„Und doch sind dreihundert Indianer oben: Haben die denn keine Pferde?“

„Die haben sie nicht mitgenommen. Sie mußten die Tiere unter Obhut einiger Wächter zurücklassen.“

„So werden auch wir dazu gezwungen sein, und das ist ärgerlich. Habt ihr eine Ahnung, wo sich die Pferde der Yumas befinden?“

„Es ist nicht ausdrücklich darüber gesprochen worden, aber da ich es bin, der die ganze Gegend ausgekundschaftet hat, so kann ich mir denken, wo man sie suchen soll. Die Yumas sind von Norden gekommen und haben die Tiere also nordwärts von Almaden zurücklassen müssen, und zwar haben sie das jedenfalls hart an der Linie getan, wo das fruchtbare und das unfruchtbare Land zusammenstoßen. Es gibt dort eine einzige Stelle, wo man dreihundert Pferde auf längere Zeit mit wenig Wächtern zusammenhalten kann, und diese Stelle kenne ich. Wir treffen nicht auf sie, da wir von Westen kommen und an der Kalkeinöde angelangt, eine Tagereise von dem erwähnten Platz entfernt sein werden. Habt Ihr die Absicht, den Yumas die Pferde wegzunehmen? In diesem Fall werdet Ihr mich bereit finden, Euch zu ihnen zu führen, und das muß Euch wieder ein Beweis dafür sein, daß ich es wirklich ehrlich mit Euch meine.“

„Werde mir es überlegen“, antwortete ich kurz, indem ich die Unterhaltung abbrach. Ich hatte zwar noch mancherlei zu fragen, konnte das aber auch gelegentlich tun, da ich ihn nicht vermuten lassen wollte, wie wenig ich über die Verhältnisse unterrichtet war, die ich doch genau kennen mußte, um unsre Absichten zu erreichen.

Bevor ich mich von ihm trennte, um wieder an die Seite Winnetous zu kommen, lockerte ich die Riemen ein wenig, die seine Hände zusammenhielten. Es sollte das, ohne daß ich etwas dazu sagte, für ihn ein Zeichen sein, daß sein Entschluß zur innern Umkehr einen guten Eindruck auf mich gemacht hatte.

Um die Mitte des Nachmittags hatten wir eine steile Berglehne erklommen und langten auf einer Hochebene an, die im Norden und Süden von Höhen eingeschlossen war. Ihr östliches Ende konnten wir nicht sehen. Da ließ der Player mich zu sich holen und teilte mir mit:

„Das ist die Ebene, an deren östlicher Seite der Posten am Waldrand liegt.“

„Wie lange reitet man dorthin?“

„So wie jetzt werden es fast zwei Stunden sein.“

„Liegt der Posten in grader Richtung von hier?“

„Ja.“

„So will ich Euch Gelegenheit geben, mir noch augenfälliger als bisher zu beweisen, daß ich mich auf Euch verlassen kann."

„Tut das, Sir! Was verlangt Ihr von mir?"

„Ich werde voranreiten, um die Indianer dingfest zu machen, und Ihr sollt mich an den Ort begleiten, wo ich sie suchen muß."

„Sehr gern. Aber sie werden Euch kommen sehen."

„Wieso? Ah, Ihr denkt, ich reite gradaus? Das fällt mir nicht ein, denn da würden sie mich allerdings bemerken. Wir machen einen Umweg, bis wir den Waldrand erreichen, und schleichen dann an seinem Saum vorsichtig bis zum Posten hin. Aber ich mache Euch aufmerksam, daß der leiseste Versuch eines Verrats Euch einen Messerstich einbringen würde."

Ich suchte mir zu dem Yumatöter und seinem Bruder noch sechs Mimbrenjos aus, mit denen ich den Streich ausführen wollte. Nachdem ich Winnetou gebeten hatte, im bisherigen Schritt weiterreiten zu lassen, bogen wir nach Süden ab.

Wir jagten eine gute Strecke weiter, als ein scharfes Auge zu sehen vermag, südwärts und wandten uns dann wieder nach Osten. Nach einer Stunde erblickten wir in der Ferne den Wald und hielten auf ihn zu. Dabei fragte ich den Player:

„Sind wir denn von unsrer eigentlichen Marschrichtung weit genug entfernt, so daß die Yumas uns nicht entdecken können?"

„Ja. Blickt dort auf die dunkle Bergkuppe, die hinter dem Wald aufsteigt! Sie dient mir als Marke. Ich weiß genau, wo wir uns befinden. Ihr habt vom Anschleichen gesprochen. Was tun wir während der Zeit mit den Pferden?"

„Die lassen wir an einer sichern Stelle zurück. Es fragt sich nur, wie lange wir noch im Sattel bleiben dürfen."

„Wenn wir den Yumas so nah gekommen sind, daß ich befürchten muß, wir könnten zu Pferd erspäht werden, dann sage ich es Euch."

Wir erreichten bald den Wald und ritten nun nordwärts. Dabei stießen wir auf die Fährte eines einzelnen Reiters, die so frisch war, daß ich vermuten mußte, ihn nahe vor uns zu haben. Und richtig, als wir um eine Biegung des Gebüschs kamen, erblickten wir ihn. Es war ein Indianer, der ein erlegtes Wild hinter sich aufgebunden hatte. Er ritt im langsamen Schritt, hielt aber dabei den Kopf in so eigentümlicher Weise zur Seite, daß ich annahm, er habe seine ganze Aufmerksamkeit nach rückwärts gerichtet. Der Mann mußte uns gesehen haben, stellte sich aber unbefangen, um abzuwarten, wie wir uns verhalten würden. An Feindseligkeiten dachte er schwerlich. Meine Indianer hielt er wahrscheinlich für Yumas und uns zwei Weiße für Verbündete Meltons. Daß er nicht auf uns wartete, lag einfach an der

Weise, in der die Roten handeln. Ich durfte ihn nicht weiterreiten lassen, mußte aber auch dafür sorgen, daß er nicht zu früh entdeckte, daß die vermeintlichen Yumas feindliche Mimbrenjos seien. Darum mußten meine Begleiter eine langsame Gangart annehmen, und ich jagte ihm allein im schnellen Galopp nach.

Da hielt er an, wandte sich um, griff zu seinem Bogen und legte einen Pfeil auf mich an. Ich hielt mein Pferd bei dieser Drohung nicht an, sondern winkte nur abwehrend und rief dabei die beiden wohlbekannten Namen Melton und Großer Mund. Der eine war nach unsern Begriffen sein jetziger Arbeitgeber und der andre sein oberster Häuptling. Er mußte mich für einen guten Bekannten von ihnen halten und senkte Bogen und Pfeil. Ich begrüßte ihn indianisch, indem ich mein Pferd im vollen Jagen drei Schritt vor ihm zum Stehen brachte und ihn dann fragte:

„Hat mein Bruder eine gute Jagd gemacht? Die vier Yumakrieger, zu denen er will, werden Hunger haben."

„Die Jagd war ergiebig, wie mein weißer Bruder sieht", antwortete er. „Wird er mir sagen, woher er kommt?"

„Von der Hacienda del Arroyo. Ich soll dich vom Schnellen Fisch grüßen, der mit seinen Kriegern an der Quelle des Felsens liegt. Ist der Posten, zu dem du gehörst, vollzählig beisammen?" — „Ja."

„Und wie steht es oben in Almaden? Befinden sich deine dreihundert Brüder dort wohl?"

„Wir haben nicht gehört, daß etwas Unerwünschtes dort geschehen ist. Wenn mein weißer Bruder von der Hacienda kommt, so wird er wissen, daß sich ein Bleichgesicht, das Player heißt, dort befindet und Winnetou, den Häuptling der Apatschen, gesehen haben will. War der Apatsche wirklich dort?"

„Ja."

„Er wird wieder fort sein, um Old Shatterhand zu befreien, den der Große Mund gefangen hat?"

„Old Shatterhand hat sich schon selbst befreit!"

„Uff! Haben sich diese beiden Krieger getroffen?" — „Ja."

„Uff, uff! So ist zu erwarten, daß sie zu uns kommen. Das muß sogleich nach Almaden gemeldet werden. Es wird einer von uns fortreiten."

„Nicht nötig, da ich die Botschaft selber nach Almaden bringen werde."

„Das ist gut. Aber wird mein weißer Bruder so schnell reiten, wie es nötig ist, wenn die Kunde von —"

Er hielt plötzlich inne und richtete die Augen starr auf meine Gefährten, die sich nun so weit genähert hatten, daß er ihre

Gesichter erkennen konnte. Dann griff er mißtrauisch zu seinem Messer.

„Was erblicke ich! Ich habe mit gegen die Mimbrenjos gekämpft und dabei den Starken Büffel und seine Söhne gesehen. Wenn ich nicht blind bin, so sind sie es, die sich bei meinem weißen Bruder befinden. Was soll ich davon denken?“

„Denke, daß du verloren bist, falls du nur einen Schritt von dieser Stelle weichst!“ warnte ich, indem ich mit einem schnellen Griff meinen Stutzen vornahm und auf ihn anlegte. „Ich bin Old Shatterhand und verbiete dir, dich zu bewegen!“

Ich sah trotz der dunklen Farbe seines Gesichts, daß er erbleichte. Er ließ vor Schreck die Zügel fallen, zog die Hand vom Messer zurück und stammelte:

„Old Shat—ter—hand! Und — das — ist das — Zau—ber-gewehr!“

„Ja, das ist meine Zauberflinte, aus deren Lauf du sofort zehn Kugeln in den Leib bekommen wirst, wenn du nicht genau das tust, was ich dir befehle.“

Ohne in seiner Verwirrung auf diese Drohung zu antworten, hauchte er wie abwesend:

„Old Shatterhand ist da, Old Shatterhand! Wo ist Winnetou?“

„Er wird auch gleich kommen und bringt die Krieger der Mimbrenjos mit. Steig ab!“

Meine Begleiter waren indessen vollends herangeritten und umringten den Yuma. Man merkte ihm an, daß er noch immer nicht ganz bei sich war. Er stieg wie im Traum vom Pferd und duldete es schweigend, daß man einige an seinem Sattel befestigte Ersatzriemen löste und ihn damit band. Hierauf machte mir der Player die Bemerkung, daß wir nun dem Posten nah genug gekommen und zur Vorsicht angehalten seien. Wir stiegen also ab. Zwei Mimbrenjos bekamen die Pferde und den Yuma zur Bewachung, und wir andern setzten unsern Weg zu Fuß fort.

Wir hielten uns dabei unter den Bäumen. Als wir ungefähr zehn Minuten gegangen waren, sagte der Player:

„Nun nur noch eine kurze Strecke, Sir, so kommen wir an einen kleinen Teich, an dem die Yumas liegen müssen.“

„Gut! Ich will Euch zeigen, daß ich Euch Vertrauen schenke. Eigentlich müßte ich Euch hier zurücklassen, da Ihr auf den Gedanken verfallen könntet, uns das Spiel zu vereiteln. Aber ich will Euch mitnehmen, versichere Euch jedoch: Gelingt es uns nicht, den Posten aufzuheben, und Ihr seid schuld daran, so ist's mit Euch zu Ende.“

„Keine Sorge! Es fällt mir nicht ein, mit offnen Augen in mein Verderben zu rennen.“

Wir schlichen nun vorsichtig weiter. Dabei gab ich dem Yumatöter einen geheimen Wink, den Player nicht aus dem Auge zu lassen, denn dieser konnte, während wir uns auf die Yumas warfen, versuchen auszureißen. Dann sahen wir zwischen den Bäumen vor uns den Spiegel des Teichs glänzen. Vier Rote lagen faulenzend am Wasser. Ihre Pferde hatten sich zerstreut, denn wir bemerkten von unserm Standort aus nur zwei.

Von Baum zu Baum huschend, näherten wir uns noch mehr und fielen dann über die vor Schreck Wehrlosen her. Der Player stand mit gebundenen Händen dabei und machte ein Gesicht, als freue er sich herzlich über den geglückten Überfall auf seine bisherigen Verbündeten.

Als wir fertig waren, ging einer der Mimbrenjos fort, um seine zwei Stammesbrüder mit den Pferden und dem fünften Yuma herbeizuholen, und da sahen wir auch schon unsern Zug von Westen her über die offne Ebene kommen. Er hielt am Teich an, da wir die Nacht hier zubringen wollten.

Am nächsten Morgen ging es weiter. Der Player machte den Führer und war ehrlich gegen uns. Gegen Abend führte er uns zum nächsten Posten, der in ähnlicher Weise wie die vorigen überrumpelt wurde. Wir hatten jetzt nur noch einen vor uns und also noch zwei Tageritte nach Almaden.

Am folgenden Morgen durchquerten wir ein breites, nach Osten streichendes Tal, wohin ein aus Süden kommendes mündete. An der Stelle, wo beide sich vereinten, war das Gras auf eine weite Strecke zerstampft oder abgefressen, und wir fanden Wagenspuren und zwei schwarzgebrannte Feuerstätten.

„Hab ich es nicht gesagt?“ meinte der Player. „Das sind die Lebensmittelwagen gewesen. Meine Rechnung war also richtig. Sie haben gestern abend hier gehalten. Hier ist die Stelle, wo die beiden Wege zusammenstoßen.“

Ich zählte die Gleise und stellte fest, daß wir wirklich fünf Wagen vor uns hatten. Aus wieviel Mann die Yumabegleitung bestand, vermochten wir nicht zu erkennen, da die zahlreichen Stapfen nicht auseinanderzuhalten waren.

Jetzt brauchten wir nur den Gleisen zu folgen. Sie waren dem weichen Boden deutlich eingeprägt, und nun sahen wir auch, daß sich sechs Reiter bei den Wagen befanden.

„Melton hat sechs Führer geschickt“, sagte ich zum Player. „Eigentlich eine mir unerklärliche Berechnung. Sechs Führer sind entschieden nicht nötig, und als Begleitung, um die Sendung zu beschützen, sind sie zu wenig.“

„Das mag sein“, antwortete er. „Aber Rote sind es jedenfalls nur fünf.“

„Wer ist dann der sechste?“

„Entweder der Kaufmann selbst, bei dem die Sachen in Ures gekauft wurden, oder dessen Vertreter. Melton hat nämlich nur die Hälfte des Preises bezahlt und will die andre Hälfte erst nach glücklich erfolgter Ablieferung entrichten. Also mußte jemand mitkommen, der das Geld in Empfang nehmen soll."

„Die Gleise sind noch frisch. Das zeigt, daß wir die Wagen nicht weit vor uns haben. Es handelt sich nun darum, daß wir sie auf einem Gelände einholen, wo wir die roten Begleiter festnehmen können, ohne daß einer entwischt. Wo gibt es eine solche Stelle?"

Er sann eine kleine Weile nach und erklärte dann:

„Wenn Ihr genug Geduld besitzt, bis gegen Mittag zu warten, so gelangen wir auf freies Land, wo Ihr Euern Zweck erreichen werdet. Bis dahin aber führt der Weg immer eng zwischen Bergen hin, wo Ihr Euch nicht ausbreiten und das Entrinnen eines einzelnen nicht verhindern könnt."

Das gab freilich eine Zeitversäumnis, die mir nicht lieb war. Wenn wir uns aber der Wagen bemächtigten, so durften wir dann auch nicht schneller reiten, als sich die Maultiere mit ihren Lasten bewegen konnten, und verloren dabei höchstwahrscheinlich einen ganzen Tag. Da kam es also auf die Versäumnis einiger Stunden nicht an.

Um zu sehen, wie weit die Wagen vor uns waren, ritt Winnetou fort. Wir erreichten ihn nach drei Viertelstunden. Er war halten geblieben, um uns herankommen zu lassen. Er hatte die Wagen erspäht und auch ihre Begleitung, die, wie er bestätigte, aus fünf roten und einem weißen Reiter bestand. Die Knechte, die Zügel und Peitsche führten, saßen vorn auf den Wagen.

Wir hielten uns so, daß wir sie in nicht viel mehr als fünf Minuten erreichen konnten, und kamen, wie der Player gesagt hatte, gegen Mittag durch ein Tal, das sich zu einer weiten Ebene verbreiterte und sich darauf wieder zu seiner vorigen Enge zusammenzog. Da sahen wir die Wagen einzeln hintereinander fahren. Voran ritten die fünf Roten, der Weiße folgte einsam hinter dem Zug. Winnetou wollte die Gefangennahme der fünf Yumas besorgen, wozu er zehn Mimbrenjos mit sich nahm. Er jagte, während wir im Schritt folgten, mit seinen Leuten den Wagen nach, daran rechts und links vorüber, und hielt dann, die Roten umzingelnd, bei ihnen an. Wir beobachteten, daß sie sich zur Wehr setzten, freilich mit unzulänglichen Waffen, denn was waren ihre Tomahawks und Lanzen gegen die Gewehre unsrer Mimbrenjos und gar gegen die Silberbüchse Winnetous! Es fielen Schüsse. Der Zug hielt. Die Knechte brüllten vor Ärger oder Angst, und der Weiße wandte sein Pferd, um auszureißen. Da bemerkte er uns, die wir ihm den Rückweg verlegten, schlug auf sein Tier ein und galoppierte links davon.

Auf ihn war es nicht abgesehen. Er durfte aber um unsertwillen nicht fort und mußte auch zu seinem eignen Besten angehalten werden. Was sollte aus ihm, dem einzelnen Menschen, hier in den Bergen werden? Mein Pferd war das schnellste, und so jagte ich ihm nach. Er blickte zurück, bemerkte mein Vorhaben und trieb sein Tier zu noch größrer Schnelligkeit an. Ich holte ihn bald ein, drängte mein Pferd an das seine, riß ihm die Zügel aus der Hand und hielt dann beide Tiere an.

„Wohin wollen Sie denn, Señor? Es gibt doch keinen Grund zu solcher Eile!"

Er war ein noch junger, hagerer Mensch, dem man den Geschäftssinn von der Nasenspitze lesen konnte. Obwohl er bis an die Zähne in Waffen steckte, dachte er doch nicht an Gegenwehr, sondern streckte mir beide Hände flehend entgegen.

„Nicht morden, Señor! Ich habe Ihnen nichts getan und wehre mich auch nicht. Also schonen Sie mein Leben!"

„Haben Sie keine Angst, Señor! Es ist nur auf Ihre fünf Yumaindianer abgesehen."

„Nicht auf mich?" fragte er, indem er tief aufatmete und sich den Angstschweiß von der Stirn strich.

„Nein, lieber Jüngling, nicht auf Sie. Es wird Ihnen nicht ein einziges Haar gekrümmt werden. Kehren Sie also getrost mit mir zu Ihren Wagen zurück!"

Er betrachtete mich mit zweifelndem Blick.

„Wer sind Sie denn?"

„Ein ehrlicher Mensch. Soviel will ich Ihnen einstweilen versichern. Ihre Yumas aber waren Schurken, die wir festnehmen mußten. Also kommen Sie!"

„Gut, ich will Ihnen trauen und mit Ihnen umkehren, da ich annehme, daß — mein Himmel! Was erblicke ich! Dort liegen alle fünf im Gras: ermordet!"

Es war leider so, wie er sagte, die Roten waren tot. Ich hätte sie geschont, die Mimbrenjos aber hatten rasch aufgeräumt.

„Sie sind erschossen worden, weil sie sich zur Wehr gesetzt haben", erklärte ich ihm. „Hätten sie das unterlassen, so wäre kein Blut geflossen."

„So bitte ich Sie dringend, Señor, festzustellen, daß ich mich nicht gewehrt habe!" — „Das will ich Ihnen gern bezeugen. Wie heißen Sie denn eigentlich?"

„Nennen Sie mich Don Endimio de Saledo y Coralba!"

„Ich werde Sie der Kürze wegen einstweilen nur mit Don Endimio anreden und bitte Sie, mir auch noch mitzuteilen, was Sie sind."

„Ich bin Kaufmann."

„So! Und was stellen Sie hier bei diesem Wagen vor? Den Oberkutscher?"

„Ganz und gar nicht, Señor! Wie können Sie einen Don Endimio de Saledo y Coralba mit der Bezeichnung Kutscher in Verbindung bringen? Ich bin der Bevollmächtigte Don Manfredos, des Kaufmanns, der die Waren liefern muß, die sich in diesem Wagen befinden."

„Schön! Ich ersuche Sie nun nochmals, mit mir zu den Wagen zurückzukehren."

„Gern — aber da sehe ich, daß einige von den Indianern, die sich bei Ihnen befinden, gebunden sind. Das muß meinen Verdacht von neuem erwecken."

„Die freien Reiter sind Mimbrenjos, und die gefesselten sind Yumas."

„Soll ich etwa auch gefangengenommen werden?"

„Nein. Sie brauchen, wie ich Ihnen schon versicherte, keine Angst zu haben."

Wir ritten also zu den Wagen zurück, wo man auf uns gewartet hatte. Es war nicht nötig gewesen, sie zu umzingeln, da wir nicht zu befürchten brauchten, daß die fünf Knechte davonlaufen würden. Diese waren übrigens mutiger als der feine Endimio. Sie standen beisammen, mit den Gewehren in den Händen. Sie waren bereit, sich zu wehren, falls wir ihnen Veranlassung dazu geben würden.

„Lassen Sie Ihre Flinten in Ruh, Señores!" rief ich ihnen zu. „Und kommen Sie zu mir, um zu hören, daß wir uns als Ihre Freunde betrachten."

Der Player hatte angenommen, daß die Leute die Besitzer der Wagen seien, es stellte sich jedoch heraus, daß sie nur Knechte waren und die Fuhrwerke dem Kaufmann gehörten. Sie waren echte Peone, kräftige, halbwilde Männer, denen aber die Gutmütigkeit aus den Augen schaute. Ich erklärte ihnen so kurz wie möglich, worum es sich handelte, und hatte dabei Gelegenheit, einigemal den Namen Winnetous zu nennen, worauf sie ihre Augen auf den Apatschen richteten. Als ich geendet hatte, sagte der älteste:

„Es bedarf keiner weitern Aufklärung, Señor. Wenn Winnetou dabei ist, so sind Ihre Absichten ehrlich, denn der Häuptling der Apatschen gibt sich zu nichts Schlechtem her. Meine alte Seele ist erfreut, diesen großen Häuptling endlich erblicken zu dürfen, und es fehlt nur noch, daß auch Old Shatterhand da wäre, der sich sonst meist bei Winnetou befindet."

„Hier auf meinem Pferd sitzt er."

„Sie, also Sie wären Old Shatterhand? Ich bin glücklich,

einen so berühmten Mann zu sehen. Señor, wir glauben jedem Wort, das Sie gesagt haben, und bitten Sie um Ihren Rat, was wir tun sollen."

„Der soll Ihnen gern werden. Vorher aber erklären Sie mir, wie es kommt, daß Sie mir so schmeichelhafte Worte widmen. Daß Winnetou hier in dieser Gegend bekannt ist, habe ich gewußt. Ich selber war aber noch niemals hier."

„Ist auch nicht nötig, denn ich war drüben, jenseits der Grenze, in den Vereinigten Staaten. Bin mehrere Jahre in Texas gewesen und sogar hinauf bis Kansas gekommen. Da dürfen Sie sich nicht drüber wundern, daß ich Sie kenne, Señor."

„Was waren Sie da drüben?"

„Alles mögliche, habe es aber zu nichts gebracht und bin ein so armer Teufel geblieben, daß ich jetzt in meinen alten Tagen den Fuhrknecht spielen muß. Weil ich aber von drüben her das Abenteuerliche gewöhnt bin, habe ich wenigstens eine Stelle angenommen, in der man zuweilen eine gefährliche Fuhre ausführen muß, und meine vier Kameraden sind gleicher Gesinnung mit mir. Wir haben uns auf die Fahrt in die Berge gefreut. Und richtig, es scheint von jetzt an Erlebnisse zu geben."

„Sie hatten allerdings Grund zu dieser Erwartung, da Ihr Herr Ihnen einen so heldenhaften Vertreter mitgegeben hat."

Ich winkte bei diesen Worten zu Endimio hin, der sich scheu in einiger Entfernung hielt.

„Oh", lachte der Alte, „der reißt aus, wenn er eine Fliege summen hört! Doch nun vor allen Dingen zu unsrer Sache! Unser Frachtgut ist bestellt und halb bezahlt. Wir müssen es in Almaden abliefern und die andre Hälfte des Geldes dort in Empfang nehmen. Sie aber sind dagegen, Señor. Was sollen wir tun?"

„Ich bin nicht dagegen, wünsche jedoch, daß Sie es dem Käufer nur in meiner Gegenwart abliefern."

„Das soll ein Wort sein! Ich bin einverstanden."

„Auch möchte ich wissen, worin das Frachtgut besteht. Es ist wahrscheinlich, daß ich einiges davon für mich nehmen werde."

„Tun Sie das immerhin! Dann aber wird Melton nicht zahlen wollen."

„Er wird zahlen, dafür hafte ich."

„Dann nehmen Sie meinetwegen alles mitsamt den Wagen und Maultieren! Wenn Old Shatterhand gutsagt, sind wir sicher."

„Ich bin Ihnen für dieses Vertrauen dankbar, muß Ihnen aber erklären, daß ich kein reicher Mann bin und besonders jetzt nicht viel Geld bei mir habe."

„Tut nichts! Die Fracht steht trotzdem zu Ihrer Verfügung, und was Sie bestimmen, wird damit geschehen."

„Halt!" rief da der Haciendero. Ich erhebe Einspruch dagegen, daß sich jemand an der Fracht vergreift."

„Wer sind Sie denn?" fragte der alte Peon, indem er ihn verwundert anblickte.

„Ich bin doch Don Timoteo Pruchillo, Besitzer der Hacienda del Arroyo."

„Die haben Sie aber verkauft, wie uns soeben erzählt wurde."

„Das Ganze ist ein Verbrechen, das an mir begangen worden ist. Ich will Schadenersatz haben und lege Beschlag auf diese Wagen und auf alles, was sie enthalten."

„Das geht nicht an, weil, wie Sie gehört haben, Señor Shatterhand über diese Sachen bestimmen wird."

„Er hat nicht das geringste Recht zu solcher Bestimmung."

„Und Sie besitzen noch weniger Recht, Ihre Hand an unsre Fracht zu legen. Melton hat sie bestellt, und wir haben sie ihm zu bringen. Wie Sie persönlich mit ihm stehen, muß mir gleichgültig sein. Fechten Sie das mit ihm aus!"

Da schob sich der wackere *Jurisconsulto* herbei, pflanzte sich großspurig dem alten Peon gegenüber auf und fragte im Amtston:

„Wie heißen Sie?"

„Man nennt mich den alten Pedrillo."

„Kennen Sie mich?"

„Ja."

„So wissen Sie, daß Sie mir gehorchen müssen!"

„Ich muß Ihnen nicht einmal in Ures gehorchen, denn ich bin keiner Person, sondern nur dem Gesetz untertan. Hier oben aber gelten Sie soviel wie nichts."

„Pedrillo, zwing mich nicht, dich zu bestrafen!"

„Und zwingen Sie mich nicht, Sie auszulachen! Man kennt Sie. Hier gibt's nur zwei, denen wir gehorchen werden, nämlich Old Shatterhand und Winnetou. Was andre Mäuse pfeifen, mag zwar ihnen selber gefallen, uns aber nicht."

„Alter", fuhr ihn der Beamte an, „vergiß nicht, wer du bist! Hier aber steht der Bevollmächtigte deines Herrn, der wohl wissen wird, auf wessen Seite die Macht und das Recht zu suchen ist."

Riego deutete bei diesen Worten auf Endimio. Als dieser aller Augen auf sich gerichtet sah, geriet er in Verlegenheit und meinte:

„Ich bin der Beauftragte Don Manfredos, das ist wahr, aber ich habe Pedrillo mit der Ausführung meiner Aufträge betraut —"

Endimio wurde durch einen lauten Ausruf des Players unterbrochen, der auf die Stelle deutete, wo das Tal wieder enger wurde. Dort war ein Weißer sichtbar, der einen Augenblick anhielt und sich, als er die Wagen sah, umdrehte, um hinter sich zu winken. Dann kam er auf uns zugeritten.

„Weller, dort kommt Sandy Weller!" hatte der Player gerufen.

„Weller? Der Betrüger? Der Schurke?" fragte Pruchillo. „Den muß ich haben!"

Er rannte dem Nahenden entgegen, in dem ich den jungen Weller erkannte. Diese Übereilung konnte üble Folgen haben. Doch hoffte ich, daß der Haciendero nicht gleich meinen Namen nennen würde, und trat, damit ich von Weller nicht zu früh bemerkt wurde, hinter einen Wagen.

Die beiden trafen in einer Entfernung von ungefähr hundert Schritt von uns zusammen, und wir hörten die Worte, die zwischen ihnen gewechselt wurden. Pruchillo schrie den jungen Weller wütend an:

„Recht so, daß Sie kommen, Sie Räuber und Mörder! Ich verlange meine Hacienda zurück, und zwar genau so, wie sie dastand, ehe sie niedergebrannt wurde!"

„Sie hier, Don Timoteo?" fragte Sandy erstaunt, ohne zunächst die Schimpfworte zu beachten. „Ich denke, Sie befinden sich in Ures! Was wollen Sie auf dem Weg nach Almaden?"

„Was ich will? Den Raub will ich zurück, den ihr mir abgenommen habt."

„Ich verstehe Sie nicht! Wie können Sie gegen mich, Ihren Freund, solche Worte führen?"

„Schweig, Schurke, und wage es ja nicht wieder, dich meinen Freund zu nennen! Ich bin ausgezogen, mich an dir zu rächen. Schau hin. Dort stehen sie alle, die mit mir gekommen sind! Siehst du den *Alcalde distrito* von Ures?"

Der Gefragte blickte kopfschüttelnd zu den Wagen.

„Den kenne ich nicht." — „Auch seine Polizisten nicht?"

„Nein. Was soll hier die Polizei?"

„Euch ergreifen, so wie wir schon eure Mitschuldigen festgenommen haben."

„Mitschuldigen? Wer ist das?"

„Die Yumas. Stell dich doch nicht so, als sähst du nicht, daß sie gebunden sind!"

„Wahrhaftig, sie sind gefesselt! Sogar der Schnelle Fisch! Wer sind denn die andern Roten?"

„Das sind Mimbrenjos, die mit uns gegen euch gezogen sind. Und dort hinter dem letzten Wagen steckt Winnetou, der Häuptling der Apatschen!"

„Der Schwätzer wird alles verderben!" raunte mir Winnetou unwillig zu. „Scharlih mag schnell auf Hatatitla springen!"

„Winnetou ist hier?" fragte Weller. „Ist's möglich! Ich sehe ihn nicht."

„Oh, nicht bloß er, sondern noch einer, über den du erschrecken wirst. Da ist auch Old Shatterhand, der euern Yumas entronnen ist."

„Old Shatterhand? Verdammt! Gut, daß du mir das sagst, Dummkopf!"

Wir hörten zunächst einen Schrei und dann den Galopp eines Pferdes und traten hinter dem Wagen hervor. Dort lag der Haciendero am Boden, niedergeschlagen von Weller, der den Weg zurückjagte, den er gekommen war. Ich sprang zu meinem Rappen, schwang mich auf und setzte ihm nach. Winnetou folgte mir. Wir hörten den Flüchtling schreien:

„Old Shatterhand, Winnetou und die Mimbrenjos!"

Warum tat er das? Etwa aus Schreck und Entsetzen? Er war doch während seines Wortwechsels mit dem Haciendero nicht so schreckhaft gewesen. Er schrie die Namen noch, als er in der Enge verschwand.

Wir kamen ihm rasch näher. Es ging talaufwärts, rechts und links war Wald. Sandy Weller blickte sich um und sah uns höchstens dreihundert Schritt hinter sich. Da erkannte er, daß er verloren sei, wenn er die Flucht auf diese Weise fortsetzte, hielt sein Pferd an, sprang ab und eilte links in den Wald. Sofort schwang ich mich auch aus dem Sattel und sah dabei, daß der Apatsche ebenfalls heruntersprang.

„Winnetou, ihm nach!" rief ich dem Freund zu und rannte dann unter die Bäume und die Steigung empor.

Das geschah mit guter Berechnung. Wenn wir beide dem Fliehenden nachliefen, konnten wir beim Geräusch unsrer Schritte den Schall der seinigen nicht hören. Es war geraten, ihm zuvorzukommen und dann zu lauschen. Das wollte ich tun, während Winnetou ihn getrieben brachte.

Wir befanden uns unten an der linken Talwand, die dicht mit Bäumen besetzt war und steil zur Höhe stieg. Ich vermutete, daß Weller zunächst in grader Richtung emporklettern würde, und nahm mir als Marke eine starke Buche, die, wenn er diese Richtung einhielt, an seinem Weg lag. Ich war weit hinter Sandy gewesen und hatte also zur Buche einen viel längern Weg zurückgelegt als er.

Diesen Unterschied mußte ich durch doppelte Schnelligkeit auszugleichen suchen. Als ich die Buche erreichte, war ich atemlos, und es schwindelte mir. Ich warf mich hinter dem Stamm auf den Boden nieder und versuchte zu lauschen. Zunächst summte mir das aufgeregte Blut in den Ohren, doch der feste Wille vermag selbst so etwas zu unterdrücken. Dann vernahm ich zweierlei Schritte: — die eines Menschen, der sich leise und vorsichtig der Buche näherte, und dann die einer andern Person, die laut und rasch durch die Bäume und Sträucher drang. Der erste war Weller und der zweite Winnetou. Ich war dem Flüchtling also doch zuvorgekommen.

Sandy nahte, schon sah ich ihn! Er ahnte nicht, daß einer der beiden, die er hinter sich glaubte, vor ihm war. Nun wollte er rechts von der Buche vorüber. In dem Augenblick, da er mir am nächsten war, sprang ich auf, schnellte mich hin zu ihm, faßte ihn bei den Haaren, denn der Hut war ihm von den Zweigen herabgeschlagen worden, und riß ihn nieder. Er stieß einen überlauten Schrei aus.

„Hat ihn mein Bruder fest?" rief mir Winnetou zu, als er den Schrei hörte.

„Ja", antwortete ich, indem ich Sandy Weller das Knie auf die Brust setzte, daß ihm der Atem auszugehen drohte.

Winnetou kam. Als er den Gefangenen sah, nickte er.

„Es war ein guter Gedanke meines Bruders, ihm vorauszuspringen."

Weller hatte sein Gewehr in der Hand getragen. Es war ihm, als ich ihn faßte, entfallen. Winnetou hob es auf. Ich zog den Halunken in die Höhe und stellte ihn auf die Beine.

„Vorwärts jetzt! Und wenn du nicht gehorchst, werden wir uns Gehorsam zu verschaffen wissen!"

Selbst wenn ich im Besitz eines Riemens gewesen wäre, hätte ich ihn nicht gebunden. Der Mensch wäre eine solche Vorsichtsmaßregel nicht wert gewesen. Ich nahm ihn beim Kragen und schob ihn vor mir her. Als wir unten ankamen, standen unsre Rappen noch genau da, wo wir abgestiegen waren, Iltschi hinter Hatatitla. Wellers Pferd war weitergelaufen und wurde von einigen Mimbrenjos, die uns nachgeritten waren, herbeigeholt. Die Freude des Haciendero war, als wir den Gefangenen brachten, groß und machte sich in lautem Jubel Luft:

„Sie haben ihn! Das ist herrlich! Nun soll er den Schlag, den er mir mit dem Gewehr gegeben hat, sogleich wiedererhalten!"

Pruchillo wollte Weller einen Hieb versetzen. Ich stieß den Mexikaner aber zurück.

„Lassen Sie das, Don Timoteo! Sie haben eine Dummheit begangen, als Sie ihm entgegengingen. Dadurch wurde er auf uns aufmerksam und wäre uns beinah entflohen. Das richtige war, still zu sein und ihn ganz heranzulassen."

„Sie scheinen ein Vergnügen daran zu finden, andre Leute immer nur zu tadeln! Sie sind ein —"

Er wollte wahrscheinlich grob werden, ich unterbrach ihn aber scharf:

„Schweigen Sie auf der Stelle, sonst —“

Ich hatte im Ärger wirklich den Arm erhoben. Da fuhr er erschrocken zurück und verschwand hinter einem Wagen, wo sich der liebe Don Antonio zu ihm gesellte und sie sich dann wahrscheinlich gegenseitig ihre Not klagten. Verkannte Größen haben ja immer zu jammern.

Winnetou hatte den Gefangenen indessen an eine Deichsel binden lassen. Die Mimbrenjos umringten ihn und schimpften auf ihn ein. Ich trieb sie zurück, denn was ich mit Weller sprechen wollte, brauchten sie nicht zu hören. Nur Winnetou blieb da, um meinem Versuch, dem Gefangenen etwas zu entlocken, beizuwohnen.

Sandy Weller zeigte ein finstres, verschlossenes Gesicht und hielt die Augen zu Boden gesenkt. Ich erwartete keineswegs, daß er mir ein umfassendes Geständnis ablegen würde, glaubte aber, doch wenigstens etliche Äußerungen aus ihm herausholen zu können, woraus ich meine Schlüsse ziehen wollte.

„Sie sind erst seit wenigen Minuten bei uns, Señor Weller“, sagte ich, „und haben also noch nicht Zeit gefunden, über Ihre Lage nachzudenken. Ich will Ihnen lieber gleich erklären, daß diese sehr gefährlich ist. Es handelt sich um Tod oder Leben. Die Entscheidung wird sich nach Ihrem Verhalten richten. Sagen Sie mir, warum Sie so unvorsichtig gewesen sind, Almaden alto zu verlassen und uns in die Hände zu reiten!“

Es dauerte eine ganze Weile, bevor Weller antwortete. Er überlegte, und als er endlich mit sich ins reine gekommen war, erwiderte er:

„Ich erhielt den Befehl dazu von Señor Melton.“

„So muß Ihr Ritt einen Zweck gehabt haben.“

„Einen doppelten sogar! Wir warteten auf die Wagen. Sie erschienen nicht, und so mußte man sehen. welche Ursache die Verzögerung haben könnte.“

„Das war der eine Zweck. Und der andre?“

Er öffnete schon die Lippen zur Antwort, schloß sie aber wieder. Wahrscheinlich hatte er vorhin mehr gesagt, als er jetzt gutheißen konnte. Endlich knurrte er:

„Das ist etwas, was Sie nichts angeht.“

„Oh, ich gestehe Ihnen, daß für mich alles, was Sie betrifft, von Bedeutung ist. Wie geht es in Almaden? Sind die Arbeiter schon unter die Erde gebracht?“

„Ja“, entfuhr es ihm wohl wider Willen.

„Arbeiten sie schon?“

„Nein.“

„Ich begreife: sie müssen erst gezähmt und an die quecksilberhaltige Schachtluft gewöhnt werden. Hunger und Durst tun weh. Diese beiden Mittel werden sie schon willig machen."

Da er schwieg und mir nicht widersprach, so durfte ich annehmen, das Richtige getroffen zu haben, und fuhr fort:

„Wie gefällt Ihnen Ihre Wohnung da oben? Sie liegt ungemein versteckt, und da ich beabsichtige, Sie dorthin zurückzubringen, liegt es in Ihrem Vorteil, mir Ihr Heim und seine Lage zu beschreiben."

Jetzt zögerte er nicht wieder, sondern entgegnete:

„Kann mir nicht einfallen."

„Das werden wir sehen. Sind Sie allein von Almaden fortgegangen?"

„Ja."

„Ich erinnere mich aber, beobachtet zu haben, daß Sie einen Wink nach rückwärts gaben?"

„Das kann nur Täuschung gewesen sein. Vielleicht habe ich irgendein Geräusch gehört und deshalb zurückgeblickt."

„Mag sein. Aber warum schrien Sie so laut während Ihrer Flucht?"

„Vor — Angst."

„Ein solches Geständnis fällt Ihnen wohl sehr schwer, und Sie machen es auch nur, um die Wahrheit zu verbergen. Sollte jemand dagewesen sein, für dessen Ohren Ihre Rufe bestimmt waren? Es würde mich sehr wundern, wenn Sie den Ritt ganz allein unternommen hätten. Sie wohnen doch bei Señor Melton mit Ihrem Vater?"

„Tun Sie doch keine überflüssigen Fragen! Es kann mir nicht einfallen, meinen Vater zu verraten."

„Ganz wie Sie denken! Ich werde Sie nicht länger belästigen und die Wohnung ihres Vaters auch ohne Ihr Zutun finden."

Der Umstand, daß er einen Wink nach hinten gegeben und später unsre Namen so laut gerufen hatte, erregte weiter mein Bedenken. Die Mimbrenjos, die sein Pferd geholt hatten, mußten seine Spur gefunden haben. Doch als ich mich bei ihnen erkundigte, erklärten sie, es sei eine einfache und keine Doppelfährte gewesen. Das beruhigte mich wenigstens einstweilen.

14. Gerechte Vergeltung

Ich hatte mehr zu tun, als mich ausschließlich mit dieser Angelegenheit zu beschäftigen. Es gab soviel Fragen in Beziehung auf die Wagen und ihren Inhalt. Ich sollte alles wissen und alles entscheiden und hielt es für das beste, jetzt noch keine

Bestimmung zu treffen. Wir gesellten uns zum Wagenzug und konnten uns später nach den Umständen richten. So viel aber stand schon jetzt fest, daß ich in den fünf Wagenführern eine zuverlässige Unterstützung gefunden hatte.

Vom Augenblick unsres Aufbruchs an war Wellers Fährte meine Wegweiserin. Ich ritt voran, um sie zu lesen, was vorerst nicht möglich war, da wir sie bei der Verfolgung verwischt hatten. Als wir aber über die Stelle, wo sein Pferd stehengeblieben war, hinausgelangten, war sie vollkommen deutlich. Da erblickte ich denn zu meiner Überraschung eine dreifache Spur. Zwei Reiter waren uns entgegengekommen, und einer war zurückgeritten. Ich machte Winnetou darauf aufmerksam, und er war gleicher Ansicht: Weller hatte einen Begleiter gehabt. Er war ihm aus irgendeinem Grund eine kurze Strecke vorausgeeilt, hatte uns erblickt und war auf uns zugekommen. Dem Begleiter hatte er einen Wink gegeben, daß er die Wagen sehe. Später hatte er ihn durch seine Rufe zur schleunigen Flucht angetrieben.

Als wir unsre Ansicht äußerten, stellte es sich heraus, daß, während unser aller Aufmerksamkeit auf Weller und den Haciendero gerichtet gewesen war, einer der Polizisten einen zweiten Reiter, auch einen Weißen, gesehen hatte, der auch an dieser Stelle erschienen, dann aber schnell wieder verschwunden war. Daß der Polizist und Schlaukopf uns diese Mitteilung erst jetzt machte, konnte ihm kaum verziehen werden, denn der andre Reiter war entweder Wellers Vater oder gar Melton selber gewesen. Ihn zu verfolgen, hielt ich nicht für ratsam. Das hätte durch mich und Winnetou geschehen müssen, und wenn wir uns entfernten, konnte unsre sonderbar zusammengewürfelte Gesellschaft auseinanderfliegen. Wir waren gezwungen, bei den Wagen zu bleiben, und mußten darum langsam reiten. Der Mann kam uns also weit voraus und brachte gewiß durch die Nachricht von unserm Nahen Almaden in Aufruhr. Es war uns somit nicht mehr möglich, unsre Gegner zu überraschen. Ja, ich begann im Gegenteil schon mit dem Umstand zu rechnen, daß sie unsre Ankunft nicht abwarten, sondern uns entgegenziehen und sich in den Hinterhalt legen würden, um uns an einem passenden Ort zu überfallen und aufzureiben.

Wir nahmen unsern Weg wieder unter die Pferdehufe. Aus guten Gründen gesellte ich mich zu Winnetou. Es war nämlich möglich, daß der Reiter seine Flucht nicht gleich fortgesetzt hatte, sondern uns beobachtete. In diesem Fall steckte er mit seinem Pferd im Wald, und es galt demnach, seine Spur aufs schärfste im Auge zu behalten. Es zeigte sich aber, daß er weitergeritten war. Hinter uns beiden ritt der Yumatöter mit seinem

Bruder, die beide den Player zwischen sich hatten. Ihn mußte ich in meiner Nähe haben, da er unser eigentlicher Führer war. Weller steckte zwischen den Mimbrenjos.

Unser Weg stieg bergan. Wir hatten zunächst zu beiden Seiten Wald, dann nur noch zur linken Hand, bis er auch hier zu Ende ging. Nun begann eine grasige Ebene, in der die Spuren so deutlich wie die Worte in einem großgedruckten Abc-Buch zu lesen waren. Es blieb wie bisher: zwei Reiter waren uns entgegengekommen, und einer von ihnen eilte jetzt vor uns zurück. Er war durch den Wald im schärfsten Schritt geritten. Auf der Ebene hatte er sein Pferd in Galopp gesetzt. Vorher aber war er abgestiegen. Wozu? Um das zu erfahren, stiegen auch wir beide ab, Winnetou und ich, und untersuchten die Stelle. Die Spitzen seiner Füße waren gegen die Seiten des Pferds gerichtet und abwechselnd mit den Fersen bald mehr, bald weniger in den Boden eingedrückt. Ich warf Winnetou einen fragenden Blick zu, und er nickte zustimmend, denn er ahnte, daß ich gleicher Meinung mit ihm war: der Reiter hatte hier nämlich den Sattelgurt fester geschnallt, um bei der Eile, in der er nun war, sicheres Reiten zu haben. Nach diesem Nicken deutete der Apatsche zur Seite, wo das Gras so niedergedrückt war, als ob da zwei lange, oben dünne und unten breite Gegenstände gelegen hätten.

„Uff!" sagte er dabei. „Wundert sich Scharlih nicht auch darüber?"

„Allerdings. Der Mann hat zwei Gewehre gehabt, die er, als er den Gurt festerschnallen wollte, weglegte, um die Hände freizuhaben."

„Ich kenne nur einen, der stets zwei Gewehre bei sich trägt, und der bist du. Bei diesem Mann ist es nur so zu erklären: Das eine Gewehr ist sein Eigentum, das andre hat ihm nicht gehört."

„Wahrscheinlich nicht. Wozu soll er zwei Gewehre von Almaden mitschleppen? Er ist also unterwegs zu dem zweiten gekommen. Er hat es irgend jemand weggenommen. Wer dieser jemand ist, werden wir wohl bald erfahren. Reiten wir weiter!"

Wir setzten unsern Weg fort. Bald darauf teilte sich die Fährte, der wir folgten. Die Doppelspur, die uns entgegenkam, ging nordwärts ab, während die des einzelnen Reiters, der vor uns floh, die bisherige östliche Richtung beibehielt. Wir hielten wieder an.

„Welche Richtung ist die richtige nach Almaden?" fragte ich den Player.

„Die nach Osten", antwortete er.

„Aber Ihr seht, daß der junge Weller mit seinem Begleiter hier aus Norden gekommen ist."

„Sie sind vom graden Weg abgewichen. Sie müssen irgendeine Ursache gehabt haben, einen Umweg zu machen."

„Ich ahne, daß die Ursache mit der zweiten Flinte zusammenhängt, und werde danach forschen. Reitet weiter! Ich will der Doppelspur nordwärts folgen, und mein junger Bruder Yuma-Shetar mag mich begleiten."

Wir jagten im Galopp über das Gras dahin, um so schnell wie möglich Klarheit zu gewinnen. Schon nach zehn Minuten sah ich, daß die Aufklärung uns nahe war. Um den Scharfsinn des Mimbrenjo auf die Probe zu stellen, sagte ich:

„Wir werden bald umkehren können. Weiß mein junger Bruder, woraus ich das erkenne?"

Er betrachtete die Spur, der wir folgten, schärfer und entgegnete dann:

„Ich erkenne nichts andres, als was ich bisher gesehen habe."

„Mein junger Bruder muß nicht zur Erde, sondern gegen den Himmel schauen!"

Dabei deutete ich auf sechs bis acht Punkte, die weit vor uns in der Luft zu erblicken waren. Sie schwebten bald auf und nieder, bald zogen sie Kreise.

„Uff, das sind Geier!" rief er aus. „Sie halten sich dauernd über einer bestimmten Stelle, sie haben also ein Aas unter sich liegen."

„Nein, kein Aas. Auf ein Aas stoßen die Geier sofort nieder. Diese Tiere aber bleiben oben schweben, folglich lebt das Wesen noch, das sie als Beute erspäht haben."

Als wir näher kamen, sahen wir an der erwähnten Stelle noch andre Geier, diese Gesundheitspolizisten der Natur. Sie bildeten, am Boden sitzend, einen Kreis, in dessen Mitte ein menschlicher Körper lag.

„Ein Ermordeter!" rief der Mimbrenjo.

„Keine Leiche! Wäre er tot, so hätten sich die Geier längst über ihn hergemacht. Er muß sich vor kurzem noch bewegt haben."

Die Vögel flogen, noch ehe wir die Stelle erreichten, auf. Bei dem Verunglückten sprangen wir ab.

„Barmherziger Himmel!" rief ich, als ich den ersten Blick auf ihn geworfen hatte. „Es ist einer von denen, die wir retten wollen." Und schon kniete ich nieder, um den Bedauernswerten zu untersuchen.

Es war der Herkules. Und wie sah er aus! Sein Anzug war zerfetzt. Er hatte einen Hieb auf den Kopf bekommen. Sein Schädel war angeschwollen bis weit in die Stirn herein und blutigrot. Ob der Knochen zerschmettert war, konnte ich nicht feststellen. Sonst bemerkte ich glücklicherweise keine Wunde.

Als ich den Kopf zu untersuchen begann, verursachten ihm meine Berührungen Schmerzen, denn er brüllte laut und bäumte den Oberkörper auf. Sobald ich die Hände von der Wunde ließ, fiel er wieder zurück und war still.

„Wir müssen zurück“, sagte ich. „Hier ist nichts zu machen. Wir haben vor allen Dingen Wasser nötig.“

„Aber, wenn er unterwegs stirbt?“

„So dient es zu unsrer Beruhigung, daß er hier auch gestorben wäre. Ich nehme ihn zu mir aufs Pferd.“

„Diesen großen, schweren Mann?“

„Es muß gehen, denn anders ist er nicht fortzuschaffen.“

Den Herkules zu mir quer über den Sattel zu bringen, verursachte uns eine große Anstrengung. Er brüllte dabei vor Schmerz, kam aber nicht zum Bewußtsein. Endlich hatte ich ihn oben, und dann ging's zurück, doch nicht auf dem Weg, den wir gekommen waren. Das wäre nur ein Umweg gewesen, da sich unser Zug inzwischen nach Osten fortbewegt hatte. Wir waren vorher nach Norden geritten, mußten also in der Richtung nach Südosten zurückkehren.

Mein Hatatitla hatte eine schwere Last zu tragen, war aber stark genug. Ich mußte galoppieren, weil diese Gangart die stetigste ist und den Verwundeten am wenigsten angriff. Er war still und lag wie tot quer vor mir. Als wir unsern Zug erreichten, gingen nicht nur die Kräfte meines Pferdes, sondern auch die meinigen fast zu Ende.

Die Last, die wir mitbrachten, erregte gewaltiges Aufsehen. Man rief und schrie durcheinander und drängte sich herbei, den Verletzten zu betrachten. Winnetou war, wie gewöhnlich, ruhig. Er wies die Neugierigen zurück, half die Last mir abnehmen und untersuchte dann den Schädel.

„Der Knochen ist nicht zerschmettert“, erklärte er dann. „Der Mann wird leben bleiben, wenn er das Fieber übersteht. Man gebe mir Wasser!“

Die Fuhrleute hatten aus Rücksicht für ihre Maultiere volle Fässer unter ihren Wagen hängen, so daß dem Verlangen Winnetous nachgekommen werden konnte. Der Häuptling besaß eine so zarte Hand, daß der Verwundete unter ihrer Berührung nicht erwachte. Nachdem er verbunden worden war, wurde ihm in einem Wagen ein Lager hergerichtet. Dann setzte sich der Zug wieder in Bewegung.

Wer erwartet hätte, daß mich Winnetou, als wir wieder nebeneinander ritten, nach dem Herkules fragen würde, der hätte sich geirrt. Er blickte sinnend vor sich nieder. Ich kannte das Gesicht, das er dabei machte. Er bemühte sich, ohne meine Hilfe auf die richtige Fährte zu kommen. Nach einer Weile hob er den Kopf. Der halbbefriedigte Blick, den er dabei zu mir herübergleiten ließ, sagte mir, daß er mit sich im reinen war. Deshalb fragte ich nun:

„Mein Bruder hat die Erklärung gefunden, die er von mir hätte erhalten können. Wer ist der Verwundete?"

„Er gehört zu den Bleichgesichtern, die Melton überlistet hat."

„Allerdings. Er ist der einzige, dem ich meinen Verdacht mitteilte."

„Er wird auch der einzige sein, der dem Schicksal der andern entgangen ist. Scharlih weiß, wer ihn verwundet hat?"

„Allerdings. Sandy Weller und sein unbekannter Begleiter sind es gewesen. Das zweite Gewehr war das seinige, das sie ihm abgenommen haben."

„So wird er, wenn er wieder zu sich kommt, uns sagen können, wer der andre gewesen ist."

„Wird das bald geschehen?"

„Das ist nicht leicht zu sagen. Das Bleichgesicht ist ein Riese und hat einen sehr harten Kopf. Jeder andre Schädel wäre von dem Hieb zerschmettert worden. Der Knochen ist heil, aber wer kann wissen, in welchem Zustand sich das Gehirn darunter befindet? Es wäre mir lieb, wenn er zur Besinnung käme und sprechen könnte, denn er ist in Almaden gewesen und würde uns sagen, was dort vorgegangen ist."

„Meine Warnung hat ihn doch vorsichtig gemacht, sonst wäre ihm das gleiche Schicksal wie den andern geworden. Er ist entronnen, und Weller und der andre haben ihn verfolgt."

„So ist es. Aber es kommt noch eins dazu. Meint mein Bruder, daß die beiden Bleichgesichter nur diesen einen Grund gehabt haben, Almaden zu verlassen?"

„Nein. Hätten sie nur diesen Anlaß gehabt, so wären sie wieder umgekehrt, als sie meinten, den Flüchtling erschlagen zu haben; sie sind aber weitergeritten. Wahrscheinlich haben sie die Wagen mit großer Ungeduld erwartet und sind, da diese nicht zur rechten Zeit eintrafen, ihnen entgegengeritten."

„Das denke auch ich. Will Scharlih nicht wieder mit Weller reden? Es ist vielleicht gut zu hören, was er über den Verwundeten sagt."

Das war eine Aufforderung, der ich gern nachkam, denn ich war selbst begierig zu hören, ob Weller ein Geständnis machen würde. Ich wartete, bis wir den Zugtieren eine Rast gönnen mußten, was an einem fließenden Wasser geschah. Der Athlet war noch nicht zu sich gekommen. Während sich Winnetou mit ihm beschäftigte, ging ich zu Weller, der gebunden am Boden lag, und fragte:

„Ihr kennt doch den armen Teufel dort, dem man den Kopf so arg zugerichtet hat?“

„Gewiß kenne ich ihn“, fuhr er mich an. „Ihr wißt ja, daß ich auf dem Schiff die Ehre hatte, ihn und Euch zu bedienen.“

„Des wissen wir Euch keinen Dank, und es wäre für uns und für Euch besser gewesen, wenn Ihr Euch später nicht um uns gekümmert hättet. Nun wird der Herkules Eure Aufmerksamkeit vielleicht mit dem Leben bezahlen. Der Kolbenhieb, der meinem Landsmann das Leben rauben sollte, stammt von Euch.“

„Von mir? Welch ein Gedanke! Sir, Ihr wollt ein scharfsinniger Mann sein und laßt Eure Gedanken doch so in die Irre gehen. Wie kommt Ihr denn eigentlich darauf, daß ich es bin, der ihn hat erschlagen wollen?“

„Ihr oder der andre, der bei Euch war.“

„Die Behauptung höre ich, aber wo ist der Beweis? Wie nun, wenn er von einem andern überfallen worden und ich erst später an ihm vorübergeritten wäre?“

„Macht das einem Kind weis, aber nicht mir! Euer Vater hat ja sein Gewehr!“

Es stand bei mir fest, daß sein Begleiter entweder sein Vater oder Melton gewesen war, und ich glaubte, das erste für richtiger halten zu müssen. Er ließ sich dadurch, daß ich auf den Busch schlug, zu der unüberlegten Frage verleiten:

„So habt Ihr ihn also doch erkannt? Nun, meinetwegen! Ich habe nichts davon, wenn ich's leugne. Ja, es war mein Vater. Und wißt Ihr, warum ich Euch das sage? Ich gebe Euch den guten Rat, umzukehren und Euch nicht länger um Almaden zu kümmern. Euer Vorwitz wird Euch teuer zu stehen kommen.“

„Wollen es abwarten.“

„Ihr braucht gar nicht zu warten, ich sage es Euch schon jetzt. Ihr kennt die Verhältnisse nicht und wißt also nicht, was Euch in Almaden erwartet. Nur das eine will ich Euch sagen: Euer Leben hängt davon ab, wie Ihr mich behandelt. Man wird Euch zwingen, mich freizugeben, und dann werde ich bestimmen, was mit Euch geschehen soll.“

„Ihr meint, daß ich Euer Gefangener sein werde?“

„Ja, wenn Ihr nicht vorher erschossen werdet.“

„Nun, so heiß, wie Ihr denkt, wird es wohl nicht werden. Mit den dreihundert Yumas, die es in Almaden alto gibt, nehmen wir es gern auf.“

„Dreihundert —? Wie, Ihr wißt —?“

„Ja, wir wissen, was uns in Almaden erwartet, und was Ihr uns so klug verschweigen wollt. Ich sage Euch, nicht mein Leben schwebt in Gefahr, sondern das Eurige hängt an einem Faden. Ihr befindet Euch im Irrtum, wenn —“

Ich hielt mitten in der Rede inne, denn in diesem Augenblick erscholl von dem Wagen, worin sich der Herkules befand, ein gräßlicher Schrei. Ich eilte hin. Der Verwundete saß aufrecht unter dem aufgespannten Wagentuch, stierte mit blutunterlaufenen Augen heraus und schrie:

„Gib sie her! Judith, folge mir! Er betrügt dich doch!"

Der Athlet ballte die Fäuste und knirschte mit den Zähnen. Zwar war er erwacht, aber noch nicht bei Sinnen und fieberte von seiner Geliebten.

Ich ergriff seine Fäuste, hielt sie mit sanfter Gewalt fest und redete ihm gütlich zu. Seine Augen nahmen nach und nach einen andern Ausdruck an, und er klagte:

„Er betört sie! Sie denkt nicht an seine Schlechtigkeit, sondern an sein Geld."

Indem ich ihm weiter zuredete, beabsichtigte ich, ihn zu beruhigen. Aber die Wirkung war nicht die erwünschte.

„Wer spricht da?" fragte er zornig. „Ich kenne Sie! Sie wollen mir Vorwürfe machen. Sie haben mich gewarnt, und ich habe es nicht beachtet. Nun habe ich den Lohn. Melton hat mir Judith genommen, und Weller hat —"

Er stockte. Der letztgenannte Name erweckte eine neue Vorstellung in ihm.

„Weller!" schrie er dann. „Wo sind sie? Wo sind die beiden Weller? Der Alte hielt mich fest, und der Junge schlug mich nieder. Wo, wo sind sie, damit ich sie erwürgen kann?"

Das Bewußtsein war ihm mit einemmal zurückgekehrt. Er sah mich an. Da fiel sein Blick in die Richtung, wo Sandy Weller lag. Er erkannte ihn und stieg mit der Eile eines Wütenden aus dem Wagen. Ich wollte ihn halten, aber meine Kraft reichte nicht aus. Winnetou faßte ihn auch, doch vergeblich, denn im gegenwärtigen Zustand vervielfältigten sich seine Kräfte in einer Weise, daß er uns beide mit Leichtigkeit abschüttelte. Dabei brüllte er:

„Dort liegt der Mörder, der mich aus dem Schlaf weckte und niederschlug! Ich zermalme ihn!"

Er sprang auf Sandy zu, der vor Angst aufschrie, warf sich auf ihn nieder und krallte ihm die beiden Hände um den Hals. Wir wollten ihn wegreißen — vergebliches Beginnen! Bei seiner jetzigen Aufregung hätten auch die Kräfte von mehreren Männern kaum gereicht, ihn fortzuziehen. Er hielt den Hals seines Feindes wie mit Eisenklammern umfaßt und stieß dabei Laute aus, die nicht mit der Stimme eines Tiers und noch viel weniger mit der eines Menschen verglichen werden konnten. Wir zogen und zerrten an ihm, er achtete es nicht. Das Gesicht Wellers nahm eine dunkle Färbung an, er war am Ersticken. Da nahmen wir alle unsre Kräfte zusammen und rissen den Herkules auf, aber mit ihm auch Weller, dessen Hals er fest umklammert hielt. Wir versuchten seine Finger zu lösen, vergeblich, bis ich auf den Gedanken kam, ihn durch Schmerzen von Weller abzubringen. Ich gab ihm deshalb einen leisen Schlag auf den Kopf, und sogleich ließ er den andern los und griff mit beiden Händen an die Stelle, die ich berührt hatte. Er stand da, vor Schmerz heulend. Sein Geschrei ging in Wimmern über, dann knickte er langsam zusammen, streckte sich auf die Erde nieder, schloß die Augen und war still. Der übergroßen Aufregung war eine ebenso große Ermattung gefolgt. Als ich ihn so daliegen sah, fiel mir sein elendes Aussehen auf, das nicht allein von seiner Verwundung herrühren konnte.

Wir untersuchten nun den Gewürgten. Sandy Weller war tot. Wie schrecklich war mein Wort, das ich ihm in ganz andrer Voraussetzung gesagt hatte, in Erfüllung gegangen: „Nicht mein Leben schwebt in Gefahr, sondern das Eurige hängt an einem Faden."

Wir bedauerten, daß es so gekommen war, fühlten aber kein Mitleid mit dem Toten. Er wurde kurzweg in die Erde gescharrt, dann setzten wir unsre Fahrt fort, nachdem wir den Herkules wieder in den Wagen gebettet hatten.

Über den übrigen Teil der Reise kann ich kurz hinweggehen, indem ich bemerke, daß wir nach Aufhebung des letzten Postens in die Gegend gelangten, wo der Pflanzenwuchs endigte. Was ich für möglich gehalten hatte, war nicht eingetroffen, nämlich daß unsre Feinde uns entgegenziehen würden, um uns zu überfallen. Sie erwarteten uns in Almaden, denn sie meinten, weil wir mit der Örtlichkeit unbekannt waren, könnten sie dort uns leichter als anderswo den Garaus machen.

Der Player erwies sich als aufrichtig. Als wir auf seine Angabe hin den letzten Posten überwältigt hatten, wandte er sich zu Winnetou und mir:

„Jetzt rate ich euch, nicht weiterzureiten, weil ihr in Almaden zwar Wasser, aber kein Futter für die Pferde findet. Ihr müßt einen Ort aufsuchen, wo ihr sie zurücklassen könnt."

„Ist Euch auf dieser Seite ein solcher Platz bekannt?" fragte ich.

„Ja."

„Er muß aber so gelegen sein, daß man einen Angriff leicht abwehren kann!"

„Bei dem Ort, den ich meine, kann von einem Angriff keine Rede sein. Er liegt so versteckt mitten im Wald, daß es unmöglich ist, euch dort zu finden."

„Dann paßt er eben nicht für uns, oder meint Ihr etwa, daß

wir die Pferde und Maultiere hier zurücklassen müssen, die Wagen aber mitnehmen sollen? Wie wollen wir die schweren Wagen an eine Örtlichkeit bringen, die vom Wald rings umgeben ist?"

„Da habt Ihr freilich recht, Sir."

„Und wenn wir das wirklich zustand brächten, so müßten wir doch mit der Möglichkeit rechnen, daß unsre Spuren entdeckt würden. Wagenspuren sind lange sichtbar. Der Wald, der uns beschützen soll, würde auch den Angreifern Deckung bieten. Der Ort also, den Ihr für passend haltet, könnte uns im Gegenteil gefährlich werden."

„Wie soll der Platz denn beschaffen sein?"

„Er muß frei liegen, damit wir die Annäherung eines Feindes rechtzeitig bemerken können, und doch so viele Bäume haben, daß wir von weitem nicht sogleich erspäht werden."

„Also genug Wasser, reichlich Gras, Bäume oder Sträucher und dennoch rundum frei. So ein Ort ist nicht leicht zu finden. Und doch", fügte er nach einigem Sinnen hinzu, „weiß ich einen, aber er liegt seitwärts von hier."

„Das wäre uns nur lieb. Man erwartet uns in Almaden aus der graden Richtung. Da wird es nur von Vorteil für uns sein, wenn wir uns abseits davon befinden."

„Wir müssen bis dahin wenigstens noch drei Stunden fahren, so daß wir erst gegen Abend hinkommen."

„Auch das schadet nichts, da wir heut doch nichts mehr unternehmen können. Übrigens dürft Ihr nicht denken, daß wir gleich so mir nichts dir nichts in voller Gesellschaft zum Bergwerk gehen. Erst muß ein Kundschafter hin."

„Damit verschwendet Ihr viel Zeit!"

„Es ist besser, man verwendet eine gewisse Zeit auf Vorsichtsmaßregeln, als daß man in schädlicher Eile ins Verderben rennt. Übrigens werden wir keinen Dummkopf schicken. Ich denke, daß Winnetou den Kundschaftergang ausführen wird."

„Nein, nicht ich, sondern mein Bruder Shatterhand", fiel da der Apatsche ein. „Winnetou muß bei dem verwundeten Bleichgesicht bleiben, wenn es gerettet werden soll."

Er hatte die Heilung des Herkules übernommen und wollte seinen Kranken nicht verlassen. Das war eine Menschenfreundlichkeit und Pflichttreue, die mich veranlaßte, ihm zu Willen zu sein.

Wir hielten uns nun in nördlicher Richtung und kamen gegen Abend an ein Wäldchen, das auf allen Seiten von Prärie umgeben war. Es hatte zweitausend Schritt im Durchmesser, bot uns also Platz genug. Stellenweise standen die Bäume so weit auseinander, daß wir mit den Wagen dazwischen fahren konnten. Es war also möglich, sie zu verstecken. Wasser gab es auch. So fanden wir also alles nach Wunsch. Und dafür, daß man uns hier nicht so rasch aufspüren konnte, hatten wir nach Kräften gesorgt. In den letzten zwei Stunden hatten wir, hinter den Wagen hergehend, uns Mühe gegeben, ihre Spuren soviel wie möglich auszulöschen.

Bis wir uns in dem Wäldchen eingerichtet hatten, war es Nacht geworden. Feuer brannten wir nicht an. Die Wagen enthielten genug Lebensmittel, zu deren Zubereitung wir kein Feuer brauchten. Noch war ich beim Essen, da kam Winnetou, der sich beim Herkules befunden hatte, zu mir.

„Scharlih mag mich zu dem Kranken begleiten, der mit ihm sprechen will. Er weiß, was er sieht und hört und redet."

Der Verletzte lag neben dem Wagen, worin er fortgeschafft worden war, im weichen Gras. Man hatte ihm den Kopf auf gerollte Decken gebettet. Als ich mich zu ihm setzte, streckte er mir die Hand entgegen und sagte langsam und mit leiser Stimme:

„Ich hörte von dem Indianer, der mit mir sprach, daß ich Ihnen mein Leben zu verdanken habe. Geben Sie mir Ihre Hand! Wie freute ich mich, als ich vorhin erfuhr, daß Sie hier sind! Sie waren doch gefangen! Wie sind Sie freigekommen?"

Ich erzählte ihm, was vorgefallen war, und dehnte meinen Bericht bis auf die gegenwärtige Stunde aus. Er wußte nicht, was seit dem Augenblick, da Weller ihn niedergeschlagen hatte, mit ihm geschehen war, und sagte, als ich geendet hatte:

„Ist das, was Sie erzählen, wahr? Ich habe Sandy Weller erwürgt?"

„Ja. Sie schrien im Fieber, er habe Sie niedergeschlagen. War er es wirklich?"

„Jawohl. Und was ich in Sinnesverwirrung tat, brauche ich nicht zu verantworten."

„Was müssen Sie erlebt haben! Sie werden mir's später erzählen; jetzt sind Sie zu schwach dazu."

„O nein. Mein Kopf tut zwar weh, aber ich habe, wie Sie wissen, die Natur eines Elefanten. Wenn ich langsam und leise rede, greift es mich nicht an. Lassen Sie mich berichten! Wenn Sie gekommen sind, meine Gefährten zu retten, müssen Sie wissen, was sich ereignet hat. Sie hatten recht, uns zu warnen; es war auf uns abgezielt. Melton kaufte dem Haciendero seinen Besitz ab, und damit wurden wir seine Arbeiter."

„Ja, ich erinnere mich, die Bestimmung des Vertrags gelesen zu haben, daß alle Rechte des Haciendero auf seinen etwaigen Rechtsnachfolger übergehen sollten. Das war, wie ich heut weiß, gleich von vornherein klug berechnet. Aber Sie waren für die

Hacienda, also für Vieh- und Feldwirtschaft, gedungen und brauchten nicht ins Bergwerk."

„Meinen Sie, daß das unser Wille gewesen ist? Wir haben vom Quecksilber nicht das mindeste gewußt. Melton belog uns, indem er sagte, daß eine Tagereise hinter der Hacienda eine kleine, zu ihr gehörige Estancia läge, wo wir einstweilen beschäftigt werden sollten. Die Weller sollten uns hinführen, während er mit Pruchillo nach Ures ritt, um den Kauf rechtsgültig zu machen. Wir erklärten uns einverstanden, da auf der Hacienda jetzt nur Hunger zu holen war, und brachen mit beiden Weller auf. Aber nach vollendetem Tagemarsch fanden wir anstatt einer Estancia ein Indianerlager, dreihundert Mann mit über vierhundert Pferden. Auf einen Teil der überzähligen Gäule wurden wir gefesselt, die andern waren Packtiere, die Lasten zu tragen hatten. Dann wurden wir fortgeschafft, bis nach Almaden. Dort gibt es ein vermaledeites Loch, das Mundloch eines Schachts, in das wir hinabsteigen mußten."

„Habt ihr euch denn auch da nicht gewehrt?"

„Von mir will ich nicht reden, denn wenn ich hineingestiegen wäre, so befände ich mich jetzt unter der Erde und nicht hier bei Ihnen, aber die andern, die Kinder, Weiber und Väter, was konnten sie machen? Die paar Menschen gegen die dreihundert Roten! Übrigens bedrohte man uns mit dem Tod, sofern wir uns weigerten. Die Frauen und Kinder konnten an keine Gegenwehr denken, und um ihretwillen und um ihnen keine Mißhandlungen zuzuziehen, ergaben sich auch die Männer drein."

„Was geschah dann unten mit ihnen?"

„Weiß ich's? Ich bin nicht mit unten gewesen."

„Ah so! Sie waren nicht mit in dem Schacht? Wie haben Sie das angefangen?"

„Sehr einfach. Als man mir die Riemen abgenommen hatte und mich zu dem Loch schob, brach ich durch die Indianer und rannte fort, nachdem ich mehrere niedergeschlagen und einem von ihnen, der ein Gewehr besaß, die Waffe entrissen hatte. Man schoß nicht auf mich, weil man mich lebendig haben wollte, das war meine Rettung. Die Roten hetzten mir nach. Ich bin ein starker Kerl, aber ein schlechter Läufer, doch gab mir die Angst die nötige Schnelligkeit. Dennoch hätten mich die leichtfüßigen Schurken eingeholt, wenn ich nicht durch den Erdboden durchgebrochen wäre. Da sahen sie mich nicht mehr und ließen mich stecken."

„Sonderbar! Wenn sie hinter Ihnen her waren, müssen sie doch auch an die Stelle gekommen sein, wo Sie durchgebrochen sind."

„Ja, aber ich hatte eine doppelte Schwenkung gemacht. Ich kam nämlich an eine Felsenecke, bog um sie herum, um den

Indianern aus dem Gesicht zu kommen, und schwenkte dann noch um eine zweite Ecke, hinter der der Boden unter mir wich, so daß ich in die Tiefe sank."

„Ich habe erfahren, daß der Felsen dort aus Kalkstein besteht. Der ist bekanntlich oft von natürlichen Höhlungen durchzogen."

„Eine Höhlung war es nicht, sondern ein Stollen. der schräg abwärts in die Erde läuft."

„Haben Sie ihn untersucht?"

„Das konnte ich nicht, denn es war dunkel, und ich hatte kein Licht. Eine Strecke bin ich abwärts gegangen, aber nicht weit, da es mir gefährlich schien, weiter vorzudringen. Dann ging ich aufwärts, Schritt um Schritt und vorsichtig tastend, bevor ich den Fuß weitersetzte. Das war gut, denn sonst wäre ich in die Tiefe gestürzt, da ich bald an einem Abgrund stand."

Bei diesen Worten fiel mir die Höhle ein, von der der Player gesprochen hatte. Sie mündete zutag und endete hinten in einem Abgrund. Darum fragte ich:

„Können Sie mir die Örtlichkeit beschreiben, wo Sie eingebrochen sind?"

„Ich kann Ihnen ganz Almaden beschreiben."

„Das ist mir lieb. Haben Sie denn Gelegenheit gehabt, sich die Gegend anzusehen, obgleich Sie sich nicht blicken lassen durften?"

„Ich habe es gewagt, um Judiths willen. Sie war die einzige, die unterwegs nicht gefesselt wurde und dann auch nicht in den Schacht zu steigen brauchte. Grad als man mich losband, damit ich hinunter verschwinden sollte, verhöhnte sie mich und sagte mir, daß ich unten Quecksilber graben müsse, während sie oben die Wirtschafterin des Bergwerksherrn sein würde. Das machte mich verwegen, und die Wut darüber gab mir die Kraft, mich durchzuschlagen und sie dann zu suchen."

„Wie kamen Sie aus dem Loch?"

„Indem ich Steine aufeinander baute."

„Haben Sie Judith gefunden?"

„Ihren Aufenthaltsort vermochte ich nicht ausfindig zu machen, denn ich durfte mich nur des Nachts hervorwagen; aber begegnet bin ich ihr einmal. Sie erschrak zuerst, dann wurde sie freundlich. Dabei versprach sie, mir ihre Wohnung zu zeigen, nur müsse sie erst nachsehen, ob Melton fest schlafe, weil er mich doch nicht gewahren dürfe."

„Das glaubten Sie ihr?"

„Ja. Aber als Judith fort war, kamen mir Bedenken. Ich verließ den Ort, wo ich auf sie warten sollte, und versteckte mich in der Nähe. Sie kehrte nicht wieder, dafür aber Melton mit den beiden Weller und einigen Indianern, die mich ergreifen wollten."

„So hat Ihre Angebetete Sie verraten. Wie kann ein Mann wie Sie noch Liebe zu einem solchen Geschöpf hegen? Wie lang haben Sie denn Ihr Versteck benutzt?"

„Bis vor zwei Tagen, dann trieb mich der Hunger fort, und ich schlug den Weg ein, auf dem wir gekommen waren. Wenn es mir glückte, eine bewohnte Gegend zu erreichen, wollte ich meinen armen Gefährten von dort aus Hilfe bringen. Nun aber sind ja Sie da; das ist besser."

„Wovon ernährten Sie sich denn?"

„Von den Pflanzen, die es dort gibt. Ein wenig Wasser fand ich in meinem Versteck, wo ich es von den Wänden leckte."

„Schrecklich! Wild konnten Sie nicht schießen?"

„Ich besaß keine Kugeln. Als ich wie ein Tier alle Halme verzehrt hatte, die es im Umkreis gab, mußte ich fort."

„Wurden Sie nicht angehalten?"

„Nein."

„So haben die Indianer die Gegend nicht eingeschlossen?"

„Bis dahin war es nicht der Fall, aber ich sah und hörte, daß sie immerfort mich suchten. Ich mußte einen ganzen Tag lang durch wüste Einöde wandern, bevor ich wieder Gras und Bäume fand. Da begegnete ich einem einzelnen Indianer, der jedenfalls nach Almaden wollte, aber er traute sich nicht an mich heran, da er nur mit Pfeil und Bogen bewaffnet war und bei mir eine Flinte sah. Jedenfalls hat er in Almaden gemeldet, daß er mich getroffen hatte, und die beiden Weller sind schnell hinter mir hergeritten. Was dann geschah, wissen Sie."

„Ja, das weiß ich, und was ich noch nicht weiß, das werden Sie mir sagen können. Oder fühlen Sie sich zu matt dazu?"

Er hatte nur langsam und in Pausen gesprochen, versicherte aber:

„Wenn ich leise rede, halte ich es noch länger aus. Ich habe einen Büffelschädel und werde den Hieb bald überwinden."

„Ja, die Weller haben Ihren harten Schädel nicht gekannt und Sie für tot gehalten. Nun bitte ich Sie, sich genau auf Almaden und Ihr dortiges Versteck zu besinnen und mir alles zu beschreiben."

„Wir kamen über ein wüstes, wellenförmiges Land, das eine Tagereise breit ist. Hinter ihm senkt sich der Boden schnell und bildet eine gewaltige, kreisrunde Vertiefung, die früher ein See gewesen zu sein scheint. In diesem See hat eine große Felseninsel gelegen, die heut das eigentliche Almaden darstellt und wie ein riesiger Felsquader aussieht. Man kann von zwei Seiten hinaufgelangen. Oben auf der Höhe, fast in der Mitte, erblickt man ein rohes Steinhaus, das nur aus vier Wänden und dem Dach besteht. In diesem Haus ist die Mündung des Schachts."

„Von welchen Seiten kann man hinaufkommen?"

„Von Nord und Süd. Die Ostseite steigt lotrecht auf. An der westlichen kann man eine kleine Strecke emporklettern, und da war auch mein Versteck."

„Wie kann ich das am besten finden?"

„Fast genau in der Mitte der Westseite liegt ein großer Felsblock, der sich, wie man sieht, vorzeiten oben losgerissen hat und herabgestürzt ist, hart an der eigentlichen Wand des Bergs. Links schließt er fest an sie an, während er rechts mit ihr eine breite Lücke bildet, die aber mit Geröll gefüllt ist. Auf der linken Seite, also nördlich von dem Block, ist der Berg in der Weise ausgewaschen, als wäre da früher ein Wasser von oben herabgeflossen. Das Wasserbett windet sich bald auf die eine, bald auf die andre Seite, und um zwei der Ecken, die dadurch gebildet werden, bin ich damals gerannt, als ich verfolgt wurde und plötzlich in der Erde verschwand. Sie können nicht fehlgehen."

„Ich muß also links von dem Felsblock in dem frühern Wasserbett aufwärts steigen?"

„Ja. Sie sehen es schon aus der Ferne deutlich liegen. Auf der dritten Windung bin ich eingebrochen. Das Loch ist nicht ganz offen. Ich habe es, bevor ich ging, soviel es mir möglich war, mit Steinen zugedeckt, aber das Auge eines Old Shatterhand wird die Stelle sofort entdecken."

„Und der Gang oder Stollen, worin Sie sich befanden, ist gemauert?"

„Da, wo ich eingebrochen bin, ja. Das konnte ich sehen, weil ich durch das Loch Licht von oben hatte. Ob es weiterhin auch noch Mauer gibt, vermag ich nicht zu sagen."

„So weiß ich in dieser Hinsicht genug und möchte nun nur noch eins fragen: Ihre liebe Judith ist frei, wie Sie mir erzählen. Wo befindet sich denn ihr Vater, der frühere Pfandleiher und Rauchwarenhändler?"

„Im Schacht gefangen wie die übrigen."

„Und Judith hat für ihren Vater kein gutes Wort eingelegt?"

„Nein."

„So nehmen Sie mir's nicht übel: Judith hat zwar ein reizendes Äußere, ist aber ein unnatürliches Geschöpf. Sollte sie mir in die Hände geraten, so werde ich wohl nicht allzu zart mit ihr umspringen."

Da fragte der Herkules besorgt:

„Sie wollen ihr doch nichts anhaben?"

„Was das betrifft, so gestehe ich aufrichtig, daß ich, wenn das

Mädchen ein männlicher Taugenichts wäre, nicht für einen tüchtigen Stock gutstehen würde."

„Um Gottes willen, sprechen Sie nicht so! Wie ich Sie kennengelernt habe, zweifle ich keinen Augenblick, daß Judith mit Melton in Ihre Hände geraten wird. Welch ein Jammer, wenn Sie das Mädchen dann prügeln lassen! Bedenken Sie, daß Judith meine Braut war!"

„Die Sie schmählich verraten und verlassen hat! Der Jammer könnte Judith gar nichts schaden und würde ihr sehr wahrscheinlich besser bekommen als Ihr ewiges Anhimmeln. Aber Ihr Herz hat nun einmal einen noch größeren Hieb bekommen als Ihr Kopf. Sie sind doppelt krank und dreifach zu beklagen, und so will ich Sie durch das Versprechen beruhigen, daß ich Ihren Engel nicht verhauen lassen werde."

„Sie verstehen nichts von Frauenliebe!"

„Hören Sie, liebster Freund und unglücklicher Liebhaber, ein Mann, dem eine solche Geschwulst auf dem Kopf sitzt, der sollte wohl von Heftpflaster und Brausepulver, nicht aber von Frauenliebe reden. Ich gestatte meinem Herzen auch eine Stimme, und ich bin so glücklich, eine Mutter zu haben, die mir in jeder Minute meines Lebens bewiesen hat, daß echte, wahre Frauenliebe, hier Mutterliebe, ein herrliches Abbild der Liebe Gottes ist. Vielleicht lerne ich auch einmal die Liebe eines andern Weibes kennen. Jedenfalls aber wird das Weib dann nicht die geringste Ähnlichkeit mit Ihrer Judith besitzen. Ich wünsche Ihnen für Ihr Herz eine so gründliche Heilung, wie Sie von Winnetou für Ihren kranken Kopf erwarten können."

Der trotz seines starken Körpers innerlich so schwache Mann hatte mich in Zorn gebracht. Ich ließ ihn liegen und ging zu dem Player, um zu erfahren, ob ich in Beziehung auf seine Höhle richtig oder falsch vermutet hatte. Er hatte mein Gespräch mit dem Herkules bemerkt und fragte:

„Höchstwahrscheinlich hat Euch der Mann von Almaden erzählt. Es wundert mich, daß er von dort entrinnen konnte. Wie ist das möglich gewesen?"

Da ich nicht für nötig hielt, ihm das zu sagen, wich ich mit einer Gegenfrage aus.

„Haltet Ihr es für so schwer, von dort zu fliehen?"

„Sogar für unmöglich, wenn man sich unten im Schacht befindet."

„Hat das Bergwerk nur diesen einen Zugang? Führt kein Stollen von unten her zutage?"

„Nein. Das Werk ist alt und scheint von den spanischen Eroberern angelegt worden zu sein. Sollte es damals einen Stollen gegeben haben, so ist er jedenfalls längst verschüttet."

Als ich ihn nun um eine Beschreibung von Almaden alto bat, gab er sie mir genau so, wie ich sie von dem Herkules erhalten hatte, und fügte hinzu:

„Aber wozu die Beschreibung! Ich höre, daß Ihr als Kundschafter vorausgehen werdet. Ihr nehmt mich wohl als Führer mit, und da zeige ich Euch dann alles besser, als ich's Euch beschreiben kann."

„Ich werde Euch kaum aus Eurer Ruhe reißen, denn ich brauche keinen Führer."

„Nicht? Aber Euer Gang ist gefährlich, und Ihr wart noch niemals dort. Wie leicht könntet Ihr da Euern Gegnern in die Hände geraten!"

„Sorgt Euch nicht um mich! Ich habe schon gefährlichere Wege glücklich zurückgelegt, und wenn Ihr mit mir von Melton erwischt würdet, könntet Ihr leicht an Euch selbst erfahren, wie schwer es ist, aus Almaden zu flüchten. Was ich zu wissen brauche, weiß ich jetzt. Wollt Ihr ein übriges tun, so beschreibt mir die Lage der Höhle!"

„Ja, die Höhle! Ihr kommt von Westen nach Almaden. Da steht Euch die schroffe Felswand grad entgegen. Ganz unten, fast in ihrer Mitte, befindet sich ein Felsblock, der abgestürzt und da liegengeblieben ist. Zu seiner rechten Seite hat es zwischen ihm und der Felswand früher einen freien Raum gegeben, der sich seither mit Geröll anfüllte. Steigt da das Geröll hinauf und räumt davon im Hintergrund die oberste Schicht weg, so wird sich Euch der Eingang zu der Höhle öffnen."

„Und sie ist leer?"

„Vollständig, abgerechnet das Wasser, das in der Nebenhöhle steht. Vielleicht kann Euch die Höhle in irgendeiner Weise nützlich sein. Das war das einzige und letzte, was Ihr wissen wollt?"

„Ja."

„Ich dächte, es müßte Euch doch sehr daran liegen, zu erfahren, wo Melton wohnt."

„Allerdings, aber ich denke es auszukundschaften."

„Glaubt das nicht! Der Ort liegt so verborgen, daß selbst das schärfste Auge ihn nicht bemerken kann. Es ist kein Haus, sondern schon mehr ein Versteck, ein vorläufiger Aufenthalt, da Melton die Absicht hat, sich erst später ein Wohnhaus zu bauen. Es liegt wie ein Schwalbennest, aber nicht hinaus, sondern einwärts gerichtet, an der Wand und kann von unten nicht erreicht werden."

„Weiß schon!" schlug ich auf den Busch. „Es hängt an der östlichen Felswand."

„Wie? Ihr wißt das schon?" fragte er erstaunt. „Wer hat es Euch verraten?"

„Ihr. Ihr sagtet, daß es an der Felswand hängt und von unten nicht zu erreichen ist, das übrige kann man sich sehr leicht ergänzen. Wenn die Wohnung von unten nicht erreicht werden kann, so muß sie an einer Seite liegen, die nicht zu erklettern ist. Von Nord und von Süd kann man auf die Höhe gelangen, diese beiden Seiten scheiden also aus. Auf der westlichen Seite liegt Eure Höhle, deren Geheimnis Ihr vor Melton sicher nicht hättet bewahren können, wenn sich über ihr sein Versteck befände, denn er hätte Euch kommen und gehen sehen. Also bleibt nur noch die Ostseite übrig. Da muß er wohnen."

„So ist es allerdings. Sir, jetzt glaube ich, daß Ihr, wenn man Euch nur ein *A* zeigt, das ganze *ABC* aus diesem einen Buchstaben holt."

„So schlimm ist es nicht, aber ich bin durch die Not oft gezwungen worden, scharf nachzudenken, und das Berechnen wird mit der Zeit zur zweiten Natur. Die Not ist auch hier die beste Lehrmeisterin."

„Wollen doch sehen, ob sie wirklich eine so gute Lehrerin ist. In diesem Fall könnt Ihr vielleicht auch berechnen, welcher Weg zum Versteck Meltons führt, ohne daß ich Euch eine Andeutung mache?"

„Ich brauche nur hinzugehen und die Höhe des Bergs zu betrachten."

„Ihr würdet nichts bemerken."

„Doch! Zum Beispiel, ob diese Höhe irgendeine offne oder heimliche Vertiefung hat. Sodann würde ich untersuchen, woraus der Boden da oben besteht, ob aus reinem, nacktem Fels oder nicht."

„Aus dem Schutt, der aus dem Schacht geschafft und rings zerstreut worden ist! Aber aus einem so einfachen Umstand könnt Ihr unmöglich berechnen, auf welche Weise man in Meltons Versteck gelangt."

„Nennt es schließen oder erraten, es ist gleichgültig; ich kenne den Weg."

„Ihr macht mich immer begieriger. Wollt Ihr mir sagen, was Ihr erraten habt?"

„Warum nicht? Es ist ja für Euch kein Geheimnis, daß man ein Stück in den Schacht hinuntersteigen muß, um in die Wohnung zu gelangen, von der wir reden."

„Bei Gott, er weiß es!" rief da der Player so laut, daß alle auf uns aufmerksam wurden. „Wie ist das nur möglich, wenn Ihr keine andre Quelle als meine Äußerungen habt?"

„Es ist wenigstens ebenso leicht wie das, was ich vorher erraten habe. Ihr habt doch gesagt, daß das Versteck nicht von unten zugänglich ist, also muß der Zugang oben zu suchen sein.

Da man das Versteck nicht sehen kann, so liegt es auch nicht ganz oben in der Nähe der Felskante, denn man würde es entdecken, falls man über sie herunterblickt. Es muß also etwas abwärts zu suchen sein. Aus diesem und dem vorigen Grund folgt nun wieder, daß der Weg nicht offen auf der Höhe hinführen kann, sondern unter der Oberfläche des Felsens liegen muß. Liegt er so tief, so hat er unbedingt einen Eingang, in den man hinabsteigt. Es gibt aber da oben kein Loch, keine offne oder versteckte Vertiefung außer dem Schacht, und sonach muß mit Sicherheit angenommen werden, daß der betreffende Weg unten im Schacht beginnt. Habt Ihr eine Ahnung, wie die Yumas aufgestellt sind?"

„Nein. Aber den Ort, wo allem Erwarten nach ihre Pferde untergebracht sind, kann ich Euch zeigen."

„Dazu ist später Zeit. Ralph Weller meldet unsre Ankunft, also werden sich die Roten meist auf die Westseite von Almaden gezogen und uns von da aus Kundschafter entgegengeschickt haben. Steht das Schachthaus und das Mundloch unbewacht?"

„Nein. Es halten da stets zwei Indianer Wache, um das Ausbrechen eines Arbeiters — so unmöglich dieser Fall auch scheint — zu verhüten."

Damit war die Unterredung mit dem Player beendet. Eine Besprechung mit Winnetou war nicht nötig. Der Apatsche fragte mich nur, wann ich aufbrechen würde.

„Noch vor Tag", antwortete ich. „Ich muß einen Umweg machen. Die Yumas erwarten uns von Westen her, deshalb werden wir von Süden kommen, wo man nicht so aufpaßt. Trotz dieses Umwegs hoffe ich, daß wir am Abend dort eintreffen."

„Mein Bruder Shatterhand spricht ‚wir'. Wird er nicht allein reiten?"

„Nein. Ich muß einen Begleiter haben, der auf die Pferde achtet und auf die Waffen, falls ich sie einmal zurücklassen muß."

„Auf die Pferde? Will mein Bruder reiten, obgleich es dort kein Gras gibt?"

„In unseren Wagen gibt es Mais genug. Wir nehmen uns einen Sack davon zum Füttern mit."

„Und wer wird der Begleiter sein?"

„Der Bruder des Yumatöters. Wir haben nichts Leichtes vor, ich bin aber überzeugt, daß er eifrig sein wird, sich meines Vertrauens wert zu zeigen."

„Winnetou kennt die gute Absicht seines Bruders. Der junge Mimbrenjo soll womöglich auch bald einen Namen haben wie sein Bruder, der durch Old Shatterhand so schnell zum Krieger geworden ist."

Das war auch meine Absicht. Allerdings war es gewagt, einen Knaben zu einem so gefährlichen Ritt mitzunehmen, aber ich hatte zu ihm ebensoviel Vertrauen wie zu einem der ältern Mimbrenjos.

Was wir brauchten, wurde noch am Abend bereitgelegt. Bevor es tagte, waren wir zum Aufbruch fertig. Wie erstaunte ich, als Winnetou zu uns trat und sagte:

„Es kann kommen, daß meine beiden Brüder gezwungen sind, eine große Schnelligkeit zu entwickeln. In diesem Fall paßt das Pferd des jungen Mimbrenjo nicht zu dem schnellen Hengst Old Shatterhands. Er mag also für den Ritt das meinige nehmen."

Daß der Apatsche seinen kostbaren Rappen einem andern und noch dazu einem Knaben anvertraute, war ein sicheres Zeichen, daß er dem kleinen Mimbrenjo ungemein wohlwollte. Dieser durfte das großmütige Anerbieten nicht ablehnen, und so flogen wir denn, beide gleich gut beritten, zunächst in südlicher Richtung in den frischen Morgen hinein.

KARL MAYS GESAMMELTE WERKE

Jeder Band in grünem Ganzleinen mit Goldprägung und farbigem Deckelbild

Bd. 1 Durch die Wüste
Bd. 2 Durchs wilde Kurdistan
Bd. 3 Von Bagdad nach Stambul
Bd. 4 In den Schluchten des Balkan
Bd. 5 Durch das Land der Skipetaren
Bd. 6 Der Schut
Bd. 7 Winnetou I
Bd. 8 Winnetou II
Bd. 9 Winnetou III
Bd. 10 Sand des Verderbens
Bd. 11 Am Stillen Ozean
Bd. 12 Am Rio de la Plata
Bd. 13 In den Kordilleren
Bd. 14 Old Surehand I
Bd. 15 Old Surehand II
Bd. 16 Menschenjäger
Bd. 17 Der Mahdi
Bd. 18 Im Sudan
Bd. 19 Kapitän Kaiman
Bd. 20 Die Felsenburg
Bd. 21 Krüger Bei
Bd. 22 Satan und Ischariot
Bd. 23 Auf fremden Pfaden
Bd. 24 Weihnacht
Bd. 25 Am Jenseits
Bd. 26 Der Löwe der Blutrache
Bd. 27 Bei den Trümmern von Babylon
Bd. 28 Im Reiche des silbernen Löwen
Bd. 29 Das versteinerte Gebet
Bd. 30 Und Friede auf Erden
Bd. 31 Ardistan
Bd. 32 Der Mir von Dschinnistan
Bd. 33 Winnetous Erben
Bd. 34 „ICH“
Bd. 35 Unter Geiern
Bd. 36 Der Schatz im Silbersee
Bd. 37 Der Ölprinz
Bd. 38 Halbblut
Bd. 39 Das Vermächtnis des Inka
Bd. 40 Der blaurote Methusalem
Bd. 41 Die Sklavenkarawane
Bd. 42 Der alte Dessauer
Bd. 43 Aus dunklem Tann
Bd. 44 Der Waldschwarze
Bd. 45 Zepter und Hammer
Bd. 46 Die Juweleninsel
Bd. 47 Professor Vitzliputzli
Bd. 48 Das Zauberwasser
Bd. 49 Lichte Höhen
Bd. 50 In Mekka
Bd. 51 Schloß Rodriganda
Bd. 52 Die Pyramide des Sonnengottes
Bd. 53 Benito Juarez
Bd. 54 Trapper Geierschnabel
Bd. 55 Der sterbende Kaiser
Bd. 56 Der Weg nach Waterloo
Bd. 57 Das Geheimnis des Marabut
Bd. 58 Der Spion von Ortry
Bd. 59 Die Herren von Greifenklau
Bd. 60 Allah il Allah!
Bd. 61 Der Derwisch
Bd. 62 Im Tal des Todes
Bd. 63 Zobeljäger und Kosak
Bd. 64 Das Buschgespenst
Bd. 65 Der Fremde aus Indien
Bd. 66 Der Peitschenmüller
Bd. 67 Der Silberbauer
Bd. 68 Der Wurzelsepp
Bd. 69 Ritter und Rebellen
Bd. 70 Der Waldläufer
Bd. 71 Old Firehand
Bd. 72 Schacht und Hütte
Bd. 73 Der Habicht

KARL-MAY-VERLAG · BAMBERG